行。七十三年至今，此類曾經發表的政論，積稿又達七十六篇。為留憲政之雪泥鴻爪，及個人治學論政之心路歷程，乃藉休假之便，予以分類整理為八編，輯為《憲法論衡》付梓。

三、一般的文章易寫，衡平的政論難為。而後者之所以難為，除了論政者的學養與立場等條件外，主要是重大的政治現象和問題，往往不但牽涉到不可盡知的客觀因素，而且還關係着朝野主觀方面：觀念的認知，價值的判斷，公私的取捨，以及利害的選擇。凡此種切，不但對論政者，每有「理未易明，事未易察」的困惑，對整個社會，亦無可避免地會形成歧見和矛盾。基於此一認知，所以屬文論政之際，但事析理辨義，求其衡平中用。偶作評議，力避尖銳激切，或有獻替，唯期有裨時用。

四、本書整體內容，係以民主政治之文化信念為基礎，針對我國憲法與政府體制之靜態規範，與動態運作所形成之種切現象與問題，為討論中心。所以希望本書對關心我們國家民主憲政發展，以及憲法與政治制度運作成長的讀者，具有正面的參考價值。

卷首語

一、民主立憲政體，在靜態的形象外觀上，是對政治權力分化架構，與運作程序安排的一種政治體制。而在動態的內涵精神上，則是由政治文化涵融昇華，內滲於羣己關係的一種生活方式。政治文化民主化，乃人類文明發展的自然歸趨。但接受一種不同的政治文化，卻需要經過移風易俗的長期蛻變過程。這個過程，大抵是要以世紀爲階段，來觀察、檢討和驗效的。我國從清德宗光緒末期變法立憲開始，至今已略近一個世紀，而民主政治文化的社會基礎，卻仍舊處於蓽路藍縷，榛莽待闢階段。我們走向民主化的歷程，實在是太艱苦了。

二、筆者寄趣於政治學，繼而託跡杏壇，復以研究與教學之緣，浸淫於憲法學與政府學門者三十餘年。歷時既久，對有關民主憲政之種切，不免略有所知。在國科會歷年獎助下，嘗就純學術性之研究成果，先後整理爲《美國憲法人身自由條款要義》（商務），《美國憲法與憲政》（三民），《中國立憲史》（聯經）諸書，公之社會，就教方家。至於涉及我國憲法之時政問題，作者雖無主動論政之心，但若遇報刊訪問或約稿，而自忖對之確有所見者，每亦本諸書生報國之義，應約抒發。這類應約之政論篇章，殆皆無心之柳。曾於民國七十二年，積稿四十九篇，分繫四編，輯爲《憲政論衡》專册，經由商務出版，並於七十五年再版印

國立中央圖書館出版品預行編目資料

憲法論衡／荊知仁著.--初版.--臺北
市：東大出版：三民總經銷，民80
面；　　公分.--（滄海叢刊）
ISBN 957-19-1318-9（平裝）
ISBN 957-19-1314-6（精裝）

1.憲法—中國—論文，講詞等

581.27　　　　　　80000829

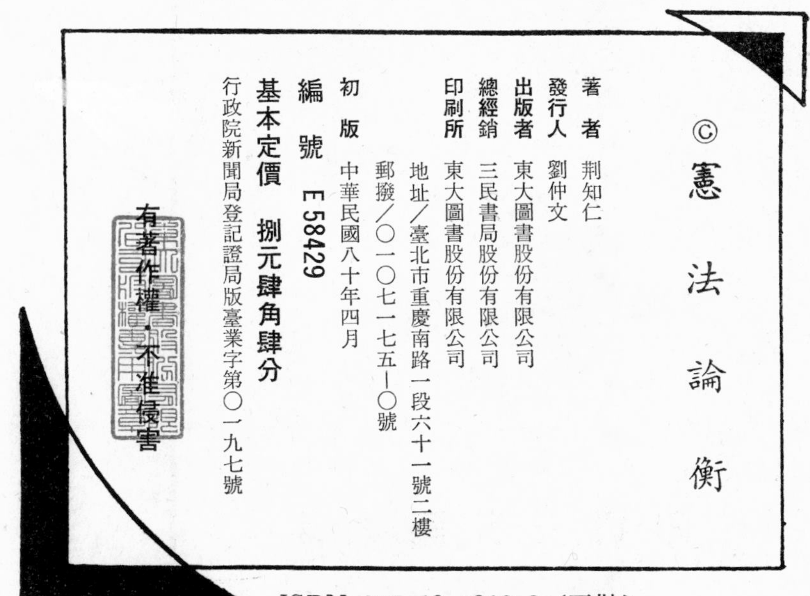
© 憲法論衡

著者　荆知仁
發行人　劉仲文
出版者　東大圖書股份有限公司
總經銷　三民書局股份有限公司
印刷所　東大圖書股份有限公司
地址／臺北市重慶南路一段六十一號二樓
郵撥／〇一〇七一七五—〇號
初版　中華民國八十年四月
編號　E 58429
基本定價　捌元肆角肆分
行政院新聞局登記證局版臺業字第〇一九七號

ISBN 957-19-1318-9（平裝）

滄海叢刊

憲法論衡

荊知仁著

1991

東大圖書公司印行

憲法論衡

目次

第二編　選　舉

第三編　國民大會……一四三

第四編 國會結構代謝更新……一七五

第五編　言論自由與議員免責權……二五一

第六編　憲政管窺……二九五

第七編　大法官會議……四六五

第八編　憲法與臨時條款之整合……五一一

第一編 對民主憲政的基本認知

第一部　[illegible]民主憲政的基本[illegible][illegible]

一、民主文化基本信念箋識

自由日報（改名為自由時報）：民國七十六年九月十六日

在我們傳統的政治文化裏，係以絕對權威為信念基礎。所謂天、地、君、親、師之為五倫，構成為五種絕對權威。此種權威人格或絕對態度的行為現象，我們在政治人物的職務行為上，都隨處可見而不自知，這乃正是政治文化民主化蛻變難求速效的主要原因，也是應予力求突破的瓶頸。

前言

言之表達心聲，一如行之體現觀念。人類之行爲，如非曲意矯飾，除出之於本能反應者外，率皆受觀念意識之支配，亞理士多德稱人是政治動物，但人類的政治行爲，卻非動物的本能，而係受觀念意識的驅使。凡屬文化性的政治觀念，都是經過長期社會化的結果，形成爲一種生活方式，構成爲一種有生命的政治文化。任何一種有效而成功運作的政治形態，無論是專制極權或民主法治，都有其已經生活方式化的一系列政治觀念或政治文化爲基礎。政治文化是逐漸形成的，不是短期造成的。成功的變，應該是得之於蛻變，而非突變。任何文化的突變，未有不爲害於社會者。

我國的傳統政治，係以專制的政治文化爲基礎。這種專制政治文化中的一些基本觀念，諸如強調絕對權威，爲目的不擇手段，以及寧爲玉碎，不爲瓦全的拒絕妥協等觀念，不但支配著政治領袖們的統治行爲，同時也支配著社會廣大羣衆，處人治事的生活行爲，從而構成爲我國傳統政治文化的核心。這種傳統的專制政治文化，自清季維新揭開變的序幕，迄今歷時已達百年，而績效不彰。近年來所不斷發生諸多背離民主倫理的現象，諸如滋擾法院，擾鬧議會，攻擊警察，挑戰公權力，以及搗毀報館等等，這些脫序事件的背景因素，容或不止一端，但我們的社會，普遍缺乏行爲的民主文化觀念基礎，應該是最基本的共同原因。我們如果不能從廣義的教育途徑，積極地來培育民主文化觀念的社會基礎，則違背民主倫理的行爲現象，仍將無法釜底抽薪，消弭於無形。

民主不容絕對權威

民主文化中最基本的一項信念，厥爲排斥絕對權威。此一信念係以理性的經驗知識爲基礎。

宗教與哲學，以追求永恒的眞理是尙。而眞理係具有「置諸四海皆準，百世以俟聖人而不惑」的絕對性。眞理既不能對非眞理退縮，也不能與非眞理妥協，因爲眞理具有不容懷疑的絕對權威。但是在理性的經驗世界裏，人類的行爲規範，是處於不斷的調適狀態，並無絕對不變的原則。這種理性的經驗知識，對民主文化的最大啓示，即在政治中，不能強調眞理。因爲眞理是絕對的，在政治中卽化身爲絕對權威，不容批評，不能懷疑，不肯妥協。民主政治文化中，由於此項不強調眞理的基本信念，從而化約爲不容絕對權威的生活態度。對於一般事物或政治問題，人們儘可以有個人的意見和主張，但都不以眞理或絕對權威自居。由於此一觀念的認知與無形的自律，乃能不以歧見爲敵，不以批評爲忤，不以讓步爲恥。民主政治之所以能爲一種可行而成功的政體，主要就是有賴於此項觀念之生活方式化爲基礎。

在我們傳統的政治文化裏，則係以絕對權威爲信念基礎。所謂天、地、君、親、師爲五尊，實構成五種絕對權威。天地之威固不可測，冒犯君、親、師之權威，同屬忤逆犯上，罪無可逭。所以在我們的社會和政治上，權威性的忌諱特別多。西風東漸，特別是在政府行憲與遷臺之後，由於文化交流頻繁，傳統的權威政治文化，雖已日趨淡化，但實際生活行爲上的權威人格傾向，仍然相當強烈。此種權威人格或絕對態度的行爲現象，我們在政治人物的職務行爲，或一般成年人的對人處事行爲上，都隨處可見而不自知，這乃正是政治文化民主化蛻變難求速效的主要原因，也是應予力求突破的瓶頸。

民主重視手段合理

民主政治文化中另一項基本信念，乃是強調手段與目的之間的和諧合理關係。易言之，要追求正當的目的，必須以無損於目的之合理手段去實現，而不能爲目的不擇手段。因爲理性的經驗知識已經確認：不正當或不合理的手段，對正當合理之目的，具有毀滅性的破壞作用。英美法中所特別重視的「正當法律程序」（due process of law），卽是根據重視手段所確立的實用原則。個人追求私人目的之手段，固然不能違法背理。政黨之追求政權，實現理想，以及政府之爲政謀國，無論目的如何光明正大，更重要的是方法或手段，必須具有肯定目的之合理作用。民主國家的選舉與代議制度，乃實現民主目的之合理程序和手段。法之所禁，都在要求手段行爲之合理化。人類之追求自由民主，其過程都是手段和程序問題。在民主社會，手段和程序之目的，旨在承認少數權利之充分與公平之保障，而在極權社會，手段和程序之目的，則旨在使少數者沈默，而使獨裁者獲得更大的歡呼。由此可知，重視手段合理化觀念之強弱，正是政治民主化程度的一種反映。我們的社會和政治上，所以常見不合理的脫序現象發生，主要原因之一，厥爲對於重視手段合理化的認知，尚未能經由社會化的過程，構成爲生活中的行爲信念所使然也。我們如果要積極地提高政治民主化的品質，以減少或避免政治上許多不必要的失序紛擾，卽應從培育重視手段合理之觀念著手。

民主以妥協爲成事條件

妥協，在民主的生活文化體系中，乃維持理性和諧及成事的必需條件。其爲一項有生命的民主信念，乃是衍生於排斥絕對眞理的次級觀念。其反應在政治上，則表現爲否定絕對權威，排斥思想教條。其反應在一般日常的人羣關係中，則昇華爲一種毋固、毋必的處人和治事態度，人人都不以擁有絕對眞理自居。因而乃有可能容忍批評，接納異見，對人讓步，從而與人妥協，終於能夠成事。

其次，民主政治爲多元政治，多元主體的利益和意見也是多元的。多元利益之整合，以及多元意見最後之能定於一，必然是彼此折衷與相互妥協的結果。蓋非妥協不足以成事，乃人類共有的生活經驗，而以民主社會出之於理性和諧與主動之妥協尤爲突顯。民主社會之所以能夠長保私人間以和諧治事，政治上以和平易權，久治而不亂者，妥協信念有效支配行爲之爲用，實爲成功之關鍵。

結語

我國的政治發展，現在尙處於文化上，由傳統的專制形態，趨向於民主化變遷調適的初階，所以政治上的失調和衝突現象，幾乎是隨事可見。形成失調衝突的因素雖然不止一端，但專制與民主兩種政治文化信念之失調，應爲形成衝突之根源。我們國家政治發展之民主化，已是無可抗拒的全民意志。但是所謂民主，在政治上的制度程序之外，更重要、更基本的：抽象地說，它是一種文化形態；具體地說，它是處理人羣關係的一種生活方式和態度。這樣的文化調適，就社會的層面講，乃是一種長期的移風易俗過程，而非立竿可以見影。但是曾國藩〈原才〉有言：風俗之厚薄奚自乎？自乎一、二人之心所嚮而已。身居高位的政治人物，以及積極參與問政的精英才俊，都是我們社會中具有領袖羣倫，導正社會風氣作用的中堅。這些領袖們，如果能夠主動而積極地善自體認前述民主文化中的諸項基本信念，從而在其參與問政的行爲上，能夠排除眞理在我的絕對權威心態，重視手段與目的之間的和諧合理關係，從而不絕對堅持自我，進而與人互讓妥協。則經驗告訴我們，政治領袖們這種心之所嚮與行爲表現，對我們政治上民主文化之社會化，定能發生風行草偃的移風易俗作用，從而縮短我們文化上的調適過程，早日獲得成熟的民主碩果。這樣的績效，對政治領袖羣而言，乃共同的不朽盛業，對我們的國家社會與後代子孫而言，則將永垂無疆之庥。

二、民主文化與憲政基礎箋識

中央日報：民國七十六年十二月二十六日

民主憲政是一種最可欲、最可取的政體，同時也是一種最艱難的政體。其所以最可欲和最可取，是因爲它對權力的分配和轉移，提供了理性的、公開的與和平的方法，從而使人們跳出了爲權力而戰爭的泥淖。其所以最艱難，是因爲它的成功運作，不但需要形式上的全民參與，和安定而有秩序的環境，更重要的是精神上，它特別需要整個社會能夠盛行以民主文化爲基礎的生活方式，和普遍重法守紀的行爲道德。這種文化性的條件，是要經由各種教育途徑，以長期的移風易俗過程，來逐漸達成的。

從我國的現代政治史來看，　國父所領導的憲政革命，以至於現行憲法的制定與實施，在形式外象上是要把傳統的專制政體，改革爲民主的立憲政體。但是在精神內涵上，卻直接涉及到從專制政治文化生活方式，蛻變爲民主政治文化生活方式的長期艱難歷程。而在此一文化蛻變的育新革舊過程中，新與舊的矛盾摩擦與脫序衝突，每以不能固免，而令人與無奈之嘆。諸如民初北京政府時期的軍閥割據，互爲逐鹿，國府訓政時期的赤禍竄亂，內部鬩牆，固使國家綱紀難張。卽行憲之後，重以戡亂戒嚴，迨至政府遷臺以還，特別是年來隨戒嚴令之解除，以及黨禁、報禁與大陸探親之開放，政治上之衝突磨擦與紛擾，以及脫序脫法之現象，更是彼落此起，不期然而發生，給社會帶來絕非必要，而竟然難免的紛擾。値此行憲四十周年，我們殷切地期望今後能在朝野共同的協力下，從厚植民主文化的根基，廣育民主的生活方式着手，來剷平有礙民主的崎嶇，共闢健全憲政的康莊。

英美的經驗證明，民主文化的生活方式，乃是民主憲政能以成功所必需的社會基礎。而主導民主生活方式的動力，乃是支配生活行爲的一系列基本信念。這些信念所支配的生活行爲，可以無所不在，其在政治，卽爲民主政治。這些基本信念的內容爲何，政治學界大都同意者，諸如根據理性經驗而排斥絕對權威，不堅持自己的意見或主張爲絕對眞理或絕對權威，唯以此種信念和態度，來處理人際關係，才能容忍歧見，接受批評，從而與人妥協讓步，終而能夠成事。其次是強調個體與尊重他人，卽令是父母或長官，亦能尊重子女或屬下的獨立人格，而不以地位或權威強迫性地曲人以從己，或強加個人意志於他人，唯其如此，人與人才比較能夠和諧相處、避免衝突。復次是重視手段合理、棄絕爲目的不擇手段，因爲經驗證明不合理的手段，必然會使合理的目的變質落空。共產黨的最大罪惡，並不是共產主義的理想，而是它爲實現共產主義，所採行的階級鬭爭與暴力顚覆的手段。再次是自動自發的精神（voluntarism），亦卽在生活中每人都要有自動自發的精神，去關心公益，因爲公益乃私益的綜合，公益中亦自有私益，唯有自動關心公益，才是保全私益的合理之道。由此可知我們傳統中的「個人自掃門前雪，莫管他人瓦上霜」的觀念，竟也成爲我們追求民主憲政的無形阻力。此外，溝通、討論、說服與同意，也是民主生活方式中的一項重要信念，益之以理性經驗主義信念中的排斥絕對權威，於是經討論、互讓、同意而獲得妥協，則衝突從而消弭於無形。

上所舉述民主文化的幾項基本信念，不僅是政治的，更重要的是已經生活化了的，所以它能夠有效地發揮指導和支配政治行爲的功能。瞻望我國民主憲政成功發展的應然之道，顯然並無捷徑可循，唯有朝野秉此認知，經由家庭、學校、及社會等多元教育途徑，使民主生活方式中的各項基本信念，先後在幼兒、學童、及成人的心中生根，先在日常生活中實踐，使之成爲一種自然的生活態度，進而應用於政治生活，表現於政治行爲。達到這樣的境界，民主憲政才會成爲我們的文化，才會水到渠成，開花結果，才會不再發生，像今天政治上曾經發生過的，那些違背民主文化基本信念的脫序現象。願我們的同胞，有志一同，共勵知行，勉力以赴。

三、如何推動民主法治

臺灣大學：民國七十四年九月二十一日
四十周年校慶學術研討會法政組引言報告
聯　合　報：民國七十四年九月二十二日節錄刊布

主席、各位先生、各位女士：

我今天報告的主題是，在我國社會變遷發展過程中，有關民主法治憲政方面的問題。從比較的觀點來看，我國在民主法治的品質或規範性的績效上，不容諱言仍然屬於低度開發或初開發的國家，所以在民主憲政的運作上，隨時都會發生程序的和實質上的問題。例如：1.十信案引發的監察權的運作問題。2.農民保險辦法或要點引起的法治原則問題。3.領袖傳承問題等。今天我的報告，主要的作用，是對今天我們法政組研討會的各位朋友們，提供一些大家討論和交換意見的話題。間或提出一些個人不算成熟的看法，本質上純粹是拋磚引玉，向各位請益討教。

人類社會的變遷與發展，是一個永遠沒有止境的持續過程。政治生活，只是社會生活的一部分。究竟是政治生活影響社會變遷，還是社會變遷影響政治生活。對於這個鷄生蛋，還是蛋生鷄的問題，我們似乎最好是說，二者彼此相互影響，而以社會變遷比較更爲基本。

民國以來，或者說行憲以來，我們國家的民主憲政運作，由於內在和外在社會環境的巨大變遷，而呈現出來的許多問題。有的是屬於硬體法制及其施行方面的，有的是屬於軟體政治文化及價值的認知和判斷方面的。我們在去年十二月初，本組的第一次研討會中，兄弟奉命報告時，曾經提出四個問題，不過在討論過程中，僅有林山田教授與戴東雄教授，就其中的一個問題提出指教。上次報告過的問題，今天除了將個人對這些問題的結論性觀點，作選擇性的扼要陳述外，另外再提出一項問題，向各位請教。現在我把問題和個人的觀點，逐項提出來，供作大家討論的可能話題。

一、國會代謝更新與法統之維繫問題

這個問題包括有兩個重點：其一是大家談論法統時所強調的合法性或正當性問題；其二是國會代謝的問題。我覺得我們現在之所謂法統，指的應當就是依據憲法所建立起來的憲政體制系統，而不應該別作抽象的攀附。關於合法性和正當性，我特別重視美國憲法中「正當法律程序」(due process of law) 條款的實證涵意。將合法性與合理性予以區分。換句話說，合法的未必是合理的。這裏所說合理的「理」，一方面是指對憲法明文規定的合理解釋與適用，一方面也指根據憲法規定的精神，所作合理的擴張與引伸。有的學術界朋友，認爲合法的應該也是合理的。不過，這種實證法學派的觀點，雖然可用來說明像英國一樣柔性憲法或國會立法權至高無上國家的現象，但卻不能適用於成文而剛性憲法的國家。因爲在採行違憲立法審查制度的國家，是不承認「惡法亦法」的。法律凡經權威解釋機關確認違憲者，卽予宣告拒絕適用而無效。被宣告違憲的法律，雖經立法機關依法而制定，但是因爲法律的內容不合理而違反了憲法，所以這類不合理的法律，適用的人都可以因其違憲，而依法提出異議，尋求憲法上的合理救濟。基於這種瞭解和認知，所以不揣淺陋，特別提出「憲治重於法治」這個觀念，向各位請教。

其次，關於國會代謝問題，完全是由於大陸赤化，政府遷臺灣之後，中央民意代表，特別是大陸地區的代表，事實上不能依法定期改選，所形成的瓶頸性難題。兄弟注意這個問題已經很久，歷經探索，覺得對於這個問題，在光復大陸之前，實在是找不出一個萬全的解決方案。因爲任何一種方法，都有它值得顧慮的後遺症。這是我們法統和憲政體制維繫上重大的政治難題之一。法律是解決政治問題和維持政治秩序的工具和手段，當我們訂定辦法來解決國會的代謝問題時，仍然會受政治性考慮的決定性影響。所以我覺得應該有一個大規模的計劃，來專案研討這個問題，並規劃具體可行方案，儘快儘早地將該方案所需的社會支持，透過各種媒體與管道，有效地建立起國人對此一問題的共識支持，以克服此一難題。

二、臨時條款的正名問題

由於行憲卅多年來的社會變遷，我們的動員戡亂臨時條款，也被人發現了問題。關於臨時條款的性質地位如何，法政學界，有人認爲是戰時憲法，也有人認爲是憲法特別法。但這些觀點，並未能獲得普遍的認同。例如：胡佛教授認爲臨時條款既非制憲國大所制定，則行憲國大之職權明定於憲法，除非修訂憲法，國大並無權制定此一凌駕於憲法之上的臨時條款；李鴻禧教授又認爲，憲法與一般法律不同。一般法律有所謂普通法與特別法的競合問題，在適用上，特別法亦優先於普通法。但是憲法之所以爲憲法，就因爲憲法乃國內法中地位最高的，也是唯一的法律，不容許另有特別法，凌駕於憲法之上，或優先於憲法來適用。

從融合憲法學與政治學的角度來看，胡教授和李教授的觀點，是應予肯定的。不過，憲法學和政治學，都是形而下的實用學科，而不是形而上的純理玄學。因而從學問所以濟世的觀點來看，臨時條款之制定是爲了適應戡亂的需要，制定的機關是具有造法權的國民大會，制定的程序也是憲法所規定的修憲程序。所以我個人覺得，臨時條款的制定機關、權源及程序，都是符合憲法的。唯一的瑕疵是立法技術上的命名，考慮欠周。如果臨時條款的用名，不是現在的「動員戡亂時期臨時條款」，而是「動員戡亂時期臨時修憲條款」或「中華民國憲法戡亂時期臨時修正條款」，將其定位爲修憲條款，只是其有效或適用的期間，限於戡亂時期，使其與戡亂時期同時終止。這樣命名，則臨時條款，卽同時具有了政治學和憲法學所要求的實用性、合法性及正當性。這個觀點和認知，不知是否能夠獲得各位先生的共鳴。答案如果是否定的，敬請予以指教；如果是肯定的，尚請利用各種可能管道，呼籲國民大會，儘早爲戡亂臨時條款正名。

三、制定省縣自治通則問題

依照憲法第一〇八條第一項第一款、第一一二及一二二條之規定，省縣自治通則，乃須由中央制定，而爲全國各省縣實施自治，所一體通行的母法。但是由於三十七年行憲政府建制之初，適值戡亂戰爭急遽擴大、嚴重，且日趨不利。赤禍之蔓延，有如風颾野火，不二年而席捲整個大陸。當戰火燎原，神州鼎沸，且政府一再播遷之際，平情而論，省縣自治通則之立法問題，與當時所面臨的政府之存亡，與法統之絕續等問題比較起來，其重要性顯然是微不足道的。三十八年底政府遷臺之後，國事大局，雖由風雨飄搖而漸趨穩定，但光復舊業的艱巨使命，中共來犯的安全威脅，以及由上面兩項因素所衍生出來內在政治上安全的顧慮，以致省縣自治通則之立法問題，一再稽延而未能解決。近年來由於國家的民主憲政發展腳步日趨快速，於是此一問題，不但法政學界紛作肯定的建議，臺灣省議會亦屢作積極性的決議，要求中央儘快制定自治通則，將實施已三十多年的地方自治，依據憲法放在法律的基礎上。社會的此項企求，至今年五月間十四位省議員因此事之集體辭職而形成高潮。

對於這個問題，個人的觀點也是肯定的，認爲立法院應適時完成「戡亂時期省縣自治通則」的立法工作。因爲制定省縣自治通則，是憲法上的強制性規定。而維護憲法尊嚴，乃是我們所以反共最有效的精神武器，也是我們所以存在的最基本理由。所以堅守民主陣容，厲行民主憲政，構成爲我們堅定不移的最高國策。政府號召中共的「政治學臺北」，唯一的學習內容，厥爲我們的民主憲政。政府所一再宣告的，要將臺灣建設爲三民主義模範省，而模範省的實質內容，卽使不強調政治第一，至少應該是政治與經濟並重，而政治的模範內容，亦唯有民主化之一端而已。同時，地方自治不但是民主政治的基礎，亦且是「建國的礎石」。所以基於憲法至上，民主政治其爲法治政治之觀點，爰爲希望政府將三十多年來，以行政命令爲基礎的地方自治，早日安放在合憲的法律基礎上。

其次，我人雖然認爲自治通則應予早日制定，但同時也體認到自治通則之所以久被稽延，其主要理由應該是屬於政治安全上的顧慮。從經驗理論來看，政治與法律之間雖然具有相互影響的關係，但究本溯源，則可發現政治係先法律而存在的，法律也是爲了適應政治的需要，爲了解決政治上的問題而制定的。法律只有在能適應政治需要的情形下才會被尊重，政治也只有在接受法律規範的運作中，才能保持安定和進步。基於這種認識，所以我人雖然認爲自治通則應予早日制定，但在國家完成統一以前，針對現實政治上安全的顧慮，似以制定僅適用於戡亂時期的自治通則較爲可行。在這個通則內，對於憲法第十一章，有關省長民選及省、縣民代表大會等，在實施上尚有窒礙的規定，則可經由修訂臨時條款的途徑，暫時予以凍結，以期省縣自治能夠早日完成法治化。理想中的政治，從未在現實政治中出現過，因爲世界上從來就沒有過理想的人。天下事與其堅求十全而不可得，則何如退求半全而取其可行。這是個人對這個問題的看法，尚請各位指教。

四、戒嚴令的存廢問題

戒嚴令的存廢，也是過去三十多年來，我們社會變遷過程中所發生的憲政運作問題之一。其實戒嚴令早在三十七年十二月十日，即已宣告在大陸大部分地區實施。本省亦相繼於三十八年五月二十日，由警備總部宣告戒嚴。而戒嚴之受到社會關注，並且引起爭論，經我就三十多年來有關討論戒嚴的文獻，予以系統地排比之後，發現在可能獲得的六十多篇文獻中，有五十多篇，都是在六十七年中美斷交之後所發表的，其中對戒嚴持正反兩種不同觀點和態度者，大致各占其半。而由於戒嚴之持續，同時也引起國際人士，特別是美國國會部分議員之關切，所以在國內已成爲憲政叢題之一。

對於此一問題，我個人的看法是，在民主憲政的體制下，人民在憲法上的各種自由權利，必須予以保障，但國家和社會的安全與秩序，也必須予以維護。二者都具有不能偏廢的崇高價值。而當兩者發生衝突或矛盾的時候，便需要就該兩種價值，在特定個案中之孰爲輕重，依從「兩利相權取其重，兩害相權取其輕」的原則來判斷處理。這就是美國聯邦最高法院，在處理顚覆性言論自由爭訟中所採用的「特定平衡原則」（ad hoc balance test）。而當時兩種價值的判斷發生實質上涉案的爭議時，便只有依據憲政體制中的法定程序來處理。

五、民主政治文化紮根問題

我國從清末維新立憲時開始，以至民國以來，追求立憲政體與民主化，乃國家發展一貫不變的努力方向。經過八十多年來的辛苦經營，民主的績效仍非十分顯著，民主的成果亦非十分豐碩，而且不少疑難問題，也很難獲得立竿見影的根本解決。強調法制的人，認爲是法制未備、制度未立。但是我們看到不少問題，在法律規定了制度之後，問題仍然未能解決。問題的根源究竟在那裏，我人覺得這需要從政治文化的觀點來探討。

西方的民主政治，乃是在文化根幹上所結出的果。清末以降的立憲民主運動，所眞正涉及的，乃是政治文化趨向民主化的一種轉變，這種轉變的過程是漫長的。因爲當民主政治文化中，支配個人行爲態度，影響制度成敗的有關基本信念，未能充分地社會化，昇華爲生活「秘思」之前，憲法上所規定的民主制度，便很難發揮其眞正的功能。蓋國者人之積，人者心之器。人類的行爲，除了動物的本能反應外，皆受觀念和意識的支配。個人如果缺乏民主的觀念意識，便不能有主動的民主行爲。如果沒有民主的個人，便不可能依次進一步，而有民主的家庭、團體、社會、政府或國家。所以如何使民主基本信念，通過社會化的過程，普遍地深入人民日常生活，而成功爲一種有機的政治文化，乃是我國追求民主建設所須努力以赴的最艱巨任務。

然則，所謂民主政治文化中，支配個人行爲表現，影響政治制度成敗的基本信念究竟何所指，根據政治學者皇后大學的柯瑞（J. A. Corry）、賓州大學的艾柏漢（H. J. Abraham）、以及加州大學的艾賓斯坦（W. Ebenstein）等人的研究指陳，認爲若干基本信念，乃構成民主政治文化，或民主生活方式，所不可少的必要條件。而這些生活方式化的民主基本信念，歸納言之，約有下列數項：

篤信理性的經驗；

強調個體，確認個人爲目的，國家爲手段；

自動自發參與；

重視手段，否定爲目的不擇手段；

自然法——法後之法——憲法至上；

以討論與同意處理人羣關係；

基本上人人都是平等的。

對於上列各項信念，無需再予闡述。不過我覺得其中比較最值得注意的，是第一、第三及第四項，因爲這三項是那些基本信念的根。例如就理性的經驗而言，依據此項信念，確認經驗乃一切實用知識的來源，從理性對經驗的判斷中，可以獲致合理的行爲準則。而由於經驗在人類的生活中，是一個無止境的過程，所以後生的經驗，常常會修正前此經驗所得到的結論。由這類經驗所得到的一項與民主政治密切相關的理性知識，卽在人類的生活中，特別是政治生活中，並沒有絕對、普遍、永恒的眞理。對於眞理，應該擇善固執，絕對服從，旣不容懷疑，也不能對抗。於是乎眞理，構成了絕對權威的化身，不容批評，不容非議，更不能挑戰或反對。但是依據理性的經驗信念，由於不認爲有絕對的眞理或權威，所以在人羣關係中，特別是在政治上，旣沒有不可批評的人，也沒有不可批評的事。諸如尊重他人，接納歧見，容忍批評，勇於參與等行爲表現，都是從理性經驗信念中發展出來的行爲原則。如何透過家庭、學校、社會等多元管道，主動、積極、有計劃地將民主生活方式的基本信念，予以社會化、生活化，是乃朝野共同悉力以赴的方向和目標。

四、對我國發展民主應有之認識

人事月刊：第二卷第一期（民國七十五年一月十六日）
民國七十四年九月二十三日在行政院人事行政局演講全文，
由葉素慧小姐整理，並經本人校訂。

社會問題的發生必然有它發生的原因及背景，如果不能有效的予以疏導和解決，不合理的現象必然相繼產生。我國民主發展過程中，究竟產生了那些問題？茲試擇三項子題闡釋如下。

一、憲治重於法治

我國政治學者薩孟武先生解釋民主政治就是民意政治、責任政治、法治政治。稱民主政治爲法治政治固屬寫實之言，但很少人能了解民主政治與法治政治的眞正涵義。法治政治中的「法」

究竟是指什麼法？民主政治是從英國發展出來的一種政治形態。有人認爲民主在我國也不是新的制度，並指出像儒家孟子「民貴君輕」的民本思想就是現在的民主政治。但對一個研究政治學的人，並不能同意這種說法，民本和民主最大的差別在國家的政治決策過程，是否由人民作主。

國父於民國十年講五權憲法時曾強調他的「三民主義，民族、民權、民生就是美國故總統林肯的民有、民治、民享，不過人民必須能夠治，才能夠享，不能夠治就不能夠享，不能夠享，有也是假的」。由此可知，三民主義眞正的實現，基本的手段要靠民權主義。民族主義和民生主義是國家政治上的政策問題。　國父的民族主義就是儒家的自立立人，自達達人。我們需要先自求解放，然後才能去幫助世界上弱小的民族，這就是一種政策問題。而國家的處境需要什麼的政策，就要調整什麼樣的民族主義政策，而不是一成不變的。例如，根據　國父的民族主義是不能節育人口的，所以當初在提倡節育時，家庭計畫遭受很多人反對。直到孫科先生回國，說明了　國父當時是面對白色資本帝國主義，而現在面臨的是赤色帝國主義，時代不同了，政策也應該改變。由於孫科先生的辨解，家庭計畫才能開始推行。而民本是要求統治者之施政，要處處爲百姓着想，一切以人民爲根本。但人民的根本是什麼？這就不能由人民來作主了，須由君主作主。這就是所謂的「民可使由之，不可使知之」，「民，可與樂成，不可與慮始」。而老百姓也不管政府如何規劃政策，只要能享受到政策的成果就可以了，是卽政策應以民爲本，而不由民作主。但現在的民主政治，政府政策之以民意爲基礎，係由人民作主來決定。是卽政策不但應以民爲本，而且必須由人民作主，此所以「民本」之不等於「民主」一也。其間是差之毫釐，失之千里。蓋民主是個手段問題，是處理事情的方法，是國家決策的方法，過程罷了。

其次，就民主與法治的關係來看，一般人都說民主政治就是法治政治，反過來說，法治政治是否就是民主政治？在政治理論上，有很多理論並不能作相反的運用。因爲民主政治固然是法治政治，但是法治政治卻未必是民主政治。例如我國先秦時代法家的管子、商鞅、李斯等人推行法治均很成功，但我們不能說先秦時的政治就是民主政治。第二次大戰前的德、日，實行法治也很成功，同樣的，這兩國也非民主國家。我國在推行民主政治的初期，有人辯說百姓沒有知識，如何來推行民主政治？所以首先要推廣教育，當百姓知識提高後才能推行民主政治，而要推廣教育，第一要先辦師範教育，培養師資。但教育發達後，是否對國家民主政治一定有利，答案並不是絕對的。關鍵在於教育的內容，如果教育內容全是忠君、專制思想，則當知識程度愈高時，專制的程度也愈高。過去我國中央與地方的文官統治羣，都是考試及第的，都是國內的頂尖知識份子，但他們不論在家庭、在政府的所作所爲，都是專制的。可見專制的教育內容，並無助於政治的民主化。又知專制的法律精神，同樣無助於政治的民主化。所以民主政治雖爲法治政治，但法治政治卻不一定爲民主政治，其關鍵在於法律是否具有民主化的精神。

民主政治肇始於英國，而英國是個不成文憲法國家，她並沒有一部形式上文書式成文憲法。從光榮革命建立了國會至高無上的傳統之後，國會在法律上具有最高的權威，就是一個主權機關。國會所制定的法律，上至英王，下至販夫走卒，均須一律遵守。沒有人可以懷疑國會所制定的法律，也沒有一個機關可以視國會所制定的法律違憲，而宣告其無效或拒絕適用。所以英國國會所制定的法律是至高無上的。瑞士學者 De Lolme 曾說：「英國國會除不能將男人變成女人，把女人變成男人外，可以爲所欲爲。」如人民代表法規定，國會議員之任期五年，在第一、二次大戰期間，國會兩度通過決議停止國會改選，延長任期至戰後才予改選。這在別的國家是不允許的，但在英國由於國會擁有至高無上的立法權，英國又是一個依法而治的國家，所以英國人確認她們的政治是法治政治。又因爲英國爲民主憲政之母，所以世人乃稱民主政治乃法治政治。

然而，美國獨立建國之後，其憲法第六條規定：憲法、國會通過的法律、以及政府與外國訂定的條約，三者都是美國的最高法律。假如三者間有衝突、矛盾時，要如何處理？憲法中並無明文規定。此一問題到了一八〇三年，聯邦最高法院在馬伯瑞控告麥廸森訟案中（Marbury v. Madison），首次創例地判決，宣告美國憲法對最高法院的職權管轄既有列舉規定，則國會非經修憲程序，即無權在一七八九年的司法法案中（Judiciary Act），逾越憲法，授權法院向行政部門發出司法命令要求作爲，因而對司法法案該項牴觸憲法的規定，拒絕適用，宣告其無效。憲法雖然規定憲法、法律及條約同是最高法律，但是國會不經修憲程序，並不能以普通立法程序任意變更憲法所規定最高法院的職權範圍。所以憲法與法律發生適用上的矛盾時，法院應以適用憲法爲優先。這是美國憲政史上最有名的判例之一。憲法的效力高於普通法律，從此不但成爲美國憲政上的一項鐵律，而且也成爲成文憲法國家共同奉行的圭臬。

在此有個問題，美國國會衆院有四三五名議員，參議院有一百名議員，一個經過參衆兩院五三五個多數議員通過，總統也簽署公布實施的法律，卻可以被最高法院九位大法官中的多數即可宣告其違反憲法而無效。由於最高法院此項違憲立法審查權（Judicial Review）的無上權威，所以美國學者將其民主政治之爲人民統治（Government by People）改稱爲司法之治（Government by Judiciary），而司法之治最後則歸之於憲法。於是美國民主政治之爲法治政治，乃以憲法爲最高權威，在實質上也久已發展爲「憲法之治」。我們是採行成文憲法的國家，所以我們應該培養國人對於「憲治重於法治」的觀念和認識。

我人所以提出憲治重於法治這個觀念，主要是基於憲法高於法律的原則。憲法之爲全民意志之最高表現，乃人類理性之結晶，亦爲理性之象徵與標準。而經驗證明法律又可能抵觸憲法，於是合法的卻不一定是合理的，也就是不一定是合憲的，這可以違警罰法爲顯例。依憲法第八條規定「人民有犯罪嫌疑，非經法院依法定程序不得審問、處罰」，而違警法第十八及二十八條規定警察局對人民之違警行爲可以裁決拘留七天，並可延長到十四天，以及罰役與矯正處分。實質上與徒刑無異。警察機關非法院，是否與憲法「非經法院不得審問處罰」之規定相抵觸？現在已經大法官會議釋字第一六六及二五一號解釋，宣告其違反憲法第八條保障人民身體自由之規定，應於民國八十年七月一日起失其效力。警察機關抓人，拘留嫌疑犯固然是依法辦事，但它所依據的法律違反了憲法。假如合法的就是合理的，就是對的，而不追究其是否合憲的問題，則我們又何需憲法。法律是社會公道的標準，行爲的規範，自有其神聖性，但現在既然實行憲法，就應該改變觀念。法律是立法機關制定的，而憲法乃是制憲機關制定的，憲法爲國家民意最高的綜合表現，立法機關的成立和權力來自憲法，所以其職權的運用不能抵觸憲法，若合法的就是合理的，則惡法亦法。在一個立憲國家，憲法均明文規定憲法效力最高，普通法律抵觸憲法者無效，所以立法機關在制定法律時首先應考慮其內容是否與憲法抵觸的問題。

二、政治與法律的主從關係

民主政治追求的是政治要法律化、制度化，制度一旦建立後，就要超然於政治之上，政治要謹守制度的規範。政治與法律的關係，是先有政治，後有法律。是先有了政治的需要，爲了使問題達到制度化的解決而制定法律。所以法律是替政治服務的。法律在本質上是解決政治問題的手段、程序和方法。此一觀點說明了國家有什麼樣的政治狀況，就會產生什麼型態的法律。法律是由人制定，也要人來遵守，否則法律的尊嚴就不容易維持了。而人遵守法律的目的是因遵守法律對其有利，當法律的制定沒有顧及現實政治情況，這樣的法律便不會被遵守。法律要能發揮積極的作用，一定要考慮實際政治的需要。

民主政治的社會是一個多元社會，政治也是多元的，所以民主政治也是多黨政治。政黨力量的大小是社會因素作用的結果。政黨不是造出來的，是社會力量演變發展成功的。一個造出來的政黨由於沒有社會基礎，也就沒有生命。我國實施憲政是政府一貫的原則和目標，而訂定憲法要能容納各方意見。有人認為現行憲法之所以不理想，與五五憲草相差甚大，都是在政治協商會議時期，國民黨與其他黨派政治妥協的結果，並主張以後有機會應該修改憲法恢復五五憲草中的設計。假定我國推行民主政治的原則不變，則憲法向現實狀況妥協是無可如何的事，在政治學理中，民主政治就是妥協政治，民主政治不是追求眞理，而是在不同利害、不同力量中追求能為大家所共同接受的平衡點。在民主政治前提下，政黨是運用政治權力的一個主要力量，此力量會消長，黨的大小不是一成不變的，它會隨社會狀況的變遷發展而有變動。如英國在第二次大戰前，保守黨和自由黨是二大黨，但戰後自由黨的地位被工黨所取代，自由黨成為小黨。憲法是任何個人、政黨、團體等各方面均須共同遵守奉行的最高基本法，而此基本法所規定的內容須大致上可以為大家所接受，沒有任何個人、政黨或團體可以堅持憲法的內容必須完全依照他的主張制定。如果憲法是完全按照某一政黨團體的主張訂定，則此一憲法在政治上，必然缺乏多元的適應性，因為在民主政治下，此種制定憲法的態度，根本上是違反民主精神和民主原則的，也是極不可取的。民主政治乃以選票代替刀槍，以計算人頭代替打破人頭，是計量的而不是計質的。所以制定憲法一定要有妥協精神，我國憲法就是根據制憲當時政治協商會議的妥協所產生出來的。有人對憲法中的妥協，認為是一種缺點，個人卻認為這正是國民黨對國家貢獻最大的地方。

其次要說明的是，我們不能將政治與法律的關係太過於理想化，要將法律落實。視客觀環境的需要和我們的能力程度來訂定法律，如果現實條件做不到，縱使那是應該的，還是不能訂之於法律中。美國學者李普森（L. Lipson）曾指出：「法律與政治是彼此相互影響的，但政治是法律的下層基礎，法律是政治的上層建築，法律沒有實際政治作基礎，就如沒有地基支柱的建築，根本不可能成立，縱使勉強架起來也是很快就倒了。」所以法制要上軌道，要能眞正發生正面功能，法制一定不能脫離現實。有些人對臨時條款由國民大會制定產生了質疑，認爲依憲法規定，國民大會職權是選舉總統、副總統，罷免總統、副總統，修改憲法，複決立法院所提之憲法修正案，而普通法律的創制複決要等全國過半數縣市已經行使創制複決後再訂定辦法行使，並沒有規定國民大會可以制定臨時條款，且其效力凌駕於憲法之上。對現況辯護者則謂，憲法是憲法的普通法，臨時條款則是憲法的特別法，依一般特別法在適用上優先於普通法之原則，所以臨時條款在適用上優先於憲法。但對此一說法亦有人提出批評，認爲只有一般法律才會有普通法與特別法的競合，以及特別法優先於普通法適用的情形。而憲法是國家的最高法，是唯一的，不容許在憲法之外，另外有一個凌駕於憲法之上的特別法，果眞如此，則憲法便不成爲憲法了。我個人認爲憲法乃萬法之法、萬法之母，一切法律規章均要根據憲法。憲法乃是國民大會所制定的，修改憲法亦復如此，所以從政治學的觀點來看，國民大會是國家的造法機關，具有造法的權力，臨時條款是根據憲法所規定的修憲程序而制定的，所以國民大會制定臨時條款的權源以及程序都合乎憲法的規定，假定說臨時條款有缺點，應該是屬於立法技術上用名不當的瑕疵。個人認爲動員戡亂時期臨時條款不宜用現在這個名稱，而應正名爲「動員戡亂時期修憲條款」或「中華民國憲法動員戡亂時期修憲條款」，使臨時條款直接地構成憲法的一部分，僅在動員戡亂時期適用，便不會發生現在法理上的問題。如果現將已實行三十多年的臨時條款加以否定，那麼現在的一切都變成不合法了，這當然不是獻言謀國的本意和應有的態度。所以希望國民大會能儘快地爲「臨時條款」正名，以杜物議。

三、民主政治成功的信念基礎

民主政治的定義衆說紛紜，但都不周延。第二次大戰結束前，英美法俄共同宣布波茨坦宣言，決定在德國無條件投降之後，根據民主原則來重建德國。但民主原則是什麼？是憲法，則蘇聯也有憲法；是指選舉，蘇俄也有選舉。英美認爲他們的模式才是民主政治，蘇俄則認爲他們的人民民主專政模式才是民主。因爲民主政治很難有一個周延無歧的界說，所以英美的學者，寫意式地說明民主政治是一種生活方式或文化型態。在民主社會裏，這種生活方式受到幾種基本觀念的支配，據學者歸納，民主社會中那一套支配其成員生活言行、人羣關係的基本信念共有七點：

第一、相信理性的經驗。

第二、強調個體，認爲個人才是人生的目的，國家之存在只是爲了保護個人。

第三、自動自發的參與，個人隨時積極地維護其私人的權益，並主動地關心社會公共的利益，惟有如此，個人才能身受其利。

第四、重視方法、手段，排斥或拒絕爲求目的，不擇手段的作法。

第五、自然法高於制定法。篤信生命、自由、與追求幸福，乃個人受自然法所保障的自然權利，而自然法乃是先國家、先政府存在的，所以政府人爲的立法不能違背自然法的原則，若將此觀念落實於政治上，在一個民主立憲國家中，無論政府或人民都不能違背憲法，而侵犯憲法所保障的個人權利。

第六、處理人羣關係，要以討論與同意爲基礎。

第七、平等。

在上列七項民主基本信念中，首言有關自動自發參與的問題，在民主社會裏，需要多數個體，都能養成關心公益的行爲習慣，則從關心公益的角度去維護、主張自己的私利，那麼社會才是一個比較公道合理的社會。在民主社會裏，個人不但要關心私益，也要從內心去關心公益。我國的政治傳統是專制政治，不鼓勵人民參與，也不認爲老百姓可以管政府。所謂「不在其位，不謀其政」。老百姓只知道完糧納稅作順民。但現代民主政治卻相反，要求每個人都要關心國家的政治，西方國家憲法所講求的個人權利，是要人民去爭取的，而不是靠政府所施捨的。美國有一位名叫韓德 (L. Hand) 的聯邦法官，曾經指出，自由權利不是規定在憲法上，主要是存在人民的心裏，假如人民心裏沒有自由權利的觀念，那麼規定在憲法上的權利，也就無異於鏡花水月，並無實質的意義。因爲人民的權利如果遭受私人，特別是政府公權力的不法侵害，惟有當事人具有這種知識，知道並且勇於依法定程序去爭取救濟，然後他的權利才會得到有效的保障。但我們社會上究有多少人具有這方面的知識？過去政大外交研究所學生張昭雄，曾因一格公車月票和臺北市公車處打官司，以公車月票乃是一種契約，公車處無權片面更改車票所訂有效期間。案經高等法院判決張君勝訴。假設全國多數人民都有這種主動行爲和觀念，政府會不民主嗎？我人以爲民主的個人、家庭、和團體，乃政府和國家民主的必需條件。蓋「國者人之積」，沒有民主的個人，那有民主的社會，又那有民主的政府？現在公車優待月票每格是三元，你會不會爲了三元打官司？這是個觀念問題，所以自動自發參與，積極主動關心私權和公益，乃是政治民主化的社會動力泉源，每個人都有無可逃避的責任。

其次，民主政治強調手段，它是制度上一種程序的安排。研究政治的學者告訴我們，不論是初民社會或最民主的社會，掌握權力者總是少數人。我們不要認爲民主政治是多數人在掌握權力，問題在於這些掌握權力的少數人，是由民主的程序所產生的，是社會將權力交給少數人，它是合法、合理的。所以民主政治的基本信念就是重視手段。換言之，不能爲達目的不擇手段。不能用不合理的手段去追求正當的目的，例如一個人不能用販賣海洛英或印製僞鈔的方法去實現發財的目的。目的再正當，假如手段不合理，在追求目的實現的過程中必然會變質。因此，追求民主政治一定要注意方法。例如美國憲法保障人民享有意見自由的權利（包括言論、出版、集會結社、遊行、示威等）。而在二次大戰結束初期的四十年代裏，曾發生多次共產黨顛覆活動的訟案，當時曾有人認爲憲法保障人權，是保障支持美國憲法和政府者的人權，而共產黨的目的正是要推翻美國的政府和憲法，所以美國的憲法不能保障一個以顛覆破壞美國憲法和政府爲目標的人。但是另一派學者，甚至最高法院的判例則認爲，政府對共產黨的顛覆活動，必須依正當的程序和合理的手段來處理，不能用違反憲法精神的手段去處理共產黨活動的訟案。所以美國共產黨也曾在若干顛覆活動訟案之中獲得勝訴，正是美國社會和法院重視手段、程序和方法顯現的結果。

復次，依據理性經驗，人類眞正的知識均係來自經驗。語云「初生之犢不怕虎」。幼童之所以不怕虎，是因爲他沒有吃過老虎虧的經驗，只要他被老虎咬過，從此他就怕老虎了。人類最可貴的是能夠運用理性來判斷經驗，藉此獲得正確的行爲原則。經驗能代代相傳，因此，經驗是沒有止境的發展過程，而後生的經驗往往會修正，甚至否定了以往既有的經驗原則。根據這個邏輯，在人類生活裏，便沒有絕對的眞理。這個信念適用於政治，卽形成爲在民主社會的政治上，並沒有絕對的權威。許多制度上的設計，都顯示着此一信念，例如，所有共和國家的元首，或獨任制的行政首長，都有任期和連任的限制。因爲久在其位，終身職卽有變成絕對權威的可能，而掌握權力，就掌握着社會資源的分配。因此民主社會裏，基於理性經驗主義的信念，而認爲沒有絕對的眞理。眞理是沒有時空限制的，應該是置諸四海而皆準，百世以俟聖人而不惑的。但在實際政治中，卻從來就沒有這樣的絕對眞理。因此英國的經驗往往在我國行不通，我國的經驗在美國也常常行不通。絕對行爲原則受到時空的限制，這種說法若引申在政治上，既然沒有絕對眞理，那麼各種事情就有商量的餘地，可以討價還價，可以互相容忍歧見，接受批評。蓋民主政治所追求的並不是眞理，而是追求大家可能接受的妥協。

有人說民主政治，只要把制度建立起來就好了，然而，我們也看到許多國家，憲法有了，制度也建立了，可是政治民主化的績效還是很差，遭遇的挫折還是很大很多。其最基本的原因是由於這個國家缺乏民主的政治文化這個根。我們不能僅僅把民主政治當作一個制度。其實制度不過是民主政治文化的上層建築，民主的基本信念才是根。我國民主政治的發展，民國以降的數十年來，無論主觀和客觀條件，都不斷在改變，而改變的方向，一直向民主的方向發展。西方歐美許多民主觀念，都在逐漸地社會化過程中。這種政治文化的轉變，從民主的價値來講，應該是予以肯定的。不過西方的政治文化，到我國來，似應經過某種程度的調適，再予引用推廣，以適應我國政治發展的需要。

五、民主法治與公民教育

中央月刊：民國七十五年四月第四期

本文為七十五年元月二十七日，在國民黨中央總理紀念週專題演講，由許福明先生記錄整理，經本人校訂。嗣又經《三民主義研究通訊》第廿一期轉載。

三民主義以民主爲基礎

何謂民主？研究政治學的學者，有的從理論，有的由制度，而有不同的說法。我人以爲民主乃指以理性的態度、公平合理的原則，來待人處事的生活方式。總理的政治主張——三民主義，雖然分爲民族、民權、民生，但事實上，乃以民主作基礎。他在民國十年演講五權憲法時，即以美國總統林肯所提出的「民有」、「民治」、「民享」來解釋民族、民權、民生三個主義，而且他特別強調民治的重要。他說：「人民必要能夠治，才能夠享，不能夠治，便不能夠享。如果不能夠享，就是民有都是假的。」（民國十年講五權憲法） 國父的這種見解非常符合民主原理。衆人皆知，民主政治最着重的是手段，而非目的。因此，我人以為 國父的三民主義，乃以民權主義為中心基礎。民權主義落空了，其他的便無實現的可能。換言之，民權主義是一種手段，民族和民生主義的本質是政策性的。只要民權主義的民主程序建立了，民族和民生的政策便可經由此程序來達成。

古往今來，各種政治思想都是為了老百姓好，但往往事與願違，其原因即缺少了民治的手段。中國儒家思想，所謂「天聽自我民聽」、「天視自我民視」、「民貴君輕」的民本思想，其所欲追求的乃是「民享」，此亦為自古以來各國所欲達到的理想，但這理想往往落空的主因，乃是手段的問題。換言之，即未能建立民治的程序。因此，我人以為三民主義的建國理想，必須透過民權主義的實踐來達成，民權主義建設成功了，民族和民生的目標便不難達到。例如民族主義的目的，在自求獨立、自求解放，並扶助弱小民族，此種自立立人、自達達人的理想，必須要自己先強大起來，如果自己不能強大起來，如何去幫助別人。而要富國強國，由人類歷史的經驗看來，其基本的是手段問題，這也正是 國父民權主義中一再強調民主建設的問題。

民主與法治的關係

民主與法治幾乎已成爲現代人掛在嘴邊的口號。所謂法治，有兩種解釋，一是「法律主治」(rule of law)，一是「依法而治」(rule by law)。由人類經驗可以發現，法律乃社會公道的標準，人類行爲的規範，所有的社會都需要行爲的法律規範，並不是民主社會的專利品。我國先秦的法家，不僅有理論，而且也落實在政治上，實踐和貫徹的很徹底，如管仲、李悝等，商鞅的「作法自斃」就是商鞅厲行法治非常成功的例證。但先秦貫徹法治的成功，是否可以說是民主呢？近代的德國和日本，也都是法治實施得很好的國家，但二次大戰以前，他們都不是民主的國家。可見，民主政治固然是法治政治，但法治政治未必是民主政治。

究竟「法律主治」和「依法而治」的區別在那裏？依個人了解，主要在法律的產生，和法律的內容與精神。在民主國家，法律乃由民意機關，也就是議會代表人民所制定，其內容和精神在保障人民的權益，而不是爲了方便統治者的統治。而「依法而治」，在專制時代，法律是君主所制定。如先秦獎勵農戰，目的在富國強兵，法律成爲治國的工具，其立法的基本動機，乃在於方便政府的統治，而非保障人民的權益。此確爲失之毫厘，差之千里。我常舉一個例子作爲說明：十八世紀，立憲主義開始傳到世界各國後，立憲與民主此兩名詞在政治學上，幾乎可以互用，所謂立憲政治就是民主政治。但法律或憲法只是一種手段，其本質和價值可以是正面的，也可以是負面的。手段無所謂好壞，猶如雙面刃，用之爲善則善，用之爲惡則惡。幾乎所有近代的新興國家，不管其文化背景如何，其建國之後第一件事即制定一部憲法，在全世界一百多個國家中，除了英國、以色列少數採不成文憲法的國家外，幾乎都有憲法，包括共產國家在內，但國家政治民主化的程度，差別大極了。尤其是共產國家，根本是專制極權，一點也談不上民主。過去，憲法乃民主的象徵，但本世紀以來，憲法和民主已經分家了，換言之，有憲法的國家，不一定是民主的國家。由此可知，民主政治本是法治政治，兩者不可分，但許多人不察，以為法治政治是民主政治，事實上，民主與法治不可分家，但法治可以和民主分家，厲行法治的國家，未必就是民主的國家。

法律之治與憲法之治

民主政治就是法治政治，這個「法」，在以前指的是普通的法律，但在十九世紀以後，逐漸演變成為國家的憲法。大家都知道英國被稱為民主憲政之母，而民主政治的法治，也起源於此。英國自十一世紀，諾曼人（Norman）征服英國以後，即厲行法治，不過當時所行的法治，與中國先秦的法治並無太大的區別。先秦法家所實行法治的動機是為了尊君。因為法由君出，君主立法，無非為了方便君主的統治。諾曼所建立英國時期的法治，目的也是為了尊君。不過英國民主政治的發展，英王和議會兩者權力的消長，乃為財政問題，議會原為老百姓請願的代表，希望英王體諒民間疾苦、減少賦稅。慢慢才發展到議會掌握了國家的財政大權（預算權），所謂「沒有代議士，就沒有納稅的義務」，更逐漸發展出立法權，才建立了「巴立門」的無上權威，經由代議的程序，制定所有的法律，沒有人能對法律加以懷疑、挑戰和否認。因此，英國國會的權力至爲崇高。英國名憲法學者戴雪，在名著《英憲精義》中卽說英國的國會，就是英國法律上的主權機關。其所通過的法律，沒有人能懷疑，法院只能適用，不能像美國一樣，可以透過司法解釋其違憲，上至英王下至庶民，沒有人能提出異議。換言之，國會乃是至高無上的。過去，英國的貴族院，尚可與平民院平分秋色，但在一九一一年英國國會通過「國會法」，削弱上議院的立法權，平民院成爲立法的決定機構，但平民院爲人民代表，其所制定的法律，自然在謀求人民的利益。因此，英國的民主政治是建立在法治上，而法治，依戴雪的說法，乃是從人身的保障開始。人民非經法律的程序不得逮捕，法律之前人人平等，而且議會和法院都是以法律保護人民的權利。所以英國的法治，自光榮革命之後，已經由諾曼時期的「依法而治」演變爲「法律主治」。

美國雖然建國不久，但卻有英國傳統的政治文化爲基礎，民主政治實施起來，較無障礙，有許多觀念，英美都是一樣的。如法治的觀念，英國是不成文憲法的國家，其憲法和普通法律並無區別，此觀念也爲美國所接受。所以一七八七年美國制憲時，在憲法第六條第二項卽規定：憲法、國會通過的法律以及條約，都是美國的最高法律，沒有上下位階、以及效力強弱的差別。此三者萬一發生矛盾和衝突時怎麼辦？美國的開國元勳並沒有考慮，他們完全接受了英國的制度。

這個問題終於在一八〇三年的「馬伯瑞控告麥迪遜訟案」（Marbury *v.* Madison）中發生。此案原爲聯邦派和州權派（今共和黨與民主黨）的權力鬭爭所發生的問題，此處無法詳述。

不過在此案中，聯邦最高法院院長馬歇爾（John Marshall）以涉及本案的司法法案(Judiciary Act）中的規定，與憲法第三條所規定的最高法院職權牴觸，雖然憲法規定法律與憲法，同爲美國的最高法律，但二者發生牴觸時，在適用上，究以何者爲優先，法院必需有所選擇。結果馬歇爾以適用憲法爲優先，而判決馬伯瑞敗訴。由於此案，乃確立了最高法院的司法審查權，卽法院有權宣佈違憲法律無效。自此，美國的法律，有了位階的不同，憲法成爲國家唯一的最高權威，構成全國最高法律。至於國會所制定的法律，僅在不牴觸憲法的條件下，始有其效力。此判例也影響了全世界，各國紛紛建立了司法審查制度，以保障憲法的地位和效力。從一八〇三至一九八二年，美國最高法院宣佈違憲的案子共有一一四四件。因爲美國最高法院對憲法擁有解釋權，而使最高法院的地位大爲提高。所以，孟德斯鳩的三權分立理論，在美國發展的結果，事實上美國的憲法之治也就是司法之治。

由於這個緣故，所以個人提出一個觀點，今天我們講民主法治，這個「法」應予以提高爲中華民國憲法，不只是立法院制訂的法律。因爲行憲至今，大法官會議已有兩個解釋，第八十六號關於法院的隸屬問題，另一個是第一六六號解釋有關違警罰法的問題。大法官會議解釋的條文內容，固然十分恕道，未指出這兩個法令違憲，但事實上是宣告這兩個法的內容有部分違憲。所以，個人認爲我們的民主法治應強調憲法之治，也就是「憲治」重於「法治」。

憲法與公民教育

假定，「憲治」重於「法治」這個觀點可以接受的話，那麼我認爲本黨在施政上應該加強憲法教育。記得前幾年，教育部曾有意將憲法課程列爲大學必修，但本案後來被擱置了，擱置的原因甚多，但其最重要的是師資難求。不可否認的，今天大學的憲法教育十分貧乏，我在政治系教課多年，政治系唯一的憲法課程是中國憲法與政府，另一門是選修課程比較憲法。其次是法律系，對於這些未來將執行法律業務的學生，其憲法課程竟與政治系學生沒有兩樣，我覺得憲法教育是法律系課程中最弱的一環。

所以我建議憲法教育應列入公民教育。基於此認知，我把高中的公民課程及教材作一分析，發現全部四十章中只有七章提到法律與政治，不到四分之一，可以說內容太貧乏。因此，我認爲憲法對於國家民主憲政健全發展的關係太大了，所以我建議可以考慮將憲法列爲中學的必修課程。現在中央及地方民意代表的候選人資格，學歷部分只要高中畢業，而我們高中的憲法課程如此貧乏，如何使這些候選人明白各級民意代表的職權，又如何使這些民意代表能行使好自己的職權，以及提高我們代議政治的品質呢？所以我覺得我們民主政治紮根的工作，應該從公民教育着手，加強中國憲法的教學，使青年能多了解我們的根本大法，爲國家的憲政發展作爲奠基的工作。

六、謀國以忠，成事以明

——國事溝通感言——

自立晚報：民國七十五年六月十六日每周評論

我們殷切企盼黨內外具有決定作用的領袖們，都能深自審察，重視掌握理性經驗和原則來表現和發揮其成事之明。

一

榛莽崎嶇似無路，正賴智者闢康莊。

二

近月以來，國內政治上最令人矚目，最讓人憂慮，最使人企盼善果的，闕爲執政黨代表與公政會核心人士間，預定的三次溝通。因為此時、此地及現況下的此項溝通，歷史將證明其關係着我國憲政前途的發展。溝通之議，初倡於陶（百川）、胡（佛）、楊（國樞）、李（鴻禧）等社會四賢。其能付之於行，則端賴執政黨蔣主席，睿智的肯定提示，與乎公政會明達之士的正面回應。溝通之背景與動機：社會四賢是為了消弭因公政會問題的矛盾，所可能引起的惡性衝突；執政黨是為了促進並貫徹其藉和諧而謀安定，由安定而求進步的一貫政策；公政會人士則應該是為了求得地位的合法化，更寬廣的活動空間，以及更公平的參與機會。

第一次溝通，由社會四賢邀約，於五月十日舉行，並獲得三項共同協議，這三項協議於次日刊諸報端之後，或以鴻鵠將至，或以礙難尚多。究竟在榛莽崎嶇之中，能否闢建康莊，即使在以忠謀國的共識基礎上，仍然需要高度的智慧，無盡的忍耐，以及成事的技巧。因為三項協議中，第一項是極具彈性的抽象原則；第二項是歧見爭執的焦點；第三項也是可以有不同解釋的原則。其中後兩項，特別是第二項，比較最為具體而迫切，較少閃躲餘地。

關於公政會及其分會的成立問題，執政黨強調須以刪除「黨外」字眼，以及向主管機關「登記」為先決條件，而無黨籍人士，則自初次溝通之日起，即先後以設立臺北、高雄等地分會的具體行動，以表示其不同意的態度。不寧惟是，無黨籍人士更發動旨在期求解除戒嚴令的「五一九綠色行動」，來向第三項協議挑戰。這兩項事件，無異顯示着無黨籍人士內部整合過於虛弱，根本無法有效統合其成員，遵行第一次溝通所獲致的協議。所幸這兩種事件，並未影響第二次溝通之於五月二十四日如期舉行。雖然第二次溝通，並未能就公政會的删除「黨外」字眼及「登記」問題，獲致任何進一步的協議。但公政會的與會人士，卽席發出六月七日，第三次溝通聚會的請柬，亦使人覺得事有可爲，仍然寄以厚望。迨五月三十日《蓬萊島》雜誌誹謗案定讞，被告陳水扁、黃天福及李逸洋三人，分別被判刑八個月確定之後，無黨籍人士咸以此係政治判決。除了各被告當事人，在各地舉行所謂「坐監惜別會」之外，公政會且於六月三日，以該案各被告入監爲主要理由，決定第三次溝通延期舉行，於是溝通的樂章，至此被譜上了一個令人無奈的休止符。而旬日以來，各主要報刊，皆先後以此爲題，或辦座談，或刊評論，無非爲重開溝通之門而催生、而獻言。蓋以言民主，實無人能夠否認中國的前途在臺灣，臺灣的和諧、安定與進步，則有賴內部的溝通與團結。但是，從政治學的觀點來分析，多年來政治民主化之所以績效不彰，溝通之所以枝節横生，除了戡亂的非常環境外，在共信上，普遍缺乏支配行爲的民主基本觀念，應屬最主要的原因。

三

民主憲政，業經歷史證明爲最人道、最可取的一種政體。歷史也證明，民主憲政是一種政治文化昇華後的結果。歐美一些國家民主憲政之所以比較成功，學者們曾根據事實經驗，歸納出民主政治文化中，若干支配行爲的基本信念。諸如重視理性經驗，尊重個體，人人平等，以討論與同意處理人羣關係，強調手段之正當性等等。其中最具關鍵性的，要算理性經驗與強調手段正當兩項信念。

理性經驗的核心意義，是說明人類的行爲規範，係隨經驗之變遷而調適，並無不可變或不能變的特性。由此一經驗信念，衍生出排斥絕對觀念的生活態度。進而在現實的政治上，又產生了排斥絕對眞理與絕對權威的認知與共識。民主生活中的容忍歧見與批評，接納異議與妥協；人們之能夠不以個人意見爲絕對眞理或權威，從而肯對他人讓步或妥協，可以說都是由於此一信念，所產生出道德上的自律作用所使然。生活中如果少了這一項律己的基本信念，來有效地規範個人的處人與治事行爲，則民主便不可能成爲成功的政體。我們追求民主，照 國父的說法，至今已經一個多世紀了，可是民主的文化，在我們的社會，仍然沒有紮根。我們如果細加審察，往者已矣，就在當前，我們的社會，似乎仍有太多的人，在處人治事方面，表現着自己已掌握了絕對眞理，自己就是無上權威，從而不容許別人批評，不肯接受不同的意見，拒絕對他人讓步，不願與別人妥協。如果瞭解了這種文化的根源，便不難知道我們現在的政治溝通，爲什麼會隨時橫生枝節，爲什麼執政黨和公政會內部，都有不少的人，反對甚至抨擊溝通。所以我們殷切企盼雙方具有決定作用的領袖們，都能深自審察，重視並掌握理性經驗的信念和原則，來表現和發揮其成事之明。

其次，強調手段正當，是民主政治文化中的又一項基本信念。此一信念主要是要求手段與目的，應保持合理的平衡。在優先的序列上，應強調手段重於目的，也就是「重方法而不計結果」(the means justifies the ends)。這和專制極權意識形態下的「爲目的而不擇手段」(the end justifies the means)，剛好成爲極端的對比。此項強調手段正當的信念，乃係來自於經驗的理性判斷。因爲經驗證明，人之治事，不但應有正當的目的，同時更重要的，是還要用正當的方法或手段，去追求目的之實現。因爲不正當的手段，對正當的目的，具有毀滅性的破壞作用。民主政治本身，及其所有的一切典章制度，都是爲了有效貫徹「民享」此項目的之手段。所以追求民主，應用民主的手段。民主手段的特徵爲理性與和平。民主手段的內容，除了法制上的選舉、分權、制衡等不可盡舉者外，運用上的溝通、容忍、讓步、妥協，乃是成事所必需的認知與條件。

追求民主憲政品質的提升，乃當今朝野的共識與追求目標，但是在手段和方法上的共識，卻仍有某些距離。溝通與妥協，不惟是表現理性，與保持和諧（和平）的手段，更且是民主成敗的主要關鍵。而由於目前結構內或制度上的溝通管道，尚不夠健全，所以才會有「社會四賢」所促成的結構外的溝通。而此一溝通，卻不幸又以「蓬萊島」案有關負責人之獲罪入獄而告中斷。我們政治上有不少問題，有待妥爲解決，而兩次溝通，竟然連一個極單純的公政會問題，也未解決就被黨外人士宣告延期。我們希望這只是短暫的延期，而非永久的終止。否則，我們追求民主憲政的漫漫長路，究竟要如何往下走呢？這實在是一個令人隱憂在心的問題。萬般無奈，也只有訴諸政治人物的良知了。

四

報載，執政黨已明確決定，與無黨籍人士誠心溝通的政策不變，已延期的第三次溝通餐會，將於適當時機設法恢復，不受「五一九綠色行動」及「坐監惜別」羣衆運動的影響。執政黨此種坦蕩、「容接」的氣度與胸懷，表示溝通的大門永遠爲不同的社會人士或政治勢力敞開着。溝通，只是提供成事的一種機會，究竟能否成事，還要看溝通各方的誠意、器識、智慧和手腕。執政黨蓽路藍縷，建黨建國，制憲行憲，並力圖光復，眞可說是飽經憂患，歷盡滄桑。其豐富的政治經驗與閱歷，深沉的治事城府與智慧，應該能夠適時發揮三十五年協商制憲時的有容與妥協精神，來發揮其政治上的成事之明。

無黨籍人士，皆屬我們社會的菁英。以心存邦國，志切直接參與，而獻身政治，追求經國濟世之事業。但是在我國從事政治生涯的人，不但應該瞭解我們的政治，是正處在從專制過渡到民主的初階，而且更應該承認，我們正面臨着戡亂與光復的非常時期。這兩種認識之外，還應該進一步體認，高度的民主，係得之於逐漸的成長，決不是一蹴可幾的速成目標，所以各位現在的一切努力，其本質乃是前人種樹，後人乘涼的工作，其作用要在爲後世子孫，謀長治久安的福祉。因此所追求的目標，應分其大小難易，不能事事求其成功必須在我。有此認知，則不但行爲不致因苟求而流於激越，溝通亦會較有彈性，可以避免全得全失的極端，自然也就易於成事。目前第三次溝通因「蓬萊島」案而延期，我們深切希望一時情緒性的反應，能很快過去，並欣然地再度踏入溝通之門，爲我們的和諧、民主與進步，續譜傳世之樂章。

我們也深深地希望，在進一步的溝通中，大家在謀國之忠以外，更要具有成事之明。我們政治上有待溝通解決，而且更爲重大的難題，何止一端。豈能爲「黨外」、「登記」，這種形式性且微不足道的細事，相持不下，以致壞了大事。捨本逐末，此豈智者所宜爲。

本文之目的，在於說明民主政治中「理性經驗」與「重視手段正當」兩項基本信念，來提供參與溝通人士參考。希望雙方都能運用這兩個信念，知道誰也沒有掌握絕對眞理，從而能夠相互讓步妥協，使我們的民主，從此眞正因而開花結果，給後代留下永恒的太平基業。

七、毋必毋固，實質重於形式

——「政治溝通的檢討與展望」系列之二

聯合報：民國七十五年八月十五日

本文係參加聯合報「政治溝通的檢討與展望」座談會發言紀錄，經記者整理及本人校訂刪補而成。參加座談者，尚有徐佳士及張忠棟兩位教授，每人發表記錄皆獨立成篇分別發表，本文被列為系列專文之二。

溝通是民主社會的必要活動，有其嚴肅的政治意義。因爲民主政治理論，基本上便排斥人類生活中有絕對眞理存在。因爲人類的各種行爲規範，都會隨着時空與經驗的遞遭而有所改變。此一信念反映到政治領域，便被引申於政治中，因爲並沒有絕對眞理，所以不容許有絕對權威。基於這種信念，因而在行爲上，每人都不以自己掌握了眞理，所以也因而能夠不以絕對權威自居，進一步也自然地比較能夠容忍歧見和接受批評。近代以來各種民主政治制度的設計，諸如分權、制衡、國家行政首長連任的限制等，無不以排除絕對權力的形成爲主要目的。在實際政治過程中，正由於任何一種意見都不是眞理，不能要求人們絕對地接受，因此必須藉助溝通，彼此妥協，以理性的方法來解決異議間的矛盾，這種以和平理性的手段來消弭矛盾衝突正是民主政治對人類最大的貢獻。

影響溝通成效的原因

在追求民主政治的前提下，溝通既有其必要性，問題還在於溝通的形式。西方社會由於有公聽會、壓力遊說等多元的溝通形式，許多矛盾可在議會中得到良好的溝通獲得解決。而我國議會因受環境的種種限制，無法發揮溝通的正常功能，故而才需要在議會外，安排其他的溝通途徑。

就溝通本身而言，如果溝通雙方具有某一程度的決定性力量，則溝通較易成功。審視國民黨與無黨籍政治人士五月十日以來的溝通過程，可以發現參與溝通的人，事實上並未具備此一條件。執政黨參與溝通的三位代表人士，主要仍是在傳遞黨中央決策的訊息，並無最後的決定權。而無黨籍人士，由於其內部尚缺乏有效的整合功能，所以其參與溝通的人士，亦根本無法代表該陣營的成員作任何承諾。執政黨方面一旦中央有所決策，黨內卽使有不同意見，但並不構成貫徹決策的障礙。而在無黨籍政治人士方面，則根本並不具備此一條件。在這種情況下，溝通的成效自然受到限制。

自五月十日黨內外第一次溝通之後，黨外公政會分會紛紛成立，並未重視執政黨允許公政會合法存在的兩個前提條件：「登記」與取消「黨外」名稱。且從事「五一九」綠色行動，增加雙方的緊張。

五月廿四日的第二次溝通，雙方在登記與名稱問題上仍未獲得結論。而六月二日鄭南榕被捕，及其後蓬萊島案的宣判，益以胡佛教授因事出國，於是無黨籍政治人士乃據以爲藉口，宣告原訂六月七日的第三次溝通延期至今。然而溝通的暫停，並未使雙方的緊張稍緩，八月初首都公政會決定八月九日舉行組黨說明會，於是新聞局長張京育於八月七日表示，公政會在依法完成登記以前，仍爲非法團體，不依法律途徑之活動，政府將依法處理。及八月八日，參與溝通的公政會秘書長謝長廷，致函四位中介人士，表示目前已非良好的溝通時機，決定退出溝通的行列。隔日尤清表示將與參與溝通的無黨籍人士同進退，尊重多數的決定。至此溝通又遭遇到極大挫折。

至於在溝通過程中扮演中介角色的四位人士，在雙方妥協的彈性太小的狀況下，備受壓力，能發揮的作用非常有限。更重要的是這四位人士在促成溝通的功能條件上，比較薄弱，所以在斡旋之間，也難以發揮有效的影響力。

黨內外溝通成效不彰的原因雖然很多，但溝通的公開化似爲重要的原因之一。因爲歧見和爭論較多的政治性協商，以秘密的方式進行，較易成事，這又以美國制憲會議的經驗爲顯例。只要我們想要追求民主，溝通的需要勢必日益增多，而其方式應該由目前的公開方式，改爲秘密方式進行。在溝通主題未獲共同結論之前，絕不對外透露或宣布，以減少溝通雙方的壓力。這種秘密溝通方式，至少在初期應該是很需要的。

政治理論應用的藝術

政治的研究是一門科學，但是政治與政治學研究結果的應用卻是一種藝術，具有相當彈性，如何使政治事務或政治問題的處理，減少衝突和窒礙，則有賴於政治家智慧的藝術化運用。就執政黨而言，其決策者應對以下幾個現象有所體認：

㈠臺灣社會經過數十年來的巨大變遷，使得社會的許多方面都已今非昔比。因此政府在處理內政方面的策略和原則，有必要作適時適事的調整。

㈡執政黨對民主憲政之爲多黨政治的認知，在實踐上，宜於權衡國家政治發展的狀況，逐漸給予較多的配合。

㈢目前的黨禁係以戒嚴法爲前提，據此來限制人民的集會結社活動。但是事實上，目前戒嚴法的運用是相當具有彈性的，可否在戒嚴令未解除之前，試着再擴大其適用上的彈性，也應該是個值得考慮的問題。

㈣政府對憲政法統、反共、反臺獨的基本原則應予堅持，但在這些原則的範圍內，似應兼顧民主政治中的一項鐵律，即容忍與妥協。惟有如此，才能使不同的政治人物，保持理性，也才能使國家和社會，在和平安定中，不斷地發展和進步。

基於這四點體認，再來面對黨外公政會登記和易名的問題時，似乎便可在容忍妥協的原則下，彈性地加以協調，無需爲這類形式之爭阻礙了進一步實質問題的解決。

僵持狀況宜有的體認

其次，就無黨籍人士而言，在此溝通陷入僵局之際，也應該有所體認：

㈠有關政治團體登記的問題，在美國也有相似的案例。依據一九五〇年「國內安全法」的規定，政府要求共產黨及其外圍組織必須向政府登記，才能合法活動。這個規定於一九六一年的 Communist Party *v.* SACB 訟案中，更獲得最高法院的支持，宣告其合憲。於是司法部，更進一步強制其他十三個共黨外圍組織登記。這個事例雖不盡能用來衡量我們目前的問題，但至少可以說明政治上的爭議事件，是不宜以絕對不變的態度來處理的。當然，在登記的問題上，不同立場的人，可以從歷史及學理中，找到各種理由來支持自己的主張。然而，對一個從事政治活動的人而言，只要他不是想經由革命來達到其政治目的，適應環境應該是改革環境的先決條件。雖然這種作法的效果較爲迂迴，但往往正是其理性的可貴所在。因爲革命所犧牲的代價太高。除非一個國家完全沒有民主的政治體系和程序，來達成改革的需求，否則政治人物應該以適應環境做爲改革環境、實現政治目的的手段。因此，無黨籍人士不宜爲了「登記」此種非實質的形式問題，阻礙了臺灣社會民主成長的機緣，應該在可與不可的彈性之間，從事法律所容許的活動，爭取人民的支持，以具體的選票成就來追求本身的政治抱負。

㈡無黨籍人士應該鄭重宣示其尊重憲法、反共及反臺獨的基本立場，以減少政府對該團體活動動機的疑慮，增加不必要的猜測與誤會，如此也可鼓舞政府更有彈性的處理問題。

㈢無黨籍人士應避免向現行法律做極端不理性的挑戰活動。

㈣無黨籍人士應秉持做政治家的抱負，以前人種樹後人乘涼的心態，來爲提升我們的民主品質，貢獻心力。切切避免以革命者自期，凡事要求功成必須在我，因而造成個人及社會本可避免的不幸和損失。何況無黨籍人士在政治上的活動空間裏，以今視昔，確在不斷地擴大當中，所以無黨籍人士應在儘可能活動空間裡，善自培養實力，用機創勢。避免在登記和名稱的形式問題上，使雙方關係陷入僵局，甚且引發更激烈的衝突。此一毋必、毋固的彈性和妥協原則，即對執政黨，也同樣是應該善予運用的。

八、政黨行爲手段重於目的

—論「民進黨」的示威活動—

聯合報：民國七十六年六月十四日

「民主進步黨」反對制定國安法的所謂和平示威，與「反共愛國陣線」支持制定國安法的對抗反制，幾經激盪，終於十二日在象徵民主的立法院門前，爆發出暴力的火花。旗杆與棍棒併舉，磚塊共空罐同發。扭打拉扯，互施拳腳。傷了警官，波及路人。從上午八點至次晨兩點多，歷時長達十八小時。阻礙了交通，影響了秩序。更重要的是，理性受到扭曲，和諧受到傷害。

追求民主，愛國護法，這兩種目標都是神聖的，也都是人民的基本權利。但是大家必須要知道，任何權利都不是絕對的，任何人都沒有權利，以不正當或不合理的手段，去追求他心目中的神聖目標。因爲民主政治所最最講究的，就是手段重於目的。只有專制極權的意識形態和作風，才是只講目的，不擇手段。我們由於萬分珍惜，我們中華民族能有臺澎金馬這一片自由樂土，我們又由於萬分寄望，自由中國的民主憲政，能在和平理性的條件下，日趨茁壯成熟，終能惠及神州，澤被全民。所以對於十二日，立法院門前的政治暴力事件，願爲披瀝之訴。希望從此以後，我們的民主憲政，能在和風細雨的滋養下，呈現出日進月益的發展與成長，永遠不要再有政治暴力事件發生。

珍惜這片自由樂土

此次衝突事件之發生，肇因於「民進黨」反對制定國安法，要到立法院前抗議示威，而引起「反共愛國陣線」之反制對抗。從政治學的角度，來分析這一次的政治暴力事件，我們認爲「民進黨」和「反共愛國陣線」，二者最大的不同，是「民進黨」無論在組織上或實質上，以及在朝野的心目中，已經是一個實體的政黨，國會的三個民意機構，與省縣議會中，都有該黨籍的民意代表，在政治體制中，已具有法定的發言權。而「反共愛國陣線」，到現在還只是一個散漫的，在各級議會既無代表，在體制中亦無發言權的社會團體。其涉入此次事件的是非，暫且不論，本文之目的主要係以「民進黨」的決策領袖，和關心政治的同胞爲訴求對象。

調適政治訴求主題

反對制定國安法，乃「民進黨」當前的重要決策之一。依政府的宣示，制定國安法是爲了肆應解除戒嚴後國家安全的需要。而解除戒嚴，乃「民進黨」成立前，無黨籍立委積極訴求的目標，且曾在質詢中，建議政府制定國家安全法後，再解除戒嚴。但是無黨籍人士，於去年九月組成「民進黨」，政府於十月宣告一俟制定國安法，即宣告解嚴之後。「民進黨」當即表示反對制定國安法。自去冬中央民意代表選舉以來，反對的活動日趨積極，立法院議事杯葛之餘，一再發動街頭遊行示威。訴求的口號是「只要解嚴，不要國安法」，終於發生了十二日的暴力衝突事件。

「只要解嚴，不要國安法」，作爲一個在野政黨的政治口號，在國家面對中共武力威脅的情況下，實在是一種非常不負責任，也是一種非常不道德的政治主張。因爲我們在戡亂中行憲，老實說政治上可以用爲「民進黨」訴求改革的主題甚多，奈何以反對國安法爲領先的訴求主題。「民進黨」人該知道，制定國安法之爲解嚴的先決條件，是因爲戒嚴期間關係安全與秩序的十數種行政命令，在解嚴後既然不能再行適用，事實上必需經由合法的程序作有效的調適。如果「民進黨」人還承認，現階段的國家安全，應予有效的維護，那麼其所應爭取的，應該是國安法中對其有利的內容，而不應該是根本上反對制定國安法。積極從事政治生涯的人，竟然無視於相對的政治心理需求，以及政治上的可能性，實非智者所宜爲。我們期望「民進黨」在未來有大貢獻於我們國家民主憲政的發展，但我們首先希望「民進黨」對其政治訴求的主題，能夠即時作出適情而明智的調適。

民主不是卽溶咖啡

其次，「民進黨」以一個已經參與體系運作的政黨，對於國安法本身，無論有什麼意見，都應該在立法院的立法過程之中，去表達其意見，去爭取貫徹其意見，或與多數黨達成妥協，以求部分實現其主張。如果因爲本身在立法院是少數，無法完全貫徹自己的主張，就發動羣衆，走上街頭，企圖以遊行示威的方式，給多數黨施加壓力。要知道，對一個已經置身體系之中的政黨而言，這種運動本身，就是一種爲目的不擇手段的行爲。這種行爲在本質上，也就是一種不道德、不負責任的行爲。「民進黨」的領袖們，應該可以同意，你們一定希望有一天，能夠成爲執政黨，能夠成爲立法院的多數黨。那時候你們是否願意看到立法院的少數黨，在對法案的主張不能實現的時候，也發動羣衆，走到街頭遊行示威呢？民主的議會政治，怎麼能用羣衆作街頭訴求呢？民主政治，固然不能忽視多數尊重少數，可是少數也絕對不能凌壓多數。民主憲政是長成的，不是卽溶咖啡。政黨的力量，也是在不斷的選舉中逐漸發展起來的，你們不能用遊行示威式的羣衆運動，作爲擴大政治資源的手段，也不能希望在極短的期間，用這種手段，使自己成爲政治巨人。因爲人類的政治發展過程，不同於化學、物理的過程，可以速成。用違背代議政治精神的手段，去擴大本身的政治資源，其所以爲不道德和不負責任，是因爲這種手段，對於民主代議政治成功運作的生機，是一種戕害和斲喪。

煽動羣衆形同玩火

羣衆最容易激情和盲動，利用羣衆，形同玩火。負責任、有智慧的政治領袖，應該引以爲戒。此次「民進黨」的示威，事前一再宣示僅止於示威，結果卻示威與遊行併進。也曾宣示爲和平示威，結果卻發生暴力衝突。無論責任誰屬，對於參與立法權行使的「民進黨」而言，其發動示威，而形成預見其可能發生的暴力衝突後果，實不得辭其咎。「民進黨」以民主爲建黨宗旨，其作爲應不背於民主的精神和原則。「民進黨」的精英領袖們，亟應建立一項共識，「民進黨」現在雖然還是一個處於弱勢的少數黨，但只要緊守民主精神和原則，銳意經營，好自爲之，將不難轉弱爲強，成爲未來國會的多數黨。而「民進黨」目前作爲少數黨，在政治上的一切作爲，實際上也正是爲未來其他的少數黨，樹立榜樣。「民進黨」的領袖們，如果能有這樣的心理戒惕，便可能在今後的政治行爲上，發生道德性的自律作用，也可能由於這種自律，使他們成爲名垂青史的偉大政治家。人世間事，成也在己，敗也在己。成敗關鍵，端在人的一念之間。不過，一個人或一個黨的成敗得失事小，國家民族憲政的成敗利鈍事大。我人爲國家憲政前途祈福，所以也期望「民進黨」能出現有功於憲政前途的偉大政治家。

九、守恆與應變

中國時報：民國七十五年一月八日

經驗的知識證明，在任何一個國家，凡是經由領袖特別強調的，往往就是該社會當時最缺乏和最需要的；凡是政治領袖所要特別澄清的問題，那往往正是爲社會所最爲關心，且最感疑慮的問題。總統於七十四年行憲紀念日，在憲政研討委員會年度全會中發表談話，曾特別澄清兩個問題，並提出兩項號召。所澄清的兩個問題是：第一，他的家人，不能也不會有人出來競選下一任總統；第二，執政黨堅決地要走民主、自由、平等的康莊大道，絕不可能，也絕對不會違背憲法，實施軍政府的方式來統治國家。所提出的兩項號召是：第一，在經濟方面，我們要求發展和均富；第二，在政治方面，我們要求和諧和安定。

上述兩項號召，總統於今年元旦祝詞中，又有類似的說明。

經濟發展實受政治領導

總統所澄清和號召的四個項目之中，有三項是政治的，一項是經濟的。而經濟的種切發展，實際上係受着政治的領導。由此可知，我們國家目前所面臨的問題，最基本的厥爲政治問題。經濟問題，關係着我們物質生活的好壞；政治問題，則關係着我們自由生活的存亡。而專制極權的政府，不但剝奪了人民政治上的生活自由，同時也剝奪了人民經濟上的生活自由，總統的兩項號召，固然顯示着我們對追求自由民主生活方式的堅定信心與決心，而總統談話所澄清的兩個問題，對所有懷疑我們篤行民主誠意的人們，更具有除疑解惑的作用。所以我人覺得，總統在行憲紀念日，而且是在國大憲政研討會年會上的這兩個說明和號召，對我們中華民族後代子孫的自由幸福言，實在是一項歷史性的宣告，也是總統個人對全體國民的一項莊嚴誓言。但是在此項宣告和誓言的基礎上，如何來加強政治的和諧與安定，以貫徹民主憲政之實施，是則有賴全體國人，特別是政治上積極參與，以及負決策之任的公職人員，協力共勉。於此我人僅就與此密切相關的某些基本觀念或認知，試抒其義，以資參考。

民主政治於外在形式上，雖然是一套程序制度，但是於內在實質上，卻是一種文化精神或生活方式。經驗證明，民主的形式制度，固然可以迎頭趕上，作模仿的速成。而民主的文化精神，或貫注於日常生活的基本信念，卻需要經過認知學習，消化吸收，內化爲支配行爲力量的歷程來建立，顯然已經不是可以迎頭趕上來速致的。中山先生建國三序中於訓政的規劃，着重在縣自治事項的硬體建設。於今視之，關係民權主義成敗的民主文化信念，實應受到更大的重視。因爲在民主的文化體系中，就政治而言，信念是下層基礎，制度是上層建築。民國以來，特別是行憲開始，我們民主的政治制度，雖已大體建立，但是民主的實質績效，顯然尚待積極的提升。推原其故，似難完全諉之於戡亂一端，民主基本信念之過於貧乏和薄弱，應爲最根本的原因。

行爲規範須能與時俱變

民主政治文化的基本信念是多元的，其中最重要的關鍵信念，厥爲理性的經驗主義（rational empiricism）。蓋人類非本能的行爲原則，咸係來之於理性的經驗判斷。而經驗乃隨生命之新陳代謝，構成爲一個沒有止境的持續歷程。於是行爲的原則，亦無可避免地因經驗的變遷而變遷，隨理性之成長而成長。此項邏輯關係所形成的事實結果，卽人類的行爲規範，並沒有永恆不變的絕對原則。因爲人類的生活環境，面對的問題，觀念的認知以及對價值的判斷，可以隨時變化，代代不同。於是行爲的規範原則，也就無可避免地要因時代需要而變遷。此所以洛克(John Locke)於十七世紀時卽指出，每一代人應有每一代人的憲法；傑弗遜亦強調，憲法是屬於活人的，不是屬於死人的；王安石也倡言祖宗不足法。上述中外三賢所指出的，都是理性的經驗知識：人類社會並沒有絕對不變的行爲原則，政治上也沒有絕對不變的法制。是亦韓非子所謂「法與時轉則治，治與世宜則有功」的道理。

從上述理性經驗論的演繹結果，就其作爲民主政治的基本信念而言，其影響最大的，就是在實際政治中，排斥絕對權威，不強調絕對眞理。因爲眞理是置諸四海而皆準，百世以俟聖人而不惑的典則，那是神學家和哲學家追求的目標。而在人類的經驗中，政治上並沒有這樣眞理性的典則。雖然傑弗遜在獨立宣言中，曾經指出平等、生命、自由、和追求幸福，都是極明顯的眞理，但那是革命領袖感性的政治號召。他所說的四項人權，卽使在美國，從來都不是絕對的權利。責任政治，制衡原則，改選和罷免制度，以及實權行政首長的連任限制等，這種切的制度安排，都有一個共同作用和目的，卽在防止政治上的絕對權威。不寧惟是，正因爲在政治上排斥絕對權威，不強調絕對眞理，所以任何個人的意見，都不會以絕對眞理或權威自居。也正由於這一念之知，才可能有雅量容忍批評，接納異見。民主政治之所以爲妥協政治，也正是由於這一念之知。

絕對權威有其時空條件

我們在戡亂的非常時期，勉爲厲行民主憲政，其艱難困阻，更百倍於常時。而由於我們傳統的文化中，向來就缺乏西方近代民主政治文化中，理性經驗論對絕對權威與眞理的否定信念，所以使得我們政治上，因爲少了上述的觀念認知，所形成的糾結和瓶頸，越來越多，也越發難解。

上述民主政治中排斥絕對權威，與不強調絕對眞理的基本信念，在適用上之作爲行爲原則，其本身同樣不是絕對的。在實際政治中，所謂絕對權威，其所指並不限於人物，也可能是觀念，或法制，或追求的方向或目標。這一切的一切，雖然都會受時間和空間的影響而有所變，但是在一定的時間和空間，卻又往往具有某種程度的不變權威，或相當程度的絕對性。例如堅守民主陣容，厲行民主憲政，以三民主義統一中國等等。其爲現階段的基本國策，都有其相當的不容懷疑，不容挑戰的權威性。類似的基本國策，在現階段的政治上，都具有着守恆不變的絕對權威。而此項絕對權威，卻又爲朝野愛好自由民主者，所肯定所接受，而持之不疑。所以卽使堅守理性經驗的民主基本信念，仍然有其守恆不變的絕對權威者在。只是這種所謂絕對權威，另有其空間與時間的條件而已。

守恆原則僅適用於目的

其次，所謂守恆原則，僅能適用於目的，而不宜適用於手段。合理的目的可以守恆不變，而達成目的之手段，則又需因時因事而制宜，是所謂一致而百慮，殊途而同歸者也。韓非的「法與時轉則治，治與世宜則有功」，所含蘊的，也同樣是這個道理。我們當前政治上許多重要的或敏感的問題，仔細分析起來，實在都涉及着守恆與應變原則的適用問題。當然，目的與手段之區分，以及守恆與應變標的之選擇，是亦涉及政治智慧與共識的問題，此則又有賴溝通與協調，予以合理的解決。

總統號召我們，在政治方面要求「和諧和安定」。客觀地來分析這個號召，便不難發現，安定必需以和諧爲前提，而和諧又需以勿固、勿必、相容、相讓的妥協爲先決條件。如果在觀念認知上，預存着不容冒犯、挑戰的絕對權威心態，以及不容懷疑、讓步的絕對眞理意識，則妥協便根本無由獲致。沒有妥協，便沒有和諧。苟無和諧而徒求安定，是又無異於天上摘星，水中撈月，豈止心勞力絀，徒然無功，且亦大違儒家中庸之道。此乃謀國者，宜善體總統上述政治號召之至意，妥爲區處輕重緩急，以漸次突破瓶頸，紓散糾結。俾使我們的國家建設，在經濟之發展和均富，已績效卓著，列國稱奇之同時，於民主憲政之發展，亦能固本榮枝，丕立宏規，以爲後代子孫，開萬世之太平，永垂無疆之庥。

一〇、責任政治與十信事件之責任

中國時報：民國七十四年三月十一日

前言

十信事件，乃近幾個月來，繼「一清專案」與江南命案之後，又一件震驚朝野、聳聞中外的事件。其受國人矚目與關切之程度，則又凌駕於一清專案與江南命案之上。蓋十信事件牽涉廣泛，不僅關係到金融秩序，工商貿易，以及政府的形象，更直接而即刻地涉及到許多關係人的切身利害。是以自此一事件於二月上旬爆發之後，迅卽成爲近月來報紙、電視及廣播，報導與討論之主題，以及社會注目之焦點。此一事件的善後作業，現在正由政府有關主管機關審愼處理中。至於造成此一事件的責任，除了十信有關負責人在刑法上的責任，已由司法機關依法查究外，政府有關主管官員，是否亦應負其依法或依理所應負擔的責任，行政院俞院長在立法院答覆質詢時，曾謂「任何事件的法律責任或行政責任，未經嚴密的查核確定以前，對政務官課以責任，尚言之過早」。現在，司法機關的查究，立法委員的質詢，監察委員的調查，都還沒有獲致確定性之結論。輿論所示，雖屬見仁見智，但卻以主張課責者爲衆。而就有關主管官員可能需要負責的性質言，於法律責任、行政責任之外，亦復尚有政治責任之可能。十信事件中，有關官員究竟有沒有責任？或是到底有什麼責任？在查證未獲結論之前，我人僅就責任的概念內涵，以及此一事件中有關課責的原則，試爲分析說明，以供朝野作爲判斷之參考。

責任政治的概念與內涵

責任政治是民主政治的基本要求，也是民主政治的主要特色，於是民主政治之爲責任政治，乃成爲民主政治之一項鐵律。此項責任政治鐵律之內涵及其運作表現，可以依其性質狀況，歸納如下：

第一、政治責任

政治責任是責任政治中具有雙重指涉的概念，其一是具體的政策性責任，此種責任係由負決策之任的政務官員負擔，負責的方式，則以辭職來表示。負責者可以是集體的閣員，也可以是個別的部會首長。英國在本世紀的八十年間，部會首長因政策問題而提請辭職者有八十二人，其中除一九三二年的國民聯合內閣期間，曾因自由貿易問題，而發生掌璽大臣史諾登(Vt Snowden)，及內務大臣沙穆爾（Sir H. Samuel）等九人集體辭職外，絕大多數都是由主管大臣個人辭職，以避免政治上的可能紛擾。這可以一九三五年外相霍爾（Sir S. Hoare），因與義大利締訂秘密協定（Hoare-Laval Pact），允許義大利併吞阿比西尼亞（Abyssinia），以換取義國加入英法陣容，而引疚辭職爲顯例。這類政策性的政治責任，在內閣制國家，雖可由議會採取指責的行動，但由於議會的行動，會涉及內閣全體，所以一般皆由主管首長自動辭職，以消除議會的責難，而顧全整體。

其二是不具體的或非政策性的政治責任，諸如民選的公職人員，以及特任的政務官員，都負有這種責任。選任公職人員對選民的責任，不但是純政治性的，而且也不限於政策問題。總統制下的總統，以及各國的民意代表，都要對選民負有這種責任，課責的方式，惟有在選舉時，不再予以支持。至於政務官的這種責任，亦以辭職爲負責的表示，其原因是無法盡舉的。它可以是純粹的私人行爲，例如一九七三年，英國保守黨內閣掌璽大臣簡立可（Earl Jellicoe）因私人醜聞而辭職；也可以是職務上行爲的瑕疵，例如一九三六年國民聯合內閣殖民地大臣湯姆士（J.H. Thomas）因洩漏預算而辭職。這類原因雖然無關政策，但卻可以引發政治上的問題，所以當事人基於政治上道德的自律，而自行引退，以杜爭議。這種人雖然丟了官，甚至因而結束了自己的政治生涯，但其所表現的政治家風範，卻是值得讚揚稱道的。蓋個人的進退出處事小，國家民主政治的倫理典範事大。政務官之所以爲政務官，端的就是要靠這種大臣的風範。

第二、行政責任

行政責任無關政策，純粹是執行上的瑕疵或處理不當，而引起議會的責難或社會輿論的抨擊。這類責任的具體原因，也是無法盡舉的。部會的政務主管，除領導和參與決策之外，同時負有執行與監督執行的責任，舉凡執行不力，處理不當，或監督不週，致令政策失敗，而使政府和社會受到傷害者，這類行爲卽使並未構成違法，仍然需要擔負行政上的責任。而這種責任的處理方式，除了由當事的部會首長，主動地或經由總統或首相的示意，而自動辭職外，尙可由最高行政首長的裁斷，予以免職。因爲這種行政責任雖然無關政策，但是如果處理不當，在內閣制國家，同樣會引起政治上的風潮。

第三、法律責任

民主政治必須依法而治，所以又稱爲法治政治。而政務官職務上的作爲，除了要負政治上的責任外，同時也要負法律上的責任。所謂法律責任，一種是刑法上的責任，另一種是行政法上的責任。在歐美國家，政務官刑法上的責任，可由彈劾或司法的途徑予以追究；行政法上的責任，可由行政首長或行政法院予以處分。根據我國的法制，公務人員刑法上的責任，必須由法院依法審理。至於行政法上的責任，行政首長、監察院及公務員懲戒委員會，都可以依法予以處分。

十信事件責任之分析

有關責任政治的概念與內涵，業已扼要說明如上，於此將依上述三種責任的原則，對十信事件的責任，試爲分析如下：

其一、從政治責任的觀點看

首就上述政治責任中第一種指涉的政策性責任言，十信事件並未涉及內閣的政策。不過內閣的決策，是要內閣全體負責的，所以立法院並未就十信事件，依憲法第五十七條第二項的規定，向行政院問責。但是，所謂政策，在層次上，又有實質的工作計劃政策，與程序的行政政策的不同。前者以問題、目的與要求爲內容，後者則以執行的規則、方法與程序爲內容，合作社的制度，是早經決定並行之多年的實質政策，且亦表現於法律（合作社法）。但是合作事業實務之建立、管理及監督，則爲行政政策。這一類政策的細節，以及具體辦法的取捨，主管部會實負無可旁貸之責。報載財政部於七十二年發現十信嚴重違規之後，曾與有關主管單位，商定一項包括：撤換負責人蔡辰洲，改選理監事，分化十信爲二，派員進駐輔導等四種作法的「斷然處置方案」。但這項方案，經財政部最後決定，僅以派員進駐輔導來處理。當時財政部這種決定，雖非實質的工作計劃政策，但卻是程序的行政政策。此一政策的責任，也可以視爲行政責任，是要由主管首長負責的。其次，就非政策性的政治責任言，十信事件牽連所及，波瀾壯闊，政府處理金融管理的能力形象，甚至有關主管官員的操守品格，都已受到社會大衆，特別是衆多利害關係人的懷疑。據財長陸潤康在立法院的報告，全國所有無辜的納稅人，都可能要爲十信事件的善後，付出其所不應負擔的代價。像這種情形下的責任，無論從學理或實際，我們如何能否認它是一種政治責任。

其二、從行政責任的觀點來看

十信之違規經營，自六十八年被發現迄今的六年間，據報載前後三位財長均曾提出改正措施，諸如派駐六人小組輔導、不定期突擊檢查等，不但都未能產生正面效果，亦且違規情形，更爲急遽惡化。因爲一則輔導小組歷次對十信違規的報告，均爲主管當局等閒閒之，未曾採取進一步有效的及時糾正；再則對十信總社及其各分社的不定期金融檢查，不但僅採取個別的單社檢查，而且每次都是事先被人洩密。像這些監督不嚴，方法錯誤，處置失時等等情形，即使其中並無違法瀆職之因素，其行政上的貽誤，實在也是責無可逭。如果像十信這樣的金融違規事件，政府可以不認眞地查辦主管人員的行政責任，則大有爲政府的服務能力，及其在人民心目中的良好形象，眞不知道還能靠什麼來維持。

其三、從法律責任的觀點來看

政府官員在十信事件中可能的公法責任，有刑法上的責任和行政法上的責任兩種。刑法上的責任，有待司法官員查究。行政法上的責任，有待主管人員的上級長官，以及監察院查辦。法律上的課責，必須以證據爲基礎。在查證未獲確論之前，並不宜妄爲論斷。不過有一點可以說明的是，假如經查證結果，需要負起法律上責任的是政務官，則當事人最佳的自處之道，是在進一步的法律程序開始以前，卽自行致仕，以顯示其作爲政務官的坦蕩風範。

餘言

報載監察院調查十信違規案件的三人小組，已掌握了有關案情的確切證據資料，其是否對有關官員提案糾彈，經與執政黨秘書長及政策會交換意見後，已就目前政治狀況作通盤考慮，針對政治穩定的需要，暫緩提案糾彈。此一報導如果屬實，不免令人覺得監察院殊爲有失立場。蓋國父之所以主張監察獨立，乃是爲了專責監察行政官員之違失，並不是爲了配合行政部門的需要和方便而設制。執政黨中央亦宜善體　總理此一遺敎之精神，協助促成監察權功能之充分發揮。在民主的政治文化中，根本上卽排除在政治上，有所謂不可少的人物之觀念。以我們目前的政治情況而言，如果爲了適應民意與輿情的期求，則少數閣員之調整，那裏就會影響到政治的穩定。

誠然如此，則此少數官員，倒眞成了我們目前政治上不可少的政治人物。那麼基於熱愛國家，支持政府的大義，除了無可奈何地予以隱忍外，眞是夫復何言。

二、政治分離主義不切實際

聯合報：民國七十五年十一月二十九日

自從今年三月間，執政黨十二屆三中全會，作成政治革新的決議之後，旋卽組成十二常委專案小組，將當前政治上之重大問題，歸納爲六項主題，展開革新之政策規劃。在經過多方研議之後，當局復權衡輕重緩急，將其中戒嚴與政治結社問題，作優先處理。首先由總統在十月七日接見《華盛頓郵報》董事長葛蘭姆女士時，作原則性說明之後，執政黨中常會復於十月十五日的例會中，全體一致通過十二常委專案小組研究結論的建議。卽儘快解除戒嚴，另定國家安全法，以適應解嚴後之安全需要；並修改人民團體組織法及選罷法，俾政治團體能夠獲得法律的規範與保護。主管的內政部，遂卽受命積極着手立法與修法的規劃工作，預期將在短期內完成幕僚作業，並早日完成立法程序，展開我國憲政進步成長的新頁。

按所謂黨禁是由於戒嚴的管制，而戒嚴乃是因爲國家安全遭到戰爭或叛亂的威脅與破壞，所實施的一種應變制度。現在雖以適應三十年來社會的巨大變遷，以及內外政情發展的需要而解嚴，但國家安全所面臨之威脅，則數十年如一日，始終存在着。而國家安全所面臨的主要問題，一則爲憲法法統與憲政體制之維護，二則爲中共的暴力顚覆威脅，三則爲臺灣分離主義的破壞。所以上述總統的對外談話，以及執政黨中常會的決議，都特別強調解嚴之後，新政黨的合法存在，必須以承認憲法、反共及反臺獨爲基本前提。

當黨政當局正積極研議與規劃革新及立法方案之際，無黨籍人士則先後於九月廿八日，宣布組織「民主進步黨」，十一月六日，復秘密舉行全國代表大會，並通過黨章與黨綱。其黨章凡九章三十三條。政綱則又分爲兩部分：其一爲基本綱領，包括五項原則，三十四款具體主張；其二爲行動綱領，包括外交、國防、政治、文化等，共十大項目，一三九款具體主張。

何以不用民國紀元

綜觀「民主進步黨」的黨章與政綱，前者乃該黨內部組織結構與運作的章程，後者則爲該黨政治理想與政治主張的宣告。因爲我人確信民主政治爲多元政黨政治，所以非常樂見政府不因戒嚴尚未解除，而對之採取斷然取締措施。又因爲我人確信維護憲法法統、反共與反臺獨，確屬直接關係着國家的安全，所以格外注意「民主進步黨」黨章與政綱的內容。而在經過研讀分析之後，察其基本綱領與行動綱領，應可確認該黨乃一民主政黨。究其綱領內容，則除了對時政之抨擊部分外，多屬宣示該黨的政治主張。其中絕大部分，或則本爲執政黨努力以赴的目標，或則已爲執政黨正在推行中的政策。至於部分特殊主張，有的是屬於見仁見智，有的則涉及尖銳爭議。不過，審視該黨黨章與政綱內容，深爲我人引以爲慮者，厥爲其中所隱含的分離主義意識，爰爲論述如下。

第一，不用民國紀元。按民國以前，各朝通用夏曆，紀元則用皇帝年號。及辛亥十一月十二日，各省代表聯合會議決：改正朔，用陽曆，以十一月十三日爲中華民國元年一月一日。並由臨時大總統於元旦令頒全國，定國號爲中華民國，改元爲中華民國元年，並改用陽曆。公文程式條例第六條更明定：公文應記明國曆年、月、日。雖然並無法律規定，強制民間使用民國紀元，但由於對中華民國之心理認同，所以民間咸皆使用民國紀元，且亦視爲當然。

現在「民主進步黨」之黨章封面，用西元而不用民國紀元，這種作法雖不違反成文法，卻顯然違背了習慣法。此一事實，不免令人懷疑，此乃該黨人士不願意認同中華民國的分離主義意識和心態所使然。假如眞是如此，我們很希望這少數人的迷失，不會爲國家和民族帶來任何的不幸或傷害。

黨旗圖案令人生疑

第二，黨旗圖案失宜。該黨黨章第二條規定其黨旗爲：綠底白十字，中間鑲以綠色臺灣圖案。這樣的黨旗，分析起來，十字圖形是含有宗教的寓意，並無關國家安全。但是臺灣省的圖形，其命意究竟何在？是象徵該黨爲臺灣一省或一地的黨？還是意指該黨爲專屬臺灣人的黨？從其黨章第三條，凡年滿十八歲，認同其綱領，服膺其黨章，而完成入黨手續者，均得爲該黨黨員之規定來看，該黨並非專屬臺灣人的黨。其次，就民主國家的政黨經驗與政黨理論而言，一個國家之中，某個地區爲促進其地區特定利益，而組織地方性的政黨，並不會涉及到國家安全問題。但是「民主進步黨」，在其基本綱領之戊，「和平獨立的國防外交」項下，第三款，特別宣示「臺灣前途應由臺灣全體住民決定」。「民主進步黨」這一項臺灣自決的主張，無異於同時也顯露了該黨黨旗中的臺灣地理圖形，實在是隱寓着非常濃厚的分離主義意識。這是凡對中國之爲整體國家，具有心理認同的愛國同胞，所不能容忍和接受的。

第三，黨的區域組織體系，具有臺獨立國的用心和特徵。民主國家政黨的區域組織體系，皆係依其政府組織的層級體系而設置。例如美國的兩黨組織系統，在聯邦的中央委員會之下，有州級黨部，其下又有不同的地方黨部。依我國憲法第一〇七至一一〇條之規定，我國的政府層級，分爲中央、省、及縣（市）三級。現在三個政黨的組織體系，卽依此三個層級而組設黨部。而依「民主進步黨」黨章第九、十兩條之規定，則該黨各級區域組織體系，則分爲中央、縣市、與鄉鎮市區三級，根本不設省級黨部。雖然第十三條所列舉規定的全國黨員代表大會之成員，其第一項第六款中，包括現任中央及省市民意代表之黨員。但是這項規定的合理解釋，應該是指該黨爲了針對現狀，使其全國代表大會的代表中，能夠包納現任省議員的該黨黨員，而不是表示該黨在區域組織中，設有省級黨部。由於這種關係，所以其黨章第六章各條，對有關地方黨部之規定，亦皆為縣市與鄉鎮市區兩級。觀其組織體系的規定，既未在其黨章中，明示在國家完成統一之前，依事實需要，暫不設置省級黨部。於是該黨之臺獨分離意識，自然就成了司馬昭之心，令人不能無疑。

自決云云虛幻短視

第四，公然宣告主張臺獨。在「民主進步黨」組黨文獻中，最能直接顯示其臺獨分離主義意識的，莫過於其政綱中基本綱領戊項「和平獨立的國防外交」第三、四兩款。前者明白揭示「臺灣前途應由臺灣全體住民決定」；後者補充說明「臺海兩岸之問題，應由全體住民透過自由意志自主決定」。這個住民自決的主張，被刻意列於外交項下，其分離獨立的心態，實屬昭然若揭。按臺灣之為中國整體的一部分，乃是不爭的歷史事實。而「民主進步黨」現在卻利用因中共叛亂割據所造成的一時之分裂現象，提出由臺灣全體住民自決的分離主張。如果說依據民主理論，自決是個人的一項自由權利，則自由理論也更強調「個人沒有不自由的自由」之原則。所以這種片面不切實際的自決幻想，充分顯示其缺乏政治智慧與遠見。蓋世界上任何一個國家，除了因為對外戰爭失敗，或對外特別關係，而被迫割讓，或自願妥協放棄其部分領土外，沒有一個國家會容許其部分領土內的住民自決，分離於母體之外，脫離而自成一國。美國的南北戰爭，就是最好的歷史見證。臺灣住民自決云云，歷史將證明這只是少數政治人物虛幻的狂想。苟不然者，則西藏、新疆、東北九省等等的政治人物，都可以心懷開國領袖的夢想，而主張該省住民自決。如果這種地區自決的主張，果爲歷史發展的原則和方向，則所謂中國，也就根本不可能成其爲今日的中國。「民主進步黨」的領導人物和謀士們，奈何旣昧於史事，復懵於現勢，是爲心懷邦國，志在天下政治人物之大忌。

僅僅「非共」而非「反共」

國家民主憲政發展之應爲多元政黨政治，不但已經證明其爲世界性的經驗法則，同時也是國民黨建國理想內容之一，亦爲憲法所規定的基本原則。過去新黨成立之所以受到阻抑，無非是由於戡亂戒嚴，基於安全上需要的非常態應變措施。現在政府權衡社會變遷與政治發展的需要，決定將儘快解除戒嚴，並開放政治結社。惟以中共的武力威脅尚在，國家的統一有待完成，因而基於安全與統一的需求，所以黨政當局，特別提出新政黨成立的三項基本條件卽：認同憲法，反共，及反對臺獨分離運動。平情而論，任何愛國家，愛民主，洞察國家處境的中國人，都應該肯定上述三項基本條件，均確爲目前國家安全所必需。而「民主進步黨」在組黨文獻中的反應，基本上卻是消極和否定的。

首就認同憲法而言，其行動綱領第三十四款，主張「全面改選中央民意代表……」；第三十五款，主張「依據憲法，制定省縣自治通則，省、市長民選」。由這兩款主張，似可勉予肯定該黨政綱，已經具有認同憲法的內容。

次就反共而言，其基本綱領，戊項第四款，主張「終止臺海兩岸對抗」。行動綱領外交項下第一款，除了「反對中共以武力威脅臺灣」外，又主張「臺海兩岸應以平等地位進行和平競爭……」。上述兩項主張，其本質僅是非共的，而非反共的。同時，中共問題乃是我們的內政問題，而該黨卻將其上引兩項主張，都列之爲外交主張，這應該是由於分離主義的臺獨意識所使然。因而在這種意識心態下，中共如不對臺灣用武，「民主進步黨」並沒有拯救十億大陸同胞於赤禍的懷抱，所以該黨只是非共，而並不反共。

復就反臺獨分離運動而言，從前述對該黨黨章與政綱中，有關分離主義意識的四項分析，應該可以瞭解，該黨乃是一個具有臺獨意識心態的政治團體。而正由於此項分離意識，卻又使得前述認同憲法的兩款政綱，受到了根本的否定。

應恢宏器識高瞻遠矚

我們殷切期望其黨章與政綱中，所隱含和明示的分離意識，以及非共而不反共的條款，皆屬匆促間考慮欠周與文字表達失宜所致。從而能夠重新考慮，再予調整。使其能夠在適應現實的情況下，進一步隨該黨之成長，發揮其促進國家民主憲政品質的作用。因爲一個負責任、有前途的民主政黨，其黨章與政綱，必須能夠認同自己的國家，反應重要的政治問題，並適應現實政治的特別需要。同時，「民主進步黨」的領導人士，皆屬我們社會中政治運動的精英，所以都應該具有恢宏的器識，與共同的認知和抱負。那就是：大家的政治事業前途，應着眼於海峽兩岸整個的中國，黨的任務和使命，應該爲全中國的人民造福謀利，而不應該僅僅以偏處於邊陲一個臺灣島而自甘、自限與自滿。如果「民主進步黨」的領導人士，能有這樣的器識與胸懷，自然就不會再有像現在這樣的分離主義意識。

二、政黨於憲政成長之角色功能

自立晚報：民國七十五年三月二十四日每周評論

黨以政生·政以黨成

在各國政治史上的帝王專制時代，人民結黨，無不懸爲厲禁。蓋以治從君出，而人民結黨，既不利於君主統治，復有害於政權保持。就英國的經驗來說，迨十三世紀末，愛德華一世（Edward I），召開模範國會之後的長期發展過程中，隨着政治民主化的演變，漸次形成了維護王權的陶利（Tory）與維護民權（議會）的輝格（Whig）兩大政團，也就是後來及現在的保守黨與自由黨。美國制憲與行憲初期，卽以政見不同的聯邦派與州權派，而形成爲現在的共和黨與民主黨。

從上面的簡單說明，可知所謂「黨以政生」，其原始意涵，係指政黨乃政治民主化之產物。但是政黨之於政治，其本質只是一種手段或工具。而手段和工具，都是中性的，並非民主政治所專有，極權專制的政治，亦同樣可以像擁有憲法那樣，擁有政黨這個政治工具，以掌握國家政治權力的運用。雖然民主國家與專制極權國家，都是毫無例外地「政以黨成」，但是就政黨的終極功能言，民主國家的政黨，旨在維護並促進人民的利益，而專制極權國家的政黨，則着重在貫徹政府的權威統治與最高領袖的意志。前者可以英美爲典型，後者可以納粹、法西斯、及共產國家爲顯例。

由於現代國家，無分民主與專制，皆爲政以黨成，所以在政治上，無論是硬體制度的適應與變遷，或是軟體政策的規劃與取捨，政黨都扮演着一個權威的角色。掌握政權與（或）促成政見之實現，乃是政黨所以存在的兩大理由。而權力與責任，乃政治上的雙胞胎，此對民主國家的政黨而言，一旦權力在握，也就同時責任在肩。所以政黨，特別是執政的政黨，對國家憲政制度的良性調適與變遷，以及政策的合理規劃與取捨，實在是仔肩綦重，不容輕忽。

執政黨責任重大

就立憲的民主國家而言，政務官對政策的規劃，要受所屬政黨的領導，國會議員對政策的審議，要受所屬政黨決策的約束。對政黨而言，這是權力，也是責任。而運用權力與履行責任，依理都不能違背憲政的民主精神與合理原則。至於憲政制度，因適應社會變遷所作的各種調整，實皆出之於負決策之任的公職人員的作爲。而這些人無不具有政黨背景，其職務行爲，亦無不受黨的約束。由此可知，執政黨對國家憲政健全成長，以及全民福祉的功能與責任，實較在野黨爲獨大而沉重，決不能單純地以掌握政權視之。

由於國家憲政之成長，有制度與政策兩個層面，而以制度爲主經，政策爲輔緯。憲政制度成長之基本原因，是爲了適應社會變遷所形成的客觀需要。而表現憲政制度成長者，則爲國家各主要權力機關決策者之措施和作爲。諸如：修憲者對憲法的修改；立法機關所制定與憲法條文直接有關的憲政立法；釋憲機關對憲法條文所作的解釋；政府部門或政治領袖，所爲法無明文，而經由創例行爲所形成的憲政習慣或例規等，都是民主立憲國家憲政成長的途徑和管道，也是觀察和瞭解一個國家憲政成長所注目的焦點和目標。上述憲政成長的諸種管道和途徑，從各主要民主國家的經驗來看，除了司法機關解釋憲法，係獨立行使職權，政黨不予干預外，其他各種管道中決策者之決策性行爲，無不受政黨的積極影響和約束。

權力體系須求整合

政黨之影響或左右國家憲政成長，雖屬各國皆然，但其影響或左右之途徑和程度，卻又有不同。英美立法與行政部門決策黨員之職務行爲，除了機關內部黨員間之協調決策外，比較不受政府外黨部之積極干預，乃是歷史最久，也是較爲特殊的典型。我國從民國十四年，國民政府建制時起，卽確定了一項黨政關係的基本原則，卽國民政府必須在國民黨的指導與監督之下，掌理全國政務。這項原則，久經運用而益趨成熟，並未因行憲而有根本改變。正由於執政黨對國家憲政成長的種切運作，具有決定性的權力，於是隨權力而來的責任，也同樣是極其重大的。

依照國民黨的權力體系，全國代表大會是至高無上的，其次則爲一年一度的中央委員全體會議，再其次卽爲每週例行的中央常務委員會議。黨章所規定的此一權力體系，在實際運作上所形成的傳統，係由黨的最高領袖，及其所領導的中央常務委員會，共負領導之全責。國家憲政制度與經濟之健全成長，在現階段對執政黨而言，乃僅次於國家安全，同爲其無可旁貸之責任。而在黨權之運用上，雖以中常會爲常設的司令中樞，但是爲了避免中央全會及全國代表大會流爲空疏的形式，似宜考慮除了黨章規定，必須由全代會或中全會處理的重大黨務外，對有關國家憲政制度的調適及重大政策之確定，也應該權衡其層次輕重，分別經過全代會或中全會的程序。俾能使其在黨員和國人的心目中，成爲實至名歸，黨的最高權力機構。

應謀憲政健全成長

國民黨十二屆三中全會，卽將於本月二十九日在臺北舉行，其距離二中全會，已歷時二年。這兩年來，無論在憲政制度方面，或政策方面，都呈現了若干問題和需要。報載執政黨有關方面，爲此次三中全會所擬定的主要議題爲：「承先啓後，開拓國家光明前途」。這個主題當然很正確，也可以作爲現階段每次全代會或中全會的主要議題之一。不過在這個主題之內，我們寄望三中全會，能夠認眞地，對有關憲政體制上若干虛懸或存在已久，而爲衆所關心的重要問題，採取若干一新耳目和振奮人心的作爲，以有助於憲政之健全成長。至於一些純粹實務上或層次較低的政策事項，儘可責成中常會去處理，以避免其所處理者非關根本，而發生欲重其權，反輕其任，以致有礙國人對中央全會權威決策之期待。

三、運作形態與領導結構之調適

——對中國國民黨「十三全會」建言——

中央日報：民國七十七年四月三日

運作形態之調適

實施民主憲政，乃國民黨領導開國的初衷，也是國民黨領導建國的永恆目標。而民主政治之爲政黨政治，初係由於民主程序中之定期選舉，所發展出來的政治運作形態。但是由於政黨之於政治，其本質只是一種中性的手段，所以迄本世紀以還，政黨已非民主國家所能專有，共產與極權國家的政治領袖，亦恆藉造黨作爲鞏固其專制統治的手段。我們觀察民主國家與共產國家政黨政治之運作，可以發現比較成熟的民主國家之政黨，都是在既有的政治體系中，隨不斷的定期選舉所發展成功的，因而她們的黨政關係，也很自然地逐漸成型爲內造政黨。所謂內造政黨，是指黨的決策，係出之於議會內的黨籍議員，議會外的黨部，既不具有積極的決策功能，對黨籍議員，也不作強制性的權威領導。由於議員是由普選產生的，具有社會性的民意基礎，所以內造政黨的運作形態，比較最能落實決策的民主化，也最有利於民主憲政的成長和發展。至於共產國家的政黨，其成立發展與取得政權，既與普選無關，於是也就很自然地成型為外造政黨。政府體系內的決策，必須接受政府體系外黨部決策的權威領導。由於黨部的決策羣，多非民選所產生，所以黨部的決策，往往缺乏程序上社會的民意基礎，也比較不利於落實決策的民主化。

國民黨基於軍政、訓政及憲政，建國三序方略之指引，自民國十四年國民政府成立之初，依據其組織法第一條規定，「國民政府，受中國國民黨之指導及監督，掌理全國政務」，即說明了其運作形態，屬於外造性政黨。而國民黨之為外造性政黨的傳統，歷史證明其軍政及訓政時期，確已相當地發揮了其肆應時代需要的正功能。但國民黨領導建國的終極目標，是還政於民，實施憲政。而自三十七年行憲以還，由於戡亂、戒嚴，中央民意代表未能定期全面改選，政黨形勢也未發生變化，所以國民黨之黨政關係，仍保持着外造政黨的運作形態。但是自從六十一年開始，定期辦理增額中央民意代表選舉之後，即啓動了政治上變化的契機。特別是從去年七月，相繼解除戒嚴，開放「黨禁」、「報禁」，以及積極規劃充實國會方案等等，事事都在反映着時代在變，環境在變，新的政治情勢，正在積極地孕育之中。而外造政黨的運作傳統，能否適應民主憲政澎湃發展新的需要，似已構成為國民黨所面臨的一項新的課題。如果歐美民主國家內造政黨的運作經驗，確有值得肯定的價值，則國民黨今後黨政關係之運作，是否應該由外造政黨之傳統，逐漸向內造政黨的方向調適，似宜列入十三屆全會的考慮範圍。

領導結構之調適

國民黨的權力結構，以全國代表大會爲極峯，其閉會之後爲中央委員全會，中委全會閉會期間，又設中央執行委員會，三十九年改造之後，易名爲中央常務委員會議，行使黨的最高領導權。由於當初黨是先政府而存在的，所以在十四年國民政府成立之後，在黨政的決策關係上，便發展成爲外造性的黨。爲了貫徹以黨領政的基本原則，黨的中央，初設中政會，民國二十七年，又改設國防最高委員會，遷臺改造之後，幾經調適，又設爲政策委員會，以傳達中常會的決定，並發揮領政之功能。

在行憲之前，政從黨出，政以黨成。國府五院的重要人事，包括立監委員，以及政府的重要政策，皆由黨的中央作權威的決定，且績效卓著。不過，抗戰之前，由於中執會或中政會的成員，未必擔任政府公職，所以決策與執行之間，矛盾時或不免。及二十七年國防最高委員會成立之後，力謀改善，使黨、政、軍的重要領袖，均爲國防最高委員會的決策成員。由於行政部門的首長及立法委員的進退，都有效地決定於黨，所以外造政黨的運作，非常成功。迨行憲之後，特別是六十一年以還，由於增額中央民意代表的定期改選，以及增額幅度之日趨擴大，益之以黨員與一般選民獨立自主人格意識之日趨強化，於是黨部對於中央民意代表之進退，固然不再具有必然的決定權威，即對於黨籍候選人競選之成敗，亦不具絕對的決定作用，所以當黨的黨籍民意代表，對黨部傳統的權威領導運作，不但心懷抗拒，亦每形之詞色。這一轉變，可以說是國民黨建黨以來，所面臨的一項極大變局。第十三屆全會，對於此一關係全黨未來前途，以及國家憲政發展的變局，如何改善中常會的領導結構，如何化傳統的權威領導爲積極的溝通協調，允宜作成有效調適的考慮。

報載黨部中央，已經注意到未來中常委的年輕化問題。我人也瞭解國民黨之爲外造政黨與敬老尊長之傳統，只能圖難於易，決非一時之間可以斷然改變。同時，中常會結構之調適，亦決非單純地中常委年輕化所能竟其功。如果前述由外造性政黨，向內造性政黨調適的原則可以接受，則中央委員似以儘量容納中央民意代表及五院高級政務官爲宜。至於中常委，則宜以立委及行政院出席院會的政務委員爲決策的主體，儘量使立法決策與行政執行，融爲黨的領導實體。益之以中常委產生程序實質的民主化，則權威領導的傳統，自然就會逐漸柔性化，向民主的協調與同意的途徑發展。這種調適績效既彰之後，民主化的目標，也就自然水到渠成。

主席於公職定位之調適

在民主國家，一個政黨一旦執政之後，該黨領袖在政府公職上之定位如何。如在總統制國家則任總統——元首兼爲行政首長，而在內閣制國家則任首相或總理——僅爲行政首長。我國行憲以來，素有總統制或內閣制之爭論。其實，從行憲前十四年國民政府成立，以至行憲後故總統經國先生之逝，由於國民黨一黨獨大，並一直掌握政權，所以凡黨的強力領袖擔任國府主席或總統，則制度運作之精神卽屬總統制，否則卽屬內閣制。但是近年以來，新的政黨已先後興起，並在日漸成長茁壯之中。從民主的常理判斷，在野黨經由選舉程序而取得政權之可能性，顯然已在日漸增加之中。而依照我國憲法有關規定，總統由國民大會選舉產生；行政院院長則須經立法院同意而由總統任命，並向立法院負責；立法院且可以變更政策或立法之手段，迫使行政院院長辭職；總統行使憲法上的各項職權，多須以行政院之合作與支持爲必要條件，特別是公布法律或發布命令，又必須經行政院院長之副署。憲法中的這些規定，一旦由其他政黨執政來運用，特別是在國民大會與立法院，分別由不同政黨掌握過半數議席的情形下，則國民黨一黨獨大時期，制度運作所表現的總統制精神，亦卽總統以國家元首，而兼爲發揮的行政首長功能，顯將難以繼續保持。任何政黨如果堅持所是，卽會形成憲政僵局或政治危機，這自非國家社會之福。

　　按憲法之爲國家的基本大法，乃朝野所有各個政黨，都必須遵守奉行的政治規範。對於上述憲法的各項規定，各黨在適用上，又必須具有相同的共識，然後才能形成確定的制度。我們憲法上的總統，是否兼爲行政首長？當國大與立院，同由一黨掌握過半數議席時，其答案可能是肯定的。但是如果二者分別由不同政黨掌握過半數議席時，其答案就會是否定的。爲了避免使總統成爲制度上爭議的焦點，爲了避免出現憲政僵局或危機，也爲了避免使總統在制度上的角色功能，常處於不確定狀態，我人深深覺得只就憲法的有關規定言，總統之爲國家元首，似以不兼爲行政首長，比較能夠最有益於我國憲政制度運作上的和諧與成長。

就個人的行爲言，人是習慣的奴隸。就政黨的行爲言，政黨係受傳統的支配。不過，個人的行爲習慣，與政黨的行爲傳統，都可以因爲客觀的和主觀的各種因素之影響而改變。今後黨主席在公職上究竟如何定位，是寧爲垂拱的總統，抑爲負責的行政院長，可能會是一項非常困惑而艱難的抉擇。値此國家政治情勢快速變化之際，第十三屆全會，對於這樣一個與憲政制度定位及發展密切相關的問題，似應未雨綢繆，預作彈性原則之考慮。若以情非所宜，亦可聽其自然，適度地維持既有的傳統，但隨今後政情的發展，採取隨機適情之調適。

綜上所述，深覺就國家的憲政制度言，雖然憲法的規定，往往未必周延，其規範作用，亦有時而窮。但政治領袖的政治行爲，卻往往可以濟憲法之窮，而樹立例規，垂範後世。英國十八世紀中葉華爾坡首相 (R. Walpole)，曾首開未獲國會支持而辭職的先例，迄今傳爲定制；美國總統華盛頓、傑佛遜及麥迪森，亦先後皆拒絕第三次連任總統，亦垂爲例制者，幾達一百五十年。我們也寄望國民黨的領袖們，在第十三屆全會中，能夠對我們國家憲政制度的內容，孕育出若干可以垂範後世的新猷。

一四、落實政綱，兌現承諾

—執政黨「十三全會」的平議與省思—

中央日報：民國七十七年七月十八日

標題為「十三全之後」系列①對全會的平議與省思

聯合報：民國七十七年八月二十四日

一、前言

人事與政策的決定，乃政治事務的核心，也是處理政治事務的初步。民主政治所追求者，最基本的厥爲對於政治上人事與政策的決定和處理，在程序上應遵守決定於量，在實質上應力求合於理的民主原則。從這個觀點來看，國民黨第十三次全國代表大會，大體上可說是成功的。因爲大會的中心任務，即在於確定黨的重要人事，以及當前和未來政治上的施政綱領。而這兩大主題，在七天的會期當中，經過預定的議程安排，都已獲得確定的結論。黨內新的領導機體，已經重組完成；未來的政策大綱，亦告全盤確定。雖然在程序上和實質上，仍有若干值得商榷之處，但整體上，應屬瑕不掩瑜。

此次全會所作成的各項決議，其屬於前瞻性者，厥爲預經多次研議的五項中心議題。而在五項議題的決議中，關於黨章修訂，以及現階段黨務革新綱領兩項決議，其內容及實施，均較單純易爲。現階段大陸政策案的決議，又經摘要濃縮，列爲政綱第十二章的推廣大陸經驗，完成國家統一的八項綱領。至於弘揚三民主義思想的決議，其貫徹則與全部政綱的落實有不可分的關係。所以全會對於五項中心議題所作的決議，其眞正的核心，厥爲對「國民黨政綱案」的決議。

二、大會的成就與突破

綜觀中國國民黨十三全大會七天會期中的各項議事，一方面既有値得重視的成就或突破，另方面亦有可資檢討的話題或瑕疵。若以成就或突破而言，可試舉數端如下：

㈠依黨章完成領袖合法傳承，確定新的領導中樞。依黨章規定，黨主席應由全國代表大會選舉產生。黨章就是黨的憲法。由於黨章中並未設置副主席，所以當故主席經國先生去世之初，全代會既無法卽時舉行，黨主席又不容久爲虛懸，爲適應事實上需要，權由中常會推舉甫經繼任爲總統的李登輝先生爲代理主席。十三全會爲使黨主席制席之傳承，在黨內益爲合法而周延，除了依黨章選舉李代主席眞除爲主席外，並修訂黨章，明定主席缺位時，由中央委員全會選舉代理主席，至下次全國代表大會選出新任主席爲止。此一黨章法定程序之確立，顯然要比由中常會權宜地推舉代主席，爲合於程序法定原則。

㈡加強了黨內運作程序之民主化。其一，當十三全會舉行的時間既經決定之後，繼即擬定了五大中心議題。每一議題都有專責常委主持，廣邀黨內學術及有關業務黨員，舉行多次聽證座談，以謀擴大黨內民主的意見參與，期能集思廣益。惜乎這五大議題，在四次會議中，即匆匆定案，討論之實質及愼重之程度，尚不如籌備期間各議題小組所辦的多次聽證座談會。不過程序上的民主化，顯然已具有突破的意義。其二，中央委員之選舉，主席提名與自由簽署參選名額相同。結果，主席提名落選者與自由參選當選者，都有三十三人。這在歷次中央委員的選舉中，其趨向於民主化的本質，顯然也是史無前例。

㈢調整組織與強化功能。中央委員會除了參與決策的中委結構大量更新外。中委會的業務組織與功能，全代會亦作成了突破性調整與強化的決定。在組織結構上，依功能需要作任務編組，分設政策協調，組織動員，與行政管理三大部門。其中尤以組織動員部門，涵蓋了組織、文化、社會、青年、婦女、訓練、選舉、海外、及大陸等有關工作單位。這一種因功能、任務所規劃的工作組織的整合，在黨務革新上，也是一項突破。至於對地區黨部組織結構作彈性之調整，並積極借重各級民意代表、意見領袖等人士參與工作，這應該是一項十分值得肯定的突破。

三、決議有待落實與貫徹

此次全會所決議的政綱，包括政治、外交、國防、經濟、教育、文化、社會，及環保八大建設，勞工、農民、與婦女三大福利，以及大陸政策綱領，凡十二章八十九條。這八十九條政綱包羅雖廣，但最值得注意的，是缺少輕重緩急的劃分，同時這些政綱本身，也多屬政策方向和原則的宣示，尚待予以具體規劃之後，才能付諸實施。如何落實全會所議決的八十九條政綱？茲試述芻蕘之見如下。

第一，中央常會似應儘快將八十九條政綱，依其性質歸屬，分交政府有關院、部從政主管同志負責，就其職掌範圍內的政綱事項，依其判斷，厘定其輕重緩急的優先次序，以及開始實行的時間與預定的成效，若有必須經過立法程序者，應予特別分列，限期專案擬呈中常會。

第二，中常會將各院所擬政綱執行規劃專案初稿，經過審查後，以下屆全代會舉行前的四年期間爲準，一方面核定各院部推行政綱的優先次序，同時對於須經立法程序的政綱事項，宜確實有效地安排立法院有關委員會的黨籍委員，以及志願參與規劃的本屆中央委員，與主管院部的主管人員，共同規劃研議其所司政綱事項的具體實施方案。中央委員因爲參與政綱實施方案的規劃，對黨來講是令中委人盡其才，對參與中委來講，便不會再有徒擁中委虛名之嘆。黨籍立委使之參與法案規劃的過程，不但可以彌補國民黨久爲外造政黨的缺點，也可消除立委對黨的決策，純爲承命受令，形同過河卒子的心理不平。同時，這樣的程序，更可以使黨的決策，更具有效充實的民意基礎。

第三、政綱執行的法案或方案，經中常會核定和（或）完成立法程序，付諸實施之後，行政院研考會及黨部考紀會，應列案追蹤考核，以避免好政策爲執行的偏失所誤。

第四，依政綱制定的政策，宜將實施的成效或進度，每年或每二年定期對社會公布，並於公職人員選舉之前，公布政綱政策成果清單。既可作爲黨員追求連任者的服務成績，亦可彰顯執政黨的施政成果。

四、檢討與省思

綜上所述，執政黨第十三次全代會，雖已順利結束預定議程，並且獲得數項成就和突破。但檢討整個過程，不免仍有若干值得商榷和注意改善的問題，扼要舉述如下：

其一，主席的產生方式，按執政黨的傳統或慣例，領袖以至主席對中常委的提名選舉，皆採起立或鼓掌方式，以示對領袖的擁戴和尊崇。但是憲法中的選舉，依其規定必須採無記名投票方式，人民團體選舉罷免辦法，亦規定凡以團體集會方式選舉者，應採無記名投票法行之。依公法原理，慣例與成文法規競合，即不能再有適用餘地。現在既有不同意見，又有法規明文，爲杜日後爭議，免被弁髦法規之譏，中委會似應將之列入研議專案，予以成文化或刊之黨章，以彰執政黨崇法之誠。

其二，爲避免繼續不斷塑造傳統權威型領袖，並強化黨內民主的情勢，中委選舉過程中，主席提名候選人在應選名額中的比例似宜向減少的趨勢發展，相對地增加自由參選的名額比例，以強化中委以至中常委的流動與活力。

其三，我們細審本屆中委及中常委的背景，發現一八〇位中委中，行政系統者一一三人，立委僅十四人；三十一位中常委中，行政系統者十八人，立委四人。政治學者稱國民黨爲外造政黨，就是因爲具有民意基礎的立法者，在決策機構的席位，與非立法者席位之不成比例而言。向立法院負責的行政部門，在決策機構都超過半數，政策決定之後，便經由黨政協調，要求未參與的黨籍委員，支持中常會的決定。這從民主政理的觀點來看，是很不合理的現象。而在合理的選舉制度不斷運作下，從英美的經驗來看，上述的不合理現象，似難長期維持下去。所以我人覺得執政黨亟應重視此一問題，逐漸朝改善的方向，發展前進。

其四，十二章八十九條政綱，形似周延，實際上其責效的拘束力，是不容高估的。政綱是政黨對社會人民所提出的政策承諾，必需在一定期間予以兌現。執政黨的全代會既是四年集會一次，則政綱的內容，即應針對社會既有需要的緩急狀況，將四年之內可以完成兌現者，優先明確地列入政綱。黨以之號召社會，公職候選人視未來公職之任期與職權，列之爲政見。這是政黨建立誠信形象，以爭取選民的最有效途徑。而現在的八十九條政綱，頗似黍麥雜陳，沒有人可以知道，在未來四年，執政黨究竟會完成那些政綱事項，這對執政黨社會力或競選資源的發展與開拓顯然不足以構成一項有利的條件。黨之領袖與謀黨精英，似宜正視此一問題。

一五、維護憲政制度的成長

中國論壇：第二五二期—民國七十五年三月二十五日
聯　合　報：民國七十五年三月三十日轉載
海外學人：第一六五期轉載。

能夠成長的東西，才是有生命的東西。惟獨有生命的東西，才能日漸地成長。

成長雖然是生命的必然現象，但從價值的觀點言，成長卻有正負之分。

一個國家的憲法與制度有沒有生命，政治學者的答案是肯定的。美國的法政學者，歸納兩百年來美國憲法良性成長的事實，大家都確認，美國憲法是一部有生命的或活的憲法 (a living constitution)。

英儒戴雪（A. V. Dicey）於其《英憲精義》名著中，曾引述英國流行的一項格言說：「憲法不是造成的，而是長成的」(The constitution has not been made but has grown.)。從形式文義以論，上述格言，似屬荒唐無稽。小彌勒在其《代議政治》(J.S. Mill, *Representative Government*, 1861）一書中，即曾指陳：「所有的政治制度，都是由人工造成的，因爲制度之產生與存在，都是出之於人類的意願。人們並不會在一個夏日早晨睡醒之後，就發現制度已經長出來。制度也不會像樹木一樣，一經栽植之後，就會在人們酣睡中自行生長。事實上，制度生存的每一個時期，其所以成爲那樣的制度，完全是人類的意願作爲所造成的。」

以上戴雪引述的格言，以及小彌勒的見解說明，形異實同，都是經驗的知者之言。蓋國家的憲法制度，無論是成文的或不成文的，迨皆人類主觀意願的產品。苟無人類的主觀意願，即不可能有制度之產生與存在。不過，任何造成的制度，惟有在付諸實施之後，才會具有生命。而在其後持續運作的過程中，又無可避免地因需要之調適，而產生「法隨時轉」的現象。任何時期制度之變化，固皆由於人類的意願，但就制度變化歷程的結果言，該項結果乃是不斷地長成的，而非一時之間一次造成的。這是政治學者所以確認制度是長成的主要理由。

制度雖然是長成的，但是其成長，卻係以人的意願爲基礎。而就價值的觀點言，成長的品質，也有正負之分。現在掌握權力或具有決策作用的人們，在影響制度變化調適過程中的作爲，如果能大公無私，一以民主的憲政精神爲行爲的指引，則這類作爲所形成的制度成長，乃是憲政的正成長。反之，將形成爲憲政的負成長。

制度成長的管道因素

憲政制度之成長，朝野都負有無可旁貸之責任。如果我們希望憲政制度能夠健全地成長，那麼有關政治的運作，即該尊崇民主的精神，嚴守憲法的規範，以厚植憲政的基礎。憲政制度之健全成長，雖爲朝野之共同責任，但在朝且身負決策之任的公職人員，實具有更直接的積極作用。究竟那些人在直接影響着我們憲政制度之成長，我人願從憲政制度變遷成長的管道與途徑，略予指陳。事實上在制度成長的每一管道與途徑中的決策者，也就正是直接影響我們憲政成長的主要人士。如果這些公職人員在執行職務之際，都能夠懷着臨深履薄的戒愼心情，以及尊崇民主與憲法的誠摯態度，則他們的職務行爲，自然就會對國家憲政的健全成長，發生積極的正功能。至於憲政成長的途徑，依據人類既有的經驗，可以歸納爲以下數種因素。

其一，修憲者的修憲行爲。憲法的內容一旦經過修改，則國家的政治規範，亦必因而發生某種變遷，這種變遷即促成了憲政制度之成長。至於這種成長，在民主憲政價值標準衡量下之爲好壞或正負，則係決定於修憲者修憲內容之品質，是否有益於民主原則及精神之實踐與提升。

其二，立法者的立法行爲。憲法之爲基本大法，其意指之一，即憲法所規定者，皆爲國政基本事項之基本原則，至於具體細節，則有賴立法之更爲補充規定。由此可知立法者立法，是否符合憲法規定之原則與精神，實與憲政成長之健全與否，具有密切之關係。

其三，司法者的釋憲行爲。憲法之爲政治規範，其文字涵義，往往無以自明。一旦有爭議發生，必須由權威的司法者，作爲定於一的解釋，以鞏固憲法的權威。憲法隨解釋案之不斷產生而日趨充實，又以後解釋之變更前解釋而發生修憲之作用。這些情形，都在影響着憲政之成長。所以釋憲者於憲政正成長所負的責任，是很重大的。

其四，政治人物的創例行爲。民主的政府雖然必須依法而治，但「法」也並不是無所不備的。由於客觀上的法有餘隙，於是政治人物在處理政務的時候，或不免以主觀的判斷，而採取了乘罅蹈隙，於法無據的行爲。這類行爲的程序模式，如果經過蕭規曹隨，不斷地沿襲仿行，日久天長，便形成爲一種不成文的憲政慣例。政治上個別的領袖人物，政府的各主要部門（branches），都可能是這種憲政慣例的蕭何與曹參。諸如華盛頓與傑佛遜之先後堅持只連任一次總統；華盛頓政府之創行政協定之先例，而不送請參院批准；傑佛遜之始行「官職分肥辦法」(spoils system)；第一屆國會之拒絕財長漢密爾頓（A. Hamilton）列席國會報告財政；馬歇爾領導的最高法院，於一八〇三年，在判例中之首先創下影響世界的違憲立法審查制度(judicial review) 等等。上舉各例，都是美國憲政史上，由政治人物或政府主要部門的作爲，經創例而成長起來的習慣制度。其中大都對美國的憲政成長，具有價值上的正功能，惟獨隨政黨在大選中成敗而定的官職分肥辦法，卻是例外，廣爲人所詬病。不過該一制度，已早在一八八三年

「公務員法」(Civil Service Act)制定實施之後趨於沒落。

我國憲政成長的觀察

我國的憲政制度，自三十七年行憲政府建制運作之日起，即已開始其生命的成長歷程。惟以赤禍既存在於制憲之前，復熾烈於行憲之後，不二年間，神州陸沉，海棠變色，行憲法統，幾於瀕臨絕續邊緣。及政府遷臺，大局漸趨穩定，憲法體制，爰以持續不墜，憲政制度，亦以日獲成長。奈何生存的紅色威脅未除，匡復的統一重任在肩。由於客觀與主觀各項實質因素之困擾，所以三十多年來，從前述各種管道和途徑，所呈現出來的憲政成長現象，其中雖有足資稱道者在，但總體政治之運作，尚有待嚴守民主法治的精神與原則，更積極地落實在憲法的基礎上，俾其能以發揮促進憲政成長的正功能。於此特就行憲將近四十年之成長狀況，試抒所見如下。

首先，一部成文憲法，無論在制定當時是如何的完美，一旦付諸實施之後，其必須隨社會的變遷，作適情的修改與調整。蓋憲法乃爲活人之政治規範，其必須具備適應時需之特性所使然也。我們現在的政治環境與需要，與制憲當時已不可同日而語，但是由於大陸未復的政治理由，一直拒絕考慮修憲。而爲適應戡亂需要，特由國大另行制定「動員戡亂臨時條款」，至今且已經過四次修改，以適應新的需要。臨時條款的各項規定，是否盡皆妥適，並符合憲法特有規定的精神，固屬見仁見智。惟獨形式上，憲法之外，另有非憲法的臨時條款，而在法效上或則優先於憲法，或則凌駕於憲法。這種現象，於各國憲法史固無先例，而於憲法法理，似亦難容。爲了維護憲法之尊嚴，爲了促進憲法的健全成長，國民大會有責任爲臨時條款正名，將之列爲臨時性的憲法修正案。

其次，憲法條文的規定，多屬原則而不及細節。而憲法條文原則性規定之具體補充，多賴立法機關以法律來完成。此所以憲法第一七五條第一項，特爲規定：「本憲法規定事項，有另定實施程序之必要者，以法律定之」。故現行的法律，皆係以憲法爲基礎、爲法源。不過，某些行憲前制定，而又不盡與憲法相合的法律，實有待立法院作通盤的檢討與改善。其他依憲法規定應行制定的法律，以及經大法官會議解釋結果，正式宣告牴觸憲法的法律，立法院都責無旁貸，應儘快地予以制定和修改。同時，依據憲法，立法院享有完整的立法權，其他四院就所掌事項，雖亦享有提案權，但其他四院的法律提案權，並不影響立法院就其他各院職掌事項，自行提案立法。多年來的現象顯示，立法院於立法權之行使，過分處於被動，很少主動提案立法。由於國家憲政成長之有賴於立法充實者甚多，所以長久以來，立法院於立法權行使之被動與消極態度，實已構成爲憲政健全成長之不利因素。

復次，憲法的權威解釋，具有多種功能。根據美國的成功經驗顯示，最高法院解釋憲法，特別是變更判例的解釋，其本身實具有形同修憲之作用。美國將近兩百年來的憲政成長，其得力於憲法修改者，遠沒有得力於憲法解釋者多。我國的大法官會議釋憲制度，自三十七年建制以來，在將近四十年期間，其所作有關憲法解釋，對於諸如維護憲法尊嚴，保障民權，健全釋憲制度，提高釋憲權威，以及促進憲法之適應性等方面，都已日著其效。而就一個成功的釋憲制度言，大法官會議在釋憲權的運用上，如果能多着意於健全釋憲制度，加強民權保障，以及釋憲權威功能之發揮，則大法官會議將日漸扮演為我國憲政制度成長的中堅角色，而不讓美國最高法院獨享令譽。

再次，就憲政習慣而言，其本身既為憲政成長的產品，進而又復充實了憲政之成長。一個國家行憲的歷史越久，憲政習慣的內容也越多。我國行憲歷史尚淺，故而尚乏確定而公認的憲政習慣。不過，我們的憲法，既已歷經近四十年的運作，所以行憲的環境雖然坎坷，但是從憲政習慣之判斷標準或原則來看，我們亦已有了若干類屬憲政習慣的事例。諸如：副總統之兼任行政院長；行政院長任期之以總統任期為準；行政院法案覆議權之可為條文覆議等，均為顯例。惟以行憲環境特殊，上舉事例，究屬一時現象，抑將成長為憲政習慣，結論尚需俟諸來日。

結語

最後我人於此願為一言者，即憲政運作上的創例與循例，皆為政治上高層領袖人物之職務行為所使然。如果這些高層領袖們，能夠瞭然其法外職務行為，對國家憲政成長之巨大影響，從而時時以民主原則自勵，事事以憲法精神自守，則其行為無論為創例或守例，都將對國家之憲政成長，發揮其積極的正功能。而此一原則，對前述憲政成長其他三項管道中的政治領袖們，亦具有同樣的意義與適用性。所以我們期望，所有可以影響、左右、及決定我們憲政制度健全成長的在職政治領袖們，都能有此認知，並以此惕勵自勉，爲國家憲政的良性成長，有所貢獻。

一六、憲政成長事緩則圓

中央日報：民國七十七年一月三日、「迎向未來」系列專題之三

前言

英儒戴雪（A. V. Dicey）在《英憲精義》一書中，曾說明憲政成長的道理，他指出有一個格言說：「英國的憲法不是造成的，而是長成的。」（The Constitution has not been made but has grown.）從字面上看，這個格言是很荒唐的。連小彌勒（J. S. Mill）在《代議政府》（*Representative Gov't*）一書中，也指稱政治制度乃是人工的產品，其創建及存在，無不出之於人類的意願。

因為人們並不能在夏天的早晨一覺醒來，就發現制度已經產生茁長，而制度也不能像種樹一樣，一旦種下之後，就會在人們的睡眠中不斷地的生長。所以制度存在過程的點點滴滴，無不是由人類的意願造成的。這兩位英儒的論點形似矛盾，實則各有其事理基礎。戴雪雖承認小彌勒的

制度爲人工所造之觀點，但是他確認一個具有歷史性而成功的政治制度，既非人們在旦夕之間所造成，亦非一次立法所制定，而是經由人工智慧長期成長的結果。美國的憲法是一七八七年制定的，但我們今天所看到的美國憲政制度及其成就，卻是兩百年來經由不斷的修改憲法、解釋憲法、重要立法、以及漸次形成的憲法習慣所逐漸長成的。根據既有的經驗知識，人們應知揠苗助長之弊與事緩則圓之利。新歲伊始，展望我國的憲政成長，試舉數端義理，以供社會參考。

法與時轉治與世宜

其一，法與時轉則治，治與世宜則有功。憲政制度是國家的政治規範，其所以能發揮規範政治的功能，最重要的是，不唯其內容或辦法，須能因應時代環境的需要，作不斷的調適，同時其適時的調適，亦必須因人情性，重視其可行性，而切宜避免但依片面的道理而閉門造車。試以國會之革新爲例，第一屆代表在職四十年而未依法改選，雖因大陸赤化，事實上有所不能，但社會在歷經四十年重大變遷之後，於情於理，法之本身，勢亦不能不作適時之更張，以調適國會之結構。而第一屆代表當年於任期屆滿之時，係經由憲法解釋途徑，爲維護憲政體制之完整運作，而繼續行使職權，其數十年生命，悉已盡瘁斯職。現在談改革國會結構，無論如何義正辭嚴，對第一屆代表，都宜於徐求退養，而不宜斷然棄之如敝履，因其不合人情事理也。所以韓非子所謂：「法與時轉則治，治與世宜則有功」，對於參與國會改革決策者來說，似宜三復斯言。

政治參與不宜絕對求全

其二，政治參與，不宜絕對求全。民主政治之爲多元政治，其多元之涵義也是多元的。舉凡對事物和問題之看法、主張、利益、價值判斷等，無不具有錯綜複雜的多元性。在專制的社會，比較強調一元化，政治上的不同主張、利益與價值，都由政治上的絕對權威，作權威性的一元化整合。而在民主的社會，特別重視各方面的多元化，任何不同主張、利益與價值間的矛盾，當事者都能以本諸排除絕對眞理和絕對權威的認知和態度，在經由理性的討論與同意過程中，自律自制，以達成妥協性的一元化整合。我們的憲政發展，在解嚴之後，已面臨一些新的難題。繼國安法而來，以及將次第出現於議壇的，諸如「人民團體組織法」與「集會遊行法」之制定，與乎「國會之充實或改造」及「地方自治法制化」等問題之解決，「民進黨」之主張，多與執政黨相左，且爭之甚烈，馴致失序，啓人隱憂。經驗顯示，民主政治中處理政治問題，基本上是在探求一個各政黨都大致可以接受的平衡點，而不是在尋求眞理，因爲政治中並沒有絕對眞理。各政黨的領袖們，如果能重視此一認知，並以之自律，則在未來處理我們所面對的各種政治問題時，便能隨念而動，不絕對堅持所是，不刻意求全責備，從而相商相容，互讓妥協，以至於成其事功，共映憲政之光輝。

目的應與手段相侔並重

其三，目的應與手段相侔並重。強調追求目的之手段正當合理，乃民主社會生活方式的基本信念之一。因爲經驗已經證明，不合理的手段，具有摧毀正當目的之決定性破壞作用。尤其是重要政治人物的重要政治行爲，如果背離了手段應求正當合理此一信念和原則，則其爲害於民主憲政者，將是民主文化正常成長之遲滯和破壞。我人基於此一認知，所以寄望「民進黨」的領袖們，能夠重視並奉行手段應與目的同樣正當合理此一民主基本原則。平心而論，「民進黨」以改造國會結構合理化爲政治訴求，其標的是正當合理的；該黨建黨伊始，積極於尋求擴大黨的社會基礎，以壯大黨的力量，其用心和目標，也是正當合理的。但是在行動上，卻以國會結構不合理爲詞，從而採取不顧議會倫理，蔑視議事規範，進而破壞議場秩序，並輔以傷害公益之羣衆活動，以作爲追求國會改選與壯大力量的手段。衡之以民主政治強調手段應正當合理之原則言，上述「民進黨」所採手段之不正當性，並不能因爲其目的正當而肯定其爲正當。否則，我們反共即屬無的放矢。邇來地方議會議事之失序，以及國大年會之紛擾，可說都是立法院議事糾紛所引起的後遺症。「民進黨」以民主進步名黨，希望今後在政治行動上，能以民主政治所重視的正當合理之手段或方法，去追求正當合理的目標，以共同促進我國民主憲政之進步與發展。

安定與秩序是必需條件

其四，安定與秩序，乃憲政健全成長的必需條件。法政學者，曾經多人指出，民主憲政的正常發展，必需以和平安定的生態環境爲條件，因爲歷史經驗已經證明，戰亂乃是破壞民主和憲法的最大兇手。蓋戰爭與變亂，一則影響國家安定，二則破壞社會秩序。而安定與秩序，則恰爲憲政成長的必需條件。由於這個關係，所以康奈爾大學教授羅西德（Clinton Rossitor）乃特別指出：沒有自由即沒有幸福，沒有自治即沒有自由，沒有憲政即沒有自治，沒有道德即沒有憲政，但是如果沒有安定和秩序，即沒有這些偉大的東西。中華民國建國已七十六年，在民國三十六年以前，由於內亂與外患，連續不斷發生，安全、安定與秩序，一無可恃，以至於制憲都屢遭挫折，遑論憲政成長。迨三十五年多，憲法雖在到處烽火的戰亂中制定，但在戰亂不斷失利的情形下行憲，其事實上的障礙，自非主觀的願望所能克服。眞正說來，我們現在在民主憲政上的一點成就，仍然是在近三十年來安定與秩序較爲良好的條件下，朝野共同努力的結果。語云：以史爲鏡，可知得失。在既經解嚴之後，希望大家都能更理性地珍惜社會的安定與秩序，爲我們憲政的健全成長，提供有效的成功機會和條件。

第二編　選　舉

一七、對選舉成長的期盼

聯合報：民國七十四年十月二十二日

制度是長成功的，不是造成功的。「選舉」乃民主政治運作的開始，不但是一項全國性的政治總動員，同時也是一項全國性的政治社會化運動。我國中央、省市、縣市及鄉鎮四級選舉，已行之有年。有關選舉的硬體制度，固然在不斷地調適中成長，即有關選舉的軟體觀念認知，也隨着歷次選舉的實證經驗，逐漸地朝向合理化的境域邁進。值此省市議員及縣市長選舉行將定期舉行之際，爰就有關選舉合理化成長的觀點，略陳數事，藉供參考。

一、希望候選人之產生程序加強民主化。執政黨黨部與無黨籍人士後援會，均已提出參與此次選舉的候選人推薦名單。而就候選人之產生程序言，如果執政黨的黨員意見反映，能夠逐漸增加其決定作用的比重，假使無黨籍人士後援會，有勇氣試辦美式預選，則對我國選舉制度之健全發展與成長，必將有其垂諸青史的貢獻。

二、希望共同政見與個別政見勿逾其分。現在的選舉，已日漸形成爲國民黨與無黨籍人士兩方面的競爭。競爭的職位，也只有各級民意代表與縣市及鄉鎮行政首長兩類。無論就民意的整合或未來政策的取捨，兩方面民意代表的候選人，在尊重憲法法統的共識下，除了特定選區利益的個別政見外，都應有符合其職權範圍的整體性共同政見，以逐漸導引選民養成以政見或政黨為投票取向的認知和行為習慣。至於地方行政首長候選人的政見，亦應經由黨的整合規劃，與該黨同級民意代表候選人的政見，相互呼應配合，以彰顯政黨政治之功能。

三、希望候選人的競選活動都能合法化。競選公職的動機和目的，應該是為了爭取為人民和社會服務的機會，而不是為了取得圖謀私利的職位。候選人如果能夠具有這樣可敬的動機和可貴的情操，則對競選之成敗，便會淡然視之；不但不會為目的不擇手段，採取選罷法所禁止的違法行為，而且也能夠有所不為，避免有任何鑽法律漏洞的脫法行為。希望所有的候選人，都是可敬的候選人。

四、希望選民的投票行為理性化。選民是民主政治的根本，選民投票行為的品質。就是國家民主品質的一面鏡子。希望選民於圈選對象的抉擇，都能夠理性地決定於候選人的品德、才識、政見，千萬不要為感情的私誼因素所累，為區區的物質小惠所誘，或為激情的宣傳言詞所惑，而糟蹋了你的選票。唯有如此，我們的選舉，才會日趨健全，我們的民主，才會有光明的遠景。

一八、制度是長成的，不是造成的

——對選舉制度成長的期待——

中央日報：民國七十五年一月六日

一

英儒戴雪於其傳世名著《英憲精義》一書中，曾陳述一項格言，說明「憲法不是造成的，而是長成的。」嗣經政治學者引用戴氏之說的原理，乃為指陳「制度是長成的，不是造成的」。從文書形式的觀點看，美國憲法、中華民國憲法和五權制度，以及所有的成文法制，何嘗不是制憲或立法機關造成的。但是從憲法和制度規範功能之合理發揮，與健全成功之運作言，實有賴於不斷地調適與成長。英國的憲法與制度，固然是隨歷史演化成長的結果，即美國的憲法與制度，其生命與現代所呈現的實用規範功能，同樣是一七八九年行憲以來，長期隨適用調適成長的結果。

我們的憲法，自三十七年實施之後，即已開始其成長的歷程。選舉，是我們整個憲政制度運作的開始，亦隨我們憲政制度整體之運作，而在不斷地成長着。我們殷切期望我們的選舉，能隨着不斷的定期舉辦，而呈現合理的正成長，從而使我們的民主憲政品質，也能因而不斷地提升。

省市議員與縣市長選舉，甫於去年十一月間結束。縣市議員、鄉鎮長，以及中央民意代表選舉，又將於今年春、冬兩季，先後接踵而至。由於選舉乃是我們整個憲政制度中的一項次級制度，而選舉過程品質的好壞，又恰為我們民主品質的反映。所以基於制度是長成的，不是造成的認知，特為期望我們的選舉，不論是在硬體制度的健全化，或是軟體品質的合理化方面，都能隨着選舉的不斷舉辦，與日俱進，呈現其積極的正成長。值此一元復始，萬象正趨更新之際，爰就對選舉制度進步性成長之期待，抒陳管見如下。

二

選舉之於我國，最早肇始於清末宣統二年，各省諮議局議員之選舉。民國建立，北京政府時期，雖先後曾有二次國會議員選舉，但在軍閥擁兵割據，恃勢竊國的反動紛擾下，選舉云云，實無足稱，僅留下一段史話而已。民國十七年，國府完成統一，以至三十七年行憲，在此二十年間，始則懍遵　國父建國三序訓政之遺教，繼則困於抗日聖戰，除了二十五年制憲國大代表之部分選舉外，迄無常態之選舉及其成長之機會。

迨三十六年元旦憲法公布之後，於是年冬，始行舉辦中央民意代表選舉。三十八年冬政府遷臺，於翌年實施地方自治，開始辦理地方公職人員選舉。五十八年及六十一年，復以因應戡亂實際需要，又開始先後舉辦中央民意代表增補選及增額選舉，以至於今不輟。從而選舉乃成爲我國憲政體系下一個常態制度，依法定期辦理。也正由於選舉之不斷定期辦理，因而必然地使選舉獲得了成長的生機。在嘗試錯誤的經驗中，使得選舉制度日趨健全，選舉品質也日益合理。

當然，所謂健全或合理，都是沒有止境的追求目標，只是以今視昔，說明一個進步成長的比較觀點而已。同時，正因爲從應然的觀點來看我們的選舉，仍有其不健全、不合理的地方，所以我人期望我們的選舉，在今後，且從今年開始，在羣策羣力的經營與督促下，能夠不斷地呈現出進步性的正成長。至於有關現行選舉之不盡相宜而有待改進者，則係仁者見仁，智者見智，未必盡同。於此僅就普受關注者數端，述其要略，藉供參考。

三

現行選罷法係制訂於六十九年，雖冠以動員戡亂時期之名，以示其適用期間之特定性，但就其規範之整體性，以與前此之多元選舉法規相較，已展現出其進步性之成長。不過在該法公布，並歷經適用之後，亦顯示了若干值得商榷，並應予改進的地方。雖然內政部吳部長，已於去年十二月中旬，說明在今年中央民意代表選舉之前，選罷法將不會修改，但那只是基於慎重與時機的考慮，並不是說選罷法已經臻於至當，無需修改。所以基於制度成長之義，希望我們的選舉規範，能夠在主管機關的妥為籌謀之下，根據經驗，配合社會發展的需要，作適時的修改與調整，使我們的選罷法，成長得更合理、更健全。

就我們選罷法的內容來說，其最受人關注，適用上發生困擾最多的，厥為第三章第六節，有關選舉活動的各種規定。至於何者應予修改，官方選後的檢討，參與競選者的批評，以及學界人士的建議，論者已多，勿待詞費。但我人覺得，立法修法，似有若干基本原則，應予重視和採行。如是而後，法律之功能，庶幾得以彰顯無礙。例如法律的規定，必須具有可行性。凡是有背風俗民情，難以有效執行，或有背事理等規定，皆宜避免。諸如選罷法第五十五條，所禁止的燃放鞭炮與結衆遊行之所以形同虛設，難以執行，從而徒傷法律尊嚴者，蓋以其忽視法律應具可行性，牴觸立法之大忌也。其次，法律的內容必須合理，始能受到社會之尊重和遵守。歷次選舉中，候選人脫法行為之所以層出不窮，似非脫法者之盡為刁民，實以選罷法於競選活動規定之不盡合理所使然也。再次，特別法之規定，應能適應特別政情之需要。賄選之風，每況愈下，雖然刑法於行賄、受賄，皆設有罰則，選罷法且加重其刑，但賄選情事，反愈演愈烈，莫可戢止。即使懸賞鼓勵檢舉，亦無法使受賄人甘陷刑網，而奮身作證。杜絕賄選乃現階段匡正選風缺失之要政，依理而言，免除檢舉人受賄之法律責任，似不失為可予試行的對策之一。此則有待於修法以卜其功。復次，具有刑法性之特別法，應謹守刑法第一條「罪刑法定主義」之基本原則。選罷法中與此原則不盡相合的規定，以往曾屢遭非議，這也是應予檢討改進的地方。至於選票外流，雖無關法律本身，但選務行政上這樣嚴重的瑕疵，卻是必須劍及履及，作有效的預防，不容在今年及以後的選舉中，再有類似情事發生，是亦有待改進之一端。

四

選舉制度之健全成長，除了法律的內容應日趨合理，選務行政應日趨周延外，候選人、選民及政黨，都扮演着直接參與者的角色。其參與行爲的合理程度，都和選舉制度成長之合理性密切相關。

首就候選人而言，參與公職競選者，應具有三項基本認知。第一，其本身乃社會精英分子之一員，其所參與競選的，不僅是一個決策的職位，服務的機會，同時也是一種領導社會的政治責任。第二，必須知道，選舉乃民主社會的產品，而民主是必須以和平理性，爲行爲指導原則的政治體系和生活方式。第三，既要參與競選，就須知道，選舉不但是一項全國性的政治總動員，同時也是一項全國性的政治生活教育運動，而參與競選的人，都在扮演着一個教育者的角色，其一切競選活動，都在發揮着身教的社會教育作用，所以其所有的競選行爲，都應該符合理性的原則與合法的要求。

參與競選的社會菁英，如果能夠具有上述的認知，那麼諸如：①各種方式賄選，與人身攻擊或誹謗的違法訴求；②賭咒、宣誓、斬鷄頭等等的迷信訴求；③扮和尚、擡棺材的怪誕譁衆式訴求；④冒名栽贓，匿名破壞，揭人隱私，失態無狀的不道德訴求；都將因參與競選者，基於上述認知所衍生的自律，而發生相當的匡正作用。我們期望參與競選的人，都能具有上述的認知，都能使其競選行爲守法守理，法有所禁者不行，理有所虧者不爲。那將是參與競選者，對我們國家選舉制度，以至民主憲政，健全成長的最大貢獻。

其次，就選民而言，選民乃是選舉的根，民主的本。選民投票行爲的品質，乃國家選舉與民主品質的一面鏡子。不過，選民儘管如此重要，但民主與選舉之要求於選民者，其惟獨立人格與理性判斷之投票選舉而已。平情而論，此項條件與要求，實在是知之匪艱，行之唯艱。因爲對普遍的選民而言，事關心理自覺獨立人格之建立，與乎理性判斷能力之培養，皆涉及文化精神內涵之社會化問題，非短期所能速致。惟有政府有司、傳播媒體、以及參與競選者，共同協力，經由言教與身教的途徑，來幫助國人建立個人的獨立人格，與培養理性的判斷能力。庶幾我們的選舉制度，得能因而獲致有效的健全成長。

復次，就政黨而言，我人皆知民主政治始於選舉，其運作又呈現爲政黨政治，因而選舉與政黨之間，乃產生了不可分離的關係。政黨於選舉過程中之種切行爲，都直接關係着選舉制度成長之品質與緩速。國民黨自十七年北伐成功以後，一直是我們國家政治上的主導政黨。其於制憲行憲，以及我國民主憲政發展之成就與貢獻，已是史有專載，世人皆知。不過，個人生命的成長，雖屬壽終而盡，但是國家憲政制度生命之成長，卻是綿延無旣，永無休止。隨時都會有新的變遷，需要在制度上作新的調適。這種變遷與調適之相互作用，即構成制度之成長。

就我們的政黨於選舉制度之成長來說，諸如候選人之提名，共同政見之策定，輔選活動之規劃與執行，以及有關選舉種切缺失之匡正，皆有賴政黨，特別是執政黨，本着民主、公平、合法、合理及可行的精神和原則，採取積極有效的作爲，俾使我國的選舉制度，能在我們主觀意識的自覺努力下，獲得快速而健全的成長。是乃吾人所馨香祈禱者也。

一九、候選人的政見應合理可行

——「積極理性參與選擧」系列專文之二

聯合報：民國七十五年十一月二十日

選擧乃民主政治運作上最原始的一個程序和手段。民主政治的基本信念爲「主權在民」，其實踐原則爲政府的統治，須基於被統治者的同意，而表現被統治者是否同意的主要手段或方法，厥爲定期的選擧。所以選擧不但是民主政治的開始，同時，選擧品質的好壞，也直接關係着民主政治績效的高低。由於這個關係，所以選擧本身，乃構成爲觀察和評估一個國家民主品質的主要量標。

選擧具多種正面功能

由於選擧爲民主政治實踐上的原始手段，所以選擧在民主政治中，具有多種正面的功能。參照英國研究選擧有成的布大維（David Butler）與加丹尼（Dennis Kavanagh）的指陳，一個民主國家的大選，具有下述數種功能。

其一，提供政治中民主的參與機會，使個人有機會追求自我的成就。

其二，使人民有選擇政府的機會，以實踐主權在民的信念，與同意被統治的原則。

其三，給人民提供一個對當前重大問題，表示意見的機會。亦卽爲人民提供一個決策作成的參與機會，以彰顯民治政府的基本精神。

其四，使政府的決策與統治作爲，經由選舉的過程而合法化。

其五，使國家和社會的穩定與變遷之間，能夠獲致理性的平衡。亦卽定期選舉的本身，具有可以紓解社會對當前難境的不滿情緒，給人民提供新的希望。

其六，形成公意。社會公意的形成，選舉雖然不是惟一的管道或途徑，但是由於大選乃全國性的政治總動員，所以其形成公意的作用，也是其他管道所不能比擬的。

必須以理性訴諸選民

從上述大選的各種功能，應該可以體認到選舉本身品質的好壞，其於民主憲政績效之高低，實具有決定性之作用。而選舉品質之好壞，又繫於下列數種因素：㈠選舉法規的內容，是否合理、周延；㈡選務機關的執法態度，是否公正無私；㈢候選人的政見，是否合理可行；㈣選民的投票行爲，是否出於理性的抉擇；㈤傳播媒體對選情的報導，是否客觀而公平。值此增額中央民意代表選舉，已經定期舉行之際，本文特就候選人政見之應予合理化問題，述其應然之義，期其有裨時用。

選舉的目的，不但是要以之決定行使統治權的重要人選，同時也在以之決定時政上重要問題的政策方針。所以參與公職競選的人，不惟其本身須具有「良好形象」與「能力」的條件，同時也非常需要其針對時政上重大而待決的問題，提出「合理」而「可行」的政見，以訴諸選民的公意。由於選舉爲實施民主的必要程序，而民主的實踐，也以強調理性爲先。所以參與競爭的候選人，不惟應具有雍雍祥和的政治家風範，與守法守紀的競選行爲，同時更應該以合理的政見，訴諸選民的理性，以爭取廣大選民的支持。切忌以非理性或無關政見的單純口號或批評，以革命者的煽動口吻，或受迫害者的弱者姿態，訴諸選民的情感反應，以博取同情性的支持。因爲選舉之爲政治總動員，實際上也是一項全國性的民主社會化活動。所有的候選人，在這項民主社會化活動中，都扮演着社會教育者的角色，其一切競選活動，就是他自編自教的教材。因爲各種教育，都一致強調身教的重要，所以惟有候選人的競選活動理性化，才能在民主社會化的活動中，發揮其身教的化雨作用。國家的民主憲政，端賴參與此項社會化活動者的自律與自勵，來共同奠定其成功的基礎。試以候選人政見的合理化而言，下述數端，似可供作參考。

政見要符合職權範圍

第一，候選人的政見，應符合其所競選公職的職權範圍。選任的公職人員，有直接和間接選舉產生兩類。其由間接選舉產生者，可姑無置論，其由直接選舉產生者，又有獨任的行政首長，與合議的民意代表兩種。這兩種選任公職人員，依法都有其一定的權職範圍。玆以民意代表而言，中央和地方民意機關，其職權範圍，固有大小之分，卽以同屬中央民意代表而論，國民大會與立法院，二者之職權，亦顯有實質上之差別。自從五十八年及六十一年，先後辦理中央民意代表增補選及增額選舉以來，歷次選舉中，確有不少國代與立委候選人的政見，彼此類同，迄無大別。如依憲法所賦予二者之不同職權而論，這當然是很不合理的現象。我們希望參與此次競選的國大代表與立法委員候選人，都能審思二者的不同職權與角色，來規劃本身合理的政見。卽身當輔選之任的單位，亦應將政見合理化，列爲輔選工作重點之一。

第二，候選人政見的對象，應以適用於整體者爲主，適用於部分者爲輔。此一原則，係特別針對立委候選人而言（對以後的省縣議員候選人亦同樣適用）。蓋立法委員，其產生雖係來之於特定的選區，但其職權卻係爲整體的國家立法，而非爲其特定的選區。所以立委候選人的政見，應以針對全國性的問題始爲合理。不過，無論如何，立委皆係來之於特定選區，選區若有特別需要，而有賴於中央之協助始能解決者，則此類問題之列入政見，自亦不失合理之義。例如憲法第一〇九條，所列十二項省屬專有管轄的事項，如果缺乏辦理經費，可經立法院議決，由國庫補助之。執此一例，可知所謂合理的政見，亦係指全國性與特定地方性政見，應依其主從與重輕關係，分別並列。

由政黨規劃共同政見

第三，全國或全體性政見，應以出之於政黨之統一規劃比較合理。因爲代議機構之決議，一皆出之於多數之同意。而民主政治之爲政黨政治，卽以議會之運作，乃係決定於會內多數黨議員之同意所使然。基於此一觀點，我人覺得政黨有權利，同時也有責任，爲該黨提名的候選人，統一規劃全國性的共同政見。惟有經政黨規劃的共同政見，才是有效的政見，才有通過議會決議，獲得實現的可能。我們要鼓勵選民，依政見取向，作理性的選擇投票，則政黨的共同政見，應該是最實際最有效的誘導力量。特別是此次國大代表與立法委員選舉，依現在政情，都有其非常突出的問題，有待國大與立院，依法定程序來處理。例如充實中央民意機構，與地方自治法制化問題，依理依法，皆須國大以修訂戡亂臨時條款的程序來完成合法化的要求；他如解除戒嚴後的國家安全問題，與政治團體合法化問題，以及違警罰法的修訂問題等等，亦有待立法院儘快完成立法。上所擧例，都應該由政黨妥爲規劃，針對其可以在未來國代六年、立委三年的任期內完成者，分別列爲該黨候選人的共同政見。選民投票之理性政見取向，政黨於政治責任的成敗，政黨政治基礎之確立，都和此項政黨候選人有無共同政見，直接相關。我們希望我們的候選人，在政見上，要避免作單打獨鬪的個人英雄，而要作爲團體目標奮鬪的好漢。但是此項運籌帷幄的重擔，是必須由政黨來承當的。

不開無法兌現的支票

第四，候選人的政見應有可行性。「可行」，乃政見合理化的重要因素之一。政治人物不能沒有政治理想，但理想只能作爲遠程長期的追求目標，不能用作當前訴求選民支持的政見。因爲選民和社會所最需要的，是候選人能針對當前國家所面臨的重要問題，擇其可能於三數年內有效解決者，開出卽期支票，提出可行的政見。而不是簽發那種短期內不能兌現的遠期支票，承諾一些虛無遙遠，渺不可期的空洞理想。民主與極權最大不同之一，卽民主重視可行的現實，極權則強調虛浮的未來。語云：萬里之行，始於足下。國大代表任期六年，立法委員，三年改選。參與二者競爭的候選人，應該知道國事如麻，經緯萬端，而兩者的職位，又有固定的任期。所以非其機關職權範圍內的問題，固然不宜列入政見，卽屬本機關職權範圍，而其確係窒礙難行，或非本身任期內所能實現者，皆在不可行之列。無論黨部規劃共同政見，或候選人擬提個別政見，皆宜予以避免，斯乃務實立本之道。

二〇、政黨初選與憲政體制展望

自由時報：民國七十八年四月三日

執政黨於日前的臨時中常會議，通過了本年中央及地方公職人員選舉，候選人提名初選辦法。主席李登輝總統，在有關談話中，除了說明初選制度的重要功能外，同時亦指出，初選將帶動執政黨結構的重大改革，有助於憲政體制朝向內閣制的方向發展，

一、初選改變政黨體質

從英美的憲政史來看，政治的民主化，係始於選舉，繼而成爲民主政治的必須程序和條件。由於選舉的採行，從而孕育並產生了政黨。政黨經由選舉，或掌握政權，或參與問政。於是政黨主宰政治，成了政治動力的泉源。由於這種邏輯關係，所以政治民主，係以政黨民主爲必須條

件。而民主的實質，又以程序的民主爲前提。因而政黨公職候選人產生程序之是否民主，與政黨和國政之是否民主，實具有因果的關係。

國民黨是一個以民主憲政爲建國目標的政黨，由於行憲前軍政與訓政時期，因革命任務所形成的由上而下的領導傳統，所以行憲後於黨內公職候選人之產生，曾先後歷經試行中央提名，黨內假投票，徵詢意見，幹部評鑑，及黨員投票意見反映等辦法以爲調適。以往的各種辦法，有一個共同特點，即結果不公開，僅供黨部提名參考，這當然缺乏公信力。由於政治環境發生丕變，面對在野黨的競爭壓力，執政黨乃通過採行功能多元化，結果予以公開的黨內初選制。當初選辦法尚未定案而公開之後，部分中央常委及民意代表，曾分別舉出不同理由，懷疑甚至否定初選制之可取性。其實制度是人訂定的，世間沒有完美的人，那裏會有十全十美的制度。我們分析所有的反對理由，不是技術性的，就是自私性的。執政黨之決定採行初選制，其本身不過是作成一項利重害輕的權衡選擇而已。

二、初選制的民主功能

對於公開的黨內初選，國民黨李主席指爲執政黨推動民主政治過程中的一項歷史性創舉。我人則進一步指出這乃是一項改造歷史，值得肯定，和進步的創舉。因爲從政以黨成的觀點言，政黨黨內民主，乃是國家民主的根。國民黨之爲革命民主政黨，在過去基於革命的需要，在黨內體系的運作，領袖權威領導的色彩，顯然非常突出。而黨內初選制，正是積極加強黨內領導民主化的有效催化劑，具有調整執政黨體質，促成黨內民主化的重大功能。

其次，政黨的組成，雖然是以黨員爲主體，但政黨的生命，終須以非黨員民衆的普遍支持爲基礎。所以國民黨一向都以與民衆在一起爲自勉和號召的主要目標。但是，如何使黨與民衆在一起，過去始終沒有一個有效的辦法。而初選卻正是落實此項號召的關鍵途徑。因爲國民黨在傳統上是一個外造政黨，參與決定人事和政策的中常委，絕大多數都非來自國家的選舉，都不具直接的民意基礎。而在初選制之下，將來在公職選舉中當選的人，不但具有黨內的民意基礎，同時也具有社會的民意支持。在我們現有的政治體制下，如果黨的中常委，絕大多數都由立委擔任，則不但黨的領導，可以由外造政黨漸次轉化爲內造政黨，同時所謂黨與民衆在一起的目標與號召，也將因此而落實、而貫徹。這不但是我人積極肯定執政黨採引初選制的最重要理由，同時也誠懇地呼籲民進黨趕快確定並採引黨內初選，從實施黨內民主，進而促成國家民主。

三、內閣制的相關條件

李登輝總統在執政黨通過採行初選制，於接見黨籍立委時，曾表示「今年底大選之後，執政黨的組織結構，將作重大改革，而且將加強民意代表的黨務歷練，進而培養其行政經驗，以逐步朝內閣制國家發展」。不過「我國的憲政體制雖傾向內閣制，但也賦予總統極大的權限，因此未來能否走向內閣制國家體制，端視今後運作狀況而定」。

我人非常欣然於李總統以執政黨主席身分，有此突破傳統的卓越識見與公開宣示的道德勇氣。於此我人特就李總統之此項談話，提出相關的必要因素和變數，試為補充說明如下：

㈠我國憲法中的中央體制，雖然不是純粹的或英國式標準內閣制，但是其基本精神，確為內閣制。總統的職權行為，必須以行政院的發動或支持為前提，而行政院則必須對立法院負責。沒有立法院的支持，一個人是沒法就任行政院長，或繼續在職的。但內閣制，以兩個勢均力敵而為內造型的健全政黨為成功條件。這個關鍵性的條件，是有賴於逐漸成長的，不是純粹的主觀熱望可以速成的。

㈡憲法中內閣制之成長，除了上述健全的兩黨體制運作外，黨的決策機構成員，必須由立法委員出任。同時，憲法第七十五條，「立法委員不得兼任官吏」的規定，必須刪除，或增加一項但書：「其兼任行政院院長、副院長、各部會首長或不管部會政務委員者，不在此限」。換句話說，行政院的全體政務官，包括各部會的政務次長，都應該與黨的中常委、各組正副主任，以及立法委員，三者身分合一，亦即行政院的每一個政務決策者，都應該同時具有黨中央決策者與立委的身分。而以立委身分為最原始。唯其如此內閣制始有成功運作的可能。 國父所稱的萬能政府，與經國先生所揭櫫的大有為政府，方可能出現。

㈢要走向內閣制，政黨的實質領袖，必須走進選民，競選立法委員，當選之後，進而出任行政院長，領導政府和國家。至於總統一職，那是應由黨內甘於垂拱的清望之士來出任的榮譽職位，不應該是有抱負積極用世的政治家逐鹿的目標。

四、結　論

以上是就執政黨初選制之功能，及其可能影響我國憲政體制而向內閣制發展的扼要分析。至於初選辦法本身，從其名稱可知是只適用於今年的選舉。我們期盼這個辦法實施成功，使初選成爲執政黨選舉提名的永制。其次，初選結果，由省市黨部向中央提出建議提名名單，再由中央提名審核委員會，作成最後決定。爲了建立初選制的吸引力與公信力，執政黨應根本放棄過去的徵召辦法。建議名單及中央核定的名單，應以參加初選競選者爲限，若要變更初選得票序列的優先順序，則應使蒙受不利的當事人，獲知合理的理由。

二、對「職婦團體代表選擧制度」的認識

憲政時代：第十卷第三期，民國七十四年一月

一

職業團體與婦女團體之分別構成爲國大代表選擧的獨立選擧單位，以及職業團體之作爲立委選擧的獨立選擧單位，乃憲法第二十六及第六十四條所規定的原則與制度。按「五五憲草」所規劃的國大代表及立委選擧，並無職婦團體代表的選擧單位。雖然民國二十九年國民參政會憲政期成會修改五五憲草時，曾將職業團體代表列爲國大代表選擧單位之一，但「政協憲草」及國民政府提出於制憲國民大會的憲法草案中，則旣沒有職業團體代表，也沒有婦女團體代表。憲法中現存的職婦團體代表選擧單位，乃是制憲國民大會在審議過程中第一讀會時，分別爲第二及第三審查委員所增列，並先後經綜合審查委員會及大會所接受，且次第爲第二及第三讀會所通過。至於

第二審查委員會所以將職婦團體列爲國大代表選舉單位，以及第三審查委員會，何以僅將職業團體列爲立委選舉單位的立法理由，則制憲實錄於憲法之制定部分，則語焉不詳。

不過，制憲實錄於職婦團體代表對於立法理由或背景，雖然文獻寡徵，但制憲國大係由國民黨、青年黨、民社黨、及社會賢達四方面的代表所構成（共產黨及民主同盟當時藉故拒絕派代表參加制憲）。代表的政治背景，與國民參政會及政治協商會議的成員背景完全相同。根據《國民參政會史料》所記，當國民參政會憲政期成會研議修改五五憲草時，部分在野黨派的參政員，對於國大代表的選舉單位，並以爲「僅以人口爲標準，難免於恃多數以行其操縱作用，而國中之優秀份子與職業界專家，不免於落選，故兼採用職業選舉」。至於婦女團體代表及婦女保障名額，亦係國民參政會參政員史良所主張，而爲當時各方所接受。不過，國民參政會憲政期成會所增列的職業團體代表與婦女保障名額，雖然在政協憲草及國府提出於制憲國大的憲草中，又告消失，但是在制憲國大的審議過程中，卻又予以恢復，是卽現行職婦團體代表選舉制的由來。

二

在近代民主政治的選舉史上，關於選舉團的結構，各國咸以地理區域爲基礎，是卽所謂地域代表制。及十九世紀末葉以還，由於產業發達，社會結構快速變遷，以及社會主義與工團主義之興起，於是狄驥（L. Duguit）、柯爾（G. D. H Cole）及偉布（S. J. Webb）夫婦等，乃紛紛提出職業代表制之理論與主張。他們的立論理由：一則是認爲由於產業與社會結構之變遷，職業團體將取代地方團體，而發展爲國家結構的構成單位，故議會之結構，亦應由職業代表制，取代地域代表制，以適應國家社會發展的需要；二則是說地域代表制下所產生之議員，普遍地缺乏現代工商社會所需要的專門知識及經驗，不足以勝任現代立法之需要，因而無可避免地受到各職業團體之影響，使議會形成外重內輕的現象，故應正本清源，採行職業代表制；三則以爲地域代表制下的國會議員，既不足以代表選區內不同職業及不同目的選民的利益，而選民亦無法對其所選出之代表，作有效的監督，因而視議員之意志爲選區選民意志之代議制度，以言眞正的民主，無乃太不眞實，而如採行職業代表制，則同業者之結合，利益既然相同，又有較嚴密之組織，每一選舉單位之選民，對其所產生之代表，比較易於作有效的監督，此就民主政治的品質言，自然要比地域代表制較爲眞實。

關於職業代表制，主張者雖有肯定此一制度價值的正面理由，但懷疑者的否定觀點，亦自持之有故。其理由之一，是說從政治的觀點來看，地理區域畢竟是國家結構的必要基礎，職業團體雖爲社會結構變遷下的產物，但若謂其將取代地域，而爲國家結構的構成單位，究屬一項預言而非事實。同時，世界上並沒有絕對完美的制度。就議會之代表社會利益言，地域代表制，只是產生議員的選舉單位，這種制度下的議員，既非絕對代表地域利益，而與職業團體的利益，亦非必然衝突。職業團體的成員如果衆多，自然可以構成產生代表的力量。如果其影響巨大，則可以贏取選民的支持，獲得一定的議席。而且還可以透過壓力與遊說途徑，以維護本身的利益。何況就職業團體的社會性而言，其利益並不能與社會利益相衝突。且現代議會的功能，要在促進社會全體的利益，職業團體之成員，在全民中究屬少數，地域代表制所涵蓋議員多元背景之優點與功能，實非職業代表制所能取代。理由之二，是說議員雖然普遍缺乏現代工商社會的專門知識與經驗，然而就議會之所以謀全民利益的任務需要言，作爲議員者所扮演的，應當是具有盱衡全局能力的通才，而不應當是見樹而不見林的專家。至於涉及專門知識的立法，應當是專家助理人員的工作，而不應當視爲是議員的必備條件。拉斯基（H. Laski）認爲立法所需的專門知識，可委由他人辦理，但立法決策的社會性判斷，則實不能由他人代庖；而各職業團體的本位主義心理，與代表們狹隘的專門知識經驗，及其所代表的特殊利益，將形成議會內部的多角衝突，從而使議會成爲各職業團體縱橫捭闔的場所，不復爲代表全民利益的機關了。理由之三，是說論及民意代表的監督，命令委任法的效果，只是理論上的片面推論，既不可行，亦乏實證。近代以來，各國所行，咸爲自由代表說，由政黨綜滙民意，代爲監督，並代爲負責，經多年發展，其效益宏。是知政黨之監督，既然比選民之監督，更爲有效而確實，政黨之角色與功能，決非職業團體可以取代。

以上是關於職業代表制之是否可取，在理論上的兩種不同觀點。而就制度的內容來看，依其純度又有四種型態。其一，是由職業代表制取代地域代表制，議會的結構，全部由職業團體的代表組成。法國工團主義者之此種主張，卻爲義大利的法西斯黨所採行，其執政期間，下院議員由各職業團體同盟提出候選人，經法西斯黨的評議大會核定後，再交由人民投票。其二，是國家同時設置兩個經濟議會及政治議會。前者由職業團體代表組成，專司經濟立法；後者仍由地域代表組成，專司政治立法。前述之偉布夫婦及狄驥，皆持此種主張，卽柯爾亦曾一度屬意此種制度。唯此種主張，並無採行之實例。第三種型態，是以地域代表制爲主，而以準職業代表制爲輔。例如威瑪憲法所設的經濟參議會；法國第三共和的全國經濟議會，第四共和的經濟諮議會，與第五共和的經濟及社會委員會；秘魯的全國經濟委員會；以及葡萄牙的社團議院等，皆屬此一型態。此類經濟性議會，並無獨立之決策權，僅在地域代表制之議會審議經濟性法案之過程中，提供諮議性之審查或建議而已，議決權仍在地域代表所組成之議會。第四種型態，是就國會議員的總額中，大部分由地域單位產生，指定小部分由職業團體產生。這可以巴西一九三四年憲法，規定衆院三百名議員中，五十名以職業團體產生爲顯例。我國憲法所規定國大代表及立法委員之職業團體代表特定名額原則，卽屬此一型態。不過我國採取特定名額職業代表制之理由，和上述西方主張職業代表制之理由，並不盡同，卻是應予注意的。

至於婦女團體代表，其他國家並無此一問題。自十九世紀後期開始，歐美女性所爭取的，只是與男性平等的參政機會，並無特設婦女團體選舉單位之問題。我國從國民參政會開始，被人提出的，也只是婦女保障名額問題，初無婦女團體作爲獨特選舉單位問題。制憲國大增設此制，在理論上可以持爲辯護的，似爲加強保障社會上之弱者，以促進男女立足點或參政機會之眞平等。

三

行憲以來，特別是晚近，每逢辦理增額中央民意代表選舉時，輿論界即出現批評職婦團體代表制，特別是職業團體代表選舉制之言論。批評者最主要的理由，是說職婦團體之作爲獨立的選舉單位，雖係憲法第二十六條及第六十四條之規定，但執行的辦法及選舉的結果，卻違背了憲法第一百二十九條所定平等選舉的原則和精神。蓋民主政治下的所謂平等選舉，不僅指形式上的一人一票，同時亦要求每一票的票值平等。而五十八年以來；歷次中央民意代表選舉的結果顯示，職婦團體選民的票值，幾乎是區域選民票值的十倍。這種現象，以言平等選舉，豈惟不實，並且爲極大的諷刺。玆試依中央選委會七十三年刊印之《中華民國選舉概況》上篇之資料，就五十八年至六十九年，歷次選舉中地域代表與職婦團體代表，當選人得票之差距比較，予以列表如下，以供判斷之參考。

下表所列地域代表與職婦團體代表當選人得票最高與最低之間的差距，雖不能精確地代表全體狀況，並用作評估職婦團體代表制的唯一論據，但從三種選舉單位當選人得票的情形看，地域代表當選人得票最高，婦女團體當選人得票最低，職業團體當選人得票居中。換言之，平均來說，職婦團體代表當選人的得票數，普遍地低於地域代表當選人的得票數甚多，這從下表所列各選舉單位代表最低當選得票數的比較中，可以得到證明。

58-72 年地域代表與職婦團體代表當選得票比較表

年度	代表別	選舉單位	姓名	最高當選票	最低當選票	備考
五十八年	國大代表	地域	楊德壽	207,950		臺北縣
			羅文堂		46,667	宜蘭縣
		職團	朱萬成	111,920		臺灣省農會
			何天明		2,557	臺北市農會
		婦團	鄭李足	1,791		臺灣省婦女會
			王吳清香		1,013	臺北市婦女會
六十一年	國大代表	地域	李發	232,732		桃園縣
			藍丁貴		29,861	澎湖縣
		職團	廖坤元	122,194		農民團體
			劉文騰		2,643	工業團體
		婦團	官桂英	8,924		省婦女會
			傅王遜雪		2,993	北市婦女會
	立委	地域	許世賢	190,001		第四選區(嘉義縣)
			李東輝		66,557	臺北市
		職團	黃世英	113,729		農民團體
			汪竹一		7,057	工業團體
六十九年	國大代表	地域	許仲川	154,266		高雄市
			鄭光博		29,743	澎湖縣
		職團	陳望雄	94,598		農民團體
			劉文騰		3,279	工業團體
		婦團	葉金鳳	11,443		省婦女會
			蔡淑媛		2,064	高雄市婦女會
	立委	地域	蕭天讚	144,858		第四選區(嘉義縣)
			張榮顯		36,380	高雄市
		職團	謝深山	91,246		工人團體
			黃志達		3,968	工業團體
七十二年	立委	地域	林庚申	141,811		第三選區
			吳德美		44,414	高雄市
		職團	吳海源	68,590		農民團體
			李英明		6,129	工業團體

職婦團體代表當選人與地域代表當選人之間得票的巨額差距情形，就平等選舉每票票值應該相等的原則來說，這當然是一種不合理的現象。但這種票值不相等的情形，就是在區域選舉的單位內，在現行的選區劃分與大選舉區制度下，也同樣有這種不平等的情形，有的且差距驚人，這可從上表中地域代表得票最高與最低間差距之比較得到證明，固不獨職婦團體代表與地域代表得票之有巨大差距爲然也。

基本上我人不以爲職婦代表制是一種値得提倡或鼓勵的選舉制度，而從以上的說明來看，以言平等選舉之應票票等値，則造成票値不平等現象的，職婦團體代表制並不是唯一的原因，憲法中選舉單位，以及選區大小之規定，都是形成票値差等的主要因素。這些問題在未能全盤檢討有效改進之前，職婦團體代表制似難獨負其責。至於職婦團體代表之代表性如何，這也正是地域代表之問題。依各國通行的自由代表說，則任何人一旦當選爲國會議員，無論他（她）是由什麼選舉單位所選出的，其所要全力謀求的，應該是全民利益至上，選區利益次之。只有在選區利益無礙於全民利益的前提下，他才能爲其選區有所作爲。他如職婦團體代表之表現是否盡職，以及職婦代表制在選務上之得失，則皆有賴於經由實證硏究，以獲致可信之答案，並非純理論可以意爲軒輊。

第三編　國民大會

二二、國大的建制歷史與自處之道

——對國大第一屆第七次會議建議系列專文④——

聯合報：民國七十三年二月十日

國民大會代表今天開始報到，第七次會議將於本月二十日揭幕，以履行其定期選舉總統及副總統之職務。由於國民大會在　國父遺敎中，係一具有多種功能之政權機構；在憲法中，除了選舉、罷免正副總統，以及修改憲法之外，對於國家的法律，亦且具有有條件的創制與複決權；而根據大法官會議第七十六號解釋，國大復與立監兩院共同相當於民主國家之國會。所以，國大代表諸君，特別是經由增額選舉所產生的代表們，基於關心國事之熱忱，亟願對國家大政，能有積極貢獻的途徑和機會。而現實政治狀況，對衆多國大代表期望之貫徹，又似非十分有利。如何使國代諸君在心理上能得其平，筆者願就所知，略述國民大會之建制經過，以供代表諸君作爲自解、自慰及自律之參考。

國父之主張

國民大會之爲中央政權機關，係基於　國父權能分開之理論。而權能分開之理論，則係基於國父對西方民主政治發展之認知。　國父認爲西方民主國家發展至本世紀初，在政治上所面臨而未能獲得解決的問題，爲人民一方面希望有一個萬能政府，爲人民謀幸福，一方面又怕有了一個萬能政府之後，人民沒有方法去節制它。　國父權能分開的理論，就是爲了要克服西方國家所面臨的這種矛盾而發明的。依照　國父在民權主義第五、六講及三民主義中的說明，認爲政治中包含有政權和治權兩種力量。政權包含有選舉、罷免、創制及複決四個權力，歸人民自己掌握；治權包含有行政、立法、司法、考試及監察五個權力，由政府去行使。人民有了四種政權，便可以主動地以選舉和罷免來掌握政府人事的去留，以創制和複決來控制立法的怠濫，以免再對政府心存恐懼。政府有了五種治權，便可以放手做事，成爲萬能政府，而免動輒得咎。

以上是　國父權能分開理論的簡單說明。其於制度上的具體設計，在政權方面，主張除於縣治由人民直接行使外，於中央則設置國民大會，以司政權之行使。

政權之內容與國民大會之爲政權機構，　國父在其著述中，雖曾屢予指陳，但國大之職權內容，　國父先後的說明，卻也有若干出入。在《孫文學說》第六章及《中國革命史》·〈建國之方略〉一節，始則指陳「憲法制定之後，由各縣人民投票選舉總統以組織行政院，選舉代議士以組織立法院……國民大會之職權，專司憲法之修改及制裁公僕之失職」，繼則又說明，建設完成時期施以憲政，「人民對於一國之政治，除選舉權之外，其餘之同等權——創制、複決及罷免三權，則付託於國民大會之代表以行之」。及民國十三年建國大綱訂定之後，又於第二十四條規定：「國民大會對於中央政府官員有選舉權，有罷免權；對於中央法律，有創制權，有複決權」。從上述主張提出之先後言，建國大綱最爲晚出，以言實踐遺教，當以建國大綱爲是。

五五憲草中之規劃

民國二十五年訂定之「五五憲草」，一向被視爲是比較最能符合　國父遺教之憲法草案，依其規定所賦予國民大會之職權，除了選舉、罷免、創制、複決、修憲及領土變更決議權之外，總統與立法、司法、考試及監察四院，皆須對國民大會負責。而選舉、罷免兩權之適用對象，不但包括總統與副總統，而且及於立監兩院的正副院長與全體立監委員。

從上述「五五憲草」對國民大會職權內容之設計來看，在理論上確屬應該最能符合　國父權能分開與萬能政府的理想。不過，「五五憲草」也規定國大代表之任期爲六年，而國民大會每三年由總統召集一次，會期一個月。如要舉行臨時大會，或須經五分之二以上代表之同意，以自行集會，或則須經總統之召集（第三十一條）。從這些有關規定，以及國民黨之爲我國唯一主導政黨，而以國民黨固有的以黨領政之黨政關係形態來看，前述國民大會之各項職權中，除選舉權具有強制性，必須定期行使外，其他職權，特別是創制與複決兩權，其有效行使之可能與機會，顯然是不能作過高的估計和期待的。同時，在理論上，國民大會之罷免、創制與複決權，如果經常頻頻行使，不但反映出國民黨以黨領政在運作上之失敗，即 國父萬能政府之理想，亦將因而受到挫折。這其間的互動因果關係，似值得具有國民黨籍背景的國代諸君，愼思明辨，善爲抉擇。

國民參政會之改制方案

「五五憲草」宣布之後，制憲工作因發生抗日戰爭而被稽延，及二十九年，國民參政會爲促成早日行憲，曾組成「憲政期成會」，對五五憲草加以修改，以備制憲國大參考。「憲政期成會」認爲「五五憲草」之最大缺點，爲其中所定國民大會之四種政權，不足以盡國民應行使之政權。蓋國民之所以監督政府者，要在通過預算、決算，質詢行政方針，參預和戰大計，與提出對行政當局之信任或不信任案。這些事權，國人或有將其列爲治權者，實則歐美各國，咸皆以此爲政權。若此等政權不能行使，則政權即不免完全落空。而依「五五憲草」之規定，立法院既非政權機關，而國大又三年集會一次，其職務又限於四權，則四權既無以盡政權所以監督政府之用，國大之三年一會，亦使政權或則運用不靈，或則無從行使。基於上述理由，因而「憲政期成會」修改「五五憲草」的草案中，又增設「國民大會議政會」以爲補救之道。

依照「憲政期成會」之憲法草案，國民大會於閉會期間，另設「議政會」。議政員定爲一百五十至二百人，由國大代表互選產生，任期三年。議政會之職權包括：議決戒嚴、大赦、宣戰、媾和、條約各案；創制立法原則；複決立法院所通過之法律、預算、決算各案；受理彈劾案；對行政院各政務首長提出不信任案等。總統對「議政會」之不信任案如不同意，得召集國大臨時會作最後之決定。國大若支持「議政會」之決議，行政院正副院長即必須辭職，否則應另選議政員，改組「議政會」。依照上述「憲政期成會」憲法草案中之規劃，國民大會議政會，儼然成爲英國的平民院。這自然不是 國父主張國民大會之爲政權機關之本意。

政治協商會議之妥協

前述國民參政會「憲政期成會」憲草對國大職權功能角色之規劃，至三十五年政治協商會議時，又發生一大變化，按政治協商會議組織分子之背景，與國民參政會完全相同，包括國民黨、共產黨、青年黨、民主同盟及社會賢達方面人士。政協大會於揭幕之後，即曾通過十二項修改五五憲草的原則。這些原則中，最重要的兩點，除了要建立一個責任內閣制體制，並以立法院爲代表民意的最高立法機關外，其次就是要將國民大會取消於無形。其第一項原則，即以「全國選民行使四權，名之曰國民大會」；總統之選舉與罷免，在實行直接選舉之前，由各省及中央議會共同行之；創制複決兩權之行使；另以法律定之。根據這個原則，國民大會成爲政治上一個有名無實的虛無名詞，時人稱之爲「無形國大」。

國民黨爲求貫徹國家於戰後之和平與民主建設，對政協之各項協議，雖然極表尊重，但對於動搖權能分職及五權憲法之基本精神，則期期以爲不可。希望其他黨派能尊重該黨締造民國的革命歷史，諒解他們的立場與主張。嗣經懇切協商，相互讓步妥協之結果，終經共同同意，維持國民大會爲一有形之組織。不過在職權上，選舉與罷免權之對象，僅限於總統及副總統，創制與複決權，亦以修改憲法爲限。至於法律之創制與複決，須俟全國有半數之縣市曾經行使創制複決兩權之時，再由國民大會制定辦法行使之。這項但書之寓意，實在於取消國大創制複決兩權於無形也。此一協議之結果，初係定之於政協憲草，繼爲制憲國大定之於憲法。國民大會之得以依據憲法而建制，從上面的簡單說明，亦可略知其曲折之經過。苟非國民黨、青年黨與民社黨領袖們之相忍爲國，彼此讓步妥協，實無以有今日也。

從政協之協商經過與憲法之規定觀之，國民大會之政治角色，實係一選舉總統與修憲之機關。制憲者並不同意國大具有進一步更積極的政治功能。這種結果，雖然並不完全符合 國父權能分職的原始主張，但在民主政治的前提下，任何一個政黨，原本無法堅持其政治主張，必須絕對百分之百地實現。民主政治，無論在理念上或實踐上，都有一項共同的必要原則，即不同主張之間的相互容忍、讓步與妥協。缺少了此一原則之認知與實踐，所謂民主政治，便只是一種語義上的虛無名詞，形同安徒生筆下皇帝的新衣，僅供欺人自慰而已。

結語

總之，國大乃憲法所建置的機構，而憲法係成之於政治協商會議之協議。我們應當知道，當制憲國大於三十五年十一月十五日揭幕的時候，中共已經決然拒不與會，不再參與協商，政協憲草尚未完成。幸賴 先總統之睿智雅量，民社黨在張君勱先生領導下，脫離民主同盟，與青年黨的領袖們，共同相忍爲國，彼此讓步妥協，促成了政協憲草，完成了制憲大業。不滿意憲法內容的人士，如果能仔細體味先總統 蔣公，以國民政府主席身分，於提出憲法草案於制憲國大時之演講詞，以及青年黨與民社黨領袖們當時之致詞，便會知道當時參與制憲各政黨間能以妥協之可貴，與憲法之得來不易。

國民黨對我國民主憲政之最大貢獻，是制憲當時，能以絕對優勢之執政地位，尊重居於少數之民青兩黨的政治主張，對之讓步，與之妥協。我們現在國逢大難，時值非常。以民權主義爲精神內容的民主憲政，乃我們對大陸同胞最有力的政治號召，如何能背棄制憲時政治協商的精神和結果？凡是愛民主，愛國家，忠於國民黨的國大代表諸君，在瞭解國大的建制經過之後，對於本身在國民大會之作爲，似宜知所抉擇，知所自止，以免在政治上，陷國民黨於不義。

二三、創制複決兩權最宜備而不用

中央日報：民國七十三年三月三日

前言

國民大會第七次常會，已於二月二十日揭幕。國民大會是我國憲政體制中的政權機關，依據憲法享有選舉、罷免總統副總統，修改憲法及領土變更的決議權；依據戡亂臨時條款及兩權行使辦法的規定，又享有法律的創制及複決權。而國民大會常會的定期召集，根據憲法所定，其主要任務，厥為選舉總統副總統。至於其他職權，則係常備以應特需性質，並非必然於常會中行使之。國民黨十二屆二中全會，根據黨章規定，係全國代表大會閉會期間，黨的最高權力機構。依照國民黨以黨領政的傳統，以及黨政關係運用的形態和原則，特於國民大會第七次常會集會之前，由十二屆二中全會，提名下屆總統副總統黨的候選人，並就當前政治情勢，對黨籍國大代表，通過有關政治任務之提示，以謀黨的決策，在本次國大常會中，能夠有效地貫徹，此蓋亦我國政黨政治運作之常態。經二中全會決定，對黨籍國大代表的五項政治任務提示中，第四項爲「創制複決兩權之行使，依照臨時條款之規定」。而國大於本次集會之前，部分國代，特別是近年來經由增額選舉產生之國代，基於積極參與國政之殷望，曾屢有擴充國大職權之各種擬議，而其中以主動行使創制複決兩權爲核心。

關於創制複決兩權之理論背景，其他國家之經驗，重要性所以式微，以及其可能的不良後果，學者曾有所指陳。二中全會所作「依照臨時條款規定」之提示，如果根據臨時條款第八項「在戡亂時期，總統對於創制案或複決案認爲有必要時，得召集國民大會臨時會討論之」之規定來分析，上述提示，其涵義應是屬於一項消極性的指導原則。本文願從不同觀點，針對兩權問題抒陳所見，藉供國代諸君參考。

從 國父遺敎到憲法定制

創制複決兩權，在 國父遺敎中，是四種政權中的兩種。這兩種政權之基本目的，是藉以控制立法的怠濫，俾與掌握政府人事去留之選舉罷免兩權相配合，以消除人民對萬能政府因大權在握所引起的心理恐懼。 國父的此一主張，在靜態的理論上是可取的。但在動態的政治中，創制複決兩權之行使，一則應當以立法權運用之有怠濫爲前提，二則在以黨領政的基本形態下，經過黨政關係之運用，黨中央實不可能容許立法權有怠濫的事發生，於是創制複決兩權的行使機會，卽不免因而消失於無形。以奉行　國父遺教爲理由，而主張積極行使兩權者，對此種理論與實際上的互動關係，似宜有所體認與瞭解。

在五五憲草的規劃中，雖然遵照　國父遺教所示，賦予國大對法律的創制與複決權，但是同時憲草也規定立法委員亦由國民大會選舉產生。此一權能區分原則之的規劃，在三十五年政治協商會議中，又發生了極大的變化。在政協初步通過的十二項修改五五憲草原則中，其第一項原則，卽說明「全國選民行使四權，名之曰國民大會」：總統之選舉與罷免，在實行直接選舉之前，由各省及中央議會共同行之；創制複決兩權之行使，另以法律定之。依照這個原則，不但國民大會已成所謂「無形國大」，創制複決兩權之於中央法律，亦爲直接民權，國民大會實成爲政治上的一個虛無名詞。嗣經國民黨與參加政協之民、青兩黨及社會賢達懇切協商，相互讓步妥協之結果，終於獲得諒解，經共同同意，維持國民大會爲一有形組織。而於國大之職權，其於選舉及罷免，僅限於總統副總統；其於創制及複決，亦止於憲法之修改。至於對法律之創制或複決，須俟全國有半數之縣市，曾經行使創制複決兩權之時，再由國民大會制定辦法行使之。以其他國家之經驗與我國之政治情形觀之，全國有半數縣市之行使創制複決兩權，似相當遙遠。所以政協所協議之此一但書，其寓意實在於取消國大創制複決兩權於無形也。而此一協議之結果，初係定之於政協憲草，繼爲制憲國大定之於憲法。

民主政治係政以黨成。其中有一項鐵律，卽政黨間非相互容忍、讓步、妥協，卽不足以成事，不克為民主也。而從政協協商之經過與憲法規定之意旨觀之，制憲者所賦予國大之政治任務角色，實係一選舉總統與修憲之機關，並不同意國大於立法一事，具有積極的參與功能。這種情形，雖不符合　國父對於國大政權內容的形式主張，卻相當符合前述黨政關係運用的實質結果。青年黨領袖李璜先生於二月十日，對該黨國大代表所提三點指示中，第二點之特別說明「創制與複決兩權暫不宜行使」，實係政協會議與制憲時，與國民黨及民社黨所獲協議之一貫立場與態度之顯示。國民黨十二屆二中全會有關國大創制複決兩權之決議，實亦隱寓此時此地不宜行使之深意。是以篤信政黨政治及尊重黨紀與具有黨德之國代諸君，應能善體黨意，於兩權之行使問題，知所抉擇，有所自止。

憲政體制與理論上的窒礙

憲法第二十七條對國大行使兩權，所設前提條件之限制，雖經戡亂臨時條款予以凍結，並經國大於五十五年制定了一個兩權行使辦法。但憲法所定憲政體制，有其整體性之規劃，彼此間亦有其邏輯上的合理關係。如果忽略定制時法意上的合理關係，而作部分的變更，便會使制度間原始的合理關係，產生邏輯上的矛盾。五五憲草一方面賦予國大創制複決兩權，同時亦賦予其選舉立法委員之權力。使創制複決兩權與選舉立委權力之間，保持着一種邏輯上的合理關係。

制憲者因為在基本原則上，對國大之創制複決兩權，抱持着消極的否定態度。所以雖因政黨間讓步妥協的關係，在憲法條文的形式上，保留了兩權的規定，但卻同時又設定了實際上幾無實現可能的前提條件。不寧惟是，在阻卻兩權行使條件之外，憲法且將立委之選舉權，直接賦之於選民。同時又規定國大代表每六年改選一次，而立法委員之任期，則定之為三年。由於兩者在任期長短上的差別，遂使國大之行使兩權，在民意基礎上會發生問題。國大與立院在同屬立法權的民意基礎上，亦將因而產生邏輯上的矛盾與政治上的不合理現象。蓋國代之任期六年，立委之任期三年。姑無論國代與立委同係出之於民選，同樣直接代表民意，難謂國大所代表之民意，即高於立院所代表之民意。同時，在國代任期一半三年之時，立委已全部改選。此後三年，國大所代表之民意，係三年前舊的民意，而立院所代表者，卻為最新的民意，在這種新舊民意之差別下，國大若以舊的民意，來創制或複決立院新的民意所不贊成或所支持的法律，其違背民主原則，孰有甚於此者。這其間的道理，薩孟武教授曾力予指陳。這種淺顯的道理，應能獲得國代諸君的認同。所以為了維護憲法對整個憲政體制間所規定的合理關係，國代諸君對於創制複決兩權的行使問題。於目前似宜採取保留態度，徐俟政治發展至有利時機，再從調整制度着手，以顯示國代諸君之為政治家的器識與風度。

創制複決旨在消極救弊

國父遺教所示政權雖然有四，但四種政權的本質並不相同。其中惟有選舉權在於積極地與利，必需定期行使。其他三權皆在於消極地救弊，係備而不用性質。在理論及經驗上，民主政治需要選民及候選人，皆具有良好的理性獨立判斷，以及高尚清純的道德與人格。在這個基礎上，選民及候選人，如果都能愼之於始，則選舉既能得人，人復克盡厥職，則不但罷免權無復行使之必要，卽創制複決權，亦無行使之餘地。相反地，儘管在尚未採行罷免、創制及複決三權的國家，或是雖然採行而實際上極少行使的國家，其民主憲政的績效，不一定就屬成功；但是至少經常或動輒就採取罷免或創制複決的國家，無疑在顯示着該國選民對選舉權行使之經率粗忽，以及公職當選人的輕諾寡信，不重視政治道德，不能克盡厥職。凡此種切，實皆非民主憲政發展之常態，至於其所帶來政治上之紛擾，猶其餘事。

其次，以言政治現實，人盡皆知民主政治係政以黨成。國民黨係我國政治上具有絕對優勢的政黨，在國大及立院，都掌握着絕對的多數議席。所有國民黨籍的國大代表，都應該熟知國民黨以黨領政的傳統，以及黨政關係的運用程序，凡屬重要的立法，無不或爲黨中央的主動決策，或爲黨中央的事前批准。在這種黨政關係運用之下，立法院所有的立法作爲，諸如何者該立，何者該廢，都是在黨中央有計劃且有效的指導下進行着。黨的中央，當然不會因爲國大享有創制複決兩權，而故意怠於對立法院立法工作的指導和監督，以爲國大製造行使兩權的機會。自從五十五年兩權行使辦法公布以來，國大之所以迄無行使兩權的事實，這是最主要的原因。國民黨籍的國大代表，如果能夠正視黨的此一傳統，便會對缺乏行使兩權機會的問題，釋然於懷，不再有不平之鳴。

復次，有關兩權之爲備而不用之種切，我人雖作如上之剖析，但是這並不是說，國大之創制複決兩權，永無行使之可能。在理論上，當國大與立院的多數議席，分別爲不同的政黨所掌握時，則國大便有了行使兩權的可能和機會。從這個觀點來看，大體上可以說，國大的創制和複決兩權，乃是爲了安慰掌握着國大多數代表，而卻失去了立院優勢議席的政黨，所準備的一份政治禮品。政治是最現實的，所有的國大代表諸君，特別是經由增額選舉產生的代表們，每以背負着民意的壓力爲詞，亟思於兩權有所作爲，俾對選民有所交代。但是國代諸君，如果能夠深切體認，在憲法上，國民大會的基本任務功能，主要是扮演着選舉總統副總統與修改憲法的角色。至於創制複決兩權，不但在理論上係備而不用性質，而實際上現階段亦缺乏行使之必要。有了這種認知和瞭解之後，可能便不會因爲一時之缺少行使兩權的機會，而有落寞的感喟。國代諸君，皆屬政治精英，其公忠謀國，極爲可敬。上所云云，乃基於習政治學者之蒭蕘之見，提供參考而已。

二四、法理與情理之間

—國代遞補制度以停用爲宜—

聯合報：七十六年七月二十五日

《聯合報》載，有關方面正在審愼考慮，經由修正法律之途徑，廢除現行國大代表遞補制度之可行性。此事如果成眞，不僅可撫增額國代不平之氣，亦將構成爲國會結構革新諸環節之一部分。

按國大代表之設候補代表，使之遇缺卽補，並不是中央民意代表中的唯一特例，立法委員同樣有候補委員與遞補制度。

依國大代表選罷法第二十九條規定，「國民大會代表，依照規定選足法定名額後，其他得票之候選人，按票數多寡依次爲國民大會代表候補人……每選舉區或單位當選人在二名以下者，候補人名額定爲三名……當選人超過二名者，候補人名額與當選人名額同。代表出缺時，由候補人依次遞補」。又依四十二年制定之「第一屆國民大會代表出缺遞補補充條例」第二、三條規定，凡在職代表之犯內亂外患或貪污罪經判決確定，或褫奪公權尚未復權，或受禁治產之宣告者，皆喪失代表資格，由候補人依次遞補；其爲行蹤不明三年以上，並未於公告期限內向指定機關親行申報，或附匪有據通緝有案者，皆視爲因故出缺，亦由候補人遞補。而獲得遞補之代表，依上述代表選罷法第四十五條之規定，「其任期至原（代表）任期屆滿之日爲止」。國大代表這種候補代表及遞補制度，亦同樣見之於「立法委員選舉罷免法」第二十九、四十五條，及施行條例第五十六條。由此可知原始的遞補制度，並不限於國大代表，且有其正當的法律基礎。但近年來普遍受人詬病，多以廢之而後快的，其惟國大代表之遞補爲衆矢之的。

上述遞補制度之實施，又和國大代表和立法委員之任期有關。憲法第二十八條規定，國大代表每六年改選一次，每屆代表之任期，至次屆國大開會之日爲止；第六十五條又規定立法委員任期三年。而遞補國大代表或立法委員之任期，依上述兩種選罷法第四十五條之規定，旣係以原代表或原立委之原任期屆滿爲止，所以第一屆立委於四十年五月，在法定三年任期屆滿之後，當年的候補立委，卽不得因原立委出缺而遞補。至於第一屆國大代表，由於第二屆代表迄未能依法產生集會，所以在法理解釋上，其任期卽尚未屆滿。由於這個關係，所以當第一屆國大代表因故出缺之後，其有候補代表者，乃能依法遞補。也由於這個原因，所以民國五十八年，辦理中央民意代表增補選時，國大代表部分係同時辦理增選補選，而立法委員則只辦增選，而不辦補選。其惟一理由，卽是國大代表任期尚未屆滿，而立委任期，則早在民國四十年五月卽已屆滿。

在上述所確認的任期原則下，候補立委，早在四十年五月原立委三年任期屆滿之後，即不能再爲遞補。而候補國代，則係以第二屆代表尚未產生集會，所以數十年來，一直是遇缺卽補。據內政部於六月中表示，獲得遞補就職的候補國大代表，迄今共有六百六十四人，其中已物化者三百二十一人，猶健在者三百四十三人，另有候補代表二百二十四人，尚在俟缺遞補中。而就現有九百五十餘位國大代表言，其爲候補代表遞補者，約爲現有總額三分之一強，這是戡亂時期所形成的非常現象。

一般國家對民意代表在任期中出缺，多採補選制度。我們的遞補制度，在常態的定期改選情形下，國大代表候補人獲得遞補的機會，將遠不如立委候補人。因爲立委不得兼任官吏，國代則非不得兼任官吏。於是國代不會因爲兼任官吏而喪失代表資格者，立委則必須以喪失其立委資格，作爲兼任官吏之代價。益以民意代表，多以擔任高級官吏，爲其政治生涯之發展取向。相形之下，立委候補人獲補機會之絕對大於國大代表候補人，固有不待言者矣。由此可知，國代遞補制度，在常態下，並不足以爲病。但是因爲我們不能定期改選的瓶頸，歷時數十年而尚未突破。於是四十年前產生的候補代表，在四十年後的今天，居然在養老的狀態中，卻一夕之間，祿從天降，獲補爲代表。其民意基礎之厚薄，服務能力之強弱，姑且不論，其與增額代表之艱苦競選歷程相較，最易引起不平之鳴。同時，國會之老化，久爲社會所詬病。而於國代，則耄耋出缺，老耋補之，實亦大違國會充實與更新之道。雖然國代遞補制度，具有合法的基礎，但是因爲遞補者，是四十年前選出的候補代表，所以這種情形的遞補，雖於法理有據，其奈情理有虧何。而背於情理的法理，既不足以服人，更不足以成事，其在政治上的規範功能，鮮有不喪失殆盡者。

為今之計，國代遞補問題，既已成為政治社會矚目求變目標之一，執政當局允宜乘機順勢，將其與國會之充實革新併案予以規劃處理。基本上，我人覺得遞補制度本身，並非毫無可取，只是在長期不能依法改選的情況下，國大代表選罷法中的遞補制度，宜予停止適用。而停止適用的正當程序，可以考慮：㈠在國大代表選罷法第二十九條第三項加一但書，「但在國大代表不能依法定期改選期間，應停止適用」；㈡廢止四十二年制定之「第一屆國大代表出缺遞補補充條例」。此外，對於俟缺遞補的二百二十四位候補代表，亦可考慮予以政治性之撫慰，以杜法理上之爭議。

二五、國大常設化問題分析

中央日報：民國七十七年十月八日

前言

現行憲政體系中的國民大會，乃是基於 國父中山先生權能分開的遺敎，以及參與政治協商與制憲會議時各政黨間之妥協所建制。由於憲法中對於國民大會的有關規定，與 國父當年的提示以及「五五憲草」中對國大制度的規劃，存在着相當差異，所以在國民大會建制之初即隱伏着日後可能發生爭議的種籽。首先是國代諸君，於民國四十年代末期，積極致力於解除憲法第二十七條第二項，凍結創制複決兩權行使條件的限制。及五十五年經由修訂戡亂臨時條款，完成兩權解凍的法定程序後，二十年來，復繼續不斷爭取貫徹兩權之實際行使。近年來，由於社會政治之快速變遷，政府及執政黨面對社會普遍期求全面改選國會之壓力，爰爲作成制定第一屆資深中央民代退職給酬條例之決定。而資深國代，則多不以退職之議爲然。同時又由於兩權之行使，憲法上的限制雖告解除，實際上則仍被凍結如故，此乃資深國代最不能釋然於懷者。不寧惟是，立院於今年審查國家總預算時，因爲對國大之預算有所刪削，更引起代表們之不滿。於是國大改制自強之議，便在一些資深而積極的代表們之間，逐漸醞釀發酵。而各種意見主張之中，其被代表們強調最多的，厥爲國大常設化及兩權之貫徹行使問題。由於這兩個問題，與國家的憲政制度直接有關，爰本所知，首就國大常設化問題，略陳蒭蕘，以供參考。

五五憲草中的設計

國民大會之享有政權，是否應爲常設機構，中山先生在其著述中，並未作具體提示，而就政權行使之需要性來分析，亦不易獲致肯定之結論。所以被視爲最能體現 國父遺敎的「五五憲草」，乃將國民大會規劃爲非常設機構。依草案中的設計，代表之任期爲六年，大會則每三年召集一次，會期以一個月爲原則，延長一個月爲例外。在閉會期間，若有五分之二以上代表同意，亦得召集臨時大會。這個草案在草擬過程中，亦有主張國大另置常設委員會，以在大會閉會期間行使國大職權者，嗣屢經研議，終以國大之職權，不宜由少數人代行而作罷。

國民參政會之修改

及抗戰軍興，二十九年國民參政會組織「憲政期成會」，研議修改「五五憲草」之際，鑒於草案中所設計的非常設國民大會及其職權，並不能發揮監督政府之功能，因而別作規劃，在國大閉會期間，另設「國民大會議政會」。議政員以二百人爲限，由國大代表互選產生。議政會在國大閉會期間，有權：㈠議決戒嚴、大赦、宣戰、媾和、條約諸案；㈡創制立法原則及複決法律案、預算案及決算案；㈢受理監察院之彈劾案；㈣對行政院提出不信任案；㈤對國家政策或行政措施，得向總統及各院院長提出質詢。國民參政會憲政期成會對「五五憲草」此一修改案，一則與原憲草所設計的制度精神，太相鑿枘，二則抗戰期間主觀的制憲願望，終以無法克服事實上的困難，因而成爲歷史的陳蹟。

政治協商會議之妥協

三十五年政治協商會議，再爲制憲而修改「五五憲草」，其所定十二項修改原則中，第一項原則即宣告：全國選民行使四權，名之曰國民大會。意在從根本上使國民大會消失於無形，更遑論其是否爲常設機構。迨經國民黨與民青兩黨多方溝通協商，相互妥協讓步，始克保全國民大會爲現行憲法中之有形組織，惟職權視「五五憲草」已見遜色。此一結果，純係參與制憲各政黨間之政治性妥協，並非爭論性之政治理論，或本位主義之片面主張所能改變。

客觀的認知分析

年來由於政情丕變，但是立法權日趨強化而高張，於是部分篤奉　國父權能區分遺敎，及懷戀「五五憲草」所賦予國大制衡治權之國大代表，不免深以現行國大之參與無實和問政無力而不平。於是諸如修改憲法及臨時條款，以解除有關行使兩權之限制；制定閉會期間職權行使辦法，以擴充國大職權；設立議長，成立憲政督導委員會，強化主席團，使之能在閉會期間，代表國大行使職權，俾使國大成爲常設機構，以制衡治權機關等各種主張，乃紛然雜陳，蔚爲大觀。

綜觀上述國大代表諸君之各項主張，可以歸納爲兩大重點：其一爲手段性的國大常設化；其二爲目的性的貫徹兩權之行使。玆以常設化問題而言，「五五憲草」中國大非常設化之設計姑且不論，依憲法第二十九條規定，國大係依總統之任期，每六年召集常會一次，臨時會之舉行，憲法第三十條復列舉其召集條件。可知國大在憲法上之爲非常設機構，至爲明確。如將之常設化，卽須經由修憲程序。至於設置憲政督導委員會，或使主席團在大會閉會期間代行國大職權云云，不僅涉及國大組織法，亦且涉及憲法之修改問題。憲法爲國家之政治大法，其制定及修改，必然受不同政黨勢力政治主張之影響。特以國大之常設化而言，當年在國民黨全權主持下定稿的「五五憲草」，對國大卽未採取常設化之設計；政治協商會議的結論，亦拒絕國大常設化之安排，且定之於憲法。現在如要修憲改制，則此項訴求，不但須獲得其他政黨之支持，尤須首先獲得掌握國大絕對多數議席的國民黨之同意。且部分國大代表之所以主張國大常設化，其目的不外在於貫徹創制複決兩權之行使。而在現行的法制及政黨運作下，國大之積極於創制複決兩權之行使，不但在民主代議的理論上存在着不合理的矛盾，在國民黨黨政關係運用的傳統下，亦存在着不必要和不可能的障礙。當矛盾和障礙在未能有效清除之前，則國大之常設化，似將難免依然是代表們主觀的一種憧憬和願望。

二六、國大第八次常會獻言

—回歸憲法精神國大責無旁貸—

聯合報：民國七十九年二月二十日

前　言

國民大會乃我國憲政體制中的政權機構。在原始憲法所賦予的職權中，除了對領土變更的決議權，以及附有先決條件對法律的創制複決權之外，最重要的厥爲對總統、副總統的選罷權，與對憲法的修改權。

行憲四十餘年來，國大之選舉權，已有七次的行使經驗；修憲權，則經由動員戡亂臨時條款之形式，亦已行使五次。但是由於行憲以來的政治生態環境，一則因爲內部嚴重戰亂所造成的政治巨變，二則因爲缺少有效的輪替執政的政黨勢力，所以國大在過去數十年行使選舉及修憲權的經驗，不但尙未發展出可以傳世的客觀倫理規範，其修憲權歷次行使所受到之批評，且有涉及背離憲法基本精神與民主原則者。現在國大第八次常會即將尅日舉行，此次常會之主要任務，除了選舉第八屆總統、副總統外，尚有修改憲法或戡亂臨時條款問題需要處理。我們期望國大在此次集會期間，於行使選舉與修憲權之過程中，代表們都能善體憲法中有關規定所涵蓋的基本精神，作成最有利於民主制度成長發展之抉擇，以有助於奠定良好的憲政基礎。

間接選舉有賴黨內團結

選舉總統、副總統，爲憲法所定國大主要職權之一。在過去四十二年間，已曾七度運用，現在卽將作第八次行使。依總統選罷法的規定，總統與副總統候選人，是由國代百人簽署產生的，以獲代表總額過半數票者爲當選。但民主政治的運作，係政以黨成。就過去總統選舉的經驗來看，從民國四十三年第二屆總統選舉開始，候選人卽係先由政黨決定提名人選，然後再經由該黨籍國代完成法定簽署登記及選舉投票程序。於是形式上選舉總統的是國大，而實質上決定總統人選的則爲政黨。蓋民主政治之所以爲政黨政治，實因民主非經妥協決定於量，卽無以成事的原則所形成的必然結果。

關於第八屆總統選舉，執政黨已經由第十三屆中委臨時全會，分別推定李登輝及李元簇先生爲該黨總統及副總統候選人。現在民進黨的候選人尚未產生，但是我們殷切地期望國大從此次選舉總統開始，能夠呈現眞正的政黨競爭，爲我們的民主憲政，揭開新的一頁。

其次，國民黨籍國代在國大仍居絕對多數，勝券自屬在握。但是由於中委全會之前，內部對副總統人選競爭劇烈，而中委全會以起立與舉手決定候選人的程序，又引起衆多非議，且大多數黨籍國代並非中委。因而有人擔心第一屆副總統選舉時，國民黨竟有四個候選人，經四次投票始有結果之故事重演。其實，第一屆總統副總統選舉時，政黨並未於選前提名候選人，這是和自第二屆總統選舉起，政黨之於選前預提候選人最大的不同。既然民主政治係政以黨成，而黨又賴團結取勝，所以任何一個政黨的黨籍國代，儘可於黨內對黨提名候選人的程序，提出批評並要求改善。甚至對提名的候選人不滿，可是一旦經既定程序決定之後，黨籍國代若未卽時退黨，卽應對黨提名的候選人，予以無條件的支持。此乃從政黨員所必需具有的政治道德，也是一個政黨之能以崛起、茁壯，進而獲得政權的必要條件。而國家憲政制度之健全成長，亦正有賴健全的政黨爲基礎。

修憲應求貫徹憲法精神

爲了適應當前政治發展之需要，修訂戡亂臨時條款，不但已爲執政黨列爲國大第八次常會重要任務之一，而且黨部專案小組，與國大憲研會、國代全聯會及臺聯會，均已早經着手研議修訂之內容，且已分別獲致初步結論。按戡亂臨時條款，自國大於三十七年第一次常會時，依修憲程序予以制定，嗣後又歷經四次修訂，其通用幾與行憲之時間同其久長。但是自民國六十年代以來，由於外在與內在環境的多元因素丕變日亟，於是學界與政界，對戡亂臨時條款在形式與內容上合憲性之懷疑與抨擊，對國大有虧職守之責備，以及回歸憲法的呼聲與要求，遂乃與日俱增，莫可戢止。

綜覽有關討論臨時條款的意見，我人覺得就其制定的機關與程序，及其自成一體而與原始憲法並存而言，以其爲違憲的觀點和論據，無論從法理或政理來辨析，既不是唯一的，也不是絕對的。不過，我人雖然確認臨時條款的產生過程及存在形式並未違憲，但是卻認爲其中部分條款的內容，已顯然違背了憲法中所涵蘊的民主主義精神，責任政治原則，與法治的正當法律程序。諸如第三條規定的總統副總統得無限次的連選連任，這是與民主主義基本信念中，因排斥絕對權威，而不容政治上有不可少的人物之實踐原則是背道而馳的。例如當羅斯福於戰時打破華盛頓所創，總統只連任一次的憲法習慣之後，美國旋卽於杜魯門甫行繼任，卽以修正憲法第廿二條，明定總統只能連任一次。此一方他山之石，李總統已引以爲鑑，將用以攻錯，尙待國大經修憲的程序予以完成。

其次，臨時條款的第四條，授權總統得設置動員戡亂機構，決定動員戡亂有關大政方針；第五條又授權總統，得調整中央政府之行政機構，人事機構及其組織；第六條復授權總統，訂頒辦法充實中央民意機構代表，並辦理華僑立監委員遴選。這些內容，分別地背離了憲法所定：㈠由行政院主持政策作成，並對立法院負責的責任政治原則；㈡常任文官人事，乃專屬考試院職掌的分權原則；㈢憲法所定事項的實施程序，必須以法律定之的法治原則。這些原則，實質上都構成爲我們憲法基本精神的一環。而仔細分析臨時條款中這幾條授權總統全權獨裁的規定，不但和舉世共同採行的民主體制與程序大相逕庭，而且更和我們現階段所持，以民主……統一中國的基本國策和號召背道而馳。按回歸憲法，不惟是社會上關心國家憲政發展前途者的一致期求，同時也是執政黨和政府努力以赴的目標。而所謂回歸憲法，最重要的應該是在於使臨時條款的內容，能夠回歸憲法中民主的基本精神，而不在於回歸憲法形式的一元化。基於此一認知，我人非常期望李總統，以其爲執政黨主席的身份、地位及影響力，繼其已經示意應將臨時條款中關於總統無限次連選連任的規定回歸憲法之後，再度把握契機，公開宣示並領導執政黨，經由國大，將上述臨時條款中的第四至第六條，作成回歸憲法精神的刪廢和修正。這樣的作爲和成就，對李主席和國民黨，不但是對當代的中國人，爲立功的不朽，對全體中國人的後代子孫，更是立德的不朽，而完成此次不朽功德程序的，卻應該是國大第八次常會。

復次，地方自治的法制與合憲化，乃是從行憲開始卽已存在的問題。由於憲法中的明文規定，所以任何不符憲法的作爲，都不是單純的立法行爲可以解決的。所以國大此次常會，亟宜利用修訂臨時條款的機會，對地方自治的法制化與合憲化，作適情而合理的處理，以杜絕政黨間可能的政治爭議。

餘論

在既有十一條臨時條款中，其最違背憲法基本精神，而應予適時刪修者，已舉述四條如上。以之與國大憲研會、全聯會、及臺聯會的修正草案比較，自有若干差異。該三個草案中有一共同訴求，卽主張增列「國大爲便於行使職權，應每年自行集會一次」。國大爲謀積極行使創制複決兩權而作此主張，似乎根本上忽略了：㈠憲法對國大兩權行使，所以設下不可能克服的先決條件之政黨妥協背景；㈡國代與立委任期上的差異，使國大兩權之行使，可能產生反民意的現象；㈢在國民黨同時掌握國大與立院絕對多數的情形下，由於外造政黨本身黨政關係之運作，不可能爲國大留下行使兩權的空間；㈣國大積極行使兩權，將對憲法所定的政府體制，產生極大的變型衝擊。從這些因素來看，則國大內部三個組合的此一主張，目前似宜暫予保留，以俟來日發展。其次，國大內部的各個修正草案，究竟何者能夠進入大會議程，目前尚不得而知。不過從提高民主的品質看，國大當局似可考慮一方面儘早將修正的提案公諸社會，以備公評，同時並在委員會審查階段，舉行公聽會，俾藉程序上的廣納衆議，以謀修正案內容之臻於至當。

第四編　國會結構代謝更新

二七、試擬中央民意代表代謝方案

聯合報：民國七十四年十二月七、八日

前言—基本態度

中央三個民意機構的代表，依憲法規定，須由人民直接、或間接選舉產生，並分別定期改選。但是自從大陸爲中共所踞，政府於三十八年底遷臺之後，由於光復大陸的主觀訴求，尚未能克服客觀上的實際困難，所以在三十九年冬，即首先發生了立法委員無法依憲法規定改選的政治難題。當時雖經行政院會議決議，呈請總統咨請立法院同意延長行使職權一年，此一辦法，於嗣後並經兩度沿用。但四十三年，卻相繼又遭遇到國大代表與監察委員，同樣無法辦理改選的困難。雖然國大代表部分，依憲法第二十八條規定，「代表之任期，至次屆國民大會開會之日爲止」，在法理上，視爲任期尚未屆滿；立、監察委員部分，亦經大法官會議釋字第三十一號解釋，宣告基於維護憲政體制之需要，在事實上不能辦理次屆委員選舉時，應仍由第一屆立、監委員，繼續行使其職權。但是由於不能改選的事實困難，數十年如一日，繼續長期地存在着，所以上述法理上自圓其說的解決辦法，並未能眞正有效地消除，由於第一屆中央民意代表凋謝日速所形成的困擾和難局。而五十八年的增補選，以及六十一年以來，歷次的增額選舉，也同樣未能爲此一問題，提供一個較爲徹底，而爲衆所認同的解決途徑。

問題既然是事實上存在着，並且日形急迫，所以關心的人士，即不免或有重點的，原則的，或片面的意見或建言。見仁見智，紛然雜陳，不過迄今尚未獲見任何完整的處理方案。而由於此一問題的本質，純粹是政治性的，所以我個人覺得，在考慮解決辦法的時候，不但要注意政理和法理，同時更要注意到人的感受，及其可能的接受程度。蓋人類雖是理性動物，但人類並不純然是理性的奴隸。人類雖然應該遵守法律，但人類並不甘於接受有背人情的法律之安排。

目前，因爲接受國民大會憲政研討委員會第一委員會之邀，並經指定就地方自治法制化，及如何充實中央民意機構代表問題，向該會各位委員請益。其間個人曾就後者，試提兩項選擇性解決方案。事爲報界的朋友揭櫫報端，並引起關心人士對其中一種方案的不同意見。玆願就個人對此問題之瞭解，試陳有關可能的解決方案，以供朝野參考。惟欲特別說明者，即所陳各案，僅在說明可供選擇的各種可能辦法，提供參考和比較，並不代表那就是我個人的態度和主張。將來究竟採行何種辦法，尚有賴關心人士多作具體的獻替，以及決策者的睿智判斷和抉擇。

甲案—不設定大陸地區代表

在安排處理中央民意機構於未來的代謝更新方案時，必須首先要確定的一項前提原則，即在光復大陸統一以前，各中央民意機構，要不要設定大陸地區各省的代表名額。這個問題應該只有要或不要兩個答案。本案稱爲甲案，係以不考慮設定大陸地區之代表名額爲基礎而規劃。甲案之中又分兩項子案，可擇取其一予以考慮。

第一子案：完全依照戡亂臨時條款第六條規定繼續實施。

第二子案：將戡亂臨時條款第六條之規定，作適度修改，其內容如下：

一、大陸地區各省市及職、婦團體中央民意代表之選舉，在大陸未光復前，暫時停止辦理。

二、臺、閩自由地區中央民意代表之選舉，繼續依法辦理，其名額以法律定之（或授權總統訂定辦法行之），不受憲法第二十六條、第六十四條，及第九十一條之限制。

三、僑居國外國民中央民意代表之選舉，事實不能辦理選舉者，得由總統訂定辦法（或依法）遴選之。

四、大陸光復地區，次第辦理中央民意代表之選舉，其辦法及名額，授權總統訂定辦法行之。

五、依本條款選出之中央民意代表，與第一屆中央民意代表，共同依法行使職權。

六、依本條款選出之中央民意代表，其任期悉依憲法之規定，並定期改選。

上述甲案中之第二子案，與戡亂臨時條款第六條之規定大致相同，其所不同者主要有三點：其一，明白宣示大陸未光復地區中央民意代表之選舉，暫時停止辦理；其二，自由地區中央民意代表之選舉，不再用「充實」及「增額」之形容詞和名稱；其三，將來在大陸次第光復地區，辦理中央民意代表選舉，完全授權總統權衡時宜，訂定辦法辦理，以適應光復地區之政情。

前述甲案，基本上不但能夠符合民主理論的原則，也能夠符合代議政治中自由代表說的理論，同時執行技術上，也沒有困難。但是其不設定大陸地區代表名額的特點，在第一屆中央民意代表全部出缺之後，無可避免地會給人們帶來政治性的心理困擾。因為三個中央民意機構，都是分別代表全國人民，行使法定職權。如果第一屆的代表們全部出缺之後，三個中央民意機構中，不再有大陸地區的代表，到那時中央民意機構在人們心目中，就會浮現一種其為「地方議會」的形象，其代表全國民意的政治號召，將可能受到各種挑戰。中共可能以此作為臺灣為地方政府的具體證據，用為國際統戰的口實；國際間亦可能振振有詞地說我為一地方政府；甚至我們國內可能也有不少人，對三個中央民意機構為代表全國的說詞，心存懷疑。雖然我們可以代議政治中自由代表說的理論與實際，來駁斥授權命令說之虛幻不實，從而為自己辯護。但是對大多數人而言，像這種具有高度政治性的問題，其屬於感性的色彩，顯然要比純理性的色彩濃厚得多，我們將很難以理論，去改變人們基於感性所抱持的意象和認知。

像上述的重大政治困擾，不在其位的人，可以純從應然的觀點，淡然視之。但是位列廟堂，身膺重寄的政治領袖，對此則很難等閑視之。因爲政治領袖之爲政治領袖，其基本責任，就是要考慮國家的重要政治問題。中央民意機構究竟是否要設定大陸地區的代表名額，對於這個高度政治性問題，究將如何考慮，及如何決定，尚有賴關心此一問題的智者，及時獻替嘉謀，提供具體良策，俾以促成一個明智的選擇。

乙案—應設定大陸地區代表

本案係以維持形式上三個中央民意機構之全國代表性爲基礎，而以設定大陸地區代表名額爲原則而規劃。其內容以大陸地區現有三十四省及十二直轄市爲基準，試爲擬列如下。

動員戡亂時期，光復大陸尚未完成前，憲法所定中央民意機構體制之維護，依下列原則行之：

一、各中央民意機構代表之名額，依下列原則訂定之，不受憲法第二十六條、第六十四條及第九十一條規定之限制。

1.國民大會代表：大陸未光復地區，每省代表二名，每直轄市代表一名（大陸地區之省市代表名額，只是設定名額之計算基準，也可以將直轄市併入於省計算，或將整個大陸視爲一區，不分省別，設定一個代表數額，如四十名或六十名或八十名不等）；臺、閩自由地區之代表名額，應依大陸地區（或大陸未光復地區各省市）應有代表名額之和乘三加一計算之。

（依上述代表名額原則，大陸地區各省市代表人數為八十名，臺、閩地區為八十乘三，得二四〇名加一共二四一名，再加大陸地區之八十名，則將來國大代表之總額，即為三二一名）

2.立法委員：大陸未光復地區，每省委員二名，每直轄市委員一名（大陸地區委員名額之設定，可依第一款國大代表名額之設定方式或原則定之）；僑居國外國民選出之委員名額，為大陸未光復地區名額之和的三分之一（或依七十二年之標準，固定為二十七名）；臺、閩地區之委員名額，應依大陸未光復地區及僑居國外國民應選委員名額之和乘二加一計算之。

（依上述立委名額原則，大陸地區各省市立委人數為八十名，僑選立委名額為二十七名，二者相加為一〇七名；臺、閩自由地區立委名額，為一〇七乘二為二一四名加一得二一五名；一〇七名加二一五名，將來立委總額，應為三二二名。）

3.監察委員：大陸未光復地區每省或直轄市，應選出之監察委員均為一名；僑居國外國民選出之監察委員為十名（六十九年選舉時之名額，此名額宜作為今後之固定名額）；臺、閩地區選出之監察委員名額，應為大陸未光復地區各省市及僑選委員名額之和加一計算之。

（依上述監委名額原則，大陸地區各省市監委人數為四十六名，加僑選監委十名，二者合為五十六名；臺、閩自由地區監委名額，為前二者之和的五十六名加一名，共五十七名再加五十六名，即將來監委總額，應為一一三名。）

4.本項第一至第三款規定之臺、閩地區應選之中央民意代表名額，應於本條款公布生效之日，定期辦理足額選舉；大陸未光復地區之代表名額，應於該地區在各該中央民意機構中之代表，少於其應選名額時，開始辦理補額選舉。

5.大陸光復地區，次第辦理中央民意代表之選舉，其名額及辦法，授權總統訂定辦法行之。

6.在大陸地區尚未部分光復前，本項第一至第三款所定各中央民意機構之代表總額，不予調整。

二、臺、閩地區應選出之各中央民意機構代表，依「動員戡亂時期公職人員選舉罷免法」選舉之。

三、應由僑居國外國民選出之立法委員及監察委員，事實上不能辦理選舉者，得依法遴選之（或授權總統訂定辦法遴選之）。

四、大陸未光復地區應選出之各中央民意機構代表，因事實上不能辦理選舉，得依下列原則在臺、閩地區選舉之：

1.國大代表及立法委員之選舉，可就下列數種辦法中，考慮擇行其一。

(1)大陸未光復地區各省市應選出之國民大會代表立法委員，得由臺、閩地區之國民，不限省籍，依法選舉之。候選人以具有所競選省市代表之籍貫者為限。若無該省籍候選人時，任其缺額。

(2)大陸未光復地區（不分省市）應選出之國民大會代表及立法委員，得由臺、閩地區之國民，不限省籍，依法選舉之。凡具有大陸省籍之國民，均得依法參與競選，不受特定省市籍貫之限制。

(3)大陸未光復地區應選出之國民大會代表、立法委員，得由國民大會、立法院分別依法選舉之。候選人以具有大陸省籍之國民爲限，不受特定省市籍貫之限制。

2.大陸未光復地區應選出之監察委員，得由臺灣省議會、臺北市議會、高雄市議會，及其後新建制之直轄市議會選舉之。候選人以具有競選該省監察委員之籍貫者爲限（或爲：候選人以具有大陸省籍之國民爲限，不受特定省市籍貫之限制）。

五、依本條款選出之中央民意代表，與第一屆中央民意代表，共同依法行使職權。

六、依本條款選出之中央民意代表，其任期悉依憲法之規定，並定期改選。

幾項認知說明

中央民意機構代表之代謝更新，在現階段最令人困擾的，就是當第一屆代表全部凋謝之後，是否要設大陸未光復地區的象徵性代表名額。本文已就要或不要兩種可能選擇，分別試擬方案如上。這是一個需要羣策羣力，共輸智慧，俾以集思廣益，庶幾能夠獲致較佳解決方案的問題。至祈方家賢士，積極參與，以具體完整的建議，代替泛泛枝節的批評。於此擬就與甲乙兩案有關的幾項認知，予以扼要說明如下。

其一，我人不作全面改選之建議。自從大陸淪陷，政府遷臺之後，我們所面對的中央民意代表的代謝更新，已經不是法律的或理論的問題，而是赤裸裸現實的政治問題。任何法律或理論，如果不能有助於問題的適當解決，則這樣的法律或理論，都將流於虛幻無力，失去其規範和導引的作用。第一屆中央民意代表之得以長期行使職權，都分別有其憲法的及大法官會議解釋的合法根據，在大陸尚未光復，辦理次屆代表選舉之前，若僅在臺、閩地區，辦理第一屆代表全面改選，這在政治的考慮上，是很難爲相關人士所接受的。我們要瞭解，解決政治問題所必須要把握的一項基本原則，卽一定要避免因解決既有的問題，而製造出新的重大問題。同時，所謂全面改選，實在是一個事所必至的結果，只是時間上的早晚而已，似無需多作無效之爭論。

其二，不沿用增額及補選的名稱。在處理中央民意代表代謝更新的過程中，五十八年曾首次辦理以憲法原始規定爲基礎的增補選，繼而又於六十一年開始，辦理以臨時條款爲依據的增額選舉，以至於今。這兩種名稱的選舉，都是以第一屆中央民意代表爲不變的主體所採行的。近來國民大會憲政研討委員會中，尚有人主張重新辦理補選者。其實早在五十八年辦理增補選時，立監委員部分，卽因其法定任期已經屆滿，而不辦理出缺補選。所以細審補選及增選辦法，姑不論其合理性如何，而在可見的未來，當作爲增補選主體對象的第一屆中央民意代表，既經全部出缺不存在的時候，又將何以爲詞，如何爲繼。所以我人覺得爲了適當地處理必將面對的問題，是不是可以考慮，在決定新的處理辦法時，不再沿襲「增額」的用名，以免新的困擾。

其三，各中央民意機構的代表總額，予以固定，僅隨定期的人口普查，調整每一代表所代表的人口數，而代表名額不再增加，以利代議機構的議事效率與運用。蓋代議機構的代表名額愈龐大，其議事的功能與效果也愈低落。所以英美早已根據經驗，將國會議員名額，予以固定不變，僅定期調整每一議員所代表的人口數。此項經驗值得借取，本文所述甲乙兩案，亦係採取此種原則擬訂。

其四，在人羣關係中，特別是在政治上，我們可以追求可能的、相對的或彈性的道理，而不能追求，更不能堅持絕對的眞理，因爲政治中根本沒有所謂絕對的眞理。在前述甲乙兩案中，甲案比較簡單易行，但未必能夠克服政治性考慮的心理障礙。如果考慮採行乙案，時賢曾顧慮到將會有所謂省籍問題、公平問題，以及技術上的難題。我人覺得省籍問題，純然是一種心理錯覺，這種錯覺既不會因分省選舉而更益嚴重，也不會因不設大陸代表名額而消失。談到公平問題，自古迄今，人類社會只有相對的公平，而沒有絕對的公平。我們的憲法與選舉法中，有關婦職團體、僑民等特定名額的規定，都表現着形似的不公平，但這種形似的不公平，都是基於保障少數，以促使接近於實質平等的理論與原則所設定的。大陸各省人口爲全國人口的絕對多數，而大陸各省在臺的人數，卻是臺、閩地區人口總數中的絕對少數。基於保障少數的原則，而設定大陸各省極少數的象徵名額，即視爲有失公平，此就整個國家的特殊政治處境來說，似屬明察秋毫而不見輿薪，其然豈其然耶。至於技術上的困難，確乎應設法予以克服。如以乙案中各省定額由臺、閩地區全體選民選舉，在選區劃分及名額分配上窒難太多，亦可考慮依乙案所定名額，將大陸各省不分省別，作爲一個整體區域，設定一個總名額，對候選人不再作省別籍貫的限制，然後依照現行立委選舉所定的分區，分配其選出大陸代表的名額。假使採行由三個中央民意機構，分別間接選出大陸地區應選名額的代表，則技術上的困難，也就因而不存在了。

結語

中央民意代表代謝更新的辦法，已試擬甲乙兩案陳述如上。這只是個人提供參考的可能選擇方案，其中任何一案，並不代表個人的偏愛或既有主張。至於其可行性如何，希望本文能具有拋磚引玉的作用，尚有賴海內外關心此一問題的時賢與方家，就整體方案，積極抒陳高見，俾能集思廣益，供作當局參考，以謀突破此一問題在觀念、原則、及技術上的多重瓶頸。

二八、充實國會，維護憲政

中國論壇：第二五六期，民國七十五年五月廿五日

中國論壇於七十五年五月一日，舉辦座談會，討論國會代表之改革更新問題，本文係作者之發言紀錄。參加座談者，尚有文崇一、李鴻禧、胡佛及陶百川先生。

兼顧人性現實與利害

關於民意代表改選的問題，已經被討論得很多，我希望大家不要再去談空洞的理論，但我們也無法再廻避這個問題，因爲其迫切性幾已到了不容再拖的程度。根據美國開國元勳之一的 Madison 名言：「人民如果都是天使，那就不需要政府，假如是由天使來統治，那就不必對政

府設立種種的限制。」但事實上人類不是天使，所以貪婪、自私、偏執、自利幾已成爲人性的一部分。而政府是由人所組成的，所以人性的缺點也會反映在政府中。如果是專制政府，他常用高壓的政策和手段去解決問題。但如果是民主政府，那就要把握人性缺點，來調和各方利害衝突。我們現在談論中央民意代表這個問題，不是要追求眞理。因爲道理人人會談，每一個人自我檢討，都會有不合理的缺點，我們又怎能期望像這等盤根錯節的問題，完全符合客觀的道理。因此我們只能要求顧及到現實的可行性，也儘量使這種可行性照應到比較合理的原則。

對兩種意見的看法

有關民意代表的問題，大家有各種不同的意見。李鴻禧先生剛才所提到立法委員保障大陸地區代表之後，加上自由地區人數，形成立法委員人數過多，造成一個省議員代表六萬人，一個立法委員代表一萬人，這種不合理的現象。乍看之下似乎確實如此。但我們都知道，省議會與立法院，都是採合議制，取決於多數，所以我們應就總體來看，而不能只從個體代表的人數來看。例如美國總統代表全國過半數選民，而一個衆議員只代表幾十萬人，然而美國總統的權力仍要受到國會的節制，若因此而認爲代表少數的可約制代表多數的，這也未免失眞。因爲事實上衆議院是由四三五名議員所組成的合議體，共同行使職權而發揮牽制的效果，個人是不能代表團體單獨行使職權的。所以有關李鴻禧先生所提的這層顧慮，我們是不是能從這個總體的角度，做一個相對的考慮。

另外胡佛先生所提的小選區制，立法委員一百名、監察委員五十名，國大代表四百名，根據應選名額來劃分小選擧區，以選區精細的劃分，也等同於保障了外省人士。但這個意見在執行上，恐怕仍有相當的困難。我想指出兩點來談：第一、黨提名的是否就絕對當選？第二、是一旦劃分小選區，黨爲了爭取勝利，就有可能發生類似美國「格利曼達」（Gerrymandering）的情形。我提這兩點不表示我反對胡佛先生的意見，我只是想從不同的角度考慮問題。

利弊互見・求全難爲

目前我們仍沿用當初遷臺之後的應變方式，來解決民代的甄補。但一時的應變措施，是無法長期適用而不發生問題的。以英國第二次大戰爲例，其平民院議員，由五年任期，延長到十年，如果大戰到今天還沒結束，則其平民院就不能不改選了。因爲我國長期面臨着特殊的變局，所以不能不從長期眼光來着想。

在考慮處理中央民意機構未來代謝更新的方案時，我曾有兩個構想：一是不考慮保障大陸地區代表。二是考慮保障大陸地區代表。這兩個方案都有政治上後遺症的顧慮。以不考慮保障名額來說，中央政府擔心從此被認爲是地方政府，這可以亞銀事件爲顯例。就考慮保障名額而言，如果長此以往，又可能形成政治上一種極不合理的現象。這眞是愛國有道，求全難爲。

由於這個問題難度太高，並沒有萬全之策，所以我只是儘可能地提出一些可能的辦法，以供大家參考。至於如何對衆多利弊互見的方案，區別輕重，判斷得失，這確乎是需要相當的政治智慧來權衡抉擇的。

當代人解決當代問題

俗語說：「人無遠慮，必有近憂」。當我們考慮如何去訂一個辦法的時候，大家都希望多爲後代着想。但是，古典的民主政治思想家洛克曾說：「每一代人有每一代人的憲法。」傑佛遜也說：「憲法是屬於活人的。」因此當前爲了解決問題所提出的辦法，大體上在求滿足現實的需要，這一點可能最重要。至於子孫，有子孫面臨的問題，就讓他們用自己的智慧去解決，我們也不必要過分期望把這樣的問題，爲後代子孫設計出一個永久不變的模式，事實上，也無法做到。我所提出的兩個方案，也是考慮配合現實的需要，至於以後會發生什麼問題，那就讓以後的人去解決好啦！

其次，關於陶先生提出遴選的辦法，據我所知目前學術界都不大贊成，從整個民主憲政的發展來看，我們必須取法乎上，不能以韓國爲榜樣。老實說，韓國政治民主品質還比不上我們，因此，我們千萬不可取法乎下。

我們看英國的例子，雖然有一個貴族院，但現在已經沒有最後的決策權力，而且英國的上、下兩院，劃分得非常清楚，我們的立法院，遴選出來的委員，與普選出來的委員，合聚一堂，行使同樣的權力，這種情形的妥當性是很可疑的。

二九、國會已老，新血如何產生

政治大學政治系系刊《正心》，民國七十六年五月十七日

本刊係政大六十週年校慶及政治系五十周年系慶專刊。本文係政治系馬驥傑、林德威及陳宗慶同學就「充實中央民意代表機構」問題訪問余之問答紀錄，並經余校訂。

問題的發生

民國三十八年年底戡亂戰爭失利，國民政府因而播遷來臺。由於神州沉淪，中央民意代表無法改選。為了維護法統和確保憲政健全發展，乃經由大法官會議第三十一號解釋，確定大陸地區選出的中央民代，在第二屆代表未能依法選出集會以前，應仍由第一屆代表繼續行使職權。但由於自然的演變，歲月使得民國三十七年就職的老代表們逐漸凋零。因而有民國五十八年的增補選

和六十一年開始的增選。但是此尚不足以根本的解決中央民代機構的問題。因爲依據現今老代表的年齡來看，這些老代表們皆行將物化殆盡。難道，將來運用增選辦法就能解決此一問題嗎？大陸代表的問題將何以解決？臺灣地區的增額代表就足以代表全中國嗎？這些問題在學術界裏衆說紛紜，莫衷一是，因此我們特別走訪荆知仁老師。

法定代表說辨識

問：臺大學者胡佛及李鴻禧均提出：「爲避免省籍觀念，可採行各國的法定代表說。卽不論任何選區的代表，一經選出，其代表性就不限於原選區，而及於全國各選區。」換句話說，他們認爲不需要保留大陸地區的中央民代名額。只要在臺灣地區繼續選下去就好了。老師認爲如何？

答：中央民意代表最原始的問題，就是民國三十七年選出的大陸代表都出缺後，要不要設大陸代表這個問題。在政治學界，我們都在談論此問題。法定代表說的意義是說，不管那一地區所選出的代表，所代表的民意都是全體。但是法定代表說最初的目的，是爲了防止民意代表只顧其個別選區，而忽視整體利益的毛病。所以法定代表說的意旨在於，不管你是那一選區選出的，都應代表整體。有些國家甚至在憲法上規定出來。所以，法定代表說是在常態的情形下，也就是國家中各個地區都沒有問題的情況下才實行的。

但是，不論是代表個體或整體，民意代表必須是從特定選區選出來的。假定選區的利益與整體的利益沒有衝突時，則代表便需重視選區的利益。而法定代表說，就在於防止代表過度注重地區利益，而不重視整體的利益。

可是，這是在全國各選區都能夠選出代表來的時候，這時法定代表說當然沒有問題，且有其道理。

今天我們的情況卻非如此，大陸地區根本無法辦理選舉，在此情況之下，法定代表說便不足以適應現實政治的需要。如果堅持法定代表說，便不能解決現實的政治問題。如果「民進黨」在民國三十七年就執政的話，你想他們會不會放棄大陸？所以法定代表說的存在是有其背景的。法定代表說是適應常態狀況，而我們現在卻非常態。今天大陸已失，我們究竟要不要大陸呢？如果不要，當然無話可說，如果要的話，就不能不注意這個問題。現在這個政府是從大陸來的，如果說要放棄大陸，對政府來說是無論如何做不到。這是違反人性和人情的。不要大陸代表，在理論上雖然可通，但在實際政治上卻辦不到。

「正名」非常重要

問：胡佛教授謂：「就實質的充實中央民意機構方式而言，基本上我認為應該把握反映當前人口結構，避免造成省籍觀念兩項原則。就反映人口結構來說，最重要的是將大選區制的立法委員選舉改為小選區制，例如左營外省人較多地區，自可能選出外省人，如此可較自然的反映人口結構。」（《中國時報》七六、二、二八、二版）老師對此的看法如何？

答：臺灣到底有幾個左營呢？你們在大學時代最重要的就是要學習分辨的能力。絕不能拿一個特例，來概括全體。不能因爲在臺灣地區，左營是海軍軍眷地區，以這個較特殊的例子爲根據。臺灣究竟有幾個是軍眷地區呢？就拿臺北市來講，能舉出幾個例子？

東吳大學林嘉誠先生也講：「不必過分強調大陸地區的代表，政黨在提名的時候，就可提出大陸省籍的代表，然後採用政黨比例代表制的投票方式加以分配卽可。」此方式類似西德的比例代表制，第二票不投個別候選人而投政黨，然後根據政黨得票率的多少加以分配議席。

可是，政治學是一種彈性科學，天底下有很多問題在這裏可以用，但在別的地方卻不能用。西德此制重實際，較不重形式，但在我國卻必須重形式。也就是儒家所謂的正名問題，名義上必須要有大陸地區提出的代表。

依我看來，除非國民黨政權整個改組，否則不要大陸地區的代表是不可行的。大家千萬要知道，這是實際政治，而不是政治學的理論，讓你在沙盤上、在眞空中，不顧其他的環境來擺沙盤或者完全根據政治理論來處理問題。

設定大陸代表問題

問：考量現實政治，以及根據政治學的基本理論，老師有無考慮過一個比較可行的方法來解決

「充實中央民意代表機構」的問題？

答：曾經想過。我認為將來這三個民意機構一定要有大陸代表。因為根據憲法的基本建構，可以發現，為什麼要有職業和婦女團體的代表？我特別到內政部去查資料。今天大陸三十幾個省區在臺灣的人口（包括第二代）有兩百多萬人，不到三百萬。精確數字我記不得了，大概有兩百五十萬左右。所謂省籍觀念云云，不能說今天在臺灣（也包括福建吧！）保留大陸代表的名額就有省籍觀念。那麼我們憲法保障婦女代表，豈不可說是有男女觀念了，這又該如何解釋！這些完全都是一種心理狀態。在我看來，將來要解決問題，一定要設定大陸地區的代表。只是名額的問題，我主張設，但設定的名額要儘量少。

理論與實際有差距

問：丘宏達先生對於充實中央民代問題，有幾點看法。他說：「定期改選的國大代表增加三十二名至一百二十人，其中五人為最近十年來臺的大陸人士，廿七人為海外遴選代表。」這裏所謂最近十年來臺的大陸人士，該如何界定？

答：我知道他這個看法，他的意思很早就提出來了。我認為他這個意見不可行。為什麼呢？最近十年是還可以統計出來。但若是來臺的人數少，這些人就可以代表大陸嗎？而且他指的是反共義士，反共義士我們沒有人知道他們的底細啊！

丘宏達先生的意見，可說是學術界的一種看法。學術界人士比較偏重理論之應然，而忽視了實際的政治狀況。胡佛先生提小選區制，一般來說對大黨有利。但在臺灣由於地方派系問題的嚴重，若是採此制將造成政治利益難以分配問題。大選區則對小黨有利。

代表的民意基礎

問：照老師所說的，今天我們無法在大陸地區辦理選舉，選出代表大陸民意的代表。所以大陸代表勢必要在自由地區選出。這樣又如何要求這些代表擁有大陸民意的基礎呢？

答：我舉例來講，就在臺灣地區選出來的民意代表，可說是法定代表說。譬如立法委員，我投趙少康。趙少康在立法院內的發言、投票，那裏是代表我的意見呢？朱高正是第四選區選出來的，難道是選民叫朱高正在立法院內罵人的嗎？你可以去問問選民！有幾個人贊成他的態度。如果選民贊成他這樣，那麼民主政治可以是這樣的嗎？不管朱高正在選舉中得了多少票，一旦當選了，他就不代表這個地區，而代表全國。

民主政治所求的，不是要完全代表民意。有很多事情是無法徵求民意的，這就是法定代表說，也就是自由的委任，而不是命令代表說，在這種理論下，代表的意見就視爲是我們選民的意見。這種東西是一種理論的假設。

民主政治最重要的一點就是權力的分化，而且權力的取得要經過客觀的程序，這個程序可能是理性或不理性的。只要是和平的取得權力也就夠了。不是說此人一定代表什麼。若強說代表什麼，又不過是想當然耳。

政治上採象徵意義

問：如果有人提出反對的看法，他們說：「既然這樣，幹麼要選出大陸地區的代表？」那該如何？

答：這就是一種政治上的象徵意義。這和自由地區選出來的代表不完全一樣，完全是象徵意義。

大陸代表的產生

問：這些大陸代表究竟該如何產生？是經由自由地區的選舉產生的呢？還是用其他方式？是否也包括最令人詬病的遴選方式？

答：遴選是大家所共同反對的！現在已排除了這個方式，目前產生的方式還沒有定案。不過既然不採用遴選，那麼只有用選舉了。過去有人提出，採用間接選舉的方式，就是由各個政黨提出大陸代表候選人，以後分別由國民大會、立法院及監察院，自行選出各該機構的大陸地區代表。

但是這個方法，大家發現有問題。因爲由自由地區選出的代表來選舉大陸地區的代表，將來在行使職權上，如果大陸地區代表的意見，與自由地區代表的意見不同時，將會產生心理的和實質的困擾。

另一種就是採用直接選舉，即全民直接選舉。目前已經有人提出三種方法，都是採用政黨比例代表制的方法。

比例代表制

第一種有人提出：自由地區的選民投兩票，一票是投自由地區的個別候選人，另一票則投政黨而不投候選人。由各政黨提出全國代表的名單。然後看各黨得票的多少來分配議席。方法是由應選的名額來除總投票數，得出一當選商數；由當選商數來除政黨得票數，可得出政黨當選名額。即

$$\boxed{\text{當選商數}} = \frac{\text{總投票數}}{\text{應選名額}}$$

$$\boxed{\text{政黨當選名額}} = \frac{\text{政黨得票總數}}{\text{當選商數}}$$

比例代表制的目的，在於使每一政黨之得票與議席能成正比例。例如趙少康、康寧祥、周清

玉等都是高票當選，若以比例代表制，則他們可能超過當選商數的餘票分給同黨的候選人，幫助其當選。比例代表制是一種最公正的制度，使得每一政黨在國會中的議席與得票比例最接近。

第二種辦法：是由東吳大學林嘉誠教授所提出的。也是由選民投兩票。一票投自由地區候選人，一票投政黨，但是不特別設定大陸地區的代表名額。由政黨在提出政黨名單時，實際提出大陸省籍的人士。

林先生此一主張，不但在運作的實質會發生困擾，更重要的是此項辦法，對代表大陸地區而言，不具有政治上的正名與象徵作用。所以，林嘉誠先生的意見，在實際政治上，特別是從執政黨來考慮，這種意見被接受的可能性較小。

第三種辦法是有人提出建議一人一票而兩用。因爲一人投兩票，有時會出現只願意投自由地區的代表，而不願投政黨的情形。所以不如一人只投一票。根據這一票，一則可選出自由地區的代表；另一方面，可依各候選人的黨籍，以計算各政黨的得票。同黨籍候選人得票之總和，卽爲該黨得票的總數，並依各黨得票數的比例，來分配大陸代表的議席。選民的一票，旣可決定自由地區候選人個人是否當選，又可決定各黨的得票數多少。卽一票有兩個作用。此法旣簡單又易行。如此選出的大陸代表其民意基礎將不發生問題，也較公平。這種辦法可說是加重政黨的代表權。如果競選的代表與比例名單的代表在選舉中的負擔問題，政黨本身不能得到合理的安排解決，則第一種或第二種辦法的可行性就會受到重視。

同時，我認爲將來選出的大陸代表名額應儘量少，少到三個國會中都不具有否決作用，甚至比無否決權更少一點。例如大陸地區代表名額，在各個中央民意機構中，只占其代表總數的四分之一，甚至五分之一均可。

結語

從訪問荊老師的談話中，可以清晰的看出，老師對於未來大陸代表的存廢問題，表示強烈的支持大陸代表應繼續保留。不可以法定代表說爲由，就不保留大陸代表的名額。但其強調大陸代表的人數應儘量少，以無否決權爲標準。大陸代表的產生及其民意基礎都不會發生問題。有關的技術問題都可以克服。大陸代表的保留，其最重大的就是政治上的象徵意義。除非我們放棄對大陸淪陷區的主權，否則大陸代表在自由地區就應永遠存在。這可說是儒家所謂「正名」的意義。

三〇、國會革新課題及其步驟

聯合報：民國七十六年九月二十七日

中華民國憲法第三、第六及第九章，設置了國民大會、立法院及監察院，分別由人民或省市議會選舉之代表與委員組成。大法官會議釋字第七十六號解釋，復確認國民大會、立法院、監察院，共同相當於民主國家之國會。這三個國會機構，於民國三十七年建制成立之後，嗣以神州淪於中共，政府於三十八年底遷臺，於是三個國會機構的民意代表，從而無法依照憲法所規定之任期，按期改選。這種事實上的障礙，雖經由憲法解釋之途徑予以克服，仍由第一屆中央民意代表繼續行使其職權。但是由於不能改選的事實之長期存在，迄今幾達四十年，於是問題滋生，日趨複雜。前此大法官會議的憲法解釋，以及六十一年以來歷次辦理的中央民意代表增額選舉，都未能使我們所面臨的國會問題，獲得有效的解決。我們的國會，究竟有那些問題亟待解決，有何可行的解決辦法，試爲抒陳如下。

一、長期不改選，適法而背理

民主憲政理論上的關鍵基礎爲主權在民。主權在民實踐上的基本原理，則爲：政府的統治權力，必須基於人民的同意。而政府獲得人民同意其統治的方法，厥爲定期的選舉。

我國憲法第二十八條規定：國民大會代表每六年改選一次，每屆國民大會代表之任期，至次屆國民大會開會之日爲止；第六十五條規定：立法委員之任期爲三年；第九十三條規定：監察委員之任期爲六年。由於三十八年大陸沉淪，三十九年冬，首先發生立委不能依法改選之難題，當時曾先後三次，由行政院呈請總統，咨請立法院同意延長行使職權一年。及四十三年，又同時發生國大代表與立監委員，均不能依法改選之困難。關於國大代表部分，係引用憲法第二十八條之規定，在次屆國大集會之前，第一屆代表之任期，卽尚未屆滿。至於立監委員部分，則係由大法官會議以釋字第三十一號解釋，宣告：在第二屆委員，未能依法選出集會與召集以前，自應仍由第一屆立監委員，繼續行使其職權。這是四十年來，第一屆中央民意代表，所以未經改選而能繼續行使職權之合法依據。此種應變性法理所維持的國會不改選現象，如果只是短期的存在，原本不失其民主的社會基礎，這可以英國在兩次大戰期間，先後停止國會議員改選的事例爲證。但是由於我們第一屆中央民意代表的不能改選，歷時長達四十年，於是上述以應變所適用之法理，便爲現代的民主政理，以及世俗的社會情理所不容。是以第一屆中央民意代表之繼續行使職權，不但其社會的民意基礎，受到普遍的懷疑，其合理性，亦受到日趨積極的挑戰，從而全部改選的社會訴求，日昌月盛，莫可戢止。因而如何調整法律規範，使國會的革新，能與社會的情理需求，獲致新的平衡，是乃政治上的當務之急。

二、老化與凋謝日速，亟待妥爲調適

國會三個機構的第一屆民意代表，於三十七年就職之初，原爲青壯英年，但歲月無情，歷經四十年風霜之後，已是垂暮夕陽。根據最新資料，第一屆代表們的平均年齡，國大代表爲七六點八四，立委爲八十點四二，監委爲八十一點七五。由於代表們皆已年逾古稀，壽登耄耋，不少人已是體衰智鈍，難勝繁鉅。同時，隨老化而來的，是凋謝出缺之日益加速，已是勢所難免。無論從合理改善國會結構，強化國會功能，或人道觀點，都應該妥爲規劃，使這些久已卓著賢勞的代表們，能夠有退身頤養的機會，不再面對社會上全面改選的壓力，以及尸位不去的責難。

三、全部改選與鼓勵自退

關於國會革新問題，執政黨比較著意於充實中央民意機構，社會的政治意見，則寄望於全部改選。六十一年以來小幅度的充實，顯然未符民望。而全部改選的要求，似亦難以突破法律上的瓶頸。蓋第一屆代表，所以任期屆滿，而猶能繼續行使職權，乃係基於憲法解釋之結果。要改變

代表類別	法定總額	實際選出	現有人數	增額代表	第一屆代表（七六年）	出缺情形			
						七三年	七四年	七五年	七六年八月底
國代	三〇四五	二九六一	九四七（列席者十四人未計）	八四	八七六（內含遞補代表三四三人）	四六	四二	三二	一三
立委	七七三	七六〇	三一六	九七（二人去世一人辭職）	二一九	一六	五	一五	一一
監委	二二三	一八〇	六八	三二	三六		一	二	二

此一結果，已非憲法之再解釋所能濟事。其可行途徑，端在修訂戡亂臨時條款，別作改選的規定。但是由於第一屆國大代表，身爲當事人之一，要這些代表們自己否定其本身的代表權，這顯然超越了人性行爲的常態，在政治上有其不易克服的困難。全部改選，除了法律上的瓶頸難以突破外，政治判斷上的考慮，亦爲困擾因素之一。但是無論主觀判斷上的願不願或肯不肯，第一屆代表再經十數年出缺既盡之後，其必須全部改選，將是人力不可抗拒的事實。既知全部改選之日已不在遠，似可預爲綢繆，訂定辦法，鼓勵與誘導第一屆代表分批辭職自退，轉任較其現有待遇優厚的顧問性公職，以有效疏解與日增強的全部改選之壓力。

四、國會的全國代表性應妥爲規劃

在國家統一完成以前，當國會中的大陸代表全部出缺之後，如何保持國會的全國代表性，這也是國會革新課題主要內容之一。經過比較分析各方意見之後，似以二元選舉法較爲可行。其一，臺、澎、金、馬自由地區的代表名額，仍依現行選舉法產生；其二，另設全國性代表名額，則依政黨比例代表法選舉產生。此一二元選舉法的主要優點是：第一，可以滿足國會具有全國代表性的政治需要；第二，全國性代表的政黨比例選舉，只是在自由地區地域代表選舉的基礎上，依政黨得票數作加權代表的分配。任何地域代表制下的個別候選人或政黨，都不會因爲地域代表與政黨比例代表併行，而蒙受任何選舉上的不利。這種兩全而公平的二元選舉法，乃現在所知最值得肯定的辦法。

五、國會代表總額，予以固定爲宜

在光復大陸行動展開之前，三個國會機構的地域代表，最宜分別確定其不變的總額。尤其是地域代表制下立委之總額，應少於省議員及兩個直轄市議員之和，以避免當選票數過大的不合理差距。其次，以政黨比例代表制所產生的全國性代表名額，最好是自由地區地域代表制總額的四分之一少一名，使在各該機構，不具有否決的作用。復以，三個國會機構自由地區的總額確定之後，應經由一屆或兩屆選舉，使之足額產生。至於全國性名額，應在第一屆代表出缺至少於預定的全國性名額時，再予選舉補足。前者以適應現社會參與的需求，後者以減輕不同意見反對的壓力。

六、國會革新的程序步驟

⑴規劃一個完整的具體方案，此一方案的內容，應包括各項重要原則：①第一屆代表辭職自退之禮遇；②自由地區地域代表總額之確定；③全國性政黨比例代表名額與自由地區地域代表名額之比例；④第一屆代表未退職者得繼續與新選代表共同行使職權；⑤自由地區地域代表之名額得一次或二次足額產生；⑥全國性政黨比例代表名額，應在國會中第一屆代表少於全國性代表名額時，予以選舉補足。

⑵制定第一屆中央民意代表退職轉任或禮遇條例，並鼓勵與誘導自退或安排分批退職。

⑶擬定動員戡亂時期臨時條款第六項修正案草案，確定事項宜包括：①臺、澎、金、馬自由地區，在各國會機構中之代表總額；②全國性代表名額，在各國會機構中的比例；③地域代表與政黨比例代表之雙重原則；④全國性代表之選舉時機；⑤尚未退職的第一屆代表，繼續與新選代表，共同行使職權；⑥原條款第六項之授權總統者，改爲以法律定之。

⑷修訂選罷法，增列政黨比例代表選舉有關條文。

⑸民國七十八年冬，依現行增額選舉辦法，將預定之自由地區立法委員總額，一次選舉足額。

⑥民國七十九年二月，國民大會第八次常會時，完成戡亂臨時條款之修訂。並將原增額國大代表之任期，延長至總統任期屆滿前九十日爲止。

(7)民國八十二年春，將預定自由地區監委總額，一次選舉足額。

(8)民國八十四年冬，將預定自由地區國大代表總額，一次選舉足額。

(9)全國性代表名額，於各該國會機構中，第一屆代表名額，少於臨時條款第六項所定之比例名額時，隨自由地區各該機構代表之選舉，予以選舉補足。

七、動員戡亂臨時條款第六條修正案草案試擬

動員戡亂時期，國民大會代表、立法委員，及監察委員之選舉，依本條款之規定辦理，不受憲法第二十六條、第六十四條及第九十一條之限制。

㈠臺、澎、金、馬自由地區之國民大會代表總額定爲三百名，立法委員總額定爲一百五十名，皆依地域代表制，依法選舉產生，並依每次人口調查結果，調整各選區之代表名額，而其總額不變；監察委員由每縣市議會選舉二名，每省、直轄市議會選舉五名。

㈡國民大會、立法院及監察院，皆設置全國性代表，其名額爲各該機構自由地區總額的四分之一少一名，並以政黨比例法與自由地區代表同時選舉之。

㈢第一屆國民大會代表、立法委員、監察委員、及增選、補選中央民意代表，得（應）分批

退職，由各該所屬機構聘任爲榮譽顧問（代表或委員），並依在職代表或委員之待遇標準，領受歲費與公費，另加歲費與公費總額百分之五（或十）的特別補助費；其尚未退職者，得繼續與新選代表共同行使職權。

㈣增加名額中央民意代表之選舉，於在職代表任期屆滿後，應停止辦理。但增加名額國民大會代表之任期，應延長至總統任滿前九十日爲止。

㈤本條第㈠項所定各中央民意機構在自由地區之代表名額，應一次選舉足額，並與第㈡項所規定之全國性代表，共同依憲法所定任期，分別追溯敍定其屆別。

㈥本條第㈡項所定全國性代表名額，應在各該機構中第一屆代表人數，少於第㈠項自由地區代表總額四分之一減一名時，予以選舉補足其應有名額。

㈦大陸光復地區，次第辦理中央民意代表選舉，在動員戡亂時期終止前，其名額及選舉辦法，以法律定之。

㈧本條所定事項，有另定實施程序之必要者，以法律定之。

三一、妥協爲國會改革成功之道

自由日報：（自由時報）民國七十六年十一月十一日

前言

國會之革新，乃執政黨十二屆三中全會以來，六大政治革新議題中，比較最爲棘手的一項議題。其所以最爲棘手，是因爲此一議題所牽涉到的兩項子題，不容易獲得共同認可的結論。這兩項子題：第一是全部改選與充實之間差距之不易彌合；第二是設置全國性代表共識之不易確立。

國會之需要代謝與更新，乃是存在已久的問題，過去各方的意見與方案，紛然雜陳，整合爲難。綜觀年來政情之激盪，以及輿論所示，全面改選之訴求，已日趨普遍而強勁。執政黨對此一問題之具體解決方案，雖然尚在積極研議之中，但「充實」而「非全面改選」的基本原則，卻屢經宣示，似屬相當確定。而民進黨則斷然主張全部改選，該黨籍立委，且以之作爲其在立法院本會期中全力以赴之目標。近日來立法院所不斷發生之議事衝突，以及民進黨四立委之被院會移交紀委會議處，一則是民進黨要求全面改選國會策略之運用，二則是執政黨已不耐於民進黨立委鬧院行為之反彈。按議會政治乃民主政治運作之常態，如果議會竟然成為政黨各堅所是，進而衝突競力的場所，則民主之生機，未有不為之斲喪者。而改革國會既為當前政治衝突之根源，然則成功的國會改革，究竟計將安出。從民主的經驗知識來看，我人確信，惟妥協始足以成事。

全面改選之妥協

國會代表之定期改選，不但是代議政治之理論，也是我國憲法及有關選罷法的明文規定。而三個國會機構之代表，所以未經改選而繼續在職，人盡皆知係神州陸沉及憲法解釋之結果。但是由於不能改選的狀況，持續長達四十年，其所形成的不合理現象，乃受到普遍的懷疑與日趨積極的挑戰，進而導致立法院之議事衝突。客觀的仔細分析，任何稍具理性的人，都不應該強詞奪理，否定國會之應予全部改選。所以全部改選，基本上已不是應不應該的問題，而是如何安排資深代表而後的改選問題。因為資深代表之所以未經改選而長期在職，是基於大法官會議的解釋，並不是他們本身造成的。而大法官會議的解釋等同憲法。四十年來憲政體制之維護，自由基地社會經濟突破傳統之進步發展，平心而論，資深代表之貢獻，亦不容概予抹殺。他們當年以少壯英年獻身議壇，徒以大陸赤化之浩劫，基於國家憲政體制運作之需要，經權威釋憲機關之宣告，而被動地繼續寄身國會，獻出了可貴的半生年華，以至於耄耋暮年。現在的國會結構，雖然亟需改革，但總須經由正當法律程序。同時對於資深代表，也不能因爲改革國會，而棄之如敝履，置之不顧。民進黨之要求全部改選，執政黨之計畫片面充實，此其間之法理、政理與情理，已經是可分而難分了，因爲民主情境下的理也是多元的，並無絕對一元化的理。

究竟如何解決國會之改選問題，民進黨單純地主張全面改選，而缺乏對資深代表的安置主張。執政黨的初步構想，係以維持現狀及擴大增額，逐漸達到全面改選的境界。社會的有關意見，則從安排資深代表的途徑，以實現全面改選的目標。例如中國時報社論，主張三個國會的資深代表，依增額代表的改選，分批退職，由政府特聘爲光復大陸設計委員會委員；姚立明教授主張，由總統依戡亂臨時條款第六項規定，頒佈一個「中央民意代表退休辦法」，明定自動與強制退休兩種標準，以降低全面改選的壓力；郭榮趙教授建議，首先確定立監兩院應選總額，予以一次選出，對於資深委員，則採取不成文的君子協定方式，維持其名義上在職，而實際上經由資深委員的自我限制，不再參加兩院職權的行使。我人覺得各方的意見，都有值得重視之處。但最重要的，還是執政黨與民進黨，都分別規劃一個以全面改選爲最終目標的初步方案。這個方案，宜以從安排資深代表着手，以實現全面改選的目標。然後經由政黨協商與妥協之途徑，來獲致一個大家都勉強可以接受的方案。英國國會對於重要或有爭議的法案，常以黨際間的圓桌會議，來化除歧見與尋求結論。同時，美國費城制憲會議時，爲了易於達成妥協，避免會外的各種干擾，所以會議的進行，對外採取不公開的秘密方式。我們要有效解決國會全面改選問題，英美兩國的經驗，似應予以適當的重視。

是否設全國性代表之妥協

在改革國會結構的過程中，對於資深代表，無論是斷然地全部改選，或是漸進地全部改選，到最後都有一個問題，即在第一屆代表全部出缺之後，三個國會機構之中，是否要繼續維持大陸未光復地區的某些代表名額。對於此一問題，社會各方意見，更爲紛歧。諸如：

一、反對設置大陸代表名額；（李鴻禧、郭榮趙）

二、國大設，立監兩院不設；（陶百川、郭仁孚、許倬雲）

三、三個國會機構都設，而任其虛懸；（郁慕明）

四、名義上不設，實質上經由提名方式設；（林嘉誠、胡佛）

五、設無投票權代表名額；（高資敏）

六、設個位數名額，候選人限於最近數年內大陸籍來臺人士；（丘宏達）

七、設象徵性名額，以少於自由地區選出總額四分之一爲限。（荆知仁）

對於是否設置大陸地區代表名額，雖然有各種不同意見，而且各種意見也都有一定的理由支持。但基本上，我人覺得這個問題，已經不是理論上應不應該的問題，而是實際上比較有效的政治勢力，所願意接受的可行性問題。就當前的政治情況言，凡是執政黨和民進黨能夠互相妥協，共同接受的方案，無論設與不設，都是政治上的有效方案。至於理論上是否合理問題，那已經是論政者放言褒貶軒輊的問題了。而政治上解決爭議的問題，如果必求理論上的至當。則美國憲法第一條第二節，便不應該出現黑人人口，以五分之三計算的規定。何況即使所謂理論上的至當，仍然是一個見仁見智的問題。所以究竟是否設置大陸代表名額，以言政治上之實質效果，終須有賴政黨間的溝通協調，其結果仍然是非妥協即不足以成事。

結語

民主政治之爲多元政治，是因爲民主社會中的利益、價値觀念與言論意見是多元的。而多元之間矛盾之各得其平，端在排除絕對的一元觀，藉由互相容忍、尊重、進而妥協，以成其功，並弘其用。其次，民主政治中，政治人物的一切作爲與努力，應在謀求多元矛盾之間的平衡，而不在尋求眞理。如果以尋求眞理，或以眞理自居的心態來解決政治爭議，就會堅持絕對的態度，拒絕讓步和妥協，這自然不是追求民主的政治人物所應有的政治認知和態度。準此以言，我們當前的國會改革，深深覺得民進黨與執政黨，都應該即刻終止在立法院衝突性的對立，分別就國會結構的改善問題，兼顧情、理、法，各擬可行方案，經由黨際間之協調研商，摒棄絕對眞理或絕對權威的心態和成見，相互容忍、讓步，藉妥協而產生一個共同接受的改革方案，來充實我們的民主內涵，並提高我們的民主品質。民國三十五年，因國民黨、青年黨、及民社黨相互間的妥協，而產生了我們現行的憲法。現在我們又需要各個政黨，特別是執政黨與民進黨，都能夠秉持民主政治中唯妥協始足以成事的心態，以妥協的具體行動，來完成國會結構的改革方案，以為我們這一代中國人及後代子孫，厚積民主倫理的風範與基礎。

三二、國會改革「毋固」求全

中央日報：民國七十六年十二月二十五日行憲四十周年特刊

前言

國會之改革，乃繼解嚴之後，政治上最爲糾結難解而棘手之問題。其所以糾結而棘手，是由於國會改革的充實或全面改選，不但涉及到資深代表的去留及如何去留，同時也牽涉到是否設置大陸未光復地區代表的問題。這兩個基本問題的解決，不但在應然的理論上，言人人殊，見仁見智。而在實際的政治上，亦復立場互異，主張各別。於是解決的辦法，更是萬般雜陳，各有權衡。執政黨對於此項重大改革問題，目前尚在幕僚作業研議之中。經先後披露的初步原則，計有：㈠充實而非改選；㈡謹守民主原則；㈢不修改憲法及戡亂臨時條款；㈣增加增額代表名額；㈤充實大陸代表，以保持國會的全國代表性；㈥廢止國大代表遞補制度。從此一問題所以形成的背景原因，以及當前的政情來看，對於國會的改革，事實上並無萬全之策。正因爲並無萬全之策，所以各方面的意見、主張或辦法，紛出雜陳。或則但見於理而昧於實，或則因困於實而忽於理。究以何者為宜，試為抒陳如下。

充實抑全面改選問題

民主政治實踐上的基本原則，厥為「統治者的權力，應基於被統治者的同意」。而被治者用以表示同意治者統治的方法，則為制度化的選舉。由於社會與被治者的民意會有變遷，所以又有選任公職人員的任期和改選制度。我們憲法中有關中央民意代表的任期和改選，就是根據此種原則所訂定的。可是憲法中為常態狀況所規劃的此項制度，因為甫經實施，即發生神州赤化與政府遷臺的巨變，從而形成了第一屆中央民意代表無法改選的難局。而為了維護憲政體制的有效運作，在萬般無奈的情形下，乃經由憲法解釋之途徑，確定在第二屆代表未能依法選出集會以前，仍由第一屆代表繼續行使職權，歷時迄今已將四十年。

從上述的簡單說明，可知第一屆中央民意代表之所以未經改選，而繼續行使職權至今，當初原係為了維持憲政體制之完整與有效運作，而經由憲法解釋，所採取的應變權宜措施。但在四十年之後的今天來看，第一屆代表們，都已從當年的少壯菁英，於歷經歲月風霜，而進入耄耋暮年。然而國家的憲法法統，固應萬古常新，綿延無既，但第一屆代表們的個體生命，則不過數十寒暑，必將壽盡而物化。所以為了國會生命的傳承，結構的合理，以及功能的強化，繼五十八年以來的增補選與增額選舉之後，社會上又有了全面改選的普遍期求。

依據民主理論的實踐原則與我國憲法的規定，第一屆中央民意代表之全部改選，原本不是應不應該的問題。而是在非常變局下，既經憲法解釋，確認了在第二屆代表選出集會前，仍由第一屆代表繼續行使其職權，則在第二屆代表未能選出集會以前，如果要全部改選，便發生如何使第一屆代表依法退職或解除職務的問題。因爲此一問題所涉及的正當法律程序，以及政治因素上的困擾不易排除，所以執政黨一貫以「充實」作爲國會改革的基本原則。而執政黨的充實原則，與在野者全面改選的期求之間雖有距離，但朝野如果在認同國家與認同憲法的基礎上，都能不絕對堅持求全，將本身的主張彈性化，經由溝通、妥協的過程，仍然不難獲致雖非盡如人意。畢竟各有所得的可行方案，使此一歷史性難題，得到突破性的解決。

綜觀各方意見，並默察當前政情，我人覺得解決國會改選問題，似以整體規劃，次第實施爲宜。諸如：㈠確定國家統一前各國會機構的代表總額；㈡訂定第一屆中央民意代表退職禮遇辦法，隨同增額代表之改選，一方面強制不能或無意行使職權的代表退職頤養，一方面鼓勵尚能行使職權的代表自動退職，應聘爲國策顧問或光復大陸設計委員，其未自行退職應聘者，得分次安排退職，此項辦法雖非即刻的全面改選，但事緩則圓，實質上乃是預定期限的全面改選，朝野都有所獲；㈢上述第一項各國會機構之代表總額，應隨增額代表之選舉足額選出；㈣上述第㈡項之退職禮遇辦法，若完成立法程序有實質上之困難，亦可考慮引用臨時條款第四項（李念祖教授建議）或第六項（姚立明教授建議）之授權規定辦理，在法理上並非無理可通。

全國代表性問題

在國家統一之前，我們的國會，無論是斷然全面改選的改造，或是充實性的改革，當第一屆代表們凋謝殆盡的時候，在國會機構中，是否仍舊保持部分大陸未光復地區的代表，以象徵國會的全國代表性，亦構成為國會改革問題的一部分。對於此一問題，執政黨持肯定態度，在增額立委中，不分黨籍，以持否定主張者佔大多數。在學術界，持肯定觀點者，認為國會中苟無大陸代表，或則以其將不成其為國會者；或則以其將與省議會無別者；或則以在臺將近三百萬大陸籍人士及其子弟，將從此成為政治上充滿失落感的少數者；或則以其將喪失對大陸之政治號召者。至於所設大陸代表如何產生，有主張政黨比例代表制者；有主張採大陸籍選民通信投票制者。相反的持否定觀點者，或以法定代表說為論據者；或以藉政黨比例代表制設大陸代表，係政黨分贓有背民主精神者；或以在臺選出的大陸代表，並不能合理地代表未行使選舉權的大陸人民者；或以大陸代表制將強化省籍隔閡者。

從上舉主張和反對特設大陸代表制的各種意見來看，雙方所持理由，有的是學理性的，有的是政治性的。究竟何去何從，我人覺得這是一個非常現實的政治問題，而不是抽象的理論問題。從經驗的知識來看，政治問題的解決，往往決定於辦法方案在實施上的可行性，而非決定於理論上的邏輯性。可行性的方案之產生，則又以政黨間之溝通、妥協與共同支持爲必需條件。凡是經由政黨妥協所產生的可行方案，雖然難免會有理論上的瑕疵和歧見，但其解決問題與成事濟世之功效，終是瑕不掩瑜。而政黨和政治領袖們所以念玆在玆，戮力以赴者，應該就是在政治上的「立功」，而非學術上的「立言」。所以未來的國會，是否要在形式上，繼續保持大陸代表，則理論上正反見解的功能是參考性的，端賴政治領袖們能從大處着眼，本諸勿傷於民族融合，勿損於領土完整，勿悖於民主精神與公平的基本原則，以「毋固」求全的胸襟與雅量，在一黨之內與黨際之間，就此一問題相商相容，相讓相協，以規劃出一個彼此均屬既非全得，亦未全失，而最可行且最少後遺症的解決方案。

三三、國會革新多元問題分析

中國政治學會年會學術討論會論文，民國六十七年十二月二十日

自從政府於卅八年冬遷臺之後，由於大陸淪於赤禍，於是三個中央民意機構，從民國四十年初開始，即先後發生了事實上不能依法改選的困難，迄今已歷時幾達四十年。當問題發生之初，雖經憲法解釋之途徑，確認在次屆國大代表及立監委員依法選出集會之前，仍由第一屆代表及立監委員繼續行使其職權，從而維持國會體制於不墜。同時，既於五十八年辦理增補選，又於六十一年開始，定期辦理增額選舉，不斷以新血輪充實中央民意機構。但是憲法解釋與增額選舉，不惟並未能眞正解決國會機構，在代謝更新上所存在的各項基本問題，而問題的嚴重性，且與日俱增。歷年以來，關心此一問題的人士，曾先後提出各種不同的解決方案或意見。執政黨於十二屆三中全會之後，並將國會的革新，列爲六大政治革新主題之一。值此解除戒嚴與開放黨禁兩大革新，既經付諸實施之後，國會問題之亟待解決，又已成爲朝野矚目的優先課題。究竟我們的國會，有那些重要的問題需要解決，歸納各方意見，依其輕重緩急，約有下述數端。

一、全部改選問題

要求全部改選中央民意代表，乃是民國五十年代卽已提出的一項訴求。六十年退出聯合國之後，全部改選之聲浪日強。自此以降，每逢外交重大挫折，國會增額選舉，以及立法院新會期質詢期間，就會激起要求全部改選的波濤。萬年國會的謔稱，並非純粹是不滿的情緒發洩，實亦隱含理性上求變之寓意。

要求全部改選的主要理由，厥爲民國三十七年就職的第一屆中央民意代表，在職幾達四十年而未改選，不但違背了民主政治理論上，民意代表應隨社會民意之變遷，須不斷改選的基本原則，實際上四十年前選出之代表，也無法代表現在社會的民意，其阻礙了新生代精英，參與中央政務之機會，亦構成爲事理邏輯的必然結果。而這種數十年未曾改選的現狀，雖係經由憲法解釋，具有合憲的法理基礎，但在民主的政理與社會的情理上，卻非常欠缺說服力。然則，解決此一問題，究竟計將安出？分析起來，約有下列數種意見，可供參考採擇。

一、全部改選：此一意見，雖然最能符合憲法的原始規定，但在現實政治上的可行性太低。因爲迄未改選的唯一原因，是由於大陸選區淪陷。第一屆代表在任期屆滿，所以未經改選，而能繼續行使職權，則係基於憲法解釋的結果。假使在大陸選區尚未光復之前，變更數十年來具有法效之成規，似非憲法之再解釋所能濟事。其唯一途徑，厥爲透過修訂戡亂臨時條款，作改選的規定。但是由於第一屆國大代表，身爲當事人之一，要這些代表們自己否定自己的代表權，這需要超人的道德勇氣，顯非常人所願爲。而要求絕對多數的第一屆國大代表，都具有超人的道德勇氣，這顯然超越了人性行爲的常態範圍，在政治上有其不易克服的困難。

二、鼓勵辭職或使轉任顧問性公職。此一意見，係針對全面改選修改法制上困難之不易克服所產生。因爲大法官會議釋字第七十五號，宣告國大代表非不得兼任官吏；憲法第七十五及一〇三條，分別規定立委不得兼任官吏，監委不得兼任其代公職。如果經由政治溝通途徑，動之以情，說之以義，並進而誘之以利，安排第一屆中央民意代表，主動辭職，轉任高於原薪的顧問性公職，即可能造成實質上全面改選的情勢。

此一方案，如能有效地付諸實施，而能貫徹，使中央民意機構之定期改選更新，從此得以步入憲政之常軌，則在政治上，當能振奮人心，一新天下之耳目。不過第一屆的中央民意代表們，是否肯於辭職轉任，待遇可能並不是唯一的因素。同時，就目前的政治情勢言，實質上的全部改選，所可能引起政黨勢力的消長與突發性的變化，亦應列入愼重考慮。如果對此一方案，作有計劃地分期實施，則適應上之困擾，即可適度地減低。

三、將增額立委人數，增加到與資深或不改選立委相同的名額，此後增額立委的名額，並不因資深立委之減少而減少。此一意見，係陶百川先生在一項座談會中所提出，許倬雲先生亦贊同此議。這是一個折衷性的方案，實質上是大幅度地增加增額立法委員的名額，而不及於國大代表與監察委員，因為三個中央民意機構，惟有立法院構成為代議職權之核心。如果覺得以一次完成此項增額，有政治上的不相宜性，則亦可預為宣告，予以分次完成。此一方案雖具有可行性，但原則上，似應列為國會革新整體方案之一部分，並不宜單獨實施。

二、不設置大陸地區代表

此項意見是主張一項原則，即在光復大陸以前，現有的第一屆中央民意代表，無論是全部地改選、辭職、或自然凋謝出缺之後，三個中央民意機構，都不再設置未光復地區的代表名額。主張此項原則的理由，說者不一，歸納以言，約有以下數種：

一、大陸選區既然淪陷，在光復之前，在臺的大陸各省人士，並無權代大陸選區的人民行使選舉權。

二、大陸人民，對中華民國政府，既未納稅，亦未服兵役。依照無代議士即不納稅的原則，大陸地區並無權利在中央民意機構享有代表名額。

三、在大陸光復之前，設定大陸代表名額，不但會強化省籍觀念的心理鴻溝，而且大陸名額代表之以少數票當選，與自由地區代表之必須以極其懸殊的多數票當選，不但違背了一票一値的基本原則，而且將令自由地區的落選人，心懷不平的憤懣。

四、民意代表與選區不應脫節，大陸何時可以光復，由三十多年來的經驗說明，顯然並無具體而可信的答案。如果要在臺灣地區選出大陸地區的代表，將來就會產生由第三代、第四代，以至更多代的大陸省籍子弟，來代表大陸地區，這種現象，將無異於安徒生筆下皇帝的新衣，從而成爲政治上的一種笑談。

五、主張設置大陸地區代表的基本理由，是說三個中央民意機構，乃中華民國憲法法統之所繫，應具有代表整體中國的象徵意義，所以雖然大陸有待光復，仍應設置大陸代表名額，俾以發揮政治上代表整體中國的號召作用。其實從代議政治中，民意代表與選民關係的發展來看，各國都已經從早期的命令委任制，蛻變爲自由代表制。後者又稱爲法定代表制。即任何地區選出的代表，都可以其本身的自由意志，代表整個國家的利益，而不受選區選民命令的拘束。所以根據流行的自由代表說或法定代表說，臺灣地區選出的中央民意代表，即當然地代表着整體中國，實不待憑空地特設大陸地區代表而後然也。

以上所述主張不設大陸地區代表名額的各項理由，憑情而論，都有其直接感性上的動人之處。但是道理是多元的，政治是現實的。從現實政治與多元道理的角度來分析，對於上述主張，又可以有不同的看法，將留待主張設置大陸地區代表方案中，予以說明。

三、應設置大陸地區代表

一、主張設置大陸地區代表的理由：

㈠三個中央民意機構於建制之初，原係由各省所選舉之代表所組成。現階段雖以大陸淪陷，不能辦理選舉，但只要政府和人民，不放棄光復大陸與統一中國的目標和權利，卽應設置大陸地區代表。一則以示臥薪嘗膽，二則以示政治號召。因爲政治的問題，應從政治的觀點來認知，純粹片面的理論，並不能解決現實的政治問題。中共爲了強調臺灣是中國的一部分，其全國人代會，特別設置了十三個臺灣省的代表名額。因爲中共無法在臺灣辦選舉，所以由散處大陸各地的二萬多臺灣同胞，推派一〇八名代表到北京去協商選舉十三席代表。這個事例，是要說明，現實政治上的問題，是無法以學術上的純理論來解決的。所以只要我們不自外於中國，卽不應該完全忽視設置大陸地區代表，在政治心理上的需要。

㈡法定代表制的產生背景，是爲了矯正傳統命令委任制下，各個代表只知道選區私利，不知有國家公益的弊端，而興起的一種學說和制度。但是這種學說和制度，在其他國家，都係以全國完整的選區運作爲基礎。認爲不論代表是來自什麼選區，都係代表全國的利益，而非代表其選區之利益。其實，此一學說，並不能推論到極端。因爲無論那種選舉制度，代表總是產自選區。除非一個代表或政黨，他不想謀求連選連任，否則，他如何能完全忽視其選區與全國利益並不衝突的利益。由此可知，政治上的道理都是有彈性的。如果視之爲絕對的道理，可能卽無以利國濟世了。從這個觀點來看，我們現在的大陸選區，在現階段已無法正常運作，與法定代表說之以全國完整的選區運作爲基礎的情形並不相同。在不同的基礎上，如果以法定代表說來處理我們所面對的問題，將無異於心理上阿Q式的自慰。實際上則又會逐漸形成自外於中國的後果。

㈢三個中央民意機構，都是由全國各地區的代表組成，並代表全國人民，行使法定職權。如果未來的國會，不再有大陸地區的代表，那時候的所謂中央民意機構，在人們的心目中，就會浮現一種其爲地方議會的形象，其代表全國的政治號召，不但會受到來自國際質疑的、中共統戰的挑戰，甚至我們自己的同胞，也會心存懷疑。一旦有這種普遍的感性認知發生，就不再是片面的法定代表說理論可以令人信服釋懷的了。像這種非常時期的重大政治問題，在野人士，容或純從理論的觀點，大發脫世應然之論。然在位參與決策的政治領袖們，面對此一歷史性的重大課題，便不能不高瞻遠矚，權衡並重，作爲睿智的抉擇，去對歷史作交代了。

㈣人類社會，自古至今，都受着象徵符號的支配。圖騰之於部族，國旗之於國民，十字架、佛像之於教徒，都具有神奇的凝合統攝作用。所以在三個中央民意機構設置少數大陸地區代表，主要是取其我與神州永爲一體的象徵意義，及其政治上所含蘊的號召作用。

前述不主張設大陸代表的理由中，是說大陸人民既未納稅，亦未服役。其實現代民主國家，久已不以納稅或服役爲參政條件，美國於一九六四年，且以第廿四修憲案，禁止各級政府以納稅爲投票條件。他如若說設置大陸代表，將會擴大省籍隔閡，並形成大陸代表與臺省代表二者當選票數懸殊之不平等差距。其實，省籍觀念是一種心理狀態，只要貫徹平等合理的原則，省籍便不應該是造成糾紛的基因；當選票數的可能懸殊差距，實在是可以經由適當的名額與選舉技術的規劃，予以有效地避免的。至於說外省籍第三代以後子弟代表大陸之將成爲政治上的笑談，初聽確能使人動容。若細加分析，又可知其不必盡然。因爲解決政治問題，總以政治性考慮爲優先。英國及西歐各國在民主化過程中，其所以仍然保留了王制，是因爲國王旣無礙於其民主化，在政治心理上，且具有向心及統合作用。如果大陸地區代表，限於象徵性的名額，使之在三個中央民意機構中，都不具有任何否定性的作用，便不會影響自由地區代表的總體利益。同時在選擧技術的規劃上，再進一步清除可能使任何政黨或自由地區代表有不平等感覺的因素。則大陸地區各省籍有限象徵性名額的代表，在三個民意機構中，旣不影響自由地區代表們的決定權，又可以滿足政治上代表大陸的象徵作用，則這種無奈而權宜的政治性原則，對於心存邦國，不忘神州的政治領袖們而言，應該是可以予以肯定的。

二、設置大陸地區代表多元方案：

㈠虛設名額。此一方案的內容，對於大陸未光復地區，設置適當的代表名額。這個名額的處理方式有二：⑴未光復地區之代表名額，在該地區尚未光復前，任其虛懸，暫不辦理選擧；⑵未光復地區的代表名額確定後，通知中共辦理選擧，中共若拒絕，則亦任其虛懸。

此項方案之主旨，在於宣示三個中央民意機構，均係由全國各地區代表所組成，藉以顯示其全國之代表性。郁慕明先生且以第二種方式，兼爲對中共反統戰之手段。此一有名無實之方案，除了可以部分滿足心理上之需求外，能否適應現實政治上之需要，似甚可疑。

㈡國大代表設，立監委員不設。陶百川、郭仁孚、呂亞力及費浩偉諸先生，均持此一看法。此一方案之要義，是說由國民大會代表全民政權，或代表整體中華民族，可以設置大陸地區代表，使之繼續代表全面性的中國。立法院係代表民主，應完全由政府實際所統治區域之代表構成，俾無背於民主的精神和原則。至於監察院，權在監察公務員之違失，自亦應由自由地區之代表組成，較爲合理。

此一方案之核心意義，係以三個民意機構職權運作之實際功能爲出發點。在我們的中央體制中，國民大會雖然地位崇隆，其實則爲總統選舉團及修憲會議，並不參預常態政務。其在政治上，眞正代表社會具有制衡作用，並發揮政治監督功能的，厥爲立法院。此一方案，在理論上比較能夠符合權能區分原理之要求，在實施上亦比較可以疏解在野政黨之阻力，對光復大陸未完成前民主憲政之發展，亦較少不良的後遺症，似可給予較多的重視。

㈢形式上不設，實質上設。此一方案之要義，是說在法規上，根本不特別設大陸地區代表，但可透過黨提名或比例選舉之選政黨而不選個別候選人的辦法，由政黨在候選人名單中，安排適量的大陸省籍候選人，使中央民意機構，具有實質上的全國代表性，而又無背於民主的原則。胡佛、林嘉誠、高英茂及許倬雲諸先生，實皆傾向於此一主張。

就我們現階段所面臨中央民意機構之全國代表性而言，不僅是實質問題，在政治號召上，同時也是形式問題。此一方案之純重實質，而實質未必可全，其忽形式，則地方政府或已捨棄大陸之不良後果，可能將相因而生。

㈣設無投票數之代表。此一方案係旅美高資敏先生所倡。此一主張係參照美國未具州地位的統治地，如哥倫比亞特區，未加入聯邦前的夏威夷及阿拉斯加等準州，得派遣國會觀察員，而無投票權的辦法。高先生建議，由政府遴選大陸代表，參加三個中央民意機構，以適應各該機構全國代表性之需要。但是經由遴選產生的大陸地區代表，在各該機構，只享有發言權，而無投票權。

中國並不是聯邦國家，大陸之省市，亦不同於美國之準州。遴選得發言而不得投票的辦法，其可行性如何，尚待進一步斟酌。

㈤三個國會機構，普遍設置大陸地區象徵性代表。此一方案，比較最能滿足政治上三個國會機構的全國代表性需要。至於此一方案原則上所可能受到否定性的批評，以及肯定性的辯護理由，前已分別予以逐項列舉並解說，對於此一特具爭議的政治性問題，從政治的觀點看，如果所設名額只是象徵性的，其產生方法又能符合民主的精神和原則。在實際政治中，對自由地區的政治利益，又不構成實質上的決定作用，則此一方案，似不難具有可以被接受的可行性。

三、名額問題：

在設置大陸地區代表的原則下，究竟以多少名額爲宜，各方亦互有不同意見，歸納言之，有三項原則比較受到廣泛注意。

第一，在光復大陸之前，三個中央民意機構，均確定一個不再增加的固定總名額，這個總額在選區間的分配，可依定期的人口調查予以調整，而總額不變。其次，這個總額，特別是立法委員的總額，應少於省議員及兩個直轄市議員名額之和的一定百分比，以避免造成省市議員最低當選票數，大於立委最高當選票數的不合理現象。

第二，在每個中央民意機構代表的不變總額確定之後，大陸地區在各該機構代表總額中所占的比例，究以多少爲宜？原則上應以象徵性的名額爲是。而此一象徵性名額的具體標準，又以少於各該機構總額的四分之一爲宜。這種比例的大陸地區代表，在各該機構之中，既不構成積極的決定力量，也不具有消極的否定力量。而在政治上卻可使各該機構具有代表全國的象徵和號召作用。

第三，前面兩項名額既經確定之後，對於自由地區的名額，應經由一屆或兩屆選舉，使之足額產生。至於大陸地區的代表名額，應在第一屆代表出缺至少於預定的大陸地區代表名額時，再予選舉補足。此一漸進的執行方式，似可相當地消除全面改選的壓力與阻力，在適應上也較少困擾。

四、產生的方式：

在未來的三個國會機構中，無論是只在國民大會設置大陸地區代表名額，或是在三個機構普遍設置，也無論設置的名額是多少，都有一個共同的問題，那就是這些名額的代表，究竟如何產生。基本上，在臺灣地區來產生大陸地區的代表，雖然是現實上一個無奈的事實，但是如果產生的方法或程序，都能夠切合民主精神和原則的要求，並使任何個別候選人或在野政黨，都能不因爲大陸地區名額的選舉而蒙受不利，則設置大陸地區代表名額的方案原則，便具有被普遍接受的可能。如果這種方案，在政治上能夠獲得朝野共同的支持，則其合法性，卽因而具有了正當而合理的社會基礎。究竟有沒有這種兼顧而兩全的方法，經分析各方意見，類如遴選、間接選舉、或如現行的單記多數代表法，都不足以符合上述的要求。其比較値得特別予以考慮的，厥爲政黨比例代表制。

政黨比例代表制的主要辦法有三點：⑴選民投票的對象是政黨，而非個別候選人；⑵確定一個統一的當選票數，這個票數，可以是在選民投票之前確定的，也可以是在投票之後，以應選名額除投票總數所得的商數，這兩個方法，以後者比較可取；⑶以統一的當選票數，除個別的黨得票總額，所得的商數，卽該黨應分得的代表名額數。這種辦法可以兩個公式來表示：

1. $\frac{\text{各黨共同得票總數}}{\text{大陸地區代表總額}} = \text{統一當選商數}$

2. $\frac{\text{××黨得票總數}}{\text{統一當選商數}} = \text{××黨分得議席數}$

歸納各方所提，以比例代表制來產生大陸地區代表的辦法細節，又有幾種不同。

㈠每一選民投兩張選票，一張選票依現行選舉法，選各該選區的個別候選人，另一張選票則選政黨。每一個政黨都可以權衡本身的選民基礎，在既定的全國性代表總額之內，提出一個該黨全國性代表候選人名單。進而以當選商數，除該黨在各選區獲票總數所得的商數，卽該黨應分得的全國性代表名額。然後再依選票名單次序，決定當選人。

㈡每一選民也投兩票，一票投選區候選人，另一票投政黨，此與上述第㈠種辦法相同。所不同的是，政黨的候選人名單，只是在現行的個別候選人的選舉制度之外，再輔加倂行的一種政黨比例代表制。政黨的候選人名單，在法律上和選票上，都不明定爲全國性代表候選人。只是政黨在提名作業的時候，實際上可以儘量提名大陸省籍人士爲名單候選人。

㈢一票兩圈法，每一選民只投一票，但選票上同時倂列自由地區選區的個別候選人，及政黨的全國性代表候選人名單。選民一方面要圈選個別候選人，同時還要再圈選政黨名單。然後分別計算政黨得票，依當選商數及名單序列分配議席。

㈣一票一圈法。在選票上，同黨的候選人都集中排列，並載明黨籍，每一政黨都在該黨自由地區個別候選人之下方，以黨別列出該黨全國性代表候選人名單。選民對個別候選人之一次圈選，卽同時具有圈選政黨的雙重作用。如果有無黨籍的個別候選人，則其得票，只能決定其個人是否當選，而不能計入政黨得票。

上述四種辦法中，兩票法或一票兩圈法，都有其可能的缺點，從而形成政治上的困擾。第二種辦法中政黨名單而不標示其為全國性名額代表，則正名上的全國代表性，似不能令人無疑，而這正是政治上的一個關鍵問題。否則，又何貴乎多此政黨比例代表法，而徒增紛擾。所以比較起來，似以第四種的一票一圈法，較為單純易行。

四、餘題

關於國會革新問題，除了以上所陳述的三大主題之外，還有兩項令人矚目且多爭議的問題。一項是國大代表遞補制度的存廢問題，另一項是少數代表的雙重國籍問題。

首言國大代表遞補制度的建立，係基於三十六年的「國大代表選舉罷免法」第二十九條，施行條例第五十八條，以及四十二年「第一屆國大代表出缺遞補補充條例」第二、三兩條，有關候補代表與出缺遞補的規定。這種遞補制度，亦同時見之於「立法委員選舉罷免法」第二十九條，及施行條例第五十六條。上述法律之所以設置遞補制度，旨在避免補選之煩擾，特別是在叛亂戰火日趨燎原的情況下為之。而遞補事實之產生，又和國大代表和立委的任期有關。憲法第二十八條規定，國大代表每六年改選一次，每屆代表之任期，至次屆國大開會之日為止；第六十五條又規定立委任期三年，連選得連任之。遞補國大代表或立委之任期，依上述兩種選罷法第四十五條之規定，均以原代表或原立委之原任期屆滿為止。由於這些規定，所以第一屆立委於三年任期屆滿之後，候補立委即不得因原立委出缺而遞補。至於第一屆國大代表，因為第二屆代表迄未產生集會，所以在法理解釋上，其任期卽尚未屆滿，民國五十八年辦理增補選時，國大代表所以同時辦理增選及補選，立監委員所以只辦增選，而不辦理補選，卽係基於任期是否屆滿爲準據。因爲這個關係，所以國大代表於數十年來，一直是遇缺卽補。迄今爲止，獲得遞補就職的代表人數，約爲六百六十餘人，而其中半數左右亦已物化。

國大代表遞補問題，現已引起社會之普遍注意，並受到非議。持平以論，此一事也，於法理固屬有據，但於情理有虧。亦卽合於法理，而背於情理。允宜將此問題，列入國會革新研議範圍之內。比較適法適情之道，似可考慮經由立法程序，將前述法律中有關國大代表遞補之規定，予以停止適用，同時對已屬極少數的候補代表，別作政治性之適情處理，以杜爭議。

其次，代表之可否具有雙重國籍，年來亦已成爲立院爭論之問題。依我國國籍法第十一條規定，「自願取得外國國籍者，經內政部之許可，得喪失中華民國國籍」。又依國籍法施行條例第五條，「願喪失中華民國國籍者……經內政部核准喪失國籍時，應發給許可證書，並於政府公報公布之日起發生效力」。同條例第十條復規定，「中國人已取得外國國籍，仍任中華民國公職者，由該管長官查明撤銷其公職」。上述國籍法及施行條例，同係民國十八年二月五日公布施行，其所稱公職一詞涵義如何，並未經明確界定，而就當時之尚無民選公職人員而言，其所稱公職，似係指公務員而言。從國籍法的有關規定看，我國係承認雙重國籍。所以國大代表選罷法第五條，及立委選罷法第六條，所列候選人六種消極資格中，並無雙重國籍之限制規定。僑選增額立監委遴選辦法，除第五條對候選人之積極資格有明確規定外，亦無雙重國籍之消極資格限制。惟以國籍法施行條例第十條，限制具有外國國籍者擔任公職。大法官會議釋字第十五及二十二號，又分別宣告國大代表及立監委員均係公職，所以引起爭議。

上述國籍法施行條例第十條，限制雙重國籍者擔任公職這種規定，在行憲後於中央民意代表之適用上，據悉對於非僑選代表，執行嚴格。曾有具外國國籍者，經人檢舉而撤銷其資格，而於僑選代表，尚無經人檢舉撤銷資格之事例。因爲有關規定，對候選人資格，既無雙重國籍之限制，而當事人塡繳之諸項文件，亦未顯示其是否具有外國國籍。不過爭議既起，卽須作適切之處理。如果要嚴格執行前述限制雙重國籍之規定，卽應責成代表們在就職時，宣示其並無外國國籍。假使在政策上以容許雙重國籍爲宜，則應從調整有關法律着手，以杜爭議。

三四、國會改革方案的新趨勢

聯合報：民國七十七年一月七日

一月五日，《聯合報》一版頭條新聞，報導了執政黨幕僚作業專案小組，最近經過調整後的國會革新方案主要原則重點。綜觀報導的內容，執政黨對國會改革的政策原則，可以歸納爲下列五點。

執政黨的最新原則

一、放棄前此所持以比例代表選舉制，設置大陸或全國選區名額的原則。以其將引起重大爭議，且將擴大省籍意識鴻溝也。

二、充實中央民意機構，將以大幅擴充自由地區名額爲唯一方法，並配合資深代表之退休同時併行，預期於最近一次改選後，增額代表將分別構成爲國民大會及立監兩院運作的主體，逐漸達成全面改選的目標。

三、象徵性的僑選名額，仍予繼續維持。

四、建立資深代表強迫退休及自願退休制度，前者僅適用於一定期間不能報到或行使職權者，後者則採取鼓勵自退，以加速其代謝更新。

五、資深國代遞補制度予以廢止。

上述執政黨改革國會的最新原則重點，與前此有關報導的相關原則比較，令人注意的最大不同厥爲大陸代表或全國性代表名額的放棄。此一政策上突破性的調整，究爲認知上基本政策之變更，抑爲實踐上方法手段之調適，尚待整體方案宣布之後始能證實。按國會之需改革，乃因大陸赤化，歷經四十年而形成之政治難題，現在來規劃解決此一難題之方案，不但應重視方案內容之合理性，同時更應重視辦法之可行性。否則偏執理論，陳義過高，將無助於現實問題之解決。

民進黨的主張重點

民進黨促進國會改革最爲積極，自去年二月以來，該黨立委在立法院內的一切杯葛，以及該黨所屢次發動的羣衆運動，均以國會全面改選爲目的。據邇來報誌所載，該黨對國會改革所持的原則重點，亦可歸納爲以下數端。

一、國會應於下次選舉時，即作全面改選，反對資深代表自願退職，而稽延全面改選之時間。

二、反對設置大陸代表名額。

三、不贊成給予資深代表退職優遇，必要時勉可接受全面強迫退休。

四、主張取消職、婦團體、山胞及僑選代表，以避免造成票值不等，而違反民主公平原則的現象。

五、改革後的國大代表與立監委員名額，分別以五萬人、廿萬人，及五十萬人選出一名。此項主張，隱含監委改爲直接民選之寓意。

六、廢止國代遞補制度，並恢復國大代表爲無給職。

就上列民進黨對國會改革所持各項主張，以與前述執政黨的原則重點比較，可知關於不設大陸代表名額，與廢止國大代表遞補制度，兩黨的觀點已趨於一致。他如改革後三個國會機構的代表名額，與執政黨規劃中的腹案，亦無大別。其不同者，則爲即刻的全面改選，監委直選，反對優遇退職資深代表，取消職、婦團體、山胞及僑選代表，以及恢復國代爲無給職等五事。玆特就兩黨的主張原則，擇其要者，試爲蒭蕘之議。

勿與人口結構失衡

其一，關於大陸代表之設置，執政黨前此素持肯定立場，民進黨則持反對主張，學術界亦有正反兩種意見，且各有論據。對於此一問題，我人始終覺得這已經不是單純的理論上應不應該的問題，而是非常現實的政治問題。但是政治問題的解決，係決定於方案辦法的可行性，而非決定於理論上的邏輯性。而方案的可行性，則以朝野政黨所肯接受的限度爲準繩。所以凡是執政黨與民進黨能夠彼此妥協，共同接受的方案，無論大陸代表之設或不設，即都構成爲政治上可行的有效方案。至於理論上之是否可取，那只有留待論政者去褒貶。蓋政治上爭議難題之解決，苟必求其理論上之至當，則美國憲法中，即不應有黑人人口以五分之三計算的規定。現在執政黨既經改變其設置大陸代表之一貫立場，則與民進黨的主張，已無根本上的差異。此一問題的矛盾糾結，應與應屬已經解除，將有助於縮小國會改革問題爭議的範圍。不過，一個國家國會議員的結構，應與該國的人口結構，維持合理的平衡。現在我們所以有全面改選，與不設大陸代表的特殊訴求，就是因爲目前的國會結構，與當前自由地區的人口結構，過於有失平衡所引起。在臺大陸各省人口約三百萬，占全人口的六分之一強，多屬競選上的弱者。朝野兩黨在規劃國會的結構時，似宜注意此一現象和可能發展，使其能夠適當地反映整個社會的人口結構，以避免未來可能再度發生政治上少數者的抗爭。

不傷資深代表自尊

其二，改選的幅度問題，執政黨主張經由退職優遇辦法，一方面強迫未能行使職權的資深代表退職，另方面再鼓勵能夠行使職權的資深代表自退，同時更輔以大幅增額選舉，一則使增額代表構成為國會機構的權力主體，再則以循序達成全面改選的目標。民進黨則主張，在下次選舉時，無條件地予以全面改選。對於此一問題，我人覺得，資深代表之未能改選，乃赤禍所造成政治上的鉅變所使然。其繼續在職，亦係經憲法解釋所確定。憲政體制。亦賴以維持於不墜。資深代表們數十年大好生命盡瘁斯職，何況現在談國會改革，若言法律程序，仍需資深代表來完成，而人性為己，我們要求資深代表都為時之聖者，顯然是寄望過高，不切實際。同時就執政黨對資深代表在政治上的道義責任言，執政黨在獲得資深代表們數十年的支持之後，無論今天面對國會改革的壓力如何強勁，她都很難罔顧政治道義，斷然地將資深代表們棄之如敝屣。蓋解決政治上存在已久的難題，需要政治領袖們的政治智慧與政治藝術，使問題消弭於無爭，消失於無形，而決不能像醫生之割盲腸，斷然地一刀割除。儒家處人治事的哲學，講究「恕道」與「中庸」，也是我國文化之寶。我們希望民進黨的領袖們，對於國會改選的幅度，能夠推己及人，不使執政黨背義，不傷資深代表自尊，共籌國會更新的「中庸（用）」之策。一則使國會改革的目標順利地達成，二則也使民進黨在政治上，能以泱泱其風的作為，獲得普遍的支持和尊敬。凡此義理，胥在政黨領袖們方寸一念之間。

其三，關於職、婦團體、山胞及僑選代表問題，乃制憲時，本於現代平等權加強保障弱者之觀念，訂立於憲法。此項制度，法政學者多以其違反票值平等原則，迭有抨擊。民進黨亦以此一理由，主張予以取消。政治學是一種彈性的治事科學，以言職、婦團體代表制，其最令人疑慮的，是其易於受人操縱。至於說不符合票值平等原則，那只是程度問題，即地域代表制下當選人的票值，同樣有不平等的情形，美國甚至還一再發生「少數的總統」(Minority President)，而政界並不以爲大病，任其隨緣出現。票值平等率最大的是政黨比例代表制，但以其病在有利多黨，而採行的國家不多。我們現在職、婦團體代表，與地域代表間票值的差距，並不是職婦團體代表制的必然結果，如果在名額的分配上，依其會員人數之多少，使之與地域代表制下的人口，保持相同的比例。亦卽每一代表所代表的人口，無論是在地域選舉，或是職婦團體選舉，都規定爲同一標準，則現有的票值差距現象，卽可消失於無形。政治上的改革，舉凡實質的效果相同，則方法技術上，總以避難趨易爲宜。所以此一問題，在國會改革的各項問題中，其比重不應該是太大的。

庶道自律相容相讓

國會改革，關係憲政發展者至大且鉅。其所涉及的各項問題，要以改選幅度與大陸代表兩項問題，最爲糾結難解。而現在大陸代表問題，已因執政黨改變舊有主張而消失，關於改選幅度及其他較爲次要問題，正待朝野兩黨，各自排除絕對自是，拒不讓步的心態，進而以庶道自律，相容相讓，經由妥協的具體行動，來完成國會結構的改革，爲我國理性和諧的政黨政治，留下永恆的典範。

三五、憲政結構與國會體制

聯　合　報：民國七十九年六月十七日，國是會議與憲政改革系列專文②
中央日報：民國七十九年六月十九日轉載

布　朗
戴　雪

制度之成敗，重於好壞。

憲政制度，不是造成的，是長成的。

一、引　言

中央政府的體制問題，屬於憲政結構的問題，乃國是會議憲政改革的議題之一。言其內涵，則又包括：其一，在整體結構上，是否捨五權制，而改採三權制？其二，在國會結構上，是維持三頭馬車式國會，抑改採一院制或兩院制？其三，在行政與立法之關係，是否要作純然內閣制或總統制之取捨與調整？本文特就此三項子題，試申芻蕘之見。

二、五權結構之存廢

我國中央政府的整體結構，係依照憲法規定的五權架構而建制。相對於其他國家的三權政府結構言，是一種具有創意性的(original)政府結構。而從行憲四十餘年的績效來看，則五權制實施的並不成功。因而在改革憲政的漩流裏，乃有主張廢除考試與監察兩權者。從政治學的觀點來看，一項經過驗證的道理是：制度的成敗，與其好壞是沒有必然關係的；而所謂制度，無論是成文的或不成文的，不但需要經過長時間的歷練，尤其需要不同政黨長期的交互適用相同的程序，才能成其爲客觀性的制度。五權制之所以未能獲致成功的績效，其最主要的原因：第一，是與建制同時存在的長期戰亂；第二，是缺乏有效的多元政黨勢力，與不同政黨交互執政的制衡；第三，是由於上述兩項因素，使考試與監察，未能獲得正當調適，與健全成長的機會。

考試院主管文官的人事制度，監察院監督公職官員行政上的違法失職。這兩種政務，具有世界的普遍性。只是在三權國家，文官制度之管轄，隸屬於行政部門，而使之中立化。彈劾官員之違失，則權在立法，而日趨式微，另有監察長制度代之而興。由此可知，我們的問題，不應該是考試與監察兩權的廢制問題，而是如何使之中立化，合理化，以及有效化的問題。因爲即使廢制，這兩種政務，仍需另作制度上的安排，如果缺乏有利的條件配合，仍然不可能獲得制度上的成功。所以，五權制度中的考試與監察兩權，既非政治民主化與現代化之障礙，則漢家自可另有制度，奈何一味捨己從人，直以爲非三權不足以興國，其然豈其然耶。

三、國會體制之調適

我國國會體制的結構，在名與實的認知和運作上，是一個紛歧而具爭論性的問題。因爲憲法中所規定的民選中央代議機構，於立法院之外，尚有國民大會和監察院，分別享有類屬歐美民主國家國會的部分職權。尤其是在民國四十六年，大法官會議釋字第七十六條解釋，宣告「國民大會與立監兩院，共同相當於西方民主國家之國會」以後。雖然各該機構的憲定職權，並未因該一解釋而有任何變更，但在形式的說詞上，我們卻有了三頭馬車式的國會。而由於三個國會機構的第一屆代表，歷經在職數十年而未改選，以及各該機構行使職權之未孚衆望，因而國大與監院之存廢，以及國會之一院制或兩院制，乃成爲憲政改革議論中的話題。

按國會之在歐美國家，其職權雖不止一端，但最基本者，厥爲財政預算的控制權與立法權。執此以視我國，則惟立法院可當此令名。國大雖爲國會機構之一，但言其職權功能，則唯選罷總統與修改憲法而已。由於國大每藉選舉權與修憲權之行使，或則自謀不當得利，或則重違憲法之民主原則。因而廢除國大之說，乃時有所聞。但是國大之存廢，不惟與總統之是否直選相關，而且與憲法之修改或更新，亦密不可分。而總統直選，事關中央政府體制之根本改變；憲法之更新，更涉及根本大法之廢立。其所牽涉不可盡知的政治風險，應爲老成謀國之從政者所不取。是故以言修憲革新，則簡化國大職權，使其僅扮演爲總統選舉與修憲複決團之角色，並分散在各省省會，行使該兩項職權，庶幾國大對憲政合理運作之衝擊，將因而獲致釜底抽薪之效果。

其次，國會之究宜爲一院制抑兩院制？可否將監察院之角色，變更爲國會之第二院或上院？按歐美國會之採行兩院制，君主國家係基於貴族與平民之政治情結；聯邦國家係基於各邦之謀求自保；共和國家則或爲兼顧保守與激進之平衡，或爲避免立法之草率與粗濫。這些背景和理由，於今視之，除美國之參院外，大都已經十分脆弱。所以國會之採行兩院制者；美國參院固以背景特殊，權力亦且凌駕於衆院。而其他國家之上院，則概皆備位爲顧問諮議角色，不再具有與下院平等的決定權。由此觀之，在政治上，我們似乎並沒有必須設立第二院的背景和理由。至於監院之功能不彰，固應探原除弊。卽糾正權之與立法監督相刺謬，亦應正本清源，力求避免。

四、政府體制之抉擇

我國中央政府體制之究爲總統制，抑爲內閣制，早在行憲之初，卽有不同爭論。由於憲法規定，兼有二者之特點，益以戡亂臨時條款對總統之特別授權，於是體制類型之爭辯，乃愈爲不能自已。諸如總統制、新總統制、內閣制、修正內閣制、混合制、雙重行政首長制、五權憲法制等。論點之雜出，卽資深法政學者，亦多莫衷一是。爲憲法中之政府體制定位，固有總統制與內閣制之辯。而因個人與政黨之價值判斷或利益策略，則又有應採總統制，或應採內閣制之不同主張。

首就爲原始憲法中的政府體制定位言，最重要的一項判斷標準，即端視總統之爲國家元首，是否同時兼爲行政首長。總統制之總統，因爲集元首與行政首長兩種角色於一身，所以在行政體系之內，其行使法定職權，總統即具有最高權威，他可以獨行其是，而不需以任何其他行政官員之配合或支持爲必要條件。這是內閣制總統，因不兼爲行政首長，所無法望其項背的。從這個觀點來看，我國憲法中的政府體制，顯然應該是屬於內閣制。因爲總統在憲法上的職權，除了對司法、考試兩院特任官員與審計長的提名權，以及調解權之外，其他所有涉及決策性的職權，都必須先獲得行政院院會之議決，與行政院院長之副署，總統並不能像總統制的總統那樣，可以獨行其是。

其次，就我國政府體制未來之發展方向言，對總統制與內閣制，究應作何種取捨。若從我國久遠的一權制度歷史傳統來看，應以總統制最爲符合國情。且總統制既能避免議會暴政，又有政府穩定與決策效率高的優點。但是若從改變專制的政治傳統，培養責任政治的道德政風言，則又以內閣制爲可取。何況內閣制可以有效避免個人獨裁，養成政治人物謙和容物合作的品格，以及決策民主化的優點，顯非總統制所能及。

上述關於總統制與內閣制之簡單分析，雖然各有可信的道理，但實際政治是動態的，而民主政治又係政以黨成。如果沒有民主化而健全的多（二）元政黨爲動力，則無論是採行那種制度，都不可能產生成功的績效。不過，話雖如此，我們終須作一抉擇。而就憲法既有的規定言，若採行內閣制，則憲法需要調適的幅度小而易爲。若採行總統制，則憲法需要變更的幅度大而複雜。究竟何所取捨，歷史正在考驗著我們的智慧。

第五編　言論自由與議員免責權

三六、美國法院裁判言論自由訟案之原則

東方雜誌：民國七十二年九月一日復刊第十七卷第三期

一、憲定原則之彈性適用

言論自由乃各國成文憲法所保障的一項基本人權。美國憲法乃是當代各國憲法中，適用歷史最久的一部憲法。其第一修正條款，明文規定：國會不得制定法律，以之剝奪人民的言論及出版自由。這個規定，依照國內若干憲法學者的觀點，美國憲法對於保障言論自由的規定，係屬於憲法保障，又稱為直接保障或絕對保障，以別於所謂法律保障、間接保障或相對保障。所謂憲法保障，是說言論自由，係受憲法的直接保障，具有絕對性，國會或政府不得經由立法的程序或方式，剝奪人民的言論自由。

不過，根據經驗理論，各國憲法中所列舉的各種自由權利，不管其在規定的文字上，是直接

的絕對保障，還是間接的相對保障，而在具體的適用上，經事實證明，可以說除了信仰自由外，都是相對的，並不是絕對的權利。蓋信仰自由，一般係指宗教信仰自由而言。這項自由，具有兩種層次和內涵。第一種卽所謂的信仰自由（freedom to believe），第二種爲崇拜自由（freedom to worship or to act）。這兩種自由，也只有信仰自由具有相當的絕對性。因爲信仰自由只是個人內在的一種精神和思維活動，是不及他的，也是非社會性的。所以美國對於信仰自由，賦予絕對性的保障，這可以一九四三年巴奈特案（Barnette case, 319 U.S. 642）的判例爲顯例。至於崇拜自由與其他的各種自由，像言論自由等，因爲都具有外在的、及他的和社會性的作用，所以都是相對的。法國一七八九年人權宣言第四條，卽曾宣示了這種基本原則。

由於上述原因，所以美國憲法第一修正條款，雖然明文規定國會不得制定法律，剝奪人民的言論出版自由，但是美國自從行憲以來，國會曾經制定不同的法律，來處罰某些違法的言論和出版。這些處罰言論出版的法律是否違憲呢？美國行憲的經驗，對這個問題提供了兩個不同的概念：第一個概念是憲法條文所用的「禁止或剝奪」（prohibiting or abridging）；第二個概念是立法和實務上所用的限制（restrainning or restricting）。而剝奪和限制的區別，則係以「合理的」（reasonable）原則爲判斷標準。亦卽凡是法律所定合理的約束或限制，並不構成違憲的剝奪。相反的是若被法院認爲不合理的約束和限制，就構成憲法所禁止的剝奪，卽被宣告爲違憲無效，拒絕予以適用。換句話說，法律限制言論自由之規定，其是否違憲，端視其規定內容及行政機關在適用上的解釋是否合理而已。而所謂合理的這個原則，在概念上雖然相當確定，但在適用上，卻有很大的彈性。因爲所謂合理的，在判斷上，並沒有唯一的，永恒的或絕對的標準。完全要看涉訟言論，當時所處的環境因素，以及社會流行的價値判斷尺度，由法院去作成定於一的最後裁斷。例如同樣的反戰言論，在平時或戰時，便會受到不同的對待，這可以後面將予說明的一九一九年秦克案（Schenck case）爲顯例。又如一九六二年的手工藝出版社控戴尹案（Manual Enterprises *v.* Day），該社出版的一本畫報，因刊載大量男性裸體圖片，並附載拍照者的姓名、住址及出售的廣告，被郵政總長認爲違反猥褻法（Obscenity Act），予以拒郵而提起訴訟。該社於下級法院敗訴之後，上訴於聯郡最高法院，終獲勝訴。法院的基本理由，是說該刊所登男性裸體圖片，雖不無色情趣味，但其與一般畫刊描繪女性裸體模特兒者並無不同。我們的社會，既已接受女性裸體圖片爲一種常態現象，那麼我們沒有理由對刊載男性裸體圖片的畫刊，加以反對。這是美國言論出版自由的社會價値判斷合理標準。

由聯邦最高法院的判例，我們可以瞭解，言論出版自由，在美國憲法規定的形式上，國內的憲法學者，雖然將之歸類爲憲法的直接保障或絕對保障，但是在具體的適用上，卻表現着相當的彈性。最高法院在不可盡舉的判例中，曾屢予說明言論自由，並不是一項絕對的權利。事實上，美國國會曾先後制定了各種不同的法律，對言論出版自由，加以某些必要的約束和限制。諸如對於危害國家安全，破壞治安秩序，妨害社會風化，或妨礙司法獨立審判等的言論出版，都有特定的法律加以規範。而在各種有關管制言論出版的立法中，比較起來，要以基於國家安全，而管制政治性言論出版自由的立法及其適用，最爲受人注意。茲特就此類立法，舉其要者，略予說明如下。

二、管制政治性言論的重要立法

(1)一七九八年的「治安法」(Sedition Act of 1798)。美國行憲初期，在對外關係上，聯邦派親英，共和派（亦稱反聯邦派或州權派）親法。當時聯邦派的亞當斯 (J. Adams) 擔任總統，美法關係，因美英之締結傑約翰條約 (Jay Treaty) 而惡化，戰爭危機如箭在弦。共和派對政府之處理對法關係，予以大肆抨擊。聯邦派爲了預防國內各界，濫用言論出版自由，於是乃藉其在國會中之優勢，制定了一項管制言論的治安法，並明定其有效期間，至一八〇一年三月三日爲止（爲新舊任總統交接日）。該法規定：

其一，意圖反對政府施政或妨害公務，或勸告、鼓勵他人，以圖引起反抗，暴亂與非法集會者，處五千元以下罰金及六個月以上五年以下徒刑；

其二，以著述、出版或發行誹謗及中傷之作品，而意圖侮蔑或反對政府、國會或總統，或煽動人民憎恨政府，或協助他國對抗美國政府或人民者，處二千元以下罰金及二年以下徒刑。

該法公布實施之後，各方紛紛指責其違反憲法修正第一條言論自由條款。在反聯邦派傑佛遜

（T. Jefferson）領導下，肯塔基及維基尼亞州議會，且先後通過決議，譴責國會制定該法爲越權違憲。而聯邦派則辯稱，該法乃維持治安秩序及政府生存的必要手段。而在該法實施期間，雖然曾有數十人因涉嫌違反該法被捕，其中並有部分且爲法院判罪。但當時一則司法審查權制度尚未確立，二則該法的有效期間至一八〇一年已屆滿，三則傑佛遜本人於一八〇一年就職總統之後，將前此所有涉嫌違反上述治安法的人犯，一律予以赦免，其被判處罰金者並予發還。前此治安法引起是否違憲的爭論，於焉平息。此後一直到本世紀第一次世界大戰的百餘年間，美國對於管制政治性言論自由的立法，則係處於一種無爲而治的狀態。

⑵一九一七年的「偵察法」（Espionage Act of 1917）。美國於一九一七年四月六日對德宣戰之後，爲適應戰時需要，國會旋於六月十五日，制定了此一偵察法。以禁止並處罰故作不實傳播而妨害作戰，企圖於軍中引起反抗、不忠、叛亂，或妨害兵役的言論。至一九一八年，國會又將上述三項禁止的言論，增加爲十二項，諸凡妨害出售公債，反抗美國或爲敵張目，鼓勵軍需減產，散播不忠或侮辱政府、政體、憲法、國旗或軍服的言論，都在處罰之列。不過，此法的增訂部分，至一九二一年三月，卽予廢止。

⑶一九四〇年的「外僑登記法」，又稱爲「史密斯法」（Alien Registration Act-Smith Act of 1940）。本法是在二次大戰陰影籠罩下，爲了肆應防止美國境內諸如納粹、法西斯，及共產黨人的各種破壞性活動而制定。本法第二節規定，明知或意圖從事鼓吹、教唆、編刊、傳

播，以武力或暴力傾覆美國政府，或暗殺其官員之言論出版爲非法，而且直接或間接地組織，或協助組織，以上述活動爲目的之社團或集會，或參加爲會員，或與之來往者，也要受到同樣的處罰。本法於二次大戰之後，成爲美國政府制裁共黨顛覆活動的主要法律之一。

(4)一九四七年的「勞工關係管理法」(Labor Management Relations Act of 1947)，又稱爲「塔夫托－哈特萊法」(Taft-Hartley Act)。本法旨在消弭共黨分子對工會之滲透，並杜絕武力顛覆信仰在工會之蔓衍滋長。因而本法規定各勞工組織的高級職員，都必須向國家勞工關係管理局(National Labor Relations Board)，簽具宣誓書，宣告其並非共產黨員，且與該黨並無連繫或交往，同時他既不信仰以武力傾覆政府，亦不屬於或支持此類組織。否則，該勞工組織，即不得享有法定的自主組織權與集體談判權。

(5)一九五〇年的「國內安全法」，又稱爲「麥加安法」(Internal Security Act-McCarran Act of 1950)。這個法共分兩篇，第一篇爲「顛覆活動管制法」(Subversive Activities Control Act)。禁止一切在美國建立極權獨裁的活動，排除共黨分子在政府或國防設施機構任職，拒發共黨分子出國護照，責成共黨組織向司法部登記，並每年向之提出報告，限制共黨組織利用郵政及州際或國際貿易，或廣播及傳佈出版品。排斥共黨組織享受租稅減免的優待。本法第二篇爲「緊急拘留法」(Emergency Detention Act)。授權總統在美國領土遭受外敵侵襲，或國會已經宣戰，或在外敵支援下，發生暴動暴亂時，得宣告「國內安全緊急狀態」(A State of "Internal Security Emergency"），對任何涉嫌陰謀從事間諜或破壞行動者，予以緊急拘押。

⑹一九五四年的「共黨管制法」(Communist Control Act of 1954)。本法繼「國內安全法」之後，明文確定美國共產黨，乃國際共產陰謀傾覆美國政府的工具和代理人，其存在對美國國家安全，已構成爲一種明顯即刻而繼續的危險，因而將其排除於法律保護之外，取消其享有法人團體依法應有的一切權利、特權及豁免。

三、衡量言論自由訟案之原則

以上是說明美國憲法對言論出版自由之保障，以及管制政治性言論自由之重要立法。在憲法優於普通法之前提下，國會所制定限制言論自由之法律，其內容及其適用，是否牴觸憲法對言論自由保障之精神，法院於聽訟斷獄之際，曾先後發展出幾種衡量或裁判言論自由訟案之原則。這些原則本身，雖然都不夠周延，各有其令人困惑的彈性，仍然需要法官針對環境現況，及案情性質，作爲睿智的判斷。但就其調和憲法保障與法律限制二者之間的矛盾和困境言，其於吾人判斷言論自由與法律責任問題，仍然有其足資借鏡者在。爰予分別扼要說明如下。

⑴明顯而即刻危險原則(clear and present danger test)。此一原則，係聯邦最高法院於一九一九年，在蓿克控美國政府(Schenck *v.* U. S., 249 U. S. 47)一案中所揭示，並爲最

高法院於四十年代，裁判言論自由訟案時所經常引用。

荀克為社會黨秘書長，在美國參與第一次世界大戰期間，因為與其友人向應召役男，寄發反對徵兵傳單，攻擊徵兵為違憲虐政，煽動應召役男抵制徵召。當局以其言論意圖於軍中引起反抗，阻撓徵兵，直接妨害憲法所賦予國會募集軍隊之權力，違反一九一七年的偵察法，對其提出控告。荀克在辯護中，曾指責偵察法違反憲法修正第一條，禁止國會制定法律，剝奪人民的言論自由，侵犯了其依憲法所享有的言論自由權。而最高法院對本案，則以全體一致，以明顯而即刻危險的原則，維持下級法院對其所作有罪的原判決。代表法院宣判的何姆斯大法官（Justice Holmes），在判決意見中說明，法院承認荀克在傳單中之所言，在平時的許多場合，均屬於憲法所保障的權利範圍。不過，一切行為的性質和責任，應視行為時所處的環境情況而定。對言論自由，即使要作最嚴密的保障，但無論如何，也不能保障一個人，在放映的影院中妄呼火警，而引起驚慌和騷亂。對於言論自由訟案之評斷，其問題之核心，在於言論對當時所處的環境及其性質，是否具有造成實際禍害的明顯而即刻之危險。如果有這種危險，國會便有權予以防止。這是一個是否迫切和程度的問題。當國家在戰爭期間，許多平時可以容許的言論，則因其妨害作戰的關係，即法院亦不能以其為憲法上的權利，而予以無條件的保障。

這個原則經大法官何姆斯於一九一九年的荀克案揭示之後，在卅年代中，並未為最高法院在言論自由訟案中所採用，直到四十年代，才成為最高法院，裁判言論自由訟案的主要原則。但是由於這個原則，對於言論的性質，於其所處的環境，及其涉訟客體之狀況，是否具有明顯而即刻之危險，在判斷上的彈性，往往失之過大。並不像何姆斯大法官所說，在戲院中妄呼火警，所造成的明顯而即刻危險那樣明確。所以到一九五〇年代，最高法院已不再以此項原則，作爲裁判言論自由訟案之主要標準。

(2)惡劣及危險傾向原則（bad and dangerous tendency test）。最高法院採用惡劣及危險傾向觀點，作爲裁判言論自由訟案的原則，係本世紀二十年代開始。所謂惡劣及危險傾向原則，係以間接因果律及推定意圖爲立論基礎。根據此項原則，一種言論，其於實際的非法行動，並不需具有明顯而即刻之危險，而只要在合理的推斷上，具有惡劣的或危險的傾向，即可予以處罰。最高法院之採用此一原則，在一九二五年「吉德勞控紐約州」（Gitlow *v.* N.Y., 268 U.S. 652）案判決中，曾予以闡釋。

紐約州刑法的處罰無政府主義罪行條款，規定凡鼓吹、教導、勸告，或主張，以武力或其他非法手段傾覆政府，或暗殺政府官員者，均以重罪論處。吉德勞等人皆爲社會黨左翼全國委員會委員，並分別兼爲左翼機關報《革命時代》（*Revolutionary Age*）的經理、主編等職。因爲在該機關報創刊號，發表「左翼宣言」（"Left Wing Manifesto"），鼓吹以共產黨式的武力革命，推翻政府，以建立無產階級專政，而爲州政府控之於法。在訴訟過程中，吉德勞等辯稱，該宣言只是敍述一種抽象的理論，既未煽動具體或直接的武力非法行動，亦未煽動一定的對象，因而指責州法之規定及對其適用，侵犯了憲法修正第十四條，正當法律程序條款，所保障的第一修憲條款中的言論自由。

最高法院在本案中，首先說明紐約州刑法處罰無政府主義罪行的規定，其立法意旨，既不在於鎭壓抽象學說或理論的探討，也不在於限制鼓吹以合憲手段改變政體的言論，而是要禁止鼓吹或倡導，以非法手段顚覆政府的言論。因爲這種言論，具有鼓勵行動的作用，對社會公益福利，具有實質上惡劣而危險的傾向。個人在憲法上，雖然享有言論的自由，但國家與政府，亦有其自維生存的權利。憲法之保障言論自由，無論如何，並不保障意圖以武力或非法手段，危害國家安全及公共安寧的言論。上訴人在「左翼宣言」中之言論，既非抽象原理的說明或學術討論，亦非未來經濟制度發展，必然發生革命動亂結果的預言或判斷。而是以激情的語言，直接煽動大規模的行動。希望造成工業上的暴亂，並以政治性的大罷工及革命行動，以傾覆現行的議會政府。這種言論，對於國家政府的生存與安全，實具有着一種實際禍害的危險傾向。州政府基於自保的理由，自得運用其警察權，防患於未然，對言論之具有危害國家安全傾向者，予以處罰。

由於惡劣及危險傾向原則，其寬泛的彈性太大，涵蓋的範圍太廣，對言論自由的不利程度太強。所以此一原則，曾受到民權學者的批評，最高法院對之援用者亦不廣。

⑶衡平原則 (ad hoc balance test)。此一原則係最高法院在處理涉及國家安全的言論自由訟案中，爲了補救「明顯而即刻危險」原則的缺點，所揭示的一項新的原則。此項原則的重要

涵義，是就言論自由的價值，與受其影響的其他價值，經比較權衡不同價值的輕重之後，而取其重的一種衡平選擇。最高法院之於此項原則，主要是在一九五〇年的陶茲案（American Communications Assn. *v.* Douds, 339 U.S. 382），及一九五一年的丹尼斯案（Dennis *v.* U.S. 341 U.S. 494）中採用，作爲裁判的論據。

陶茲案是因交通業公會的領袖們，因信仰共產主義及效忠共黨，拒絕依照一九四七年勞工關係管理法的規定，向勞工關係管理局提出法定其並非共產黨員，亦不信仰以武力推翻政府，或支持此類組織的宣誓而興訟。丹尼斯案是美國共產黨的十二個中央委員，涉嫌違反「史密斯」法，於美國組織共黨團體，並明知而故意鼓吹教導以武力傾覆及破壞美國政府而被控。

這兩個案子的原告，除了前者強調他們有權依照自己的政治觀點，與政治團體交往，選擇他們的執事人員，不受政府的干涉，以及後者主張他們之鼓吹馬列主義，純粹是一種抽象理論和學術討論，而非武力顛覆政府之陰謀外，都曾特別指出，他們涉訟的案件，是屬於言論自由問題，應當適用明顯而即刻危險的原則來處理。而他們的拒絕作非共產黨員之宣誓及言論，並沒有造成實際禍害的明顯而即刻之危險，所以勞工關係管理法的規定，以及史密斯法之對其適用，實係違憲侵犯了他們的言論自由。

最高法院在這兩個訟案中，曾強調了兩個觀點。其一，是說明明顯而即刻危險原則的涵義，既不能概括一切威脅國家安全的危險，也不能以之作爲一個數學公式來適用。其二，是說明在一個民主社會裏，言論自由的價値雖然非常重要，但它並不是唯一的，也不是一項無限制的絕對權利；當言論自由的價値，面對其他更重要的價値時，便必須爲了更重要價値的考慮，將之置於次要地位；亦卽當私人權利與公共利益不能兼顧兩全的時候，便需要權衡輕重，以謀取相對的平衡。根據上述兩種觀點，最高法院拒絕接受陶玆與丹尼斯兩案上訴人的辯護論點，認爲他們所主張的言論自由，都關係並危害到美國立憲政體和國家的生存，而立憲政體和國家生存的價値，其重要性，顯然超越於個人言論自由價値之上，因而維持下級法院的原判，將兩案的上訴駁回。

自從最高法院於判例中，揭示此一衡平原則之後，有少數大法官如布萊克（H. L. Black），及憲法學者如艾默生（T. I. Emerson）等，均對法院之採用此一原則予以批評。他們的主要理由，是確認言論自由，乃是一個民主自由社會所不可或少的基本條件和民權，而言論自由與社會其他價値的衡量，所涉及的社會條件因素非常複雜，很難作客觀精確的比較。在集思廣益的判斷上，除立法機關外，法院往往並不足以勝任，終致需要依賴立法機關的判斷，其結果無異於回到惡劣或危險傾向的舊路，將使言論自由，陷入非常不利的境地。由於部分大法官和憲法學者，對衡平原則缺點的指陳，所以此項原則到了五十年代後期，也步向明顯而卽刻危險原則的後塵，不再爲法院倚重了。

以上是就美國法院處理言論自由訟案，所曾採用判斷言論責任的原則或標準。而每項原則，在經過適用之後，都被發現有其不夠健全的缺點，並受到批評。所以至今，美國對於言論自由訟案之處理，在確定責任的裁判論據上，仍在不斷演變發展之中，也許永遠無法獲得一項明確簡易的原則，可以長久地適用下去。其次，在前述法院所曾採用的原則之外，少數大法官在判決的反對意見中，以及憲法學者們，也曾提出過所謂「優先原則」（preferred position），和「絕對原則」（absolute doctrine）。一則由於這些原則，也還不夠周延，二則並未爲法院所採用，所以於此從略不再予以說明。

三七、言論自由與國家安全

臺灣日報：民國七十三年八月九日言論自由平議系列之二

言論自由的意義與內涵

所謂「言論自由」，主要是說個人可以將其對生活或人與事的感受或見解，依其自由意願，經由聲音、姿態動作、或文字符號等表達方式，公之於他人或社會，而不受非法或不合理的侵犯與干涉。歷史告訴我們，這種自由，乃是以人類之企求自由與理性經驗之自覺爲基礎，以反抗對言論的專制壓迫爲背景，隨近代民主政治之發展，而漸次被普遍認同，予以肯定的一項重要信念，並且受到各國憲法保障的一項基本人權。換句話說，言論自由之爲基本人權，乃是開放社會或民主國家所專有的一種精神文明和政治制度。

從言論自由發展的歷史來看，其原始的意涵是相當狹隘的。十七世紀中葉，英國的米爾頓(J. Milton)、伍文(W. Walwyn)、及李波恩(J. Lilburne)等言論自由先驅，所積極奔走呼號，並向國會陳情爭取的，僅爲言論出版自由，要求廢除建制於一五三八年，對言論出版所設定的特許及檢查制度。但是言論出版的目的，在求個人意見之爲社會的溝通。而用作意思表示，作爲溝通手段或方法的，卻並不止於言論出版之一端。從美國憲法第一修正案言論自由條款的實施經驗來看，諸如演說、出版、集會、結社、遊行示威、表演等，舉凡具有表達意見作用的行爲，無不包括在言論自由範圍之內。同時，所謂言論自由，不但有其上述積極的一面，亦且尚有其消極一面的涵義。例如根據言論自由的精神，在積極的一面，個人固然有主動表達意見的自由，但是在消極的一面，個人同樣有保持緘默的自由（freedom not to speak），以及不受他人言論干擾的自由（freedom not to listen）。由此可知，言論自由之在文明的民主社會，不但是一項極爲重要的基本人權，而且其涵蓋的範圍，亦以文明之進步而日廣。其爲人權之信念，已然成爲時代「秘思」，沛然莫之能禦。所以現代的民主國家，無不將之刊諸憲典，予以保障。

言論自由的相對特性

言論自由雖爲憲法保障的基本人權之一，但這項人權，乃爲社會的全體成員所共享，並非任何個體所專有。而基於人類共營社會生活的共同需要，所以在基本原則上，個人只有內在不及他的非社會性行爲自由，具有絕對性，這可以純屬內斂未發的思想或信仰自由爲顯例。此外，凡是外在及他的社會性行爲，其自由都是相對的，並不具絕對性。蓋個人的自由行爲，既不能侵犯到其他個人的私權，也不容傷害到社會的公益，而社會的公益，實爲普遍的個人私益所形成。由於每個人都有行爲的自由，也都有不受侵犯的權利，所以個人的自由，又以利己而不損人爲基本原則。儒家恕道精神之所以勉人自律者以此，法國人權宣言以來，各國的憲法或法律，其所以對各項自由人權之設爲限制原則者亦以此。

言論自由之爲意見的表達，其本身旣爲一種外在及他的社會性行爲，其應受到不侵犯他人私權，以及不傷害社會公益原則的限則，固爲事所必需，理所必至，實不待智者而知其然也。就言論出版來說，其爲自由，固應受到法律的有效保障。但首就法律之保障私權言，旣不容揚人隱私，復不容惡意誹謗。次就法律之維護公益言，諸如敗壞善風良俗，妨害社會治安，破壞國家安全，干犯司法獨立尊嚴等，儘管各國衡情判斷的尺度有別，但其爲法所不許的原則，實初無二致。我國憲法第二十三條規定之將「防止妨礙他人自由，避免緊急危難，維持社會秩序，或增進公共利益所必要」，列爲限制個人自由之原則，以及有關公法對個人自由之限制卽係以保障私權與維護公益之需要爲基礎。由以上的說明，可知當我們強調言論自由之神聖性的時候，同時也要瞭解言論自由的相對性。從而發乎情、止乎法，藉道德之自律，知所自止，游刄於法律之中。

言論自由與國家安全

言論自由在民主社會之所以特別受到重視，根據耶魯法律學院講座敎授艾默森(T. I. Emerson）的研究歸納，主要是由於它具有多種正功能。諸如對於個人人格之健全發展，自我成就之追求，眞理之獲致，公共政策之參與，社會變遷與安定平衡之維持等，皆有賴言論自由作用之發揮，始能克奏厥功。此民主立憲國家之所以特別重視言論自由者也。

因爲言論自由於社會之進步發展，具有多種功能，由此可知一個社會的共同價值，也是多元的。而就社會的多元價值觀點言，言論自由的價值，儘管非常重要，但在多元的社會價值中，既不是唯一的，在多元價值的比較中，往往也不是最高的。而當言論自由的價值，與社會中其他價值，發生競合的矛盾時，便需要權衡輕重，作取捨的抉擇。一項言論之是否應該受到憲法的保障，往往並沒有抽象的具體絕對結論，主要是看該項言論，對其所處的現實環境，是否具有導致明顯，惡劣或危險後果的重大因果作用。例如國家安全與言論自由，是兩種不同的社會價值。言論自由的價值雖然極爲可貴，但個人之不能自外於國家，蓋以皮之不存，毛將無所附隸故也。而影響國家安全的言論，究應予以保障，抑應予以處罰，並不宜作絕對的抽象觀。諸如反對或抗拒徵兵與反對作戰的言論，當國家於承平時期，容或應予容忍及保障，但當敵人入侵的對外作戰時期，這種言論便不應曲予優容，以其危害國家安全故也。他如鼓吹暴力革命，煽動武裝顚覆，即使太平盛世，因其嚴重危害民主憲政程序與國家安全，自當爲法理與現實價值所難容。至於非常時期，基本國策之不容違背或破壞，蓋亦因其直接關係國家安全，不得不爲約制也。第一次大戰時，英國哲學家羅素之因反戰而陷身縲絏；美國社會黨秘書長秦克之因反徵兵與反戰而被處刑

(Schenck v. U.S. 1919)；二次戰後，美共中央委員丹尼斯等人之因鼓吹共產武力革命而被判罪 (Dennis v. U. S. 1951) 皆因他們的言論有害於國家安全也。由此可知，言論自由之於國家安全，實有其可容與不可容之分際存焉。

處理言論自由問題原則

言論自由既爲不容否認之基本人權，保障私權與維護公益，又爲共營羣體生活所必需。而二者之間，復每因個人對其認知與判斷不能盡同而不斷有矛盾與衝突產生。如何使二者適得其平，這是各國朝野所經常面臨的一大困擾。美國最高法院，自第一次世界大戰以來，曾受理過大量的言論自由訟案。其屬於言論之侵犯私權者不必言，其屬於言論之妨害公益者，該院爲了謀求言論自由與社會公益之各得其平，曾先後發展出「惡劣傾向與危險傾向」(bad and danger tendency)，「明顯而卽刻危險」(clear and present danger)，與「特定的平衡」(ad hoc balance) 等實用原則，以爲衡情處斷的論據。但是這些原則在經過適用之後，每一種原則，都曾引起過法院本身部分法官，以及政法學者的批評。因爲任何一種原則，對不同案情與現實情境之適用，都會產生判斷與論理上的歧見。所以至今，其最高法院仍然面臨着此一困擾問題。因爲言論自由，是一個複雜的動態問題，處理這種變化萬千的動態問題，要想在自由與權威之間，覓求其平衡點，則彈性的原則，雖然可以產生，但固定的永恆標準，則不但難以確立，亦且無此需

要與可能，

我們國家行憲歷時尚淺，又值長期地處於戡亂非常時期。因而如何謀求言論自由與國家安全間之平衡，實有賴朝野同建共識，獻輸心智。而獻替共識，其事雖難，但約而言之，似不外乎在野者之言論：宜乎勇於公益，卻於私利；動機基於善意，態度本諸恕道；以建議代替批評，以諫勉代替苛責。蓋建言者，應知溫言易入，惡聲難進，此乃人情之常，苟能以此自勉自律，庶幾不失其建言之本旨。以言在朝負公務之任者，宜乎確認言論自由對國家進步發展之肯定價值，雖然基於國家保障私權與維護公益之需要，不能不對言論設定必要的限制。但限制的法令規範，不但應該力求明確，以避免執法人員之意爲出入，同時法令本身的內容，應該力求公平而合理，庶能獲得社會的普遍支持與奉行。至於法令之解釋與適用，尤其貴乎秉心如秤，於寬嚴之間，能夠適情合理，切中時用。天下事人同此心，心同此理。朝野之間，於言論自由，如果能本諸合理的恕道精神，以理性的態度，建立起可行的共識，則言論自由與國家安全的平衡，當不難獲致。民主憲政之建設，亦將在溫煦祥和的情境中，日益精進。

三八、言論自由與主張臺獨平議

聯合報：民國七十六年九月二十二日
編輯改標題為：「有主張臺獨的言論自由嗎？」

言論自由並非絕對自由

言論自由之爲一種精神性人權，就立憲政治而言，其應受憲法之保障，已是一項世界性共識和制度。但由於人是社會性動物，所以憲法所保障的任何一種個人自由，一旦形之爲外在的社會性行爲，則爲了使社會羣體中每個人的自由，都能夠各如其分，因而每一種社會性的個人自由，又必然會附隨而產生一種公益所需要的限制，是爲自由人權之不絕對性。由此可知，言論自由雖爲憲法所保障的人權，但並非一項絕對的自由。美國是近代以來實施成文憲法績效最著的國家，其憲法修正案第一條，明文規定「國會不得制定法律，剝奪人民之言論及出版自由」。這樣的規定，法政學者每言之爲絕對保障。但美國行憲以來，卻有不可盡舉的法律，爲了社會公益和國家安全，限制人民的言論或意見自由。其通過司法審核（judicial review），獲得聯邦最高法院確認爲合憲者，又多如恆河沙數。

言論自由責任處斷原則

事實需要與經驗證明，每個國家的憲法，都保障言論自由。但是每個國家的法律，也都同時限制言論自由。保障言論自由，是爲了個人人格的健全發展。限制言論自由，是爲了兼顧公益安全的需要。而保障與限制之如何維持平衡，私利與公益之如何獲得協調，這是各國所共同面對，而且也將是永遠存在的一個問題。因爲言論自由之保障與限制，一旦發生衝突或爭訟，法院的法官，究竟如何，或者是用什麼尺度，來平亭爭訟雙方的曲直。如果過分強調國家社會公益，則憲法中的言論自由，將形同虛設，名歸而實不至。如果過分強調個人言論自由，則言論暴力氾濫的弱肉強食，將使社會陷於言論的無政府狀態。所以言論自由的保障與限制之間，如何維持二者之平衡，美國從第一次歐戰，至三十年代末期，其最高法院係採用「惡劣與危險傾向原則」（bad and danger tendency test），以處罰對安全公益具有惡劣或危險傾向的言論；四十年代期間，則採用「明顯而即刻危險原則」（clear and present danger test），來衡量言論之社會責任，例如首倡此一原則的何姆斯大法官（Justice Holmes），在一九一九年 Schenck v. U.S. 一案判決中的名言，曾宣示：無論如何強調言論自由，也不能保障一個人在放映的影院中，妄呼火警；及至五十年代，最高法院又採用「特別平衡原則」（ad hoc balance test），從個案中言論自由價值與公益安全價值，在當時社會情況下之特別平衡觀點，來處理涉訟言論之責任問題。

我國行憲雖然已將四十年，但由於戒嚴狀態甫告解除，於是處理言論自由問題的用法原則和技術，雖然尚待建立和培育，而涉及安全與秩序的言　自由問題或挑戰，卻已相繼發生。其中尤以「臺灣政治受難者聯誼會」章程中之主張「臺灣獨立」，涉嫌違反國安法、刑法及懲治叛亂條例，而經臺灣高等法院檢察處首席檢察官下令偵查，並票傳涉嫌人定期偵訊，最爲引人注意。「民進黨」主席江鵬堅對此曾表示，主張臺獨，乃單純表示政治主張，尚無顚覆政府之意圖並着手進行，國安法第二條雖禁止主張分裂國土，但該法對此類行爲並無罰則，故若依罪刑法定主義原則，主張臺獨，即不應構成叛亂罪。本案目前猶在偵查當中，偵訊尚未開始，於此爰引述美國一項有關共黨言論顚覆的憲法判例，以供國人之參考。

美國對言論顚覆的判例

一九四〇年的「史密斯法」(Smith Act-Alien Registration Act, 1940)，其中規定凡明知或故意，以言論、出版、刊行、出賣、散發、展示，或集會、結社，從事教唆、煽動、鼓吹或教導，以武力或暴力推翻美國政府，或暗殺其官員者，處一萬元以下罰金，或十年以下徒刑，或二者併罰，且五年內不得擔任聯邦公職。美國共產黨中央委員丹尼斯(Dennis)等十二人，因違反上述規定被控。案至最高法院，是爲 Dennis v. U. S. (1951) 案。丹尼斯等人，認爲他們所主張鼓吹的馬列主義，只是說明民主國家的統治階級，根本不容許以和平方法，去完成共產主義的政治與經濟目標，所以必須以武力去實現共產主義的一種學說。鼓吹這種學說，並無異於大學院校之闡述學術理論，對社會並無造成實際禍害的明顯而卽刻之危險。史密斯法在本案中之適用，若被解釋爲禁止馬列主義的學術討論，實有背言論自由之概念，侵犯了憲法修正案第一條所保障的言論自由。

最高法院並不接受丹尼斯等人的辯護理由。院長文森（Vinson）在判決中說明，史密斯法的立法意旨，並不在於禁止提倡以合法的方法改變政府，也不在於禁止學術的研究和討論，而是要保護政府不受鼓吹武力顚覆的威脅和破壞。本院在言論自由的判例中，曾確認言論自由並不是無限制的絕對權利，其社會價値，有時必須爲了其他的價値及考慮，將之置於次要的地位。本案訴告之主張武力顚覆，乃是一種直接的提倡與鼓吹，而非學術的討論，政府確有充分的實際理由予以限制，因爲此於國家之生存，實具有根本的價値。否則，國家如果不能保障其政府免於內部武力的顚覆，則一切其他附存的價値，必將盡歸烏有。同時，共黨乃高度的陰謀組織，並有嚴格的紀律，從其在其他國家顚覆奪權的情形來看，上訴人身爲共黨重要領袖之活動，其爲顚覆陰謀之準備，對國家安全，實已構成潛在的巨大威脅。雖然其主張及鼓吹，對社會尙未構成明顯而卽刻之危險，但我們不能說政府必須等到其叛亂計劃，均已準備就緒，俟機待命起事的時候，才可採取制裁行動。所以我們認爲對於一種革命計劃，卽使因爲其缺乏力量，自始卽註定要失敗，也仍然對國家構成為一種政治及物質上的重大損害，政府有權予以限制，而不應以該計劃之是否成功，或有成功之可能，作為衡斷和處罰的標準。最高法院基於上述理由，認為史密斯法在本案之適用合憲，維持上訴法院的原判，宣告丹尼斯等人敗訴。

主張臺獨的意涵與裁量

「臺灣政治受難者聯誼會」，實質上是一種結社，其章程之主張臺灣獨立，則是一種言論，這兩種自由，同時受到憲法的保障與限制。而主張臺灣獨立，其實質目標卽分裂國土。按憲法第四條規定：中華民國領土，依其固有之疆域，非經國民大會之決議，不得變更之；國家安全法第二條規定：人民集會、結社……不得主張分裂國土；刑法第一百條內亂罪規定：意圖竊據國土……顚覆政府，而着手實行者，處七年以上有期徒刑，首謀者，處無期徒刑，預備或陰謀犯前項之罪者，處六月以上五年以下有期徒刑；懲治叛亂條例第二條，復將上述刑法第一百條之犯行，加重其刑為死刑或十年以上有期徒刑。

參照前述美國丹尼斯案要略，以及上述我國有關法律規定，「臺灣政治受難者聯誼會」之主張臺灣獨立，其意旨應屬分裂國土。其為主張，事為國安法第二條所不許。若為行為，苟非經由國民大會之決議，既為憲法第四條所不容，亦為刑法第一百條及懲治叛亂條例第二條設重刑所嚴禁。國安法雖於第二條禁止分裂國土，而同法並無罰則，實則該項行為之處罰，已當然吸收於刑法第一百條。至於江鵬堅先生認爲主張臺獨只是單純表示政治主張，不應構成刑法第一百條及懲治叛亂條例第二條之叛亂罪條件。對於此一觀點，也可以有兩點不同看法。首先，嚴格地講，主張或意見與行動之間，是具有靜與動之差別。美國法政學者對於言論自由問題，例如耶魯的艾默生教授（T. I. Emerson），即指出政府可以處罰行動（action），而不能處罰意見（expression）。但是在實際上，意見或主張，乃行動的先行過程，主張往往是具體行動的準備或前奏。對於不重要的弊害，固然可以等待事發之後，再行亡羊補牢。但對於關係國家社會極其重要的危害事項，則亟需杜漸防微，防患未然，而不容聽其惡化，直待事發之後，再予補救。美國最高法院對丹尼斯案的判決，所以不同意上訴人之鼓吹馬列主義爲單純的政治主張或學術討論，並拒絕適用明顯而即刻危險的原則，即是衡情度勢，認爲在當時美蘇冷戰方殷，美共滲透無所不至的情形下，國家安全之價值，高於、大於個人言論自由之價值，不容國家安全受美共顛覆之破壞。其次，我們當前的境況，自決與獨立，已被部分人士作爲政治訴求之主題，這種訴求，目前雖說是一種主張。但是從整體的過程來看，所謂主張，實際上也可以構成爲具體行動的預備，這也是丹尼斯案判決所含蘊的一項事理原則。而從這個觀點來瞭解，則主張臺灣獨立，在廣義的解釋上，便不無刑法第一百條第二項，所謂預備竊據國土規定意涵之適用了。我們希望法官們對言論自由的保障，作成最有利的解釋和裁量，但我們也更希望國土的完整，能受到最大的尊重和維護。

三九、「住民自決」情理兩虧

雙十園：第一二三期，七十六年四月十日

自從政治上的少數派人士，於去年十月初旬，提出「臺灣前途應由臺灣全體住民決定」的主張，繼而復先後於競選政見，及立法院的質詢中，一再強調之後，於是「住民自決」，已在我們的政治上、社會中和輿論界，引起高度的關注和疑慮。不但審議中的國安法，已依國家領土不容自我割裂原則，將分離意識或主張臺獨懸爲禁制，卽社會輿論，無論是專家學者，或各界一般人士，類多分別依據經驗理論，或常情事理，予以辨正駁斥。而少數派人士面對各方責難，雖然巧言辯飾，說明其所謂「自決」，並不必然等於「臺灣獨立」，只是如果「住民自決」結果是臺灣獨立，他們並不反對。可是就其積極地主張，消極地不排斥、不反對臺灣獨立的分離意識而言，其自甘於劃地自限，自外於中國，以及自殘於民族的病態心理，實屬昭然若揭，欲蓋彌彰。

按「住民自決」，觀念上源於「民族自決」。而民族自決，乃是第一次世界大戰後，國際組織爲了維護及尊重殖民地居民的利益和獨立願望，所採行的國際政治原則。其適用對象，僅限於殖民地，國際聯盟時代的委任統治地，以及聯合國的託管地。事實告訴我們，國際政治中居民自決的原則，根本上就不能適用於獨立國家內部任何地區的國民。其次，就國內政治言，憲法第四條明定：「中華民國之領土，依其固有之疆域，非經國民大會之決議，不得變更之」。依照這個規定，國民大會雖可依法定程序，變更我國之疆域，但仍然必需具有合理的及合情的實質條件。而目前少數人的「住民自決」主張，豈惟於理不足取，而且於情亦不可行。

首就政理言之，在各種政治制度中，運用和平的、客觀的，決定於量而不決定於質的原則和程序，來處理和解決國家的政治問題，不但是一種最人道、最進步的政治制度，同時也象徵和閃耀着人類理性與智慧的光輝。決定於量而不決定於質的民主原則，在概念上係以人格平等與主權在民爲基礎。人格平等所強調的是個體，主權在民所強調的卻是整體。整體雖以個體爲構成基礎，但個體之存在，則必須託身於整體，方能彰顯個體生存的意義。是乃個體之與整體，實可分而不可分也。

人民爲構成國家的主體，國家乃個體人民的整體化。人民賴土地以養生，所以領土構成爲國家的必要條件。而國家既經形成之後，乃是一個賦有生命的整體。其所賴以生存的領土，雖以政治的或行政的原因，必須在地理上，劃分爲不同的省縣或州郡，但維護國家整體生命的生存和發展，卻是所有省縣或州郡的共同權利和責任。對於整體國家而言，任何地方區域主張脫離整體的自決，都是對整體生命的一種「自殘」。這種「自殘」性的自決主張，不但違背了自然法的原理，同時亦爲制定的實證法所不容。因爲主權在民的基本概念，在運作上的實證意義，是指主權意志之表現於全體國民意志而言。任何地方的或部分的人民，都無權，也不能以主權在民爲詞，從而主張「自殘」性的自決。因爲主權，根本上係專屬於國家整體，並不屬於地方個體也。

次就政情以言，臺灣之爲中國整體的一部分，無論在血緣上、文化上，或政治上，都是無可爭議的歷史事實。民國三十九年以來，雖以大陸赤化，國土陷於分裂，但中國之必歸統一，豈惟是國家歷史的鐵律，而且也是中國人的整體意志。少數政治人物分離意識的自決主張，歷史將證明，只是一種虛幻愚昧的狂想。因爲人類的歷史已經證明，世界上的所有國家，除了因爲對外戰敗或特別關係，基於條約而自願割讓或放棄部份領土外，並沒有任何一個國家，能容許其領土內，部份地區的住民自決，脫離整體，而自成一國。這個原則，對於領土一元化的單一國家固屬如此，即對於由多元獨立個體結合而成的聯邦國家，亦不例外。中國自古卽爲大一統的單一國家，臺灣乃中國整體三十五行省之一。國家雖一時陷於分裂，但國力則與日增強。歷史的軌跡告訴我們，中國領土內的任何地區，都無權，也不能自決脫離，損及整體。否則，地區自決獨立的原則，果爲國家歷史發展的導向，則不但中國早已不是今日的中國，而且所有具有悠久歷史的國家，也都早已退化，不復繼續生存，發展爲現代的國家。

基於上述認知，我們認爲少數政治人士的居民自決主張，不但違背了國家整體生存的原理，抵觸了國家統一發展的鐵則，而且也亟不容於政情大勢。所以我們希望這些少數人士，都具有以史爲鑑的智慧，毅然揚棄其背理違情的自決主張，從而在民主憲政的無垠沃野中馳騁，以追求逐鹿中原，光大憲政績效的不朽盛業。千萬不要偏溺自陷，作民族歷史的罪人。

四〇、民意代表言論免責權問題析義

中國時報：民國七十三年三月十七日

前言

民意代表之享有言論免責特權，不但是代議民主政體中的一項重要制度，同時也是代議民主政體之能以存在、發展和成長的必要條件。

我國自民國肇造之後，從民國元年的臨時約法，其第二十五條，即明文保障參議院議員的言論免責特權。其後，民國十二年的憲法，廿五年的五五憲草，皆一脈相承，對民意代表的言論免責權，予以明文保障。現行憲法第三十二、七十三及第一〇一條，對國大代表及立監委言論免責權之保障，以及臺灣省省議會、各縣市議會、鄉鎮民代表會組織規程之分別對各該級民意代表言論免責權之規定，蓋皆係基於對民意代表言論免責權之價值，經由觀念認知上之肯定，所建制的一項憲政規範。

行憲以來，關於各級民意代表之言論免責權，憲法及有關法規所規定者，僅止於基本原則而已。其具體內容細節，尚有待經由解釋、立法、慣例等不同途徑，不斷予以充實，使之日趨成熟而合理。

自從去年十二月，行政院對各級民意代表之言論免責權作成補充性的釋示之後，已引起輿論界廣泛的關注與批評。部分立監委員，或則以之作爲質詢之主題，或則提案聲請大法官會議作確定的解釋。行政院代院長邱創煥先生，於十三日答覆立委質詢時，雖然對此一問題作部分的澄清，但有關民意代表言論免責問題，仍有若干認知與適用運作上的疑慮，本文爰就所知，略抒所見，以就教於邦人君子。

對相對免責的認知

憲法及臺灣省地方自治法規，對各級民意代表的言論免責權，分別規定立監委員在院內，國大代表、省縣議員及鄉鎮民代表在會議時所爲之言論及表決，對外不負責任。這些規定，在法律文字的形式上，除了在「院內」或「會議時」的空間或時間範圍上的界定外，並無其他條件的限制，所以憲法和法規對各級民意代表言論免責權的規定，學術界稱之爲絕對的保障。但是法律文字形式上絕對保障的規定，經大法官會議釋字第一二二及一六五號解釋，宣告「地方議會議員在會議時……就無關會議事項，所爲顯然違法之言論，仍難免責」之後，上述的所謂絕對保障，已轉變爲相對的保障。大法官會議的上項解釋，曾受到學術界的非議，認爲不應該將憲法及法規上的絕對保障，不顧立法精神，解釋爲相對保障。對於這個問題，我人覺得部分憲法學者，對於憲法保障權利之規定，雖曾作爲絕對保障與相對保障之區分，但各國憲法權利條款在具體的適用上，則皆落實爲相對保障。蓋以個人絕對權利與羣體生活間，有其不相容的實際需要存在故也。凡了解美國憲法權利典章之絕對保障式規定，在適用上終而落實爲相對保障情形者，多能認同其中道理。即以國會議員的言論免責權言，英國國會議員在院內的言論雖享有絕對的免責權，但在院外作特定部分之散播，若發生誹謗問題，則並不能免責。美國憲法第一條第六節第一項，雖規定「兩院議員在院內所發表之任何演說及辯論，在任何其他地點不受質問」。但這種絕對式保障的規定，適用至今，經由最高法院的判例解釋，已日漸傾向於相對保障。國會議員若對外散播其在院內的言論，而發生侵權問題，亦不能免責，這可以一九七二年的 U. S. *v.* Brewster 和 Gravel *v.* U. S.，以及一九七三年的 Doe *v.* McMilan 諸案爲顯例。最高法院的基本觀點，認爲議員之言論免責權，旨在保障其立法職務之能無礙的發揮，因而在院外非立法行爲之言論活動，即不應受免責特權條款之保障。美國最高法院對議員言論免責權的此一觀點傾向，與英國一六八九年權利典章對議員言論免責權絕對式保障條款之相對適用，可以說是蕭規曹隨，前後輝映。此蓋經驗調整理念所使然也。從上述觀點來看，大法官會議第一六五號解釋雖與英美的經驗制度不盡相同，但如果善予適用，對國家民主憲政之成長與發展，應具有肯定性的積極貢獻。

相對免責應無層級之分

大法官會議釋字第一六五號解釋，原係針對監察院對地方議會議員言論免責權之聲請案而言。但是由於行政院在去年十二月，以第一六五號解釋爲基礎，對各級民意代表之言論免責範圍，作成擴大適用的釋示，並經由內政部，轉示有關機關依法執行查處，因而引起輿論之抨擊。國策顧問陶百川先生，就其爲辭職監委，且爲第一六五號解釋聲請案主稿人所知之聲請解釋意旨，認爲該一聲請及解釋，係以地方議會議員言論免責權爲主體，並不涉及中央民意代表，所以該項解釋之適用範圍，行政院並不能經由行政釋示，予以擴張適用於中央民意代表。百川先生乃是受人尊重的長者，但是對於第一六五號解釋之適用層級問題，我人願試從不同觀點，略述管窺之見，向百川先生請益。

我人覺得，在一個國家的憲政體系中，中央與地方，係構成爲一個不可分的整體，而地方且構成爲民主政體中具有決定性之基礎。如果缺乏有效的民主地方自治基礎，便不可能有成功的民主中央。同時，中央與地方民意代表，在社會地位及職權範圍上，雖有高低大小之分，但其代表民意任務之本質，以及對於言論免責保障之需要，則初無二致，似不宜強予軒輊。這涉及到民主政治文化的孕育和養成問題，應該受到關心者的重視。所謂萬丈高樓從地起，此蓋言巍峨的上層建築，必賴鞏固的下層基礎以爲支持也。從這個觀點來看，則中央與地方民意代表言論免責權的具體內容，似不宜有所差等。如果認爲第一六五號解釋，對地方議會議員言論免責權範圍所作限制性的狹義解釋爲不可取，則比較合理的途徑，似宜從促成變更該一解釋着手，而非強調中央民代與地方民代言論免責權之差別保障也。

相對免責適用上之困擾

大法官會議第一六五號解釋，既經確定地方議會議員在會議時所爲無關會議事項之違法言論仍難免責，則此一解釋，卽具有視同憲法上之效力，自應爲朝野所遵守。不過民意代表在會議時或院內所爲言論，其與會議事項之是否有關，以及應由何人決定，這是該一解釋在適用上，可以預見的最大困擾。據吾人所知，美國法院的違憲立法審查權，不但審查法律本身是否違憲，同時更審查合憲法律之解釋與其適用是否違憲。美國憲法第五及第十四修正條款，分別禁止聯邦及各州，非經正當法律程序，不得剝奪人民之生命、自由或財產。所謂正當法律程序，在適用上，不但要求程序的正當（procedural due process），同時更要求實質的正當（substantive due process）。所謂實質的正當，不但指法律的內容應當合理，而且兼指法律的解釋與適用應當合理。行政機關對法律的解釋與適用如果不合理，法院卽宣告其違憲，撤消其處分，判決政府敗訴。

根據大法官會議法第三、第四兩條第一項第二款的規定，大法官會議釋憲權的運用，至目前尙僅止於處理法令本身內容之是否違憲問題，至於合憲法令適用之是否牴觸憲法某一條款之精神，則釋憲權運用之於此一問題，尙是一個未經確定的懸案。例如釋字第一六五號解釋，在形式程序上，並不發生違憲問題，但在適用上，行政機關對某民意代表在議會發言之是否與議事有關所作之判斷與處理，卻可以發生實質上是否符合憲法與該一解釋保障民意代表言論免責權之原則與精神。大法官會議至目前，尙無處理這類問題的前例。這是可以預見的一項困擾。而對於民意代表在議會發言之是否與議事有關問題，在司法程序中，究竟宜由議會預作決定，抑由大法官會議作終局的解釋。尙待專家賢士供輸心智，獻替嘉猷。

議會言論對外擴散問題

有關民意代表言論免責權之保障，除了憲法、自治法規，以及大法官會議第一六五號解釋之外，行政院復於去年十二月，作成補充解釋，經由內政部轉令有關機關執行查處。該項解釋內容爲「各級民意代表非在會議之時，利用書報、雜誌、錄音、錄影，擴散其在會議時言論，不論係由本人或他人所爲，並不因其內容曾在會議時發表而免責，自可逕行依法查處其應負之責任」。

上項釋示見諸報章之後，引起關注者普遍的震撼和批評。或指其將造成株連無辜者，或責其違反民、刑法所規定義務與責任原則，或稱其剝奪刑法所保障傳播媒體之報導權者。平心而論，行政院之上項釋示，確有其考慮欠周、措詞失當之處。面對輿論之關切，有關當局復於十二日對此一問題，作成三點結論：一、民意代表言論免責權，應依憲法規定予以保障；二、民意代表在會議時的言論，如利用書報、雜誌、錄音、錄影擴散，不能因民意代表本身享有免責權而免責，其內容如依法應負責任者，擴散者卽應負責，如爲他人擴散，自不溯及民意代表本人；三、民意代表本人，利用書報、雜誌、錄音、錄影，擴散其會議時之言論，是否構成法律責任，應視其個案情形依法處理。上述三項結論，業經行政院代院長邱創煥先生，於十三日在立法院答覆質詢時予以說明。不過，邱代院長之答詢說明，雖然對於前此之釋示，具有補正的作用，但仍有兩方面的疑點有待澄清，兹試爲分述如下。

其一，民意代表本人對外擴散其在議會的言論，如果發生法律責任問題，可能有兩種情形：第一種是侵犯了私權；第二種是危害了公益。就美國最高法院一九七二年的 Gravel *v.* U. S. 案與一九七三年的 Doe *v.* McMilan 案判例來說，議員在國會之外，散播其在議會的言論資料，若發生侵權情事，並不能享有免責特權之保障，因爲該項散播行爲，並不是履行職務上立法活動的必需行爲。美國的此一經驗，是否值得取法，這涉及價值的判斷與抉擇問題，僅此提供參考。不過，我們的憲法與選罷法，對民意代表，又特設有英美所無的罷免制度，依照罷免的設制理論與立法意旨，民意代表在議會之所爲，應對選區選民負政治責任。因而民意代表對外散播其在議會的言論，其散播對象，究爲選區的特定選民，抑爲一般不特定的他人，應屬兩種不同情況。依理，前者應予免責，後者則屬責無旁貸。此說是否可取，尚待國人斟酌。

其二，他人擴散民意代表在議會之言論，擴散者是否應負法律責任，歸納言之，亦有三種情形。第一，議會公報發行人。議會公報，本屬公開發行之公文書，發行人依法執行法定職務，依刑法總則第二十一條，「依法令之行爲，不罰」。所以公報發行人之發行公報，若無違法情事，其本人似不應負法律責任。第二，傳播媒體業務執行人。人民有知的權利，傳播媒體亦有對社會提供資訊的責任。所以刑法第三百十一條第四款，特別規定「對中央及地方會議……之記事，爲適當之載述者，不罰」。刑法總則第廿二條亦規定，「業務上之正當行爲，不罰」。根據上述刑法之規定，傳播媒體從業人員，對民意代表在議會之言論，所作記述性之傳播，依法亦不應擔負法律責任。適用法律與執行政令的人員，宜於善體法意，妥爲裁奪。第三，其他人散播民意代表在議會之言論，若發生法律上的責任問題，苟無法律上的免責根據，即無所逃於法律之制裁。

四一、絕對與相對：論議員言論免責權

聯合報：七十五年九月二十三日

議員乃人民的代表。議員的言論免責權，乃代議政體下確保民意暢達的一項制度。代議政體起源於英國，議員言論免責制度，亦創始於英國。英國在光榮革命之後，於一六八九年的「權利典章」中，首先明文保障國會議員在國會之發言，不得在國會外任何其他處所，予以控告或追問。美國憲法第一條第六節，亦繼而保障兩院議員在院內之言論，在任何其他地點，不受質問。英美此一保障議員言論免責之制度，隨代議政體之傳播，而漸次爲各國所接受。我國從民元約法，訓政時期省縣參議會組織條例，以及現行憲法，省市及縣市議會組織規程，亦均保障民意代表在議會的言論及表決，對外不負責任。

絕對免責的缺點

民主政治的基本原則之一，即是公平、合理，及排除特權。議員的言論免責權，是保障議員以道德爲基礎，正當合理地代達民意。如果議員不道德地，假借或濫用言論免責權，非法侵犯他人法權，也給予無條件的保障，則議員的言論免責權，不但會成爲議員的一項不合理特權，對社會言，亦會成爲一種變相的暴力。這當然不是國家保障議員言論免責的本意。同時，現代民主國家的公職人員，其於職權的行使，無論是故意或過失，如果侵犯到人民的法權，政府都必須給予賠償，這就是寃獄賠償法及國家賠償法的崇高立法意旨。議員乃是代表人民的公職人員，人民本身犯罪，要負法律責任，人民的代表犯罪，特別是不道德、不合理地濫用職權，而侵犯了他人法權，如果可以絕對不負責任，則不但議員成爲不合理的特權，受害人亦得不到任何救濟，這自然是嚴重地違反民主憲政所以爲保障民權而建制的神聖意旨的。

相對免責的論證

大家都應該知道，各國憲法都保障人民享有各種自由權利，不管憲法的規定是絕對保障，或是相對保障，在實施上則毫無例外地皆爲相對保障，這可以美國憲法第一修正條款保障言論自由的經驗爲顯例。人民本身既不能享有憲法上的絕對自由權，則人民代表何以能獨享言論上的絕對免責權。民主政治有一項基本精神，即追求「合理」。人民所以在憲法上不能享有絕對的自由權，是因爲自由權的社會性所含蘊的「平等與合理」兩項鐵律所使然。議員在議會的言論，也是一種社會性行爲。而爲了追求合理，所以議員的言論免責權，逐漸有了相對性的發展。英美的議員不能將其在議會的言論在院外散播；西德基本法第四十六條，且明定不保障議員在議會的誹謗言論。我國在行憲前，司法院於三十四年院解字第三〇一二號解釋，曾確認「縣市省各參議員，僅其在會議時所爲之言論及表決，對外不負責任，若將其在會議時所爲之言論及表決，以書面或言詞向外發表，仍應依法負責」；及三十六年，司法院又以院解字第三七三五號解釋，進一步宣示：「縣參議員在會議時，所爲無關會議事項之不法言論，仍應負責」；行憲後，大法官會議於五十六年，在釋字第一二二號解釋中，確認「院解字第三七三五號解釋，尚不發生違憲問題」；至六十九年，大法官會議，又於釋字第一六五號解釋中，更作明確補充性的宣告：「地方議會議員，在會議時就有關會議事項所爲之言論，應受保障，對外不負責任。但就無關會議事項，所爲顯然違法之言論，仍難免責」。從以上的說明，可知議員言論免責權的相對性，不但有其理論基礎，亦有他山之石可鑑。更重要的是，我們行憲前後四次的司法權威解釋，其於議員的言論免責權，乃是從經驗中，使之日趨合理化。雖然釋字第一六五號解釋，並未能完全廓清議員言論免責權的所有問題，但我們只能期望在實際的運作經驗中，獲得更合理的成長。

社會應有的共識

議員言論免責權，乃邇來時政上的熱門話題，尤以林正杰案，最爲受人矚目。據報章所載，曾有兩類不同意見：或則強調議員言論的絕對免責權；或則對林案的判決表示微辭。關於議員言論免責權問題，上文已伸其義，大家應該瞭解，大法官會議解釋的權威，必須無條件予以尊重和遵守，不容稍有褻瀆。因爲中國人，既然生活在中國的土地上，就必須遵守我們自己所建立起來的制度和行爲規範。

其次，就有關對林案判決的微詞而言，我們覺得，不管地院的判決有沒有瑕疵，大家都該知道法官並不是神。如果當事人認爲有不服判決的理由，儘可循上訴途徑謀求救濟，論政者亦應鼓勵當事人上訴。可是，當事者堅持該案的判決，爲不公平的「政治判決」。一方面決心放棄上訴，另方面又走向街頭，不斷作坐監告別羣衆說明會，以抨擊司法。若干學者和政論人士，亦以對司法的微詞，隱示其對林案被告的支持。目睹這些現象，我人實不能不對司法獨立公信之受到挑戰，而隱憂在心。

「司法」的任務，在於主持正義與維護公道，乃國家與社會安全的大防。因爲司法之定分止爭，必須公正不阿，於是充分獨立，又成爲司法所以主持公道的必要條件。獨立與公正的司法，係以良好的民主品質爲基礎，其績效則有賴於社會的公信。我們的司法獨立，任何人如果沒有其曾受干涉的積極證據，實不能僅以個人想當然耳的看法，輕率地來破壞司法獨立在社會上的公信權威。就林案被告之以判決不公，而放棄上訴言，當事人顯然忽略了，他不能只願意接受對其有利的裁判，而拒絕接受對其不利的判決。大家都應該知道，司法之爲社會正義的公器，是因爲個人在爭訟中，不容許當事人作自我裁判。否則，整個社會就會陷於無政府的可怕狀態。至於學界，亦有人認爲當局未能影響司法單位，避免對林案作成旣有的判決爲失策者。我人覺得，有關當局積極示意或影響法院，對政治人物的訟案，故作對其不利的或有利的判決，同樣都是干涉司法獨立，都爲法所不許，亦爲理所難容，論者實不宜只見毫末，而不見薪輿。

豈能以上帝自視

何況就林案的判決書全文來分析，被告在議會中，涉嫌誹謗原告的言論，究與議事有關或無關，並不是處斷林案的惟一論點，他如被告將其在議會的言論，在其所辦刊物上，及其競選傳單中，一再作相同的傳播，這兩項行爲，已構成處斷本案的充分論據。因爲卽使英美對議員在議會言論之絕對保障，也不保障議員將其在議會的言論，作對外的散播，而侵害他人法權。因爲議員在議會外，散播其在議會的言論，並不是在會內執行議員的法定職務。同時，議員在議會因正當行使職權的不法言論，在法理上只是因爲他是在議會內發表的，所以免除其法律責任，如果在會外散播會內的不法言論也予免責，則議員的言論免責權，將成爲議員在會外掩護其不法言論侵權行爲的護符。此從議員言論免責權的建制意旨，以及立憲制度所以爲保障民權的背景來看，其然豈其然耶？何況，四次的司法權威解釋，歷歷在案，實不容任何人予以輕蔑。大家都需要知道一個道理：每個人都可以在他的內心，作他自己的上帝，作自我良心上的裁判，但是決不容許他在外的行爲上，不顧羣義，也自視爲上帝，作法律上的自我裁判。

第六編　憲政管窺

四二、政治理論與實際之調適

——我國憲政體制之剖析——

中央日報：民國七十七年六月二十八、二十九日

我國自三十六年十二月廿五日行憲以還，迄今四十年間，關於總統、行政院及立法院三者間的關係，法政學者，卽曾不斷間歇性地發生究爲總統制，抑爲內閣制的論辯。其達成共識之難，豈惟是「理未易明、事未易察」而已。

成文憲法是人制定出來的，但是憲政制度的果實卻是長成功的；而憲政制度的成長卻受着其生態環境多元因素的影響。討論我們的憲政體制形態，如果只強調一元因素，而遽下結論，其結果似將仍難走出「議論盈庭，莫衷一是」的迷宮。

一、分析的原則與面向

多年來我們究爲總統制，抑爲內閣制的爭議，其中心意旨，實則是想確認總統之爲國家元

首，究竟是否亦同時兼爲行政首長。憲法是國家的政治規範，而徒法又不足以自行，這是因爲還有一個更重要的治人與治法之間的平衡問題。其間如果失調，則無論是過分強調治人，或是過分強調治法，二者都可以形成極權或專制的後果。

民主政治，從其規範而言爲法治政治，但是從其運作而言則爲政黨政治，此所以民主政治之政從黨出，政以黨成也。而政黨又爲人之結合，是以人既爲政黨與政治之主體，亦爲政黨與政治之中心。所以爲了比較客觀而有效地說明我們憲政體制的形態，我人將以總統、行政院及立法院三者之間的職權關係爲主體，以國家元首與行政首長身分角色之分合爲界標，並以三個面向爲基準，作爲本文系統分析的架構：㈠憲法的原始規定；㈡戡亂臨時條款的授權；㈢人物與黨政關係之運作與展望。

二、憲法的原始規定

總統之職權，分別見之於憲法的十五個條文。爲了有助於讀者的瞭解，爰將憲法中有關總統的職權，依其行使程序及其對總統所具的意義，分爲非關決策性的，有關決策性的以及特任官之提任，共三類予以說明如下：

第一，非關決策性之職權：憲法賦予總統非關決策性的職權，計有㈠元首，對外代表國家（憲35）；㈡統率陸海空軍（憲36）；㈢授與榮典（憲42）；㈣調解院與院之間的爭執（憲44）。

這四項職權的本質，並不涉及政策的決定，其屬於權的意義，顯然是很輕淡的。卽以統率三軍而言，在歐美國家，軍隊的統率與軍隊的調遣運用，正如國家元首與行政首長，乃兩種不同觀念和制度。

軍隊運用之最高層次，莫過於應付外患與內亂，其方式厥爲對外宣戰與對內宣告戒嚴。而依憲法規定，宣戰與戒嚴均屬重要決策，不但須經立法院之通過（憲63），且須先經行政院會議之議決（憲58）。由此可知，總統統帥權之是否必然具有決策作用，尚待憲政體制發展成長定型之後，才能獲得確定性的結論。如果純從憲法條文，及政黨責任政治的觀點來看，其論理上的結論，應該是否定的。不過，由於健全的多元政黨政治條件尚未成熟，所以過去的經驗顯示，總統統帥權的決策作用，一直是肯定的。

其次，憲法規定總統對於院際爭議之調解，法政學者每多肯定此項調解之權力與功能。但是根據過去適用此項規定之經驗，結果卻是否定的。例如民國四十年，總統曾應監察院之請，召集立法、監察及司法三院院長，會商關於監察院的立法提案權問題，結果發現在未經各該院院會作成決議案之前，參與會商的院長，並不能代表該院在會商中作任何結論性之承諾，所以最後還是轉請大法官會議，以釋字第三號解釋予以確定結案。由此可知憲法中對於總統調解權之規定，非但無關決策，而且已屬虛設，並無實質意義。

第二，有關決策性的職權：憲法賦予總統有關決策性的職權，計有依法：㈠公布法律，發布命令（憲37）；㊁宣戰，媾和，締結條約（憲38）；㊂宣布戒嚴（憲39）；㊃大赦，全國性減刑（憲40）；㊄緊急命令（憲43）；㊅覆議核可（憲57）。這六項十種職權之行使，都具有決策性的本質。同時，這十種職權之中，第二至第五項的七種職權，憲法也同時賦予了行政院及立法院（憲58、63）。總統運用這些職權，必須先經行政院及立法院之議決通過，然後才以發布命令的方式來行使，而公布法律和發布命令，又必須經由行政院院長之副署。由於行政院院長之任命，必須獲得立法院之同意，其決策施政，又必須對立法院負責，所以上述七種職權，用決策的概念和權責平衡的觀點來分析‧則其屬於總統者，應該是屬於國家元首的職，其屬於行政院長者，則爲行政首長的權。

從以上的分析，可知總統在憲法上之爲國家元首，並不兼爲行政首長。易而言之，我們原始憲法上的政府體制，應該是內閣制，而非總統制。至於行憲以來，雖然政治上一貫所表現的，是元首兼爲行政首長的總統制，但是此一實際政治現象，乃是政治領袖與政黨運作的產品，並非憲法規定的當然結果。

其次，憲法第五十七條的覆議核可權，論者多謂這是總統的一項決策性裁量權。意謂總統如果支持行政院的政策立場，卽予核可，移請立法院覆議；假使支持立法院的政策主張，卽不予核可，使行政院不能移請立法院覆議。這樣的解釋，似乎忽略了其在政治中的不合理性。蓋依據政黨責任政治的基本原則，行政院長應爲立法院多數黨的領袖或其所積極支持的人物。在常態之下，根本就不會發生憲法第五十七條的覆議事件。如果竟然發生，必然是立法院多數黨發生嚴重分裂，或是行政院長在立法院多數黨中的領袖地位，或其所獲有立法院多數黨的積極支持，發生了動搖，而行政院長，又想藉覆議作爲爭取支持的最後努力。這樣的分析，如果是可以接受的，則總統又何需以不核可，而介入立法院多數黨的內部矛盾呢。

第三，特任官的提任權：憲法第五十五及一〇四條規定，行政院長及監察院審計長，皆由總統提名，經立法院同意後任命之；第七十九及八十四條，又規定司法及考試兩院的正副院長、大法官及考試委員，亦皆由總統提名，經監察院同意後任命之。憲法這些規定，過去法政學界討論最多的，厥爲究竟是總統的提名，還是立法院的同意，對行政院長之產生，最具有效的決定作用。持總統制說者，認爲應該決定於總統。因爲立法院即使不同意總統所提名的行政院長人選，也只能使總統另提人選，卻不能要求總統必須提名立法院所希望的人選。持內閣制說者，則認爲應該決定於立法院，因爲行政院長人選，不但須經立法院同意，而且行政院必須對立法院負責，不但行政院的政策，必須獲得立法院的支持，而且立法院還可以迫使行政院必須接受其決議，否則，行政院長卽須辭職。對於這兩種見解，從政黨與責任政治之觀點來看，應以後者之見解爲是。蓋任何政府之結構，無論其爲三權或五權，都是以行政部門爲直接面對社會各種問題，並積極謀求解決問題的主體。

由此可知，如果立法院確有超過半數議席的多數黨，則總統對於行政院長人選的提名，便不會有太多的自我選擇餘地。如果總統堅持不提名立法院多數黨的領袖出任行政院長，就會發生憲政危機。

三、戡亂臨時條款的授權

以上是純粹根據原始憲法條文所賦予總統職權的法理和政理，說明凡是具有決策性的職權，對於總統而言，多屬程序性的職務，而非實質性的權力。而從責任政治的觀點，則總統在整個憲政體系中的角色功能，其重點應該是在於國家元首，而不在於行政首長。但是自從「動員戡亂時期臨時條款」於三十七年制定，並經四次修正之後，該條款不惟先後賦予了總統一些新的職權，而且這些新的職權之行使程序，除了第一項的緊急處分外，皆與前述原始憲法中那些決策性職權的行使程序不同，玆舉其最具重要性者說明如下：

第一、二條，授權總統「為避免國家或人民遭遇緊急危難，或應付財政經濟上重大變故，得經行政院會議之決議，為緊急處分，不受憲法第三十九條或第四十三條所定程序之限制」。但是該「項緊急處分，立法院得依憲法第五十七條第二款規定之程序變更或廢止之」。

這一條規定，即所謂總統的緊急處分權，過去四十年間，曾經四度引用。最近一次，即今年一月十三日故總統經國先生去世之翌日，李總統依此一條款發布緊急處分令，明令在國喪期間，停止一切集會遊行。論者多謂此一條款的緊急處分，乃總統的一項決策性權力。其實此項權力之行使，事前要經行政院會議之決議，發布命令時須經行政院長之副署，事後仍要受立法院之監督。在程序上，和前述原始憲法所規定的決策性職權之行使程序，基本上是相同的。此項緊急處分，究竟是總統的一項程序性職務，抑爲實質性的權力，儘管過去的四次經驗，是屬於決策性的權力，但今後的情形，將視總統與立法院多數黨的政黨背景是否相同而定。從制度的觀點看，仍然是有待成長的經驗來確定的。

第四條，「授權總統得設置動員戡亂機構，決定動員戡亂有關大政方針，並處理戰地政務」；第五條，授權總統「得調整中央政府之行政機構、人事機構及其組織」；第六條，授權總統「訂頒辦法，充實中央民意代表機構，不受憲法第二十六條、第六十四條及第九十一條之限制」。這三條的授權，過去總統曾據以設置國家安全會議，行政院人事行政局，以及自六十一年開始實施的充實中央民意代表機構增額選舉辦法。戡亂臨時條款對總統這三項授權的最大特點，是這三項職權的本質，都是決策性的，在行使的程序上，事前既不須經由行政院會議的決議，行使時亦無須由行政院長副署，行使之後，也不受立法院的監督。這樣的授權內容及其他行使程序，在法制分析上，已使總統在國家元首的角色上，因而亦同時兼爲行政首長。法政學者指稱總統爲行政首長，或稱爲法國第五共和式雙重行政首長者，應係指這三項特別授權而言。法政學界批評戡亂臨時條款之背離原始憲法精神或責任政治原則者，仔細分析，亦應是專指這三項特別授權而言，並不包括第一條的緊急處分。因爲緊急處分權條款的行使程序，和原始憲法所規定的決策性權力的行使程序，基本上是相同的。所幸執政當局對這三項授權之運用極爲審愼，不但未作擴張性的行使，而且國家安全會議的結構與功能，自六十一年以還，已日趨萎縮。因而總統根據這三項特別授權，所扮演的行政首長角色，亦將因權力行使的自約，而漸形淡化。

四、人物與黨政關係之運作與展望

以上的分析，是說明從原始憲法及戡亂臨時條款第一條緊急處分所規定的決策性職權的行使程序來看，總統在我國憲政體制中所擔任的角色功能，應該是國家元首，而不兼爲行政首長。但是五十五年戡亂臨時條款經過修訂後，在法律的規定上，總統的功能角色，已經從國家元首，擴大而兼爲行政首長。

其實，行憲以來，在內閣制憲法結構下，所以產生總統制的政治現象。從學術的觀點分析，應該是政治人物、政治觀念與黨政關係，在我們從專制走向民主的革命鉅變發展過程中，交互影響的結果。國民黨領導革命建國的過程，是軍政、訓政與憲政三個時期。軍政時期，雖然形式上隨十七年北伐成功而結束，但是對內靖亂與對外禦侮的軍事行動，實際上是迄未終止。任何發展中國家，在革命用兵的過程中，軍事領袖必然最能獲得擁戴。所以自十五年北伐開始，先總統蔣公卽以北伐軍總司令，被選爲黨的主席，及十七年北伐成功，更被推舉爲國民政府主席，集黨政軍領導重任於一身，是乃時勢使然。北伐之後，內亂紛起，外患踵至，用兵之急，迄無已時，其有賴於強力領袖之領導，及二十六年對日抗戰爆發，而達於至極。其間，國府主席一職，雖自二十一年至三十二年八月間，由林森先生擔任，但黨政軍領導中心之繫於　蔣公一身之勢，則更呈有增無已。

及三十四年抗戰勝利，不旋踵而赤變燎原，兵禍之烈，更有倍蓰於對日戰爭者。而就在遍地烽火、戰況日亟的情形下，我們制定了憲法，並付諸實施。據　《蔣公大事長編初稿》所記，蔣公深知憲法所定體制之基本精神，所以曾於三十七年三月廿九日，第一屆國民大會集會開幕之翌日，即面囑當時外交部長王世杰先生，徵詢胡適先生意見，請其擔任總統候選人，及胡先生應允接受之後，蔣公聞之大慰，並先後說服黨內大老吳敬恆及戴傳賢，且向六屆中央執委臨時全體會議，說明其不出任總統候選人之至意，結果未為中執會常務委員會所接受，仍堅推　蔣公為總統候選人。中執會常務委員會所以作成這樣的決定，可能是由於傳統的崇功報德與權位合一觀念，亟於仰賴　蔣公能夠實至名歸，像領導北伐一樣，領導政府完成戡亂大業。及　蔣公當選首任總統就職之後，憲法和政府雖然都是新的，但黨與政的人事，以及黨政關係的運作模式，卻都是舊的：總裁領導着黨，黨領導着政府。而因爲黨的總裁當選了總統，黨又在國會三個機構中，同時掌握了絕對多數議席，於是黨的領導與政府的領導化爲一體。因爲黨的權威領袖，同時擔任了總統，所以經過黨政關係運用之後，總統之爲國家元首，便很自然地就同時發揮着行政首長的功能。這是政府體制所以由憲法設計的內閣制，經由人物與黨政關係運用之後，轉變爲總統制的基本原因。假使三十七年四月初，黨中央順從 蔣公的意願，促成由胡適先生擔任總統，而由蔣公本人出任行政院長，則我們憲政體制，自然就會在內閣制的軌道上慢慢前進。由此也可知政治人物，政治觀念，政黨勢力，與政情環境，對憲政制度成長發展所具有動態的鉅大影響，顯然不是靜態的憲法或政治理論所能有效地改變的。

蔣公之後，嚴前總統以副總統繼任，雍容垂拱，不問細事。軍國大政，悉由黨主席而為行政院長之經國先生裁奪。數年之間，制度與政象，很能表現出行政院長為國家行政首長之氣勢。迨六十七年，經國先生經黨中央一致堅戴出任第六屆總統之後，由於領導的權威與認知久已形成，於是憲政制度之運作，乃又回復到蔣公時代的舊有形態，及經國先生既去之後，李副總統登輝先生繼任，旅即又被擁戴為黨的代主席。今後我們的憲政體制，究竟要向什麼制度形態發展，這雖然是一個衆所關注的問題，但本質上這並不是一個理論的問題，而是赤裸裸的政治現實問題。基本上在國民大會與立法院的政黨形勢，沒有發生決定性的變化以前，則國民黨既有的領導與運作模式，在相當大的程度內，似將繼續保持下去。惟有在國民大會與立法院，分別由不同的政黨，掌握過半數議席時，我們的制度運作形態，才可能發生根本的改變。

五、制度之成敗重於好壞

一般國家憲法中的中央制度結構，率採三權分立，我國憲法在國民黨的主導下，則依其總理中山先生之遺敎，採五院並立制。

從政治學及各國政治史的觀點來看，政治制度之成敗，似比其好壞更爲重要。蓋政治制度之成敗，乃制度功能在動態運作中之能否充分發揮的問題，而政治制度之好壞，乃制度價值在靜態理論判斷上之是否可取的問題。經驗證明，憲法或制度之所以能夠成功，需要具備幾個條件：第一，憲法或制度本身，必須是多元有效政黨相互妥協的產品；第二，健全而力量均衡的兩黨制度；第三，政黨間共存共榮的共識，與相互尊重的道德自律。內閣制創始於英，因有健全的兩黨制度，而績效斐然。歐陸之法、德、義仿行於後，則相形見絀，其病在於多黨。總統制始行於美，亦因兩黨輪替而功能卓著，南美諸國仿行，亦以缺乏健全的政黨制度，而政變時聞。上述制度之成敗，若從各該國之成文憲法以觀，其理論上之好壞相去者幾希，而運作上之成敗，則何啻霄壤。細審其關鍵，厥在政黨制度之成敗耳。故政治學者，多謂現代國家是「政以黨成」，的屬信而有徵。

根據上述觀點，來看我們憲法中的五院制，其與三權制不同者，厥爲考試權之脫離行政權，監察權之脫離立法權，而各自獨立。在歐美各國，考試權雖隸屬行政，但由於政黨之有效輪替，考試權之獨立運作，行政權亦不予干預。國會雖兼掌彈劾，但在司法獨立相當健全之後，違法問題由法院處理，行政或政策上的違失問題，則或由國會糾正，或則由選民在選舉時課責，彈劾權久已處於備而不用狀態。我國自民國十七年實行五院制，迄今已逾六十年，惟以缺少均衡的政黨實質條件，以致考試與監察兩院的功能，未能正常健全的發揮。不過，五院制在運作上的不夠成功，與其在理論上的好壞，並無必然關係。如果在政黨輪替的健全條件下，再輔以技術上的有利改革，則五院制下的考試與監察，同樣可以發展爲兩項成功的制度。當然，這必需以政黨間對制度之共識爲前提條件。蓋制度並無絕對的好壞，端視政黨勢力是否均衡，制度運作是否成功爲斷耳。

四三、領袖傳承與憲政成長

聯合報：民國七十四年八月二十七、二十八日

領袖之指涉意涵

政務需人主持，國家需要領袖。這是任何羣體社會所無法避免的需要，也是任何政治體系都需要制度化解決的問題。

上述所謂國家或政治領袖，具有兩種指涉。其一，係指國家元首；其二，係指行政首長。專制時代的國家，在政治上，率行一權主義，君主是一切權力的泉源，也是最高和最後的權威。所謂三公九卿或軍機六部，其本質僅止於行政性的分工，而非政治性的分權。在人事上，皆屬皇帝的臣僚；在政務上，悉受君權的節制。君主在國家的政治體系中，同時扮演着多元角色。但最受矚目的，厥爲以國家元首而兼爲行政首長。民主政治肇興之後，不但盛行政治上的分權主義，在中央政治制度的規劃與取捨上，除了極少有的委員制，和我國的五院制之外，普遍以內閣制與總

統制形成爲兩大主流類型。

內閣制肇始於英國，盛行於歐洲。此型制度最大特點：一、卽爲國家元首與行政首長分由兩人擔任。元首或稱國王，或稱總統，一律高拱無爲，不親庶政，不負責任。行政首長或稱首相，或稱總理，職在綜理政務，主持決策，擔負責任。至於總統制係創制於美國，流行於美洲。此型制度最大特點之一，則爲國家元首與行政首長合由一人擔任。總統既爲國家元首，同時亦爲行政首長，集中權力與責任於一身。

從上面的說明，可知國家元首與行政首長，雖同稱爲國家的政治領袖，但是就其對實際政治運作的決定與影響作用言，勿寧行政首長更能符合政治領袖的實質意義。各國政治人物所競相爭取的，是行政首長的職位；大選中爲社會所普遍矚目的，厥爲行政首長的人選。是以本文所稱之領袖傳承，係着重在行政首長之傳承而言。

領袖傳承之民主化

在人類既有的經驗中，一般國家政治領袖的傳承，於近代民主政治肇興以前，由於受主權在君，以及私天下觀念之支配，所以除極短時期，偶有我國堯、舜之禪讓傳賢者外，若非革命創業或篡奪強取，蓋皆以傳子爲制。迨民主政治盛行之後，天下爲公與主權在民之觀念，其入人甚深，化而爲「秘思」，於是政治領袖之傳承，其必須決定於選舉，實已成爲一項既不可少，而又無可取代的鐵律。

從各國的政治經驗來看，政治領袖雖皆直接或間接出之於選舉，可是選舉只是法制上產生政治領袖的一種程序，而在選舉程序的背後，仍然有其一套實質上的彈性過程和必要條件。在政治民主化低度開發的國家，其領袖之傳承，或由後起強者恃力取代，或則出於在位領袖的決定和安排，選舉團所能扮演者，往往類如橡皮章角色。而在政治民主化已開發國家，其領袖的繼任人選，透過選舉的程序，或則直接決定於全民，或則間接決定於特定的團體。逐鹿領袖之位者，但憑本身的條件與政策主張，訴諸社會的抉擇，在位領袖的肯定性影響，實在是可望而不可必的。美國總統在選舉人團的間接制度下，行直接選舉之實，在職總統對繼任人選之產生，其所能爲力之微不足道，知者類能言之。英國於一九七〇年，保守黨的奚斯 (E. Heath) 繼工黨的威爾遜 (H. S Wilson) 爲相，現任首相柴契爾夫人 (Mrs M. Thatcher) ，時任奚斯國務院主管教育與科學的國務大臣。及一九七五年二月，保守黨改選領袖，多人參與逐鹿，第一次投票，柴契爾夫人即以一三〇票，領先在位領袖奚斯的一一九票。迨第二次投票，奚斯主動退出競選，結果柴契爾夫人以一四六票，高額超出其他四位競爭者，而當選爲黨魁，並於一九七九年五月，繼工黨的賈拉漢 (J. Callaghan) ，出任爲英國首相至今。

歸納言之，當代各國領袖之傳承，顯示有三種情形。其一是經由選舉程序，眞正地決定於社會，這可以英美及西歐高度的民主國家爲例；其二是決定於在位領袖或寡頭核心人物的安排，這可以共黨國家為典型；其三是由軍事強人藉武力奪取，非洲及南美的若干國家，正是這種情形。上述領袖傳承的三種途徑，以第一種民主國家的決定於社會，最為人道和理性，也是 國父所追求的基本目標。因為領袖的傳承，惟有公決於社會，才能永保國家內部的和平，而有效地避免後兩種途徑所帶來的殺戮、動亂和戰爭。不過，領袖傳承的民主化，形式制度的建構並不難，難的是傳承制度的實際運作，能否眞正地體現民主的精神。而這個問題，基本上雖然要決定於整個社會民主化的程度，但是根據上行下效、風行草偃的經驗原則，在位領袖「立德」智慧與風範的導引，無乃是創制垂統的最有效力量。

我國領袖傳承新制有待成長

我國領袖傳承舊制，自黃帝開國，以至清廷遜位，皆以傳子承統為制。堯、舜禪讓，雖均以其子丹朱、商均之不肖而傳賢，從而以美談貽世。但惜乎曇花一現，並未成為傳承制度的常規。我國數千年來，所以治世苦短，而亂世苦長，二十四史所記之所以盡為一家之興替，殆與私家相授之領袖傳承制度，有其密不可分的直接關係。

國父領導革命，建立民國，要讓每一個老百姓都作皇帝。他所追求的，首先就是要把我們國家傳統私相接受的領袖傳承制度，安放在決定於客觀社會的民主制度上，使我國從此以後，再也不要出現過去那種週期性，因為改朝換代所發生的殺戮和戰爭。

民國肇造之後，內亂外患，踵接相乘，新的領袖傳承制度，迄無建制、紮根和成長的機會。迨三十六年憲法公布實施，三十七年行憲政府成立，新的、民主的領袖傳承制度，於焉確立。自是爾後，此一新的領袖傳承制度，自應與我國憲政制度之成長，同時日趨健全。惟以赤禍瀰天，戰亂漫地，致使憲政成長，缺少了其所必需的和平與安定之有利條件。政府遷臺三十餘年來，內在環境雖稱粗安，但神州待復，憲政之正常運作，窒礙尚多，領袖傳承之實質疑難，亦有待妥爲抒解與克服。玆僅就領袖傳承有關實質疑難中，最值得重視的兩項問題，試爲分析如下。

(一)元首與行政首長分合之澄清

國家的政治領袖，究竟爲元首抑爲行政首長，這是在君權專制時代，以及近代以來總統制國家，都不會發生的問題。因爲從職位與權力的觀點來看，君主與總統，都同時居於元首的職位，並握有行政首長的權力。但是自從英國的內閣制相當盛行之後，元首已不再有行政首長的實權，行政首長也沒有元首的尊榮職位。換句話說，在君主內閣制國家，元首統而不治，行政首長則治而不統，而在共和內閣制國家的元首，則既不統亦不治。

我國元首與行政首長的關係，在清季維新立憲之際，因爲當時的帝制國體，固然只有走內閣制的路子，但是在民初北京政府制憲時的制度規劃，抗戰期間國民參政會憲政期成會的憲法草案，以及政治協商會議所通過的修改憲草原則與最後的憲法草案，仍然都採取內閣制的原則設計。此期間唯一例外的，厥爲「五五憲草」，在制度上採取總統制的規劃，以總統爲國家元首兼爲行政首長。但是制憲國大基於政黨間之妥協，原則上接受了政協憲草，通過了現行憲法。我國憲法於中央制度之規定，究竟爲元首與行政首長合一的總統制，抑爲分離的內閣制。此一問題學界爭論了三十多年，仍乏確論，以資共信。這一點很可以證明，我們的制度尚未發展定型，正有待現在的領袖，發揮其舵手的導航作用，俾使關係領袖傳承的此項制度，朝向最有利於後代子孫的方向，逐漸發展、成長與前進。

任何國家政治制度的實質運作表現，無可避免地會受到政黨和政治領袖人物作爲的影響，這種影響甚至會使憲法的明文規定實際上變質。我國總統之爲國家元首，在政治上是否兼爲行政首長，憲法學界某些方家先進之答案是肯定的。我人覺得對於政治現象的解釋，憲政原理時或較之憲法文字，更爲周延而易爲人接受。行政首長之所以爲行政首長，其最主要的職權和功能，厥爲政策之作成與主持並監督執行。這種職權與功能之運作及發揮，雖然必須受立法機關之監督與約制，但在行政系統本身，首長則具有最高的權威，不受其他行政人員的挑戰。美國總統因爲兼爲行政首長，固無論矣，內閣制下的元首，因爲其不具有行政首長的職權與責任，所以他並不能干預首相或總理的行政首長職權。

（I）憲法的原始規定

從憲法的有關規定來看，我國行政部門的政策作成，權在行政院長所領導的院會，總統並不參與；行政院長須就政策事項對立法院負責，亦與總統無關。憲法上所賦予總統的那些職權，大都正是行政院的職責，若無行政院的積極作爲，總統並不能像美國總統那樣，力排衆議而獨行其是。甚至連緊急命令權與緊急處分權也不例外，都要受這個原則的支配。法律在於表現政策，命令爲執行政策的工具，而總統公布法律與發布命令，又須有行政院長的副署。行政院長雖由總統提名，但須經立法院同意，並對立法院負責。如果立法院與國民大會分由不同的政黨掌握多數，依據責任政治的經驗原則，那麼眞正決定行政院長人選的，應是立法院而不是總統，否則即會造成憲政危機和僵局。同時，總統任期六年，連選僅得連任一次。而行政院院長既無固定的任期，也無連任時間的限制。只要有所屬政黨在立法院的多數優勢不變，而其本人於該黨的領袖地位能夠獲得保持，他就可以繼續任職下去。一個政黨領袖，究竟是選擇只能任職十二年的總統呢，還是選擇比較可以長期任職的行政院長呢？這個答案，實不待卜筮而知後者之爲是也。所以純粹從憲法的原始規定來看，我國的元首與行政首長，應該是分由二人擔任的不同角色。總統爲國家元首，行政院長爲行政首長。

(Ⅱ) 憲政的運作現象

但是我們從行憲以來實際的動態政治現象來看，先總統　蔣公及現任總統經國先生，在我國的政治體系運作中，乃一切重要政策之所從出。以國家元首之身份，同時爲最具領導權的行政首長。這種實際政治運作現象與憲法條文間差異的形成，最主要的原因，是由於在長期戰亂，需要強有力領袖領導的環境下，益之以政治領袖的條件作爲，國民黨本身的領袖領導傳統，以及多年來的黨政關係運作形態所使然。試以先總統爲例，自十五年領導北伐，即領導黨政，而主持國務。訓政時期以黨治國，黨政之間，似可分而不可分者達二十年。馴致　蔣公已成爲舉國朝野奉戴爲不可少的領袖和偶像，致使　蔣公於三十七年雖再三拒絕擔任總統而不可得。而經由長期領導黨政所形成的權威領導關係，在　蔣公就職行憲總統之後，自然不可能因爲憲法的不同規定而發生根本改變。所以　蔣公在總統職位上所發生的行政首長功能，並不是源自憲法的規定，而是由於他身爲執政黨總裁，數十年領導黨國，以及國民黨黨政關係的運用所形成。這其間人物因素的影響尤爲重要。凡執政黨的最高領袖出任總統之職者，即能同時發揮行政首長的功能，否則，行政首長的功能，即轉移至行政院長。此項認知原則的適用，即使於戡亂臨時條款對總統的許多特別授權，亦不例外。此就追求領袖傳承制度化之憲政發展言，現階段正爲調整發展方向的適當時機，故此爰寄望當局，在考慮領袖傳承的問題時，儘可能顧及到憲法有關規定的原始精神，將國家元首與行政首長兩種角色，予以分別處理，俾使我們的憲法與憲政，能夠獲得較爲正常的發展與成長。

(二)領袖人才之培養與歷練

政治上領袖之所以能爲領袖，除了個人的際遇外，他如才具、能力、器識、胸襟、待人接物的融容氣度，決疑解難的中庸手腕等，其爲領袖人物所需要的諸般條件，大抵都有賴於長期的培養與歷練中得之。而關於領袖人才的培養與歷練，就昔日的社會傳統來說，主要着重在受知於當道後的獎掖提攜，與本身戒愼唯謹的中節表現。唯有能獲得領袖賞識的際遇，才有進一步歷練爲更上層樓的機會。此在民主開放的社會，培養人才歷練的管道是公開的，每個人都有向社會自求歷練的平等機會，而無待於在位領袖賞識的特別際遇。英國自首相以至國際院所有的政務官員，都以國會議員爲進身之初階，也都以國會、國務院、以至內閣爲歷練的熔爐。一個人要取得首相那個行政首長的領袖職位，只要他自己有志向、肯努力，在加入政黨之後，從贏得國會議席開始，由後排議員幹起，逐漸歷練爲前排議員，進而側身爲影子內閣的成員，一旦本黨執政，即躍身龍門，位列廟堂。如果確爲治世能臣而又長袖善舞，即不難爲同寅擁爲黨魁，俟機進位極品。所以英國的國會，不但是培煉政治領袖的熔爐，同時也是眞正開放的政治大學，其間沒有校長，沒有教授，完全由學生本人自求發展，自煉成鋼。

美國的制度不同於英國，她沒有英國國會那樣培育領袖人才的政治大學。但是她自有其多元而不固定的孕育領袖人才的管道。自華盛頓以至雷根三十九位總統中，有副總統經歷者十二人，有州長經歷者十人，曾任國會參院或衆院議長者二十一人。可知國會議員、州長、副總統，都是進一步逐鹿總統領袖職位的重要歷練過程。由於總統具有國會議員經歷的人數，多於其他經歷的人數，所以有人稱由國會山莊是抵達白宮的捷徑。又因爲由參院到白宮，以及由參議員而副總統，再進入白宮的人數較多，所以又有人稱參院爲製造總統的孵育器。

上述英美的情形，她們都沒有主觀地刻意去培養特定的領袖接班人，因爲她們已經發展出來屬於她們所專有，而且實際上確實客觀、公平而有效的領袖傳承制度。反觀我們，由於民國以來長期地戰亂踵作，致使迄今仍未能發展出我們自己培養領袖人才的客觀有效制度。總統經國先生承　蔣公數十年調敎歷練，昇以承擔艱巨的故事，顯已很難使之制度化。值此神州待復，中共謀我之乘瑕蹈隙者日亟，國人正仰賴領袖操帆掌舵，奮楫鼓浪以領導前進之際，前此驚傳總統政躬違和，復以領袖春秋已高，於是舉凡關心國事前途者，無不爲領袖接班人問題而隱憂在心。這個問題不但存在於我們的政府體系，而且也同時存在於國民黨的組織結構。由於國民黨多年來一直是我們國家的執政黨，所以如果國民黨本身領袖傳承的問題獲得合理有效的解決，則政府系統領袖傳承的問題，自將依循憲法的規定迎刃而解。

結　語

領袖！領袖！如領，如袖。領袖的任務，就是要爲黨和國家解決其所面臨的重大疑難問題。問題越艱巨，解決得越好，這樣的領袖也就越偉大。邇來幸見總統已經康復，視事如常。殷望總統先生能夠及時奮其睿智，將　國父及先總統　蔣公所留下來的黨、國領袖傳承的實質問題，妥爲規劃建制。俾使黨的生命與活力，永遠承傳有序，綿延無旣；國家的民主憲政與前途，從此能在合理而健全的基礎上，紮根、成長、茁壯，而如日在天，光耀四海。

傳稱「立德、立功、立言」爲三不朽，而以「立德」之不朽最爲崇高。所謂「立德」，晉杜預注爲「創制垂法，惠澤被於無窮」。領袖傳承，是我們憲政發展上最重要的問題之一。而憲法所規定者，乃傳承的程序，至於傳承的實質軌跡，正有待當局妥爲「創制垂法，惠澤被於無窮」以成太上不朽之業。

四四、憲政新機運的展望

——國喪哀傷中的沉思——

中央日報：民國七十七年一月二十三日
「追思與前瞻」系列專文之七

前言

蔣故總統經國先生之突然辭世，不僅給國人帶來驟失國家元首的哀傷，同時也給黨政機構運作，帶來驟失政治領袖的徬徨。感傷元首辭世之哀思，固可藉篤行其遺志，以及憲法所定總統之傳承，節哀以順變。而憂慮黨政驟失領袖之徬徨，則實有賴繼起領袖及朝野參與決策的政治精英們，存公去私的坦蕩胸懷，對我國憲政制度基本精神的體認，以及用法治事態度之智慧抉擇。

首言總統其為國家元首之傳承，憲法第四十九條明定「總統缺位時，由副總統繼任」。行憲以來，此一規定已先後兩度適用，了無窒礙。尤其是副總統李登輝先生，在總統出缺之後四小時，即完成繼任宣誓就職程序，而且不日之間，國防部長、參謀總長及三個國會機構，先後上電，同輸支持擁戴之誠，行政院院長亦適時晉見報告政情，凡此種切，具見憲法中關於國家元首傳承之規定，在實際運作上，已經發揮了它積極的規範作用，奠定了良好制度的典範。至於國人對故總統經國先生辭世的哀思，則最能告慰其靈者，莫過於篤實奉行其「堅守反共決策，積極推行民主憲政，加速完成以三民主義統一中國大業」之遺志，是亦國人之共同責任。

次言經國先生之逝，所留下的黨政領袖制度化之徬徨。此一問題對我國憲政制度成長發展之影響，至深且鉅，爰就所知，分析如下：

黨政領袖角色之分合

國民黨乃中華民國之創建者，自民國十四年國民政府成立，或者說從民國十七年國家統一，開始實行五院制起，以至今日，其爲執政黨之態勢，並未因三十七年之始行憲政，而有所改變。國民黨的領袖，於民國十四年，中山先生去世之前稱總理，及其辭世，乃改稱爲主席，二十七年又改稱爲總裁，及　蔣公於六十四年四月辭世，復改稱爲主席，現在經國先生辭世，黨領袖之稱謂，是否再作更改，目前尚屬懸案。至於黨之領袖傳承，在總裁時期，副總裁因情設廢，並無定制。六十四年改爲主席之後，亦未設副主席，於是主席出缺，即須選舉。當六十四年四月　總裁出缺之後，同月之內即召集第十屆中委臨時全會，並公推經國先生爲主席。現在主席出缺，是否依例召集中委全會，決定黨的領袖稱謂和人選，若依現行黨章第二十三、二十五及二十六條之規定，修改黨章與選舉主席（領袖），皆全國代表大會的專有職權。黨章就是黨的憲法，而依黨章規定，中委全會並不能行使上述兩項職權。但主席爲中常會之當然主席，爲維持中常會之正常運作，事實上需要依過去主席未能主持常會時，由中常委循序輪值之往例，或由中委全會推選一位臨時主席或代理主席，以爲權宜應變之計。好在距離預定七月七日十三全大會之期不遠，於黨政之運作應無窒礙。

其次，國家元首或政治領袖，在行憲之前稱國府主席，行憲之後依憲法第四章之規定稱總統。國家元首與黨的領袖，這兩種不同職位角色於人選之分合如何，這不但是經國先生辭世給我們留下的一個微妙問題，而且也關係到我們制度在今後的發展方向。從行憲前的經驗來看，這兩種角色的人選，每隨政情變化而有分合。十四年　孫總理去世之後，國民政府旋亦建立，黨與國府主席兩職，同時由汪精衞擔任。十五年五月　蔣公被推爲黨主席之後，至二十七年三月起，又由主席被推選並改稱爲總裁，而國府主席之人選，除汪精衞、譚延闓及林森三位外，先總統蔣公亦於十七年至二十年，三十二年至三十七年五月二十日止，先後兩度以黨的主席或總裁，同時擔任國府主席。在此時期，無論黨的領袖與國府主席在角色人選上如何分合，國家的政治權力中心，則每隨　蔣公的職務角色而轉移。及行憲之後，除了自六十四年四月，以至六十七年五月的三年期間，國家的總統與黨的領袖，係分別由嚴前總統家淦先生，與蔣故總統經國先生分別擔任外，其他的時間，皆係由黨的總裁或主席，擔任總統之職。過去黨政兩種領袖角色人選之分合，一則是出於當時政情之變化，二則係由於黨政領袖個人的條件所使然，皆屬順勢適情，水到渠成。現在，經國先生所留下的總統職位，已由副總統登輝先生，依憲法規定繼任就職，完成了元首之傳承，而經國先生所留下的黨主席職位，依據黨章，其傳承尚待十三全大會來決定。今後元首與黨主席兩種角色人選之分合又將如何，雖需視政情之變化，但是其結果，在此轉機期間，將直接影響中央政制的發展方向。

總統角色定位之變化

在民主政治的大原則下，國家元首與行政首長角色人選之是否重合，乃是制度區分與權力運作的關鍵標準。元首的角色功能，要在代表國家，統率軍隊，作爲團結人心士氣的精神象徵。行政首長的角色功能，則要在政策作成，以及指揮、監督政策之執行，構成爲行政權的運作中樞。在內閣制國家，元首與行政首長的角色人選，分而不合。元首或稱國王，或稱總統，蓋皆垂拱無爲，並不積極干預政治；行政首長，則權在首相或總理，向議會負政治責任，隨議會之是否信任而定去留。在總統制國家，元首與行政首長的角色人選，則合而不分。總統既爲國家元首，亦爲行政首長，其行使權力，除受國會合憲的約束和限制外，在行政體系之內，總統卽爲最高的權力中樞，不受任何其他行政單位或人員的約制。

我國總統之爲國家元首，是否兼爲行政首長，這是從行憲開始，卽已存在的疑問，而且時有爭議。依照上述的區別標準和經驗知識，對於此一問題，可以從三方面來分析：

其一，從原始憲法的有關規定來看，總統所扮演的角色，應該止於國家元首，而不兼爲行政首長。行政首長的角色，應該是由行政院長來扮演的。這個觀點，雖可以不同的論據來說明，但最重要的是，憲法雖賦予總統公布法律，發布命令，任免官員、宣戰、媾和、締結條約，宣告戒嚴、赦免罪犯，以至緊急命令等權力，可是這些權力，在行政系統之內的運作程序，於行使之前多須先經行政院會議之議決，於行使布達之時，更須有行政院長之副署。換句話說，若無行政院長之積極支持，總統對憲法上的那些權力，並不能像美國總統那樣之可以獨排衆議而自行其是。而行政院長是否必然支持總統對上述職權的主觀決定，過去的經驗答案，雖然是肯定的，但未來一旦發生國大與立院，分別由不同政黨掌握多數的情況出現，則既有的答案，便會產生否定性的轉變。所以純粹從原始憲法的觀點着眼，總統之爲國家元首，並不同時兼爲行政首長。

其二，在憲法原始規定之外，益之以戡亂臨時條款第四、五、六項之規定，其授權總統：設置動員戡亂機構，決定戡亂有關大政方針，調整中央之行政或人事機構，以及訂頒辦法，充實中央民意代表機構。總統獲自戡亂臨時條款的這些授權，其行使之行政程序，既無須經行政院會議之議決，亦無須行政院長之副署，均已成爲總統可以獨立行使，自行貫徹其是的實質權力。尤其是在國家安全會議的權威決策下，行政院似成爲承命的執行機關。所以從戡亂臨時條款的觀點來看，總統不僅是國家的元首，實同時亦兼爲行政首長。

其三，以上是說明總統依憲法及戡亂臨時條款的不同規定，所發生政治上角色之變化。其實上面的分析，純是靜態的法理，若從動態的政治運作來觀察，又知戡亂臨時條款第四、五、六項規定，乃是五十五及六十一年所先後增訂。而自三十七年始行憲法以來，國民黨卽由於領導革命建國、北伐、抗日、戡亂、制憲與行憲的多種歷史因緣，一直是我國政治上獨大的強勢政黨，又由於其領袖的強勢領導，與以黨領政的特有傳統，以及國大與立院，同由其掌握絕對多數，復由其領袖出任總統職位。基於這種切因素之交互影響，所以在實際政治的運作上，自第一任總統蔣公，以至故總統經國先生，皆係以國家元首，兼具行政首長之雙重功能，固不待五十五年，戡亂臨時條款之增訂而後然也。

今後前景之展望

追求民主與厲行憲政，乃國民黨永恆不變的建國目標，而在民主憲政的運作與發展下，多元政黨政治，乃是無可避免的必然趨勢。而在多元政黨的競爭下，將來國民大會與立法院之由不同政黨掌握多數，不但是極其可能，而且亦極可能經常出現，這可以美國多年來屢次由共和黨掌握白宮，而民主黨卻掌握國會之經驗來證明。如果出現這種狀況，則前此以往，由總統兼具國家元首與行政首長雙重角色功能之現象，卽不克繼續予以保持。屆時總統在政治上的角色功能，將趨向於元首角色單一化發展。

近幾年來，由於我們社會的快速變遷，在野政治勢力，自「公政會」至「民進黨」，亦同時快速地發展。故總統經國先生洞燭機先，掌握社會政治變遷的脈動，不再塑造黨的強勢領袖，不作繼承人的計畫安排，國政懍遵憲法，黨務委諸黨人。經國先生這種基於重視變遷，尊崇憲法，而表現出來的這種不作為的作為，可說是政治智慧的藝術化。已經為憲法在今後適用上的發展，提供一個體現憲法制度設計原始精神的關鍵性轉機。今日的政治，即未來的歷史。此後的政黨領袖，特別是立法院多數黨的領袖，如果能珍視並善用經國先生今天所提供的此一轉機，但以追求行政院院長之為行政首長角色，為其政治生涯的終極目標，則將使經國先生今日之所為，在未來史家的筆下，生花留芳，庶幾不負其愛國崇憲之至意。

四五、行政院長是否有任期

——訪荊知仁教授談行政院長任期問題——

時報雜誌：第九九期，民國七十一年四月
與該刊記者孫正飛先生問答全文

問：立委黃志達在此次總質詢，稱行政院長孫運璿爲「代」院長，究竟所指爲何？

答：行政院長孫運璿是六十七年六月上任的。立委黃志達則是今年初選出的，他主張立法院須重新對三年前上任的行政院長，行使同意權。因此他稱孫院長爲「代」院長，而要孫院長辭職，以重新任命。

問：我國對行政院長的任期有否明確規定？

答：並沒有明確的規定。憲法第五十五條規定行政院長由總統提名，經立法院同意而任命。

不應是終身職

問：如此，是否沒有任期的限制？

答：並不然，憲法五十七條規定，立法院的決議若不為行政院長接受，他可經總統核可，將該決議案送回立法院覆議，若經三分之二立委維持原案，則行政院長應接受該決議，否則即辭職。

從政治學和一般民主國家制度來看，行政院長職皆不應該是終身職。這點是可以肯定的。

問：既非終身職，若談行政院長的任期，究竟有何標準？

答：依照憲法規定來看，不外兩個標準。一個是以總統提任權為標準，一個以立法院同意權為標準。若以總統提名為標準，則總統任期有六年——他在職期間可以隨時任免行政院長，唯任命時需立法院同意：在這個情況下，可以假定行政院長的任期為六年。若以立法院同意權為標準，立法委員改選之後，應該產生新的行政院長，舊的行政院長應該辭職，在這種情況下，行政院長的任期應該是三年。

問：行政院長本身是否一定要於總統或立法委員改選時提出辭職？

答：並不一定，民國四十三年總統改選，行政院長提出辭職，以後行政院長也就於總統改選時提出辭職。但也有總統在改選後繼續連任，這時，行政院長的人選可以重新提名，也可以不提名，而由原來的行政院長繼續在職。這是過去的情形，也卽行政院長可以跨越兩任總統，並不一定須於改選時辭職，就立法委員改選而言，何嘗不是如此。

問：按照常規，行政院長應以何標準決定其任期？

答：按照常規，行政院長應是立法院多數所支持的人物。因爲一個國家如果發展有效的兩黨政治，總統及國會多數議席可能同時由一個政黨掌握，也可能分由兩個政黨掌握。比如美國有時總統和國會多數議席均屬同一黨，有時總統屬共和黨，國會多數議席則屬民主黨。我國，和行政院長職務有關的中央民意機關，則爲國民大會和立法院，將來發展也可能出現前述情形，此時行政院長須是立法院多數委員所支持的人物，政務才能有效推展，在此情形下，行政院長的任期卽以立法院三年任期爲準。

是假定，不是常軌

問：在何種情形下，行政院長未得立法院多數支持而得留任？

答：我們國家行政院長是由總統提名，而經立法院同意，他就政策向立法院負責。假定行政院長重要政策無法得到立法院支持，而不接受立法院決議，他便須辭職；假定行政院長一切都以立法院決議爲定而不辭職，如此，行政院長是否可以永遠在職下去？故謝瀛洲曾說：「如是則行政院長，苟爲貪戀祿位而毫無主見者，則大可以成爲終身職。其感於政策之不能實行，拂袖而去者，當不失爲氣節之士，是憲法五十七條，僅爲淘汰氣節之士而設耶」。這是國家制度上的問題。但這是假定的狀況，而不是常軌，「依常軌，立法院不支持的人選當然沒有理由繼續在職，比如立法院改選後，多數黨易人，原任行政院長便沒有理由在職，假如在此情形下，仍能在職下去，這不符民主政治的基本原則」。

今天我們制度還在發展當中，就常態而言，前面提到的政黨政治情形，都可能發展出來。

問：就目前情形，行政院長留任是否發生問題？

答：實際上，今天國民黨一黨獨大，其所提名產生的行政院長勢必得到立法院多數議員的支持，卽使辭職重新提名，仍然會得到立法院的同意。而行政院孫院長在答覆黃志達立委質詢時，也答得很好，非常符合憲法精神，他說憲法第五十五條、五十七條已含有任期的規定在內。並且說一旦立法院多數不支持他時，他會對出處有所交代，至於個別委員的意見，則無法一一請教。

問：也卽眞要表決，少數主張重新行使同意權的立委也無法發生作用？

答：政治在此是很實際的，只要沒有失去多數立委的支持，行政院長的留任便不致發生問題，辭職重新提名也好，不辭職也好，都不影響行政院長的在職。

問：如今提出要求的立委也一定了解此點，他們提出此要求，也非對孫院長個人或其政策有所不滿，而認爲是在法言法，認爲就像公司的董事會成員已經更換了，理應對總經理重新認可，以符合其身爲人民代表的職權。

答：今天立法院並未完全改選。再者，即使完全改選，如果多數黨不變，內閣並不一定就要辭職重組。以英國爲例，英國國會改選，如果多數黨不變，其內閣不一定要改組，而得以繼續留任，我國過去情形亦是如此。

問：如果立委堅持要重新行使同意權，又如何呢？

答：就實際而言，如果這個要求沒有得到多數立委的支持，是無法產生影響的，行政院長不致因少數立委的要求職辭，如果這個要求得到多數立委的支持，則會對決策當局造成重新提名的壓力，在此情形下，當局自然會加以考慮，如果當局仍然拒絕重新提名，則會造成提名權與同意權的對立，而形成政治上的僵局。對於這種僵局，西德憲法有這樣的規定：總統提名總理人選，如果未得國會支持，則由國會自行選舉產生，這可作爲參考。也即政治的問題，永遠沒有絕對的解決辦法，而是要靠政治道德、政治傳統……共同來解決的。

民主在尋求最大可能

民主政治便是不斷衝突的和諧，問題永遠存在的。民主政治並非在追求眞理，而是在尋求最大的可能，設計完美政治藍圖的可做哲學家，而非從政者，政治便是可能的藝術，同樣的，每個人都非完人，不可能毫無缺點。從政者不要自認爲完美，而毫不接受他人的立場及意見。

問：如今爲何會有立委提出重新行使同意權的要求？

答：主要因爲目前我們處於一個非常狀況。我們的國會三十年來並未完全改選，這在其他國家遇有戰爭時，也有相同的情形，例如英國在第一次和第二次大戰期間，都未舉行國會改選，但是我們的非常時期太長了。以至於應變的措施無法長期處理各種狀況。

我們的立法院並未完全改選，在過去便發生過同樣的事情，民國四十九年陳誠任行政院長，當年總統改選連任，行政院長並未重予提名，於是立委聯名質詢，行政院長爲何不辭職，他答覆他係「繼續留任」，而非「重新任命」，因此他的任期跨越了兩任總統。可見這不是新問題。

問：如今增額立委以三年任期爲準提出要求，意義上和過去有何不同？

答：這仍是形式上的意義多過實質上的意義。因爲實際上，不管重新提名與否，只要多數黨不變，行政院長仍然不可能易人。

今天問題不應在此，而是增額立委在立法院中有種無力感，他們覺得自己是人民選出來的，老委員則已選出幾十年了，而他們在立法院中說話份量卻不如老委員，心裡便不服氣，因此在行政院長任期問題上便流露出來。這反映了他們所受的挫折感。所以行政院長任期不應是問題，而是反映了他們對此環境的一種抗議。卽使這個問題過去，還會在其他問題上出現。

問：這個問題的癥結在那裏？

答：癥結在於三十年來，非常狀況的持續，使得國會始終無法完全改選，過去由於堅持老立委的代表性，增額立委人數雖有增加，但是在立法院中仍居少數。以致無法滿足增額立委要求在政治上具有更大的影響力，在這轉變過程中，便造成部分增額立委對自己憲法上地位的強調，但這實是個政治問題。

不斷尋求和平解決

問：爲何說是政治問題？

答：老委員是根據大法官解釋，而繼續行使職權的，他們也有法的根據，如今在數量上，增額立委既居少數，除非採取非和平手段成立一個新的國會，否則他們必須接受目前的體制。目前體制仍爲多數人接受，民主政治便是多數人的政治，是無法用任何理論去套的，它的作法只需多數人接受，而並非是眞理，因爲往往甲認爲是眞理，乙認爲不是眞理，因此任何設計皆需符合多數人，即使不合理也必須接受。今天當局應使增額立委能有更多參與決策的機會，使他們在政治上受到其認爲應受的重視，而得到適度的滿足，許多問題便可自動解決。另方面也要顧及老立委，政治人物便是保持政治上各方面利益的平衡。

如果要求行政院長辭職而重新提名的立委佔多數，則當局此時必須加以考慮，任何政治問題解決，即使不合理，實際問題往往因此而得到解決，未來的體制設計也同樣以符合多數人爲主。

在沒有形成多數同意的設計之前，各種問題一樣可以提出，這是民主政治的精神所在，也卽，民主政治不斷的遇到問題，而不斷的尋求和平的解決。

四六、評行政院長任期之爭議

聯合報：民國七十六年二月十二日

我國行政院長的任期問題，日昨在立法院全院談話會中再次有人提出。這個問題的產生乃是因爲在我國憲法條文中，並沒有明確規定所致，其他國家則不同，例如美國憲法中，對其總統之任期明確規定爲四年。仔細研究我國憲法之精神，基本本質應屬於內閣制之形態。採行內閣制的國家，其行政首長之任期不易予以明文限制，因其一旦失去國會之多數支持，則必得辭職，任期自隨之結束。而我國憲法之設計較傾向於內閣制，依照憲法第五十七條之規定，行政院之政策若得不到立法院之支持，覆議又失敗，則行政院長若不辭職，就應接受覆議案。若是不接受覆議案而又繼續留任，以政治學而言，則不是常態了，所以憲法上對此爲彈性之規定。

然則此問題之提出，並非首次，民國四十九年，總統第二屆任期屆滿。當時之行政院長陳誠提出辭職。先總統　蔣公就職第三任總統後，卽予慰留。當時卽有徐源泉等一百餘位立法委員連署書面質詢，指陳氏之獲得慰留係提名之前奏，不能視爲重新任命之開始。陳誠院長對此答覆爲：其本人爲奉命留任，而非重新任命，他個人能夠在職，也經立法院之同意。現奉命留任，不需再獲立法院之同意。實際上，此問題之提出，另有其政治上之因素。但從學理上來講，行政院長之任期有彈性，不必有一定之任期，例以總統之任期爲標準，總統任期屆滿卽行辭職。若再獲新任總統慰留，卽不必再經立法院同意。唯其時尚未有增補選之立法委員，提出質詢者皆爲第一屆立委，從學理上看，徐源泉等委員的立論並非十分充實。

民國七十年，立委黃志達又向孫運璿院長提出任期之質詢，孫院長的答覆爲：憲法五十七條中，卽涵有行政院長任期之規定，一旦立法院多數不支持他，自會對出處有所交代，至於個別委員的意見，則無法一一奉教。這個答覆相當好，因爲若不獲支持，則自當辭職，而立法院採合議制，故無法對個別委員之意見一律照辦。

此次「民進黨」立委再度提出行政院長任期問題，個人認爲，就本質上言，這完全是一種政治姿態，大家該知道，這不會有結果，也應該明瞭立法院決定於多數之意見。可是從政治學觀點看，民主政治中，法律並非是萬能的，並不是一切都絕對要法律來規定，政治傳統和政治習慣一樣可以形成一個很良好的政治制度。例如英國，政治習慣卽運用得極爲成功有效。基本上，我憲法爲內閣制，行政院長以獲得立法院之支持爲基礎。假若立法院實施改選，行政院長所屬之政黨在立法院中仍爲多數黨，其本人在多數黨中之領袖地位沒有變更，依民主政治重實際不重形式的觀點看，則此時行政院長不一定要由總統再重新提名任命。英國首相卽如此，在位首相若在大選中獲勝，即無需由英王重新任命。現在「民進黨」在政治上是在要找問題，所以把這當成一個論點來談。立法院依憲法上可行的，就是要求行政院改變重大政策，以此方式促使行政院長去職。而立法院之工作衆多，似乎不應該在形式上計較此事。

政治是現實的，在「民進黨」之立場，或許是希望藉此在形式上作姿態，以圖擴大其政治空間。我們當然不是說，形式不重要，但形式需要有改變實質的作法才有意義。另一方面，政治是沒有絕對的，假使執政黨認爲有需要，重新提名、任命行政院長，也未嘗不可，這完全要由政治判斷來決定。

民主政治需要共識，某些時候，可以政治慣例爲規範，並不必一定要依成文法規範。就實質而言，我國的某些憲法慣例尚未建立。立法院的形勢也未大幅改變，目前立法院多數席次一直未變，所以行政院長也一直未由其他政黨人士出任。以後，如果立法院多數席變了，行政院長自然也隨之而變，這個運作的過程，最重要的意義，當是民主政治不斷的遇到問題，而不斷尋求和平的解決，這也是民主政治的精神所在。

四七、從憲政體制、精神與慣例看行政院長任期

——訪憲法學教授荊知仁——

青年日報：七十六年二月十四日，專欄組記者李宜涯訪問

行政院長是否應有任期？是否一定要於總統或立法委員改選時提出辭職？這個問題究竟是如何產生？又應如何解決？這是目前在立法院、學術界頗受爭議的問題。本報特別訪問精通憲法學的政大政治研究所教授荊知仁，針對這個行政院長任期的問題，提出他個人的看法，以供各界人士參考之用。

下面爲訪問摘記：

問：行政院院長的任期問題，究竟是怎麼發生的？

答：這個問題之所以會發生，最主要的原因是我們的憲法第五十五條，只規定了行政院長任命的

程序，由總統提名，經立法院同意而任命，並沒有明確規定行政院長的任期爲多久。

問：這問題的發生是從什麼時候開始？

答：其實，這問題的發生，由來已久。

早在民國四十三年，當時的行政院長陳誠先生正面臨總統任期屆滿之時，曾提出辭職；待第二任總統就職時，就提名俞鴻鈞先生擔任行政院長。到了四十七年時，俞鈞鴻院長辭職，總統則又提名當時的副總統陳誠先生兼任行政院長，立法院也同意了；到了四十九年，總統任期又屆滿，國民大會開會，選舉總統之前，行政院長就提出辭呈，可是等到總統當選第三任總統後，對於其辭呈就批示慰留；等到立法院開議時，就有委員徐源泉等人提出質詢，用憲法第五十五條的規定，指出 蔣總統三屆連任，雖新舊總統同屬一人，其法律地位實無異於首次當選之新任總統，因此，對於行政院長一職，無論另選新人，或續用舊人，均應依照憲法第五十五條的規定，方爲合法產生。

當時，陳誠院長的答覆是：「總統本於職權，留任原經貴院同意而任命之行政院院長，本人係遵命留任，而非重新任命，與憲法有關規定並無不合。」

這是最早發生有關行政院院長任期問題的爭執。

到了民國七十年春天，立法委員黃煌雄提出質詢，要求行政院長開創政治先例，隨立法委員定期選出而提出辭呈。當時的行政院長孫運璿，則答覆表示，憲法規定總統提名行政院長，這就是行政院長的任期規定，而一個負責的行政院長，就是在總統任期內如果得不到立法院的支持，就該提出辭呈。

孫院長主要是拿憲法第五十五條、五十七條來作答覆。以這兩條隱示行政院長的任期。到了九月，也就是民國七十年立法院的第二個會期開始時，立法委員黃志達又提這任期問題。孫院長的答覆同三月時一樣。他並表明，如果他感到立法院多數委員對他的政策不支持，自會有適當的表示，但對於個別委員之個別意見，則不便一一奉教。

因此，這個問題是個老問題。今日黃煌雄委員在立法院提出，只是舊事重提罷了！

問：您覺得當時孫院長的答覆如何？

答：對於俞院長將來在開議後會如何答覆這問題，我們不得而知；不過，據個人看法，過去孫院長的答覆是很恰當的，非常合乎憲法精神。

問：從憲法學的觀點來看，您對行政院院長的任期有什麼看法？

答：依照憲法規定來看，不外有兩個標準。一個是以總統任期為標準，一個是以立法院同意為標準。若以總統提名為標準，則總統任期有六年——他在職期間可以隨時任免行政院長，唯任命時需立法院同意；在這個情況下，可以假定行政院長的任期為六年。若以立法院同意權為標準，立法委員改選之後，應該產生新的行政院長，舊的行政院長應該辭職，在這種情況下，行政院長的任期應該是三年。但這些並不是絕對的，而是有彈性的，視情況而定。

問：行政院長本身是否一定要於立法委員改選時提出辭職？

答：並不一定。當一個行政院長在職的時候，獲得立法院很堅強的支持，也就是得到立法院多數黨的支持，只要這種支持條件不變，即使立法院改選，行政院長並不需要辭職，也不必經過辭職而再任命的程序。

這個觀點，主要是從英國來的。若是純粹從憲法第五十五、五十七兩條的內容來看，其對行政院長任命的程序，以及行政院應向立法院負責的規定，與英國的內閣制相似。

我們知道，在內閣制的英國，英王在任命首相時是沒有選擇的，他必須任命下議院多數黨的領袖為首相。但是，假定議會被解散了，或是議會的任期屆滿，需要改選，其結果若是下議院的多數黨不變，而首相在多數黨的領袖地位也不變的話，這時，他不需要經過英王重新任命的這道程序。

所以，民主政治是比較不重形式，而較重實質。我記得總統於日前也有提示，我們要重實際的效果，而不要太重虛浮的形式。但這不是說形式不重要，而是指形式的重要性不是絕對的，當它對實質沒有影響的話，那這種形式要不要都沒有關係。

因此，關於行政院長是否要於立法院改選時辭職，並不是一定或必須的，只要多數黨地位不變，行政院長是無須辭職及重新任命的。

問：那麼，您認為行政院院長的任期問題，要怎樣解決，比較合適呢？

答：凡是學政治學及憲法的人，都知道憲法變遷成長有許多種因素，除了修改憲法，還有憲法解釋，但最重要的是憲法習慣，也就是政治習慣。雖然我們是採用成文憲法的國家，但並不是說政治上一切所有的制度，都必須由憲法或法律的明文規定去運作，換言之，政治上成文憲法中往往會有不成文的內容作爲辦法。這種我們過去稱之爲憲法習慣，其最早是由先例開始的，先例出現後，再蕭規曹隨，大家在政治上也認爲理所當然，並予以接受，儘管其爲不成文，但它在國家的政治體系的運作上，成爲十分重要的制度。有時，在某些情況下，其比成文的憲法還要具有效力。

例如，美國憲法規定總統選舉是間接選舉，但從十九世紀，卅年代後，兩黨提出總統選舉人，總統選舉實質改變了，成爲直接選舉；但其憲法始終未予修改，即使國會議員多次提出，也未爲國會接受，最主要的原因就是美國人民實行民主政治時，有一基本信念，即是他們重視實質，不重視形式。就是說這問題實際上已經解決了，則不需修改憲法，除非這問題無法解決，才考慮修改憲法。

因此，個人以爲，今日只要立法院中多數黨不變，行政院長則不需要經過辭職，再重新任命的程序。

事實上，這種問題是一種政治勢力的問題，只要雙方有共識，這種問題就可以解決。更進一步的說，這種問題其實不成問題，只要立法院中多數黨不變，不論行政院長不辭職也好，或是辭職再提名也好，其結果都是一樣的。因此，個人主張，在民主政治中大家還是要注重實質！

問：所謂「民進黨」立法委員不是不知道這層道理，爲什麼還要在立法院中反覆提出質詢呢？

答：由於他們在立法院中只佔十三席，可謂是極少數，而少數爲了引起社會上對他們的注意，就要提出一些問題來；但提出上述行政院長任期的問題，就制度觀念而言，我認爲並無意義！

四八、從憲政成長看行政院院長任期

自立晚報：七十六年二月二十三日每周評論

行政院長的任期，在憲法並無明文規定的情形下，必然決定於政治上的力。卽使將來以立委的任期為原則，從英國的經驗看，行政院長在立委改選後，如果其在立法院所獲多數黨支持的條件不變，仍然可以不必辭職，再經重新任命的程序，此所以民主憲政之貴在重實質而輕形式。

一、前　言

自從去年十二月，增額中央民意代表選舉結束，今年二月初立法院新會期開始，委員報到之後，行政院院長任期的陳年問題，便又成為邇來政治上的談論主題之一。報社記者、個別立委、法政學者，曾先後予以論述。或則主張行政院院長之任期，應以總統之六年任期爲是，因其係由總統提名而任命者也；或則認爲行政院院長之任期，應與立委之三年任期同其始終，因其任命須經立法院同意，且須向立法院負責任也；或則以憲法在行政院院長的提名、同意、任命程序，及負責制度之外，既未明定其任期，卽不妨任其決定於政治慣例或憲法習慣，因其他實施憲政而比較成功的國家之經驗，固如是也。當此一問題於月初被提出之後，曾有報社記者以此爲題而邀稿，當時以忙於文債，只能以答問談話方式應命，而比較傾向於英國首相之彈性任期。日前文債甫清，《自立晚報》適爲「每周評論」專欄之約索稿，爰就本題重伸蒭見，以訴諸關心者之理性判斷。

二、英國的經驗

首先說明的是，憲法雖是國家憲政制度的根本，但經驗顯示憲法並不是憲法制度的全部。若以人體爲喻，則憲法乃憲政制度之骨骼，而憲法解釋、憲政立法、及憲法習慣，實已構成爲憲政制度之血肉。這是英、美憲政史所提供成功的經驗知識。而就行政院長之爲國家行政首長之任期問題而言，我國情形應屬有別於美，而類似於英。在光榮革命以前，英相人選，概皆出之於英王之眷顧。迨十八世紀初期，自喬治一世之首相華爾坡（Sir Robert Walpole），首開以議會信任爲在職條件之先例以後，從此相沿成習，成爲定制。而首相雖以其身爲議員而有法定之彈性任期，但其作爲首相，則端視其在議會多數黨之領袖地位爲在職條件，既無確定之任期，亦不必因議會之改選而發生辭職與重新任命的問題。自十九世紀維多利亞女王開始，首相只有在辭職或死亡兩種情形下易人。而首相辭職，又經歸納爲兩類原因：第一類是公務上的原因，諸如執政黨在大選中失敗（如一九四五保守黨之敗，一九七〇工黨之敗），執政黨內部分裂，（如一九三一麥唐勞聯合內閣之分裂），或失去國會信任（如一八九五自由黨的盧斯保——Rosebery，一九二三保守黨的包爾溫）；第二類是首相個人的原因，諸如年邁體衰，健康不佳，或自忖其成爲黨的負擔或戰時聯合內閣的障礙等，例如過去一九二三的彭那羅（Bonar Law），一九三五的麥唐勞（MacDonald），一九三七的包爾溫（Baldwin），一九四〇的張伯倫（Neville Chamberlin），一九五五的邱吉爾（Churchill），一九五七的艾登（Eden），以及一九六三的麥米倫（MaMillan）等，都是由於第二類原因而辭職。以上是說明英國憲政，由經驗所發展出來的首相彈性任期的習慣性制度。

三、我國的狀況

其次，我國憲法既然沒有明確規定行政院長的任期，而依民主原則，院長又不容終身在職。然則其任期究以何者爲是？理論上的應然雖屢有爭議，而政治上的實際運作，自行憲以來，則行政院長皆於總統任期屆滿時，向總統提出辭職，其結果，或則另提新人，經立院同意後任命，或則慰留舊人，不再作新的任命，但以總統之權衡為定，前者如四十三年之提名俞鴻鈞，六十一年之提名蔣經國，先後繼陳誠、嚴家淦為新任院長；後者如四十九年之慰留陳誠，五十五年之慰留嚴家淦，繼續留任院長，並未因總統改選而重新提經立法院同意後任命。行政院長任期以總統任期為準的此一程序，四十三年以來，已歷經六度運用，幾成慣例。但是，由於憲法第五十五及五十七條之規定，立法院不但對行政院長具有任命的同意權，且可以政策為手段，迫使行政院長辭職。所以長久以來，立法委員咸以行政院長任期之未能配合立委任期運作，而耿耿於懷。早在四十九年，先總統三任就職，慰留陳誠續任院長之後，即有徐源泉等一百六十餘人聯名質詢，以陳院長不但超越立委任期，且超越總統任期，未經重新提名、同意而在職，顯與憲法不合。陳院長當時以「總統本於職權，留任原經貴院同意而任命之行政院院長，本人係遵命留任，而非重新任命，與憲法有關規定，並無不合」作答。及六十七年，孫運璿經依法定程序受命組閣，六十九年冬，增額立委改選之後立法院在七十年的兩個會期中，先後都有增額立委提出質詢，主張行政院長，應隨立委定期改選而辭職。孫院長的答復，曾說明憲法中有關行政院長的任命與辭職之規定，實際上已含有任期在內，而如果在此任期內，行政院的政策得不到立法院的支持，他自會有適當的表示。此次增額立委改選之後，立法院新會期伊始，又有委員提出行政院長的任期，應與立委任期同其始終的主張，且將成為爭議主題之一。由此可知，行政院長的任期，在我國憲政制度成長的過程中，不同政黨對於此一問題，至今尚未達成一項共同接受而無爭議的共識。然則此一問題究將如何處理，其間實隱涵着政治人物的智慧、能力與雅量問題。而從實際政治係決定於政治上的力之觀點來看此一問題，仍將一如往昔，不可能有突破性的變化。但是就英國久經流傳「憲法不是造成的，而是成長的」(the Constitution has not been made but has grown)的政治諺語而論，我人還是非常欣賞英國首相那種由慣例所形成的彈性任期制度。

四、發展方向的選擇

復次，由於憲法對行政院長，只有任命程序與對立法院負責的規定，而不及於其任期，因而在適用上發生了存在已久的爭議。對於這個問題，我人覺得最好是讓政治習慣，來彌補制憲者所有意留下的這個憲法上的瑕隙，藉以提升我們憲政運作上的道德品質。

政治習慣係受之政治上的力，這是無可如何的事實。行憲以來，行政院長任期之隨總統任期流轉，在原則上只是可能的處理方式之一。其所以然者，實在是由於國民黨的一黨獨大，國民黨的民主集中領導傳統，以及先總統與現總統在黨內無可取代的領袖權威等因素所形成的。這種慣例或現象，乃出之於上述因素，而水到渠成，並非出之於人爲的穿鑿製造。這種由政治上的力所形成的慣例，當然也可以隨政治上力的變遷而變遷、而成長。但是如果急功近利，揠苗助長，則凡瞭然於憲政成長之道者，當知其非惟無補時艱，抑且不利於政治道德品質之提升也。

近日來多人談論行政院長任期問題，立法委員——特別是民進黨籍立委，及部分法政學者都極力強調，行政院長之任期，應隨立委改選而辭職，即令原任院長仍任斯職，亦應再經提名、同意及任命程序。其實，就憲法有關規定的基本精神言，無論其爲總統制、內閣制，或五權制色彩之濃淡如何，僅其中副署與負責兩端，即堪認定其係以內閣制爲發展導向之設計。但是實現此一設計，必須具有兩黨互爲執政的實質條件。在此一實質條件尚未具備之前，理論上的應然之義，既非惟一的，自然也就不是必然能夠實現的。

此外，談論行政院長任期的朋友們，有若干人純從應然的片面理論，指稱英國首相於議會改選之時，其任期即告結束，即應辭職，以待英王之新命。但是據我人所知及前文所述，英國首相，就其作爲議員之身分言，其一任的時間，在正常情形下，確屬至長爲五年。而就其作爲首相的職位言，則完全隨其在議會作爲多數黨領袖之處境狀況，而爲彈性的決定。其任期是不定的，一視議會對其支持的情形而進退。如前所述，其辭職的原因和時機雖有多種，但經驗事實告訴我們，英國首相並不單是爲了議會之改選而辭職，除非她（他）的政黨在大選中失去了在議會作爲多數黨的優勢議席。否則，其繼續在職，並無須新的任命。例如自由黨的朴墨斯頓（Polmerston），從一八五五至一八六五年，任職首相十年餘，現在的柴契爾夫人（Mrs Thatcher），亦於一九七九年擔任首相至今已八年餘。二者在職期間，均經國會改選，而二人均未嘗因國會改選而辭職。凡引英國制度以言我國行政院長任期者，似不宜有意或無意地忽略了英國首相，但隨議會支持狀況而進退，完全由憲法習慣所形成的彈性任期制度。

五、結　語

以上所述我們行憲以來，關於行政院長任期的實況，以及引述英國首相任期的歷史經驗，希望能夠說明李樸生（Les lie Lipson, *The Great Issues of Politics*, 1970）所提示的一項政治上的實證道理：法律與政治之間，雖存在着相互影響的關係，但探始溯源，法律係因政治之需要而產生；政治乃法律之下層基礎，法律爲政治的上層建築，缺少下層基礎的上層建築，必將傾隳而無以自立。我們如果願意接受上述的道理，卽應瞭然行政院長的任期，在憲法並無明文規定的情形下，必然決定於政治上的力。卽使將來以立委的任期爲原則，從英國的經驗看，行政院長在立委改選之後，如果其在立法院所獲多數黨支持的條件不變，仍然可以不必辭職，再經重新任命的程序，此所以民主憲政之貴在重實質而輕形式也。這個觀點希望能夠提供國人，特別是所有立法委員們共同參考，並予以適當的重視，讓我們的憲政制度，能夠眞正在客觀的理性導引下，不斷地發展、成長。

附誌一：查證英首相在職任期彈性說明及原始函件

本文經《自立晚報》刊布之後，臺大法律系一位教授憲法學的同道，旋卽於該晚報同月二十六及二十七日，發表專文，〈行政院院長任期制之憲法觀〉，指陳拙文所言「英國首相，在國會改選後，其所屬原執政黨若仍爲議會掌有過半數議席之多數黨，而其爲多數黨領袖之地位亦不變的話，則原首相卽無須辭職，再經英王重新任命」，認爲所述有誤，並非事實。爲查明眞相，余曾與李教授函電溝通切磋。並請政大擔任「英國政府」教學多年之資深教授華力進先生，於七十六年四月二十九日，專函英國內閣辦公處查證①，並於同年五月十四日獲其下院新聞室覆函②，證實拙文所言正確無誤。雙方此項函件，亦經複印寄奉此位教授參考。茲爲存眞，爰將華教授及英國國會下院來往原函，影印附錄，以供讀者參考。

①華力進教授致英國內閣辦公廳查詢函影本

國 立 政 治 大 學
附 設 公 務 人 員 教 育 中 心
CENTER FOR CIVIL SERVICE EDUCATION
NATIONAL CHENGCHI UNIVERSITY
187, Chin Hua Street, Taipei, Taiwan, China

Apr. 29 1987

Cabinet Office
Whitehall SWIA 2AS
London, England

Dear sirs:

As a professor of British Government of this country, I would like to ask a few questions to which I cannot find the answers in the books available. Would you please give me simple answers?

1. What does a term "mean" as the Herald Tribune Says"..........When she completes the fifth year of her second term"?

2. Wilson won the election in February and October 1974, can we say that Mr. Wilson served as the Prime Minister for two terms?

3. When a Prime Minister in power wins an election such as Mrs. Thatcher did in 1983, should the prime minister resign first and then be renominated by the Queen?

4. When a new King or Queen comes, should the Prime Minister Resign and be renominsted by the new King or Queen?

Your kind attention will be appreciated.

Best wishes,

Lee-jinn Hwa

Lee-jinn Hwa
Director and Professor

②英國國會下院新聞室覆函影本

Public Information Office House of Commons London SWIA OAA

01-219 4272

30208/DBI/AMV

14 May 1987

Dear Professor Lee

Thank you for your recent questions which, with the forthcoming General Election on 11 June 1987, are very topical.

1. By the Parliament Act of 1911, the maximum life of a Parliament is 5 years, divided into yearly sessions. Term, in this sense of the word, is used to indicate the length of time of a Parliament.

   Therefore Mrs Thatcher has had two concurrent terms of office as Prime Minister, from; the General Election in May 1979, to the General Election in June 1983, and again from the General Election in 1983 to the forthciming General Election on 11 June 1987.
2. Yes, you can say that Harold Wilson served as Prime Minister for two concurrent terms in 1974. He actually had a total of 4 terms of office:

   General Election October 1964 - General Election March 1966
   General Election March 1966 - General Election June 1970
   General Election February 1974 - General Election October 1974
   General Election October 1974 - April 1976 When he retired, & was succeeded by his colleague (Sir) James Callaghan.
3. If a Prime Minister wins a General Election there is no need for he/she to resign and be reappointed by the Queen.

4. Parliament does not dissolve or the Prime Minister and Government resign on the death of a Monach.

I hope the above answers are clear.

Yours sincerly

D B Inns

Professor Lee
Center for Civil Service Education
National Chengchi University
187 Chin Hua Street
Taipei
Taiwan
China

附誌二：「行政院院長任期」參考文獻

荆知仁：行政院長是否有任期？時報雜誌，第九十九期，答該刊記者孫正飛先生問全文，七十一年四月。

李鴻禧：回歸憲法，建立行政院長任期制度，自立晚報，七十六年二月十一日。

聯合報社論：行政院長應有任期嗎？七十六年二月十二日。

荆知仁：評行政院長任期之爭議，聯合報，七十六年二月十二日。記者張仁豪先生訪問紀錄。

郎裕憲：我國行政院長無須建立任期制，臺灣日報，七十六年二月十三日。

李鴻禧：再談回歸憲法，建立行政院長任期制度，自立晚報，七十六年二月十四日。

荆知仁：從憲政體制、精神與慣例看行政院長任期，青年日報，七十六年二月十四日，與該報專欄組主任李宜涯女士問答全文。

馬起華：從憲法內容與精神探討行政院長任期，青年日報，七十六年二月十七日。

謝生富：建立行政院長任期制度爭論平議，聯合報，七十六年二月十九日。

荆知仁：從憲政成長看行政院院長任期，自立晚報，七十六年二月二十三日，每周評論。

李鴻禧：行政院院長任期制之憲法觀，自立晚報，七十六年二月二十六、二十七日。

蘇永欽：回歸什麼憲法？敬覆李鴻禧教授，自立晚報，七十六年三月六日。

郎裕憲：此時此地行政院長不能有固定任期之確鑿理由，臺灣日報，七十六年三月六日。

胡佛：我國政府是內閣制還是總統制？談行政院長任期問題，自立晚報，七十六年三月十、十一日。

陳新民：內閣制乎？總統制乎？行政院長任期制之平議，青年日報，七十六年三月十二日。

四九、從憲法習慣看行政院院長之任期與去留

自由時報：七十七年二月二十六日自由論壇

國家政治之運作，必須有一定的規範，然後才能如行星在軌，井然有序。而所謂政治規範，其內容成分，厥爲：政治，憲法所未詳者依法律，法律所未規定者依習慣，無習慣者依法理與政理。英國是現代民主憲政之母，因爲英國並無成文憲法，所以英國的政治規範，以政治習慣爲主，以巴力門立法爲輔，這二者在英國人的心目中，都是她們的憲法，普遍受到尊重。對國會議員來說，政治或憲法習慣，諸如虛位元首，首相須爲國會多數黨領袖，王命須經首相副署，內閣與國務院若不獲國會多數支持，應辭職或解散國會等，無不入人甚深，視爲制度之當然。美國雖然是採行成文憲法的國家，但是憲法和法律所未規定的政治事項，諸如政黨之提名總統侯選人，總統對參議員之禮貌，行政協定之不送參院批准，行政官員之不列席國會，以及法院之享有違憲法令審查權等，無不因過去先例之蕭規曹隨，而形成爲美國的憲法習慣。英國的侯威爾（H. W. Horwill）更特別著《美國憲法習慣》（*The Usages of the American Constitution*, 1969）

專書，予以描述。

憲法習慣的形成與功能

上之所述，主要是說明憲法雖爲國家的政治規範，但政治規範，卻並不以成文憲法規定者爲限。不成文的憲法習慣，其作用不惟彌補了憲法的缺漏，形成爲依傍於憲法的無形制度，間或不免使憲法的明文規定變質，形存而實亡。憲法習慣，原係在不成文的狀況下，於實際政治的運作中，或以政治人物之作爲，或以公權力機構之措施，或以政黨運作之所爲，其爲前此所無而創爲先例（precedent），繼則以蕭規曹隨而成慣例（practice），復以歷經沿用浸假而化爲習慣（usage, custom, convention）。憲法習慣形成之此一歷程，靳寧斯（Sir Ivor Jennings）於《內閣制政府》（*Cabinet Gov't*, 1961）一書中，曾予指陳。這些陳述，主要是就英美兩國的憲政經驗，以說明憲法習慣，在憲政制度中的重要性。所謂制度，特別是憲法習慣的制度，乃是歷經不同時間與不同政黨，對政治程序事項處理的共識行爲，所逐漸形成的。由此可知，所謂憲法習慣，不但係經過時間的考驗，同時更是經歷不同政黨執政而共同信守後的產品。

我國的憲政制度，尚在發展的初階，若干政治事務的處理程序，既爲憲法所未詳，亦爲法律所未定，由於尚無不同政黨執政的經驗，所以卽或已有先例，甚至已曾數度援用，但是尚未臻於憲法習慣的境界，因而在運用上，總以共識未立，而爭議時生。例如行政院院長之任期及其去留，過去雖有成例，但也屢有爭議。去年二月新當選增額立委，特別是民進黨籍立委，於新會期之初，即對行政院長之未隨立委改選而辭職，提出質詢與抨擊。本月二十三日，民進黨籍立委，復對李副總統繼任總統後，行政院院長未立即辭職，提出異議。此一憲政制度上的懸疑問題，究以如何處理爲宜，爰就法理、政理、與憲法習慣之觀點，略申所見，藉供參酌。

行政院長的任期與去留

㈠關於行政院院長之任期與去留問題，憲法除於第五十五條規定，行政院院長由總統提名，經立法院同意任命外，復於第五十七條第二、三兩項規定，行政院移請立法院覆議的案子，如經立法院出席委員三分之二維持原案時，行政院院長應即接受該決議或辭職。此外，則別無相關規定。由於憲法對行政院院長的任期與去留之規定，不夠周延與明確，所以行憲以來，爭議時起，於今爲烈。而澄清或解決之道，當然可以有修憲，立法，或憲法習慣三種途徑可供選擇。但是以言培養政治道德，提高政治品質，則惟憲法習慣之途徑最爲可取。因爲憲法習慣形成過程中，先例之產生與慣例之維持，皆有賴政黨與政治領袖們之道德性自律及自制，始能有以致之。

㈡憲法對於行政院院長之任期與去留，雖無明確與完整之規定，但是由於憲法明文規定：總統公布法律，發布命令，須經行政院院長之副署（第三十三條）；總統任命行政院院長，須經立法院之同意（第五十五條）；行政院須對立法院負政治責任（第五十七條）。所以依據代議政治與責任政治的原理與原則，行政院院長，卽應爲立法院多數黨之最高領袖，其任期與去留，亦應以立法委員之任期或過半數委員之肯定支持爲標準。至於立法委員改選之後，如果立法院原來多數黨所掌握的多數優勢，以及行政院院長在立法院多數黨中的領袖地位，或其所獲得的肯定支持情況不變，則行政院院長，是否必須因爲立委改選而辭職，再經重新提名與同意任命的程序，當去年二月立法院發生此一爭議之際，法政學者引用英國的憲法習慣，亦有正反兩種意見。爲了求證，政大法學院院長華力進教授，乃專函英國內閣辦公廳查詢。嗣經平民院新聞處覆函說明：「首相如果於大選中獲勝，卽無需辭職，再經女王重新任命。」("If a Prime Minister wins a General Election there is no need for he/she to resign and be reappointed by the Queen") 英國的此一憲法習慣，對我們建立行政院院長任期去留制度之共識，應該具有正面的參考價值。

㈢以上是就憲法有關規定，代議與責任政治的原理原則，以及英國的憲法習慣，說明行政院院長任期去留的應然原則。但是行憲以來，由於第一屆中央民意代表迄未改選；國民黨掌握立法院與國民大會絕對多數議席的態勢，從未改變；國民黨領袖的權威領導傳統；以及國民黨權威領袖之身居總統職位。於是行政院院長，不但必然是總統所信任的人，而且也以總統在黨內的權威領導，從而亦取得立法院多數黨委員之支持。由於這些因素的關係，所以行政院院長的任期，一向都是以總統的六年任期爲標準，在總統任期屆滿之時提出辭職。其結果或予慰留，或辭職照准。而另提任新人，則但以總統之權衡為定。至於總統在任內出缺，副總統繼位之後，行政院院長是否需要辭職，由繼任總統採取新的提任程序，在六十四年嚴副總統繼任總統，與本年李副總統繼任總統的兩次事例中，尚無行政院院長因而請辭的積極證據。在英美的憲法習慣中，英國首相與美國的閣員，都係無需因為新的國家元首繼任而辭職。民進黨立委一向確認我國為內閣制，但日前卻以行政院俞院長，未曾在李副總統繼任總統後辭職而相責難，顯有為杯葛而杯葛之嫌，似非理性的從政人士所宜為。

前此以往，行政院院長任期去留的運作形態，由於是上述各種因素共同作用的結果，所以一旦上述諸項因素發生根本變化，特別是中央民意代表能夠定期全部改選，新的強勢政黨發展成熟，以及立法院與國民大會，分別為不同政黨掌握多數的情況出現之後，則既有行政院院長的任期與去留，決定於總統權衡的運作形態，自然就會因水到而渠成，隨之發生迥然不同的變化。而在這些條件充分具備，並積極發生作用之前，純然理論上之爭辯，將很難產生嘯引鴻鵠翩然而至的效果。

結論

現代國家，無論其為民主政體抑為專制政體，政以黨成之運作本質，已是不爭的共同事實。而政治非常現實，超越現實而純粹應然的理論，對現實政治的影響，常常是非常有限的，這也是徒重抽象或靜態理論者，常有無力與無奈之嘆的主要原因。而志在經國濟民的從政人士，以言立功，唯有避免空言與燥進，而一以理性與和平爲本，多從創機造勢著手，才會水到渠成，才能眞正福國利民，功成不朽。而於涉及制度和規範之締造，凡爲成文法之所未備者，苟非十分必需作成文之規定，則最宜以創例及循例之途徑，使之漸次形成爲憲法習慣。蓋憲法習慣，乃最有益於養成政治人物之政治道德，亦最有助於國家政治品質之提升。英國的華爾坡（Sir R. Walpol）與美國的華盛頓之所以名垂不朽，和他們在政治上，分別首創首相以議會信任爲在職條件，以及總統只作一次連任的先例，進而成爲憲法習慣之定制，是很有關係的。我國值此民主憲政積極發展之際，政治人物正不乏創立先例、塑造憲法習慣之機會。我們希望能夠看到更多中國的華爾坡與華盛頓，爲我們國家創立並塑造一些成功的憲法習慣，以造福後人。

五〇、論立院變更政院政策憲法條款之適用

聯合報：民國七十七年十月四日

自從財政部經行政院核定，宣布自明年元月起，開始恢復課徵證券交易所得稅後，引起股市震撼，有立委擬發動連署，意在引用憲法第五十七條第二項之規定，提請院會作成決議，要求行政院變更已經宣布的恢復課徵證券交易所得稅的旣定決策。昨天經黨政協調，修正部分政策後，此議雖經打消，然而立法院變更行政院政策的憲法問題，仍值得探究。

政院適法之裁量權

按憲法第五十七條第二項規定：「立法院對於行政院之重要政策不贊同時，得以決議移請行政院變更之。行政院對於立法院之決議，得經總統之核可，移請立法院覆議。覆議時，如經出席立法委員三分之二維持原決議，行政院院長應卽接受該決議或辭職。」憲法中此項規定，行憲四十年來，尚無適用之先例。立法院是否宜於就恢復證券交易所得稅問題，引用憲法此一條款。爰

就所知，略陳芻見，藉供各界參考。

其一，憲法第十九條規定：人民有依法律納稅之義務；所得稅法第十四條，綜合所得第七類財產交易所得，第三款，將股票交易所得，列入納稅範圍；獎勵投資條例第二十七條規定：爲促進資本市場之發展，行政院得視經濟發展，及資本形成之需要及證券市場之狀況，決定暫停徵全部或部分有價證券交易稅，及……非以有價證券買賣爲專業者之證券交易所得稅。

根據上引各項規定，依法納稅，是人民在憲法上的義務。從事證券交易而有所得，依所得稅法規定卽應繳稅。獎勵投資條例第二十七條之規定，並未根本上否定所得稅法第十四條所列，證券交易所得應該納稅的規定，僅是授權行政院，可以針對經濟發展與資本及證券市場狀況之需要，暫時停徵全部或部分證券交易所得稅而已。行政院現在宣告定期恢復證券交易所得稅之徵收，乃是獎勵投資條例第二十七條所授予裁量權之適法行使。至於恢復的時機是否適宜，稅率是否允當，已經不是法律問題，而是對財政、經濟及社會狀況的判斷問題。

什麼才叫重要政策

其二，部分立法委員這次有意引用憲法第五十七條第二項的規定，提請院會決議，要求行政院變更有關恢復課徵證券交易所得稅的決定。按憲法第五十七條第二項所稱的重要政策，究竟何所指？行政院此次恢復證券交易所得稅徵收之決定，是否應該視爲該院的重要政策？關於這個問題，由於缺乏先例可循，歧議自所難免。不過從代議政治與責任政治的觀點來看，憲法和法律既然未對所謂「重要政策」作明確界定，則凡經立法院依憲法第五十七條第二項規定，作成決議要求行政院變更者，即應視爲該條所稱的重要政策。

實質上等於不信任

其三，憲法第五十七條關於行政院對立法院負責的各項規定，其基本精神，顯然具有極爲濃厚的內閣制色彩。內閣制運作的特點之一，即行政部門的首長，必然爲立法部門多數黨的領袖人物。立法與行政之間，在成熟的政黨體系運作下，立法部門對行政首長們明示的或暗示的不信任事件，是極其難以發生的。而執政黨的部分立委，卻醞釀要引用憲法第五十七條第二項的規定，要求行政院變更恢復課徵證券交易所得稅的決定。立委諸君應知這個規定的適用，可以發生內閣的變更，實質上是立法院對行政院暗示的不信任。此類現象，顯示我們的政黨體質，尚有待作積極的調適；黨政關係，亦有待作更合理的調整。我人深信憲政制度是逐漸長成的。政治人物們的職務行爲，都在影響着憲政制度成長的品質。憲法第五十七條第二、三兩項規定，在民主的、合理的及成熟的政黨政治運作下，應該只是備而不用的條款，如果輕予適用，徒示政黨運作之失敗而已。基於此一瞭解，執政黨籍立委諸君，如以行政院此次恢復課徵證券交易所得稅之決定失宜，則與其在立院提案適用憲法第五十七條第二項之規定，自然不如在黨內極力爭取，促成行政院再對既有決定，作適當調整，俾更能有助於黨政制度之良性成長。

權衡輕重允執厥中

其四，證券交易所得稅是所得稅法明文規定的稅目之一。獎勵投資條例第二十七條，對上項交易所得稅，又授予行政院得視經濟發展與資本形成之需要，以及證券市場之狀況，予以全部或部分暫時停徵之裁量權。根據這個規定，行政院對證券交易所得稅之停徵或恢復課徵，都是依法定授權所採取的措施。這個措施，立法委員固然可以認爲是重要政策，從而引用憲法第五十七條第二項的規定，提經院會作成肯定的決議後，移請行政院變更。但立法院這種決議行爲，並不構成立法行爲。這種決議，是否可以在獎勵投資條例第二十七條修訂，並另作保留規定之前，來變更法律的規定，以剝奪該條例所授予行政院的裁量權，從正當法律程序的觀點來看，似未見其然也。立委諸公，儘多精研法政的飽學之士，對立法程序與其他議事程序間之差別，亦知之甚稔，今後遇此類事件，自應權衡輕重，允執厥中。

五一、「國安法」草案箋論

自立晚報：民國七十六年一月五日，每周評論

國安法係為因應政治上之需要而立法，但政治中講求的乃是利害與意見的平衡，而非絕對的真理，所以朝野雙方在意見上，亟應時時以「毋固、毋必」的古訓自律、自制，以免害事。

一、程序獻替

「動員戡亂時期國家安全法」草案，業經執政黨於上月二十九日公諸社會，訴之輿論。藉以經由集思廣益，庶幾立法臻於至當。而揆時度勢，預期此一法案能在本（一）月中旬，立法院延長會期結束之前正式提出，並在二月開始的新會期中完成立法程序，早日公佈施行，以實踐總統所示制定國家安全法後解除戒嚴的諾言。默察在立法過程中，於法案草案尚未定稿之前，即公開

初稿，以廣徵博議，諮諏善道者，從執政黨執政的歷史來看，除了民國二十五年，「五五憲草」的定稿過程採此方式外。此次「國安法」草案定稿前之公諸社會，以待衆議，實乃突破普通立法過程傳統的一項革新與進步。蓋民主國家之爲國立法，最忌主其事者自以爲是，而閉門造車。例如英國每遇重要立法，或則解散國會，以訴諸選民；或則於國會臨休會之前，將法案提出，使社會有表示意見之充分機會；或則於提案之前，先經由黨際之間的圓桌會議，作好事前的溝通協調。立法而能經由這樣合理的先行程序，自然就會將法律本身窒礙難行的缺點，消弭於無形。基於此一觀點，所以我人覺得在目前，像「國安法」這樣一個重要法案的草案，在定稿前，能公諸衆論，乃是一項進步的合理過程。如果此一過程，能夠由此先例，繼而蕭規曹隨，從而形成爲我國憲政傳統中的一項例規或習慣，則執政黨今日爲「國安法」草案定稿過程中邁出的一小步，將成爲日後我國憲政發展史上的一大步。

據報載「國安法」草案在草擬過程中，及初稿定稿之後，執政黨曾多方聽取其在黨、政、教育等各界服務，而與該法有關黨員同志之意見。現在又將草案初稿公諸社會，希望進一步使社會各界關心此一法案人士，能有參與獻替之機會，這當然是一項極爲合理的程序。唯我人認爲，社會上無形的大衆，固然與法效之成敗有關，但有形的政黨或有力的政治團體，無乃關係更爲直接而密切。所以爲了減少將來在立法院發生尖銳的爭議，以及公佈實施後重大的窒礙與困擾，則執政黨似宜更進一步，主動而積極地與民、青兩黨及民主進步黨，就「國安法」草案，舉行黨際溝通協調，以奠定該法在實施上的成功基礎。如果此項溝通協調能獲成效，則卽使立法工作稍有稽延，亦能獲得各方諒解。因爲解嚴後之國家安全，最重要的是「國安法」功能效果的實質，而非其名義形式。不過，有關政黨領袖們在爲「國安法」之內容獻替宏議時，似應注意：㈠本法係爲因政治上之需要而立法，但政治中講求的，乃是利害與意見的平衡，而非絕對的眞理，所以各位在意見上，亟應時時以「毋固、毋必」的古訓自律、自制，以免害事；㈡以積極建設性的建議，代替消極破壞性的抨擊；㈢現實中的可行性，遠比理想中的合理性更重要。

二、內容平議

自從「國安法」草案公諸社會以來，曾經參與諮詢者，民進黨部分人士，以及報章輿論，都曾表示了各種意見，草案作成的主管首長及參與人士，也提出了草案中有關條文的背景與立法意旨說明。綜觀該法草案十個條文，除第一條係揭示立法目的，第十條係施行細則及施行日期的委任立法授權條款外，其他八個條文中，第二至五及八至九六個條文，係屬規範事項與方法之規定，第六、七兩條，則係違反有關規定之罰則。由於各界對該法草案互有不同意見，爰本建言參與之義，就其特別受人注意者，略陳獻替，藉供參考。

其一，制定之必要性問題。法學界及民進黨部分人士認爲，旣有刑法及懲叛條例等，已可以肆應解嚴後國家安全之需要，並無需再特爲制定國安法，以免使得刑法體系益趨複雜。而就政治學的觀點言，我們認爲一切的法律，皆係緣於社會的需要而產生。國安法是一個純粹政治性的立法，其政治上的社會需要基礎如何，這完全是一個實際的政治判斷問題，而不是法學上的理論問題。如果此一立法的內容，能夠有助於草案第一條所揭示的「確保國家安全，維護社會安定」目的之達成，即不應堅持反對的態度。

其二，草案第二條的問題。該條規定「人民集會、結社，不得違背憲法，或反共國策，或主張分離意識」。對於本條所禁三事，我人認爲確屬國家安全所必需。而其內容，或則以其空泛曖昧，執行爲難；或則以其既無罰則，勢將形同虛設。對此我人實與有同感。如果當局必以本條僅係訓示性規定相持，則此條規定所以維護國安之權威，必將陷於虛無狀態。雖然草案第一條第二項已明示：「本法未規定者，適用其他有關法律之規定」。但是，如果對本條所禁三事不作界定，便無從瞭解人民之行爲，是否違背了禁止之規定，同時也無法確定可否適用其他法律來處理。例如以言論、出版褻瀆、侮蔑，或企圖引起侮蔑或侮蔑憲法者，是否構成草案第二條之違背憲法呢。對於上述行爲，美國一九一八年偵察法 (Espionage Act)，處以二十年以下有期徒刑；而我們的刑法、懲叛條例、出版法及違警罰法，對此尚屬一片空白，既無刑事制裁，亦無行政處分。其次從法律之所以表現政策之觀點言，所謂違背反共國策，是否以懲叛條例所規定者爲限；而違背與中共三通之禁令者，是否亦屬違背反共國策？可否引用懲叛條例處理？仔細分析，是知其實不盡然。然則苟有此事，究竟計將安出？似應預爲綢繆。復次，不得主張分離意識。此項規定，亟需嚴予界定。例如若明示奉行中華民國憲法，並支持反共國策，而鼓吹、教導、煽動，或從事臺灣獨立活動，是否可以解釋其已構成爲刑法第一百條的竊據國土罪？如果基於政治上之考慮，認爲要在國安法中處理上述有關疑難，必將使該法之制定受到稽延，有背政府儘快立法解嚴之昭示，則在從權就現有草案立法之後，亟應對國安法內容所存在之瑕隙，積極作法律上之補強，以充實國安法所以維護國家安全之需要。

其三，軍事審判案件於解嚴後之處理問題。依戒嚴法第十條規定，非軍人於戒嚴地域之受軍事機關審判者，「得於解嚴之翌日起，依法上訴」。「國安法」草案第九條，對上述軍事機關審判平民案件於解嚴後之處理，又特別作了三項分類的具體規定：㈠凡屬尚在偵查中、審判中、或審判程序尚未終結的案件，一律移送該管法院偵查或審判；㈡已確定而無再審或非常上訴原因之刑事裁判案件，不得向該管法院上訴或抗告；㈢刑事裁判在執行中者，由軍事機關繼續執行，尚未執行者，移送該管檢察官指揮執行。上述三項，第一項最稱平穩合理；第三項執行中的案件，依第一項規定所含原則，應以移送法院檢察官處理爲是；第二項對已確定刑事裁判之排除上訴，雖與戒嚴法第十條規定不同，但就戒嚴已逾三十七年之狀況而論，爲維持確定裁判之確定性，我人覺得草案中此項設計，實較戒嚴法第十條之規定爲合理而可取。蓋法律上的時效問題，於理不容其長處於不確定狀態，以其有害於社會關係所使然也。

三、結論

國家的安全與社會的安定，乃大陸赤化以來，我們所面臨的最大威脅，也是我們當前賴以生存和發展的必需條件。而安全與安定的需求，過去係藉戒嚴令以爲維護。現在既經決定解嚴，則安全與安定之所必需者，自須預爲綢繆，此國安法之所由出也。平情而論，現有草案之內容與安全、安定所需要者相較，實在並不足以稱。補強性之立法，尚待進一步着手爲之。

立法乃國之大事，內容亟應切實可行。特別是像現在的國安法，關係其法效成敗之因素雖多，但在野黨之支持，無寧尤爲重要。我們殷切企盼朝野政黨之間，能就尊崇憲法、反共，及反臺獨之基本問題獲得共識，則國安法之內容問題，自亦不難得到協議，早占厥成。

五二、對於制定「國安法」的意見

立法院內政、國防、司法委員會七十六年三月十六日聯席會議證言稿
臺灣日報：民國七十六年三月十八日

關於制定戡亂時期國家安全法的問題，自從去年十月七日，總統對《華盛頓郵報》董事長葛蘭姆夫人，及《時代周刊》記者發表談話，說明政府將儘快解除戒嚴，另訂國家安全法，以適應解嚴後安全上之需要；同時，亦將修訂人民團體組織法及選罷法，使政治團體在不違背憲法或反共國策，或主張分離意識的前提下，都能夠合法化。執政黨中常會旋卽於同月十五日，全體一致通過上述立法及修法的政策決定，並責付內政部會同有關機關積極着手進行，自這個時候開始，以至國安法草案進入立法院的審議程序，民進黨、法政學者、以及執政黨籍立委，都對此一立法，互有不同意見。歸納既有意見，可以區分爲兩類：第一類是有無必要制定的問題；第二類是條文內容的妥當性問題。我現在也就這兩類問題，說明我個人的看法。

其一，有無制定國安法的必要？我認爲國家的安全和社會的安定，必需予以維護。維護安全

的手段，爲公權力的有效制裁，而維護安全或執行制裁的標準，厥爲明確的成文法律。究竟以什麼法律來維護國家的安全，因爲有害於國家安全的因素十分複雜，所以世界上並沒有任何一個國家，能夠以單一的立法，來適應其安全上的一切需要，究竟在刑法之外，還要制定什麼法律來維護國家的安全，這乃是環境需要的政治判斷問題，而不是學術上的純理論問題。美國在第一次世界大戰時，爲了約束可能的反戰和破壞活動，曾特別制定了一個「偵察法」（Espionage Act of 1917 and 1918）；二次大戰前夕，爲了制止境內納粹、法西斯及共產黨的滲透破壞，又制定了一個「司密斯法」（Smith Act of 1940）；二次大戰後，爲了防制共產黨顛覆破壞，又先後制定了「顛覆活動管制法」（Subvercive Activities Control Act of 1950）及「共黨管制法」（Communist Control Act of 1954）。美國國會在制定那些法律的時候，兩黨並沒有發生否定制定該法的爭議。我們現在卻發生了反對制定國安法的爭執，部分學者之外，民進黨中央，且作成了反對制定國安法的決議。反對的主要理由有兩種，第一種是前此預測式指稱國安法將是戒嚴令的代替品之說，現在從草案的內容，已可證實此一反對理由並不能成立。第二種理由，是說現在草案中所規定的事項，大都可以適用既有的法律處理，其有不夠的地方，還可以修改舊法和制定其他單項立法，所以實在不需要制定國家安全法。

對於這個問題，我個人認爲，基本上既有的法律，並不能完全滿足國安法草案中所定事項的需要，諸如反共國策，主張分離，入出境管制，安全檢查，山防海防，戒嚴時期軍事審判案件之處理等。積極制定國安法，乃執政黨為了儘快解除戒嚴，而經由嚴肅的程序，所確定的一項有利於我們國家憲政發展的重要政策。因為無條件的解嚴，顯然不符合國家安全的需要，如果將草案中的事項，都由個別立法作具體處理，又將使解除戒嚴延遲下去，這自然也是朝野共同不願見到的事實。所以像國安法這樣一個政治性立法，究竟應否制定，完全是政治上的判斷問題，不但不宜以純理論的觀點來要求它合乎邏輯，更不宜以純感性的立場為反對而反對。試以國安法草案與戒嚴令內容相較，究竟何者有利於民進黨之生存與發展，其間眞是勢同霄壤，固不待智者，而知國安法之為是也。民進黨籍立委皆才智之士，應知國安法草案乃是政治判斷的產物，其於實質上安全的需要之外，心理上的安全需要，也是極其重要的因素。所以民進黨籍立委，現在應該力求爭取國安法對民進黨有利的實質內容，而避免堅持形式上不必要的反對。

其二，關於國安法草案的內容，我個人亦覺得確有值得進一步斟酌的地方。例如爭議最多的第二條，其空泛曖昧，根本無法執行。但是其所言三事——「不得違背憲法或反共國策，或主張分離意識」，亦確屬直接關係國家安全，不容置之不顧。可是過去，我們只看到消極性反對的或否定的意見，卻很少看到積極性的建議或代替方案。政府主管機關，雖一再說明第二條僅僅是宣示性的規定，其具體的內涵與辦法，將在國安法公布後，另由其他法律作細部的規劃。但此項說詞，顯然缺乏有效的說服力，到了昨天，報紙上才出現了三項比較具體的方案。我個人因為特別關心第二條的規定，而又以原條文確待斟酌，所以曾試擬代替條文一則。

第二條，人民之言論、出版、集會、結社，不得有下列之行爲：

一、侮辱、違背或破壞中華民國憲法；

二、教唆或從事積極與叛徒或叛徒竊據地域交通；

三、主張、鼓吹或違背憲法第四條，意圖破壞中華民國領土之完整。

前項行爲之處罰，另以法律定之（亦可在本法訂定罰則）。其次第四條所謂「治安機關」似宜改爲「司法或警察機關」。第八條之必要性，亦應再予考慮。至於其他條文，我不準備再表示什麼意見，只希望立法院能協調歧見，早日完成國安法的審議程序，政府能早日宣告解除戒嚴，使我們的民主憲政，能早日獲得更進步的發展。

張君勱先生百齡冥誕紀念詞

君勱先生學貫中西，譽滿士林。讀其年譜初稿，敬悉 先生以一介書生，而心繫邦國。早歲留學日本，研習法政，德國進修，復攻研哲學。而於青年時代，即有志於國家之制憲事業。雖嘗短期從政，亦經歷任國內外大學講席，然惟以促成國家之民主憲政建設為志業。民國八年，曾首將德國威瑪憲法譯介於國人；十一年又為上海國是會議代擬憲草；並著國憲議專書；對十二年之賄選憲法，亦曾多所論列。二十一年與同道籌組國家社會黨，至二十七年，因該黨在先生領導下共赴國難而獲政府承認為合法政黨，並獲聘為國民參政會參政員。三十五年參加政協，不但參與各黨派共同協商國事，且代政協主擬修改五五憲草之草案，是為政協憲草。八月間先生所領導之國家社會黨，復與民主憲政合併，改名為中國民主社會黨，並被選為主席。十二月初旬，先生代表民社黨聲明退出民主同盟，並提出民社黨參加制憲國大之代表名單，參與憲法之制定。其所主擬之政協憲草，嗣經政府提出制憲國大審議通過，是即現行憲法。而於制憲之際，又先後發表《中華民國憲法十講》，經商務印書館輯刊為專書，其義略與美國開國先賢麥迪遜，漢密爾頓及簡約翰合撰之《聯邦主義者通訊》(*Federalist Papers*——又譯為《聯邦論》)之闡釋美國憲法者類似，為現行憲法之制定作見證。知仁忝為憲法講席者二十餘年，又因撰著《中國立憲史》，深知先生之致力於現行憲法者獨多。茲值 先生百齡冥誕，仰其景行，心懷前賢，無以為敬，謹撰就拙文，藉示崇敬之心意。

五三、戒嚴令存廢問題之檢討與分析

中華民國七十五年二月二日

紀念 張君勱先生百齡冥誕學術研討會論文

政府於三十七年十二月十日，基於動員戡亂需要，發布新、康、青、臺四省除外之戒嚴令。三十八年五月十九日，臺灣警備司令依法宣告全省戒嚴。同年十一月二十二日，政府又明令將臺省劃為戒嚴接戰地域，並經立法院追認通過。及六十一年開始辦理中央民代增額選舉以降，戒嚴狀態引起之爭議日烈，故前總統經國先生，爰奮其睿智，權衡民情國利，毅然於七十六年七月十五日，下令解除戒嚴，結束維持幾近四十年的戒嚴狀態。本專題論文，係對當時戒嚴問題之系統探討，特列入本書，供讀者參考。

一、前　言

國者人之積。國家是基於普遍的個人需要而形成的。由於個人享有天賦的生存權利，因而國家必有其生存的權利。從民主政治理論的觀點來說，所謂生存的權利，是指合理的生存的權利。而合理生存權利的內容，儘管十八世紀到現在，其細目已有相當增益，但基本上，仍然不出洛克所提倡，以及傑弗遜在美國獨立宣言中所揭示的「生命、自由與追求幸福」的範圍。關於個人合理生存的需求，從社會的觀點來看，個人往往並不能由自我獲得滿足，而必需從國家消極地有所不爲，以及積極地有所爲中，才能獲得有效的保障。個人之所以不能自外於國家，實由於國家對個人追求幸福所特具的正功能所使然。國家的功能或目的是什麼，政治學界大都確認國家具有「安全、秩序、公道、自由與幸福」等五大目的。這五大目的，亦即國家所應具有的五種功能。而在這五大目的之中，依其輕重緩急，則又以「安全與秩序」最爲原始和基本。如果缺乏安全與秩序的條件和環境，則所謂公道、自由與福利等，進一步文化性更高層次的目的和功能，便無從達成及發揮。所以安全與秩序，一方面構成爲個人對公道、自由與福利需求獲得滿足的前提條件，同時卻也構成爲國家賴以生存的必要基礎。當個人對於國家功能需求的價值，與國家生存需求的價值，發生矛盾衝突的時候，最需要的就是因時就事，對兩種價值的優先次序，作爲客觀而理性的衡平判斷。這是美國聯邦最高法院，在五十年代處理言論自由與國家安全訟事所採用的原則標準。

從上面的說明，可知國家雖然有五種目的和功能，但最原始或最基本的，厥爲「安全與秩序」。而國家的功能，有賴於政府的正當作爲去發揮。所以當國家和政府的生存受到威脅，安全或秩序受到嚴重挑戰或破壞的時候，每一個國家，都必然要採取某些有效的應變措施，以適應保障安全或維護秩序上的需要。這類應變措施，在現代國家的制度中，除了屬於常態預防性的，有普通刑法、特別刑法及治安性的行政法規外。屬於一時應變性的，或爲憲法對特定狀況的特別授權，如美國憲法授權政府，在叛亂或外患發生時，得停止人身保護律特權條款之適用；或爲國會特定的應變性立法，如英國在戰時的特別授權立法，以及法國的戒嚴法，都是這方面的顯例。我國憲法第三十九條的戒嚴條款，其後增訂的戡亂臨時條款，以及立法院根據憲法戒嚴條款所制定的戒嚴法，卽都是爲了國家發揮其「安全與秩序」的功能，所訂定的應變規範。政府於三十七年之宣告全國戒嚴令，三十八年十二月之將臺灣省劃爲接戰地域，完全是由於中共稱兵叛亂，所採取之戡亂應變措施。唯以大陸淪陷，戒嚴令因戡亂狀況之需要，而長期實施迄今達三十餘年，形成各國前所未有之特殊現象，因而引起國內外之關注，希望解除戒嚴令之建議和主張，時有所聞，且構成爲現階段政治上敏感問題之一。爲使國人對於此一問題，有一完整而合理的瞭解和認識，爰就戒嚴令之存廢問題，作一系統的檢討和分析，用期於解除困擾和克服時艱，能夠有所補益。

二、宣告戒嚴之背景及沿革

依戒嚴法第一條規定，遇有戰爭或叛亂發生，總統經行政院會議之議決，立法院之通過，得對全國或某一地域，發布命令，宣告戒嚴；如果情勢緊急，且得經行政院之呈請，逕行宣告戒嚴，然後於一個月內，提請立法院追認。現行戒嚴令之宣告，始於三十七年十二月十日❶。言其背景，實緣於三十四年九月，日本無條件投降之後，中共悍然憑恃其於抗戰期間發展坐大之武裝力量，在蘇俄共產國際之積極支持下，稱兵叛亂，以圖赤化中國，建立共產黨的無產階級專政極權統治。政府為求戰後之和平民主建設，雖然於三十五年初，即與當時之各黨派及社會賢達，共同舉行政治協商會議，就有關和平建國的五項主題進行協商——（一）政府組織，（二）施政綱領，（三）國民大會，（四）憲法草案，（五）軍事問題❷。但共產黨一方面藉參與協商烟幕的掩護，虛與委蛇。同時則在全國各處，攻城掠地。終且停止參與協商，拒絕參加國大制憲，悍然擴大叛亂。及憲法制定公布，準備行憲期間，中共之叛亂，已勢成燎原。美國特使馬歇爾將軍之調停，非但無功，且益增中共擴大叛亂之利便。政府在和平既經絕望之後，爰於三十六年七月四

---

❶ 總統府公報，第一七五號。

❷ 政治協商會議記錄，並未發布，此處所引，係根據王雲五《岫廬論國是》商務印書館，五十四年，臺初版，第二篇，政治協商會議追記，第一七三頁。

日，發布「全國總動員令」，以「戡平共匪叛亂，掃除民主障礙，如期實施憲政，貫徹和平建國方針」❸。繼於同年七月十九日，又公布「動員戡亂完成憲政實施綱要」❹，以爲動員戡亂有關措施之指導規範。

從正當法律程序的觀點來看，動員戡亂的命令，雖於三十六年七月四日發布實施，憲法亦於同年十二月二十五日起，正式施行，國民大會且於三十七年四月十八日，通過「動員戡亂臨時條款」。但政府並未因而同時宣告戒嚴，總期中共能夠幡然放棄叛亂，循憲法所定之民主憲政程序，將有關國家建設之一切問題，訴諸民意，經由和平的途徑解決。詎以中共執迷不悟，叛亂行動，日形積極，破壞範圍，益趨擴大。及東北戰局急遽惡化，徐蚌會戰情勢日非，政府爲謀有效掌握戡亂大局，乃決然於三十七年十二月十日，依戡亂臨時條款第一項之規定，發布戒嚴令，全國除新疆、西康、青海及臺灣四省外，均予實施戒嚴，並依戒嚴法第二條之規定，劃長江以北各省爲接戰地域，江南各省爲警戒地域❺。及三十八年夏，中共渡江南犯，東南軍政長官公署爲謀臺灣省之安全，以鞏固其爲戡亂基地，旋由臺灣省警備司令，依戒嚴法第三條之授權規定，於三

---

❸ 動員戡亂令，於三十六年七月四日，由國民政府，以處字第七二二號訓令發布。見國民政府公報，三十六年七月五日，第六六九號公報。

❹ 動員戡亂完成憲政實施綱要，見三十六年七月十九日，國民政府公報，第六八一號。

❺ 同❶。

十八年五月十九日，發布戒嚴令，自二十日零時起實施全省戒嚴❻。同年七月七日，代總統李宗仁，又經行政院之呈請，發布補充戒嚴令，復將蘇南、皖南、鄂南各縣，以及湘、贛、浙、閩、粵、桂六省全部，由戒嚴警戒地域，改劃爲接戰地域❼。是年夏末以至秋冬之際，戡亂軍事快速逆轉。政府由南京而廣州，繼則重慶、成都，終而遷府來臺。政府在播遷過程中，鑒於臺灣對戡亂光復之絕對重要性，復於三十八年十一月二十二日，明令將海南島及臺灣省，劃爲戒嚴接戰地域❽。此項戒嚴令，嗣經立法院於三十九年三月二十八日，予以追認通過❾。從前面的扼要說明，可知戡亂時期戒嚴之宣告，雖始於三十七年十二月十日，但本省之戒嚴，卻在三十八年五月二十日，其始由臺灣省警備司令宣告，繼由政府於同年十一月二十二日，明令將本省劃爲戒嚴接戰地域，並獲立法院追認通過。自該時起，本省卽處於接戰戒嚴狀態，以至於今。

三、法定與實際戒嚴狀態之比較

❻ 臺灣省政府公報，三十八年，夏字第六期。

❼ 三十八年七月十八日，總統府公報，第二三三期。

❽ 此項補充性之戒嚴令，一時未能於總統府公報查獲，此處所引，係根據三十九年，立法院第五會期公報，二月二十四日，第一次會議，議事日程，及議事錄；臺灣省政府公報，三十九年春字第五期，第四十五頁，臺灣省政府代電。

❾ 立法院第五會期，第六次會議公報，三十九年三月十四日，議事日程，及同月二十八日議事錄。

宣告戒嚴，係發生戰亂，國家的安全與秩序，遭受到嚴重破壞或威脅，常態的文人統治，已無法有效地維持其正常功能的情形下，因而變更憲政程序，採取軍事統治的應變措施。這可以美國內戰時期，以及二次大戰中，珍珠港事件發生，夏威夷宣告戒嚴，實施軍事統治為顯例。其他國家戒嚴的情形，雖然細節上不盡相同，但變更常態的政治程序，卻是共有的特徵。我國的戒嚴狀態如何，論者率多語焉不詳，兹擬就法定的與實際的戒嚴狀態，試作系統的比較分析如下。

I、基本統治形態之比較

從統治形態的觀點來看，一般國家的戒嚴，基本原則上雖為軍事統治，但我國戒嚴的統治形態，卻具有相當的彈性。尤其是法定的與實際的戒嚴統治形態，二者向呈現着極大的差別。

㈠就法定戒嚴統治形態的標準言，依戒嚴法第六條之規定，「戒嚴時期，警戒地域內，地方行政官及司法官，處理有關軍事之事務，應受該地最高司令官之指揮」。又依同法第七條之規定，「戒嚴時期，接戰地域內，地方行政事務及司法事務，移歸該地最高司令官掌管，其地方行政官及司法官，應受該地最高司令官之指揮」。從上述的規定來分析，可知在警戒地域，基本上仍然保持着常態的文人統治形態，只有行政及司法官員，在處理有關軍事之事務時，才要受該地最高司令官之指揮。至於在接戰地域內，則由該地軍事當局，接管一切行政及司法事務，既有之行政及司法官員，都須接受該地最高司令官之節制指揮，在本質上，這是屬於軍事統治的形態。

一九四一年十二月初，至一九四四年十月，夏威夷戒嚴所實施的，即是上述後者的軍事統治。

㈡其次，就實際戒嚴統治形態之狀況言，自三十八年五月十九日，臺灣警備司令部宣告戒嚴，同年十一月二十二日，政府將臺灣省劃爲戒嚴接戰地域之後，依戒嚴法第七條之規定，本省即可實施軍事統治，不但全部的行政及司法事務，須移歸警備司令部掌管，所有行政及司法官員，亦須受警備總司令之指揮。但是政府基於對憲政精神之合理尊重，宣告戒嚴，雖爲戡亂應變以圖存之所必需，但苟非絕對需要，仍然儘量保持憲法所規定之文官統治形態。省、縣市之行政事務，高等及地方兩級法院之司法事務，仍依法由省、縣市政府及各該級法院掌管；省、縣市長，以及各該級司法官，亦照常依法獨立行使職權，並不受警備總司令之指揮或干涉。所以，從基本統治形態來比較，戒嚴法第七條所規定戒嚴接戰地域之純然軍事統治，實際上在本省根本並不存在。

Ⅱ、刑事犯罪管轄權之比較

戒嚴地區刑事犯罪事件之由軍事機關管轄，乃各國戒嚴制度所共有的最大特徵之一。我國於戒嚴時期對刑事犯罪案件之管轄，法定原則與實施狀況之間，亦呈現着極大的彈性與差別。

㈠法定軍事審判權之管轄範圍。依戒嚴法第八條之規定，在戒嚴區域，對刑事犯罪案件之管轄，包涵着三項原則：第一，軍事機關只受理該法所規定的犯罪案件，並不管轄所有的犯罪案件；第二，該法所規定的犯罪案件，並不絕對完全由軍事機關審判，亦得有選擇地交由普通法院審判；第三，軍事機關對犯罪案件的管轄範圍，在警戒地域者，要比在接戰地域內者爲狹小。由於臺灣省自三十八年十一月即經政府明令劃爲戒嚴接戰地域，故於此僅就法定接戰地域內，軍事機關對刑事犯罪案件管轄範圍之狀況，作一扼要分析。

依戒嚴法第八條第一項之規定，在戒嚴接戰地域內，軍事裁判機關，對刑法第二編各章罪刑中十二類罪刑之所有各種犯罪行爲，均具有自行審判或交由法院審判之裁決權。而每類罪刑中，又包括着多種犯罪行爲。例如刑法第一〇七條的外患罪，即包括着七十六種犯行。於此僅將戒嚴法第八條第一項所列刑法第二編中，可由軍事機關自行審判或交由法院審判之十類犯罪舉列如下。至於犯行細目，則略而不計。

一、內亂罪——第一章；

二、外患罪——第二章；

三、妨害秩序罪——第七章；

四、公共危險罪——第十一章；

五、僞造：貨幣、有價證券、及文書印各罪——第十二、十三及十五章；

六、殺人罪——第二十二章；

七、妨害自由罪——第二十六章；

八、搶奪、強盜及海盜罪——第三十章；

九、恐嚇及擄人勒贖罪——第三十三章；

十、毀棄損壞罪——第三十五章。

除上列之十類犯罪外，依戒嚴法第八條第二項之規定，犯該條第一項十類罪行以外之其特別刑法之罪者，亦得由軍事機關自行審判，或交由法院審判。此項規定所謂犯其他特別刑法之罪者之涵義，從刑法第二編所定三十五類罪刑，而戒嚴法第八條第一項，僅將其中十二類犯罪，歸納爲十類犯罪行爲，賦予軍事機關審判權之精神原則來看，該項規定，似應包涵有兩種指涉：其一爲某一特定刑法，明文規定由軍事機關審判之特定犯罪行爲，此可以懲治叛亂條例第十條所定各罪爲顯制；其二爲某一特別刑法所定屬於戒嚴法第八條第一項所列十類罪刑，或別種特別刑法明文規定由軍事機關審判之罪刑範圍之犯罪行爲，此可以陸海空軍刑法第二條所定各種犯罪爲顯例。至於特別刑法規定，直接或間接由軍事機關自行審判，或交由法院審判之犯罪行爲，其目繁多，不可盡舉，玆僅扼要例列如下：

一、陸海空軍刑法。第二條所舉該法第二編所定左列各罪，依軍事審判法第一條第二項規定，得依戒嚴法第八條規定審理：

1. 叛亂罪——第十七條，第十八條第二、四、五、七款，第十九條第二款，第二十及二十一條；

2. 暴行脅迫罪——第六十八至七十二條；

3.侮辱哨兵罪——第七十六條；

4.盜賣軍用品罪——第七十七條、第七十八條；

5.掠奪罪——第八十二至八十四條；

6.詐僞罪——第九十一至九十二條；

7.損壞軍用物品罪——第一〇二至一〇五條；

8.違背職守罪——第一〇九條第一項，第一一六條。

二、懲治叛亂條例。依第十條規定，本條例所定各罪，於戒嚴區域，不論身分，概由軍事機關審判之。

三、戡亂時期檢肅匪諜條例。依第二條規定，本條例所稱匪諜，即係指「懲治叛亂條例」所稱之叛徒而言。而「懲治叛亂條例」所稱之叛徒，依該條例第二條之規定，則係指犯刑法第一百條至一〇四條所定之內亂罪及外患罪者而言。故犯本條例之罪者，亦適用「懲治叛亂條例」第十條之規定，由軍事機關審判。

四、懲治盜匪條例。違犯本條例第四條所定有關勒贖、聚衆持械、盜取或毀壞有關軍事之交通或通信器材等各罪，因亦同時涉及刑法第三十三章之勒贖罪，第三十五章之毀損罪，以及陸海空軍刑法第十九、八十五及一〇三條所定之叛亂、掠奪、損壞軍用物品等罪，故亦得由軍事機關審判。

五、懲治走私條例。依本條例第一條規定，私運管制或應稅物品進出口案件，由海關移送軍法機關處理。

六、妨害國家總動員懲罰暫行條例。依本條例第三、四條規定，非軍人犯本條例之罪者，由司法機關審理，但情節重大，有特殊必要者，得由總動員會議決定，改由軍事機關審判。

七、妨害軍機治罪條例。在戒嚴地域犯本條例之罪者，不論身分，概由軍事機關審判。

八、戰時交通電業設備及器材防護條例。本條例所定各罪，其涉及前述刑法或陸海空軍刑法者，依戒嚴法第八條第二項之規定，亦得由軍事機關審判。

㈡實際軍事審判權之適用範圍。從前述戒嚴法第八條第一項所列歸納刑法第二編之十類犯罪，以及同條第二項所示，有關特別刑法所定各罪之由軍事機關自行審判，或交由法院審判之犯罪種類來看，即使未就各類犯罪所涵各種不同犯行細目更作量的統計，已可知在戒嚴接戰地域，軍事機關對刑事犯罪審判權的管轄範圍是相當廣泛的。而臺灣雖經政府於三十八年十一月劃為戒嚴接戰地域，但自政府遷臺，局勢粗安之後，為謀兼顧此光復基地對外之安全，對內之秩序，以及培養反攻國力與民主憲政之進步發展，爰在保持戒嚴狀態之前提下，特依戒嚴法第八條第一項規定之原則，於四十一年五月十日，明令公布「臺灣省戒嚴時期軍法機關自行審判及交法院審判案件劃分辦法」，並於同年六月一日施行⑩。依該辦法第二條之列舉規定，軍事機關自行審判權之適

⑩ 該劃分辦法，刊四十一年五月，總統府公報，第三四六號。

用範圍，限於下列五種犯罪：

一、軍人犯罪；

二、犯戡亂時期檢肅匪諜條例、懲治叛亂條例之罪；

三、犯懲治盜匪條例所定之罪；

四、非軍人勾結軍人，犯懲治走私條例所定之罪；

五、犯刑法公共危險、妨害秩序之罪於地方治安有重大危害者。

上述劃分辦法公布實施之後，歷年來曾根據施行經驗，予以三度修訂。最近一次修訂，係五十六年九月四日公布，施行至今。依該次修訂後現行劃分辦法第二條規定，軍法機關自行審判之事件，以左列者爲限：

一、軍人犯罪；

二、犯戡亂時期檢肅匪諜條例，懲治叛亂條例所定之罪；

三、犯陸海空軍刑法第七十七條、第七十八條之屬於盜賣買受械彈軍油案件，及懲治盜匪條例第四條第一項第三款（盜取或毀壞有關軍事之交通或通信器材，致令不堪用者）、第二項、第三項，戰時交通電業設備及器材防護條例第十四條、第十五條，屬於竊盜或毀損及收受、搬運、寄藏、故買、牙保、熔燬同條例第二條第一項第四款、第八款規定之交通設備及器材之罪⓫。

⓫ 總統府公報，第一八八六號。

根據前面的引述和說明，我們對於戒嚴法第八條規定，在接戰地域內，軍事機關對刑事犯罪，得自行審判的管轄範圍，與上引戒嚴時期軍法機關及法院審判案件劃分辦法，所規定軍事審判權的適用範圍，來作一比較，似可獲得以下幾項瞭解。

第一，自四十一年五月，軍事機關及法院審判案件劃分辦法訂頒之初，在基本原則上，對戒嚴法第八條所定軍事審判權之管轄範圍，即作高度縮小的界定。其適用範圍，就初訂劃分辦法第二條所列舉之各種犯罪言，除第一款至第四款所列各罪，因為在各有關特別刑法中，已直接或間接規定，由軍事機關自行審判者外，在戒嚴法第八條第一項，所列刑法上之十類犯罪中，除了第一類的內亂罪，已被吸收於懲治叛亂條例外，僅第三類的妨害秩序罪，及第四類的公共危險罪之於地方治安有重大危害者，始由軍事機關審判，其他超過七類的犯罪案件，則皆由法院依法審判。

第二，自犯罪審判案件劃分辦法歷經修訂後，軍事審判權法定管轄事件之適用範圍，益趨縮小。就初訂劃分辦法與現行劃分辦法比較，可以獲知幾點。其一，初訂劃分辦法規定犯懲治盜匪條例所定各罪者，一律由軍事機關審判。現行劃分辦法，則將該條例所定二十八種犯罪行為，只保留第四條第一項第三款，「盜取或毀壞有關軍事交通或通信器材，致令不堪使用者」一種，仍由軍事機關審判，其他二十七種犯罪，皆劃歸法院審判。其二，初訂劃分辦法中所列，勾結軍人，犯懲治走私條例所定之罪，以及犯刑法上之公共危險罪及妨害秩序罪，在現行劃分辦法中，已予删除，悉由法院管轄審判。其三，在縮小軍事審判權適用範圍之基本原則下，現行辦法中，雖然增列了初訂劃分辦法中，並未列舉的陸海空軍刑法第七十七及七十八條的盜賣買受軍用品犯罪案件，以及戰時交通電業設備及器材防護案例，第十四及十五條所定，屬於竊盜或毀損及收受交通設備及器材犯罪案件。但仔細分析起來，陸海空軍刑法第二條，原規定有八類犯罪，得由軍事機關審判，而現行劃分辦法，僅將其中盜賣買受軍用品一種犯罪，劃歸軍事機關審判，其適用範圍之大爲縮小，於此可見。

第三，綜合前述軍事審判權管轄範圍予以歸納，可以獲得初步結論如下：

就法定軍事審判權之管轄範圍言，戒嚴法第八條第一項所定刑法上之犯罪者有十類，該法同條第二項所定其他特別刑法上之犯罪者有十五類。而法定之軍事機關審判二十五類犯罪，在實際的適用上，依現行劃分辦法第二條之列舉規定，除該條第一款之軍人犯罪外，第二、三兩款所定犯罪之由軍事機關審判者，僅爲五類⑫。而這五類犯罪之罪行，都和戡亂時期國家之安全，社會之秩序，以及軍事作戰，具有密切之關係。換句話說，這五類犯罪之由軍事機關審判，乃被視爲戡亂時期，保障國家安全與維護社會秩序，以及有效執行戡亂國策，所必需而適當之手段。

⑫ 一、犯戡亂時期檢肅匪諜條例之罪；二、犯懲治叛亂條例所定之罪；三、犯陸海空軍刑法第七十七、七十八條盜賣買受械彈軍油之罪；四、犯懲治盜匪條例第四條第一項第三款之罪；五、犯戰時交通電業設備及器材防護條例第十四、十五條之罪。

三、對人民自由權利之限制

保障民權，乃近代國家立憲制度核心目標之一。各國憲法之所以詳列民權清單，即在宣示社會的此一基本企求。而由於人類的許多共同需求，並不能經由個人的努力而獲得滿足，尚有賴於國家或政府的積極作爲，以提供滿足個人需求的最大可能機會。因而當個人的需求，與社會的共同需求，發生牴觸矛盾的時候，個人的需求，便不能不受到合理的約束和限制。由於這個關係，所以個人在國家中的各種自由和權利，在本質上並不是絕對的。也因爲這個理由，所以我國憲法第二章，雖然一方面列舉地規定了人民應有的各種自由和權利，同時在第二十三條，又規定國家爲了「防止妨害他人自由，避免緊急危難，維持社會秩序，或增進公共利益」，對個人在憲法上所享有的各種自由權利，亦得制定必要的法律，予以合理的限制。戒嚴法以及該法對個人自由權利所設的限制，就是依據社會的共同需要，和憲法第二十三條所宣示的限制個人自由權之原則而訂定的。

根據戒嚴法第十一條，共列舉了十一款限制人民自由權利的規定，並授權戒嚴地域內最高軍事司令官負責執行。這十一款規定的內容，可以歸納如下。

一、停止、禁止或限制集會、結社、遊行、請願、罷市、罷工、罷課、其他罷業、或有礙治安之宗教活動；若有上述活動，得予取締、解散、或強制其恢復原狀。

二、取締於軍事有妨害之言論、講學、新聞雜誌、圖畫、告白、標語及其他出版物。

三、檢查、扣留或沒收郵信電報、出入境之船舶、車輛、航空機、其他通訊交通工具、有嫌疑之旅客、私有槍礮、彈藥、兵器、火具、其他危險物品、或違建物。

四、禁止或限制於戒嚴地域內寄居或遷入。

五、檢查或調查登記，民間可供軍用之食糧、物品及資源，並得禁止其運出，或洽價徵收。

以上係舉述戒嚴法第十一條於戒嚴地域內限制人民自由權利之各項規定。而基於以上各項規定，負責機關又先後訂定了若干有關規章，以爲執行之準則。玆爲說明方便起見，爰就戒嚴法第十一條所定十一款之序列，將有關執行之補充辦法，予以分別列述如下。

一、就第一款關於言論、出版、集會、結社等有關意見自由之管制言，依國家總動員法第二十二及二十三條之規定，政府於必要時，得：（一）對報館及通訊社之設立，報紙通訊稿及其他印刷物之記載，加以限制停止，或命其爲一定之記載；（二）對人民之言論、出版、著作、通訊、集會、結社，加以限制。

同時，依「臺灣地區戒嚴時期出版物管制辦法」⑬，除查禁匪酋、匪幹作品及匪僞出版物外，出版物亦不得：

⑬ 依戒嚴法第十一條第一款訂定。

(1)洩漏有關國防、政治、外交之機密；

(2)洩漏「軍機種類範圍令」所列之各項軍事消息；

(3)爲共匪宣傳；

(4)詆譭國家元首；

(5)違背反共國策；

(6)混亂視聽，足以影響民心士氣或危害社會治安；

(7)挑撥政府與人民情感；

(8)內容猥褻，有悖公序良俗或煽動他人犯罪。

根據該辦法之規定，臺灣警備司令部，得：扣押違反上述規定了出版物；遇變亂或戰事發生，對出版物得事先檢查，查驗進出口之出版物。

二、就第二款關於限制或禁止有礙治安之宗教活動言，雖然尚無單行管理辦法。不過，戒嚴當局，對於上述宗教活動，除了依其判斷，直接根據該款規定處理外，「違警罰法」第二編第一章，處理妨害安寧秩序違警之有關規定，應可適用於處理此一問題。

三、就第三款關於禁止罷市、罷工、罷課及其他罷業言，國家總動員法第十四條，亦有嚴行禁止封鎖工廠、罷工及怠工的規定。由於上述四罷的形式和內容，都比較單純，所以該款規定，即使別無補充辦法，亦可直接予以執行。

四、就第四款關於郵電通信，第五款及第八款關於船舶、車輛、航空機之檢查管制言，除了國家動員法第二十三條，對於通訊之限制規定外，尚有動員時期電信監察實施辦法之管制非法通信，內河船筏之檢查管理辦法，在警備總部策劃下，對內河船筏之檢查管理，以及動員時期電信器材管制辦法之管制通訊器材。

五、就第六款規定之旅客檢查言，除了國內旅遊者外，尚有特定的「戡亂時期臺灣地區港口機場旅客入境出境查驗辦法」，以防範匪諜滲透，確保治安。

六、就第七款關於私有械彈之檢查管理言，另有「自衞槍枝管理條例」以資適用。

七、就第九款關於戒嚴地域內居住及遷入之限制言，另有「要塞堡壘地帶法」，以及「戒嚴時期臺灣地區各機關及人民申請進出海岸及重要軍事設施地區辦法」以爲適用。此外，「戡亂時期臺灣地區入境出境管理辦法」，以及「戡亂時期臺灣地區港口機場旅客入境出境查驗辦法」，要亦以戒嚴法本款之規定爲依據，而訂定實施。

八、就第十款關於人民不動產，因戒嚴而被破壞後之補償，以及第十一款關於軍用物資之管制、徵收等，則有「國家總動員法」及「軍事徵用法」，另爲具體之規定，以資適用。

戒嚴法第十一條關於戒嚴時期，對人民自由權利之特別限制或管制規定，以及其他執行上之補充規定，約之扼要敍陳如上。不過，上面的說明，限於實施動態資料上之困難，因而只能限於法令規章靜態一面的描述。而上述有關規定，在實施上，最引起積極於政治參與者關注批評的，在十一款規定之中，厥爲第一款關於廣義的意見自由之管制。蓋以言論、出版、集會、結社、及遊行之自由，與政治參與之有關活動，關係至爲密切所使然也。而依照美國行憲的經驗，上述各種自由，甚至包括罷工、罷市等，概皆視爲屬於意見自由的範圍⓮。

四、主張取消戒嚴令的理由

臺灣地區自三十八年五月二十日實施戒嚴，至今已逾三十四年。在這三十多年過程中，就國家的處境來說，雖然赤禍未戢，其犯臺的威脅常在，對外的政治關係，也日形艱難。但由於內部的安定，不惟政治上的民主化發展，與日俱進，經濟上脫胎換骨的突破性成就，更成爲開發中國家的楷模。而在三十年社會安定，經濟繁榮與政治日趨民主的有利條件下，遂亦孕育出一批積極於參與的中年及青年政治精英。這些在野的政治精英，爲謀取得最有利的參與環境，因而對三十年來的戒嚴狀態，開始提出正面的抨擊與挑戰。我人曾試將三十多年來，報紙雜誌所刊有關討論戒嚴的文章，依時間先後排一年表，發現在六十多篇文章中，竟有五十二篇，是在六十八年以來的三年多裏發表的。其中對現存戒嚴令予以抨擊的，和加以辯護的，大約各佔半數。甚至美國國

⓮ 美國的法院及憲法學界，將言論、出版、研究、講學、集會、結社、請願、示威、遊行、及罷工，均視之爲憲法第一修正案言論自由之範圍，其憲法學界，總名之爲意見自由。

會衆院亞太小組委員會，且於七十一年五月二十日（臺灣宣布戒嚴三十三周年），就臺灣戒嚴問題，舉行專案聽證會，並有三十二位議員簽署一項聯合聲明，籲請我們政府取消戒嚴令⑮。參議員麥高文、衆議員兼亞太小組委員會主席索拉茲訪華期間，曾率直表示其對我國戒嚴現狀之批評。無黨籍立法委員於院會中，亦紛紛提出質詢，要求取消戒嚴令。於是戒嚴令之存廢，不但構成爲現階段政治上的一個敏感問題，亦且構成爲政治上的一個現實問題。爲求對此一問題作一比較的瞭解，於此僅先就主張取消戒嚴令者所持的理由，歸納舉述如下。

我人在研讀過三十多年來有關討論戒嚴的文獻之後，發現無論是抨擊的，或是辯護的，皆屬零星、部分或片段的意見，要作具體的整合和歸納，甚是不易。茲試行將主張取消戒嚴令的理由，勉予歸納爲八點舉述如左。

一、戒嚴實施軍事統治，破壞民主憲政常軌⑯。

二、憲法上之各種自由民權，受到不合理的侵奪⑰。

⑮ 此一聯合聲明及簽署人名單，見七十一年七月，《新生代》，第三期，第九頁。

⑯ 蘇秋鎭，〈勿使戒嚴成爲一黨專政的工具〉，《政治家》，第三十九期。

⑰ 蘇秋鎭，前揭文；凌黎，〈戒嚴春秋〉，《民主人》，第六期；新生代編輯部，〈美國國會「臺灣戒嚴法聽證會」實錄〉，《新生代》，第三期；胡佛，〈戒嚴法要從嚴解釋〉，《政治家》，第三十九期；章乃仁，〈戒嚴與人權無法並存〉，《政治家》，第二十七期；名人雜誌社論，〈戕害言論出版自由的書禁政策〉，《名人》，第九期；〈十一位立委質詢言論自由〉，《名人》，第八期。

三、長期戒嚴，效用遞減⑱。

四、玫瑰就是玫瑰——戒嚴就是戒嚴，無關實施多少⑲。

五、長期戒嚴，破壞我國在國際上的民主形像⑳。

六、戒嚴與民主憲政相矛盾，長期實施，難以號召大陸「政治學臺北」㉑。

七、戒嚴所以戡亂，在三十多年並無「實際而當前」的戰亂情形下，一直堅持着專爲肆應戰亂的戒嚴狀況，不但使懼共的慢性不健全心理無以消除，而且也痲痺了大家對戒嚴應有的警覺。更令人懷疑，不必要而長期地戒嚴，乃是國民黨藉軍事管制，而維持一黨專政的工具和手段㉒。

八、政治上既沒有絕對的眞理，也沒有絕對的目的和手段。政治上的成敗順逆，端視政治領

---

⑱ 蘇秋鎮，前揭文；凌黎，前揭文；新生代編輯部，前揭文；章乃仁，前揭文；民主人社論，〈戒嚴法該廢止了〉，《民主人》，第五期；八十年代社論，〈戒嚴法下的陰謀意識〉，《八十年代》，第二十二期。

⑬ 索拉茲（美國衆議員），訪華談話，見立委洪昭男質詢引述語，七十二年十月十五日，立法院公報，第七十二卷，第八十三期，第三十四頁；凌黎，前文揭；李雅卿等，〈一般人民並未感到戒嚴的存在〉，七十二年一月二十八日，《中國時報》，專欄。

⑳ 索拉茲，與內政部長林洋港談話，七十二年八月十八日，《中華日報》，專欄；凌黎，前揭文；林進坤與劉志聰，〈學者專家談戒嚴法與法院問題〉，七十一年十月十八日，《自立晚報》，專欄。

㉑ 胡佛，前揭文。

㉒ 章乃仁，前揭文；蘇鎮秋，前揭文。

袖人物們的智慧匠心，和藝術手腕。執政黨的決策當局，應當知道「一致而百慮，殊途而同歸」的道理。所以戒嚴，不過是爲了國家的安全，社會的秩序，由預防中共的顛覆，進而光復大陸。但戒嚴並不是達成這些目的之唯一手段。三十多年來的長期戒嚴，既招來外在國際友人的批評，復引起國內在野者的指責，爲什麼不運用智慧，調整作法，藉殊途之策劃，達同歸之目的㉓。

以上八項，是歸納主張取消戒嚴令者所持的觀點和理由。那些理由，在擧其綱目之後，已無需再予敷陳或闡釋，故於此不擬再作任何申論。

五、主張繼續維持戒嚴令的理由

臺灣地區，雖自三十八年五月二十日即宣告戒嚴，但被提出討論的，則始於民國四十年代中期。當時僅有的三數篇文章，其內容僅止於對戒嚴作理論的闡釋，和制度的比較，尙不涉及對旣存戒嚴狀況的褒貶。迄民國五十年代初，曾出現近十篇論述戒嚴的文章，其中皆屬爲戒嚴辯護之作。及進入民國六十年代，特別是自六十八年開始，乃出現了大量對戒嚴令存廢問題辯難的文章。主張取消戒嚴令論者之觀點和理由，已經擧述如上，茲再就主張繼續維持戒嚴令者所持的理

㉓ 凌黎，前揭文；蘇秋鎭，〈戒嚴令應否廢除之論議〉；李雅卿等，前揭文；于抗，〈聖牛與公敵——也談緊急權與戒嚴〉，七十二年一月十九日，《自立晚報》，專欄；耿榮水，〈訪金大勝談戒嚴問題〉，七十一年七月二十七日，《自立晚報》。

由，試為歸納列述如左。

一、宣告戒嚴係基於戡亂之需要，為確保臺灣地區安全與秩序所必需。中共近年來雖施出種種統戰花招，但亦曾屢次宣告其並不放棄武力犯臺之企圖與禍心。面對中共滲透、顛覆，利用各種技倆，處心積慮，意圖策動島內革命之陰謀下，實施戒嚴，實為預防應變之必要措施㉔。

二、我們所面對的，不止是中共的顛覆叛亂，亦且有分裂主義者臺獨的暴力破壞。王幸男之炸傷前省主席謝東閔案，陳文成之被殺害案，林義雄母子之被殺害案，《中央日報》及《聯合報》之被炸案，以至於美麗島事件等，無不與中共或臺獨之陰謀叛亂有關。國家的安全和憲政體制，以及社會的治安秩序，在這種威脅始終存在的情形之下，戒嚴令實為預防和應變，以維護國家安全及社會秩序之必要手段。戒嚴令雖然實施已三十多年，而就戒嚴之目的言，這不是時間的長短問題，而是有沒有需要的問題㉕。

㉔ 王育三，〈戒嚴法與國家安全〉，七十一年九月二十七日，《中央日報》，專欄；《中華日報》，〈對於戒嚴法應有的認識〉，七十一年九月二十六日，社論；孫紹蔚，〈我們對戒嚴應有的認識〉，六十八年十二月一日，《中央日報》，專欄，葛瑞格（A. James Gregor），七十一年五月二十日，在美國眾院亞太小組委員會，臺灣戒嚴法聽證會證詞，見《新生代》，七十一年七月，第三期，第十一頁。

㉕ 國防部長宋長志答覆立委質詢，七十一年九月二十二日，《聯合報》；美國加州大學柏克萊分校政治學教授葛瑞格（A. James Gregor），在美國眾院亞太小組委員會聽證會證詞，《新生代》，七十一年七月，第三期，第一一一頁；耿雲卿，〈戒嚴法之實施與民主法治之關係〉，七十二年三月四日，《青年戰士報》；新聞局局長宋楚瑜，〈對美國眾院亞太小組「臺灣戒嚴法聽證會」之聲明〉，七十一年五月二十二日，《中國時報》；行政院院長孫運璿答覆立委質詢，引自七十一年十二月，《新生代》，第八期，社論。

三、宣告戒嚴，係依照憲法及戒嚴法之規定，經過合法程序，獲得立法院之通過，有其合憲的及社會支持的法理與政治基礎㉖。

四、在戡亂期間，政府雖然爲了有效保障國家安全和維護社會秩序，不得不宣告戒嚴。但是在戒嚴法規定的範圍內，政府已將戒嚴措施，縮小至必要的最低限度，儘量不影響人民日常的正常生活。據有關研究指出，百分之三點七的戒嚴措施，不但對百分之八十四點一的人民，並不認爲他們在憲法上的自由權利曾受到了損害，而且約有百分之二的人，尚不知道臺灣地區在實施戒嚴㉗。

五、實施戒嚴以來，雖已對國家的安全，內部之安定，發揮了積極有效的功能。不但對人民的政治參與，憲政體制之運作，提供了安定中求發展，以謀循序漸進的有利環境，更對外來投資，發展工商業，擴大對外貿易，以及繁榮經濟，富裕民生，創造了有利的條件和機會。所以戒

㉖ 行政院院長孫運璿答覆質詢，七十二年三月十九日，《中國時報》；新聞局局長宋楚瑜對戒嚴之聲明，同㉕。

㉗ 行政院孫運璿院長及國防部宋長志部長答覆立委質詢，同㉕及㉖；耿雲卿，〈實施戒嚴對全民有利無害——臺灣僅實施了百分之三點七的戒嚴〉，六十七年十二月二十二日，《中央日報》，專欄；耿雲卿，〈戒嚴令存廢問題之剖析〉，《中國報導》，第八七五期；耿雲卿，同㉕，前揭文；中國人權協會，中華民國臺灣地區人權調查研究報告，第一部分，政治人權，第一四、一五頁。

嚴雖對少數急功近利，熱衷於積極政治參與者有某些不便，但對整個國家、社會和絕大數人民，卻提供了獲得幸福的良好機會。珍惜今天既有努力的成就，乃追求未來希望的重要基礎。就戒嚴來講，在沒有其他更佳途徑取代之前，為了兼顧戡亂與進步發展之需要，戒嚴令實不宜輕予言廢㉘。

六、實施戒嚴之為了戡亂圖存，維護民主憲政體制下的自由生活方式，乃是我們國家本身的內政問題。外國人雖然根據他們一般認知的，所謂戒嚴即為軍事統治的觀點，對我們妄作不合理的批評。但是我們的生存和安定進步，要比別人看我們的形象更重要。我們的命運，要掌握在自己的手裡。我們的戒嚴既未採行其他國家戒嚴的全面軍管統治，且獲有我們社會絕對多數的支持，則我們大可不必為了取悅他人而自亂方寸㉙。

七、由於長期實施戒嚴，引起國內，特別是國際間若干人士的批評，因而有損於我們國家在國際間的民主形象。於是關心此一問題的人士，不免覺得，與其長期受人誤解，何不將現行根據

㉘ 行政院院長孫運璿答覆立委質詢，同㉕及㉖；王育三，〈戒嚴法與國家安全〉，七十一年九月二十七日，《中央日報》，專欄；《中華日報》，〈對於戒嚴法應有的認識〉，七十一年九月二十五日，社論；李雅卿等，同⑲，前揭文。

㉙ 國防部長宋長志答覆立委質詢，《中國時報》，七十一年九月二十二日，臺北訊；李雅卿等，同⑲，前揭文。

戒嚴法所實施的局部管制，另以類如「國家安全法」或其他法律，來代替戒嚴法，以求殊途同歸，來適應戡亂期間安全與秩序之需要㉚。對於此一意見，耿雲卿教授認爲，「牽涉到適用戒嚴時期的法律就有十一種，根據戒嚴法所訂定的法規有十七種……尚有法律上特別規定，適用於戰時戰地與戒嚴有關者，有十八種，加在一起，最少有四十六種法律命令需要修改。如果要修改這些法令，困難實多，影響亦大」㉛。內政部長林洋港，在七十二年八月十七日，與美國衆院亞太小組委員會主席索拉茲的訪問談話中，亦曾說明「有人認爲我們可另立一國家安全法取而代之。但是實施戒嚴法的彈性大，形勢較寬時有較寬的作法，形勢較緊時有較緊的措施，這種彈性非其他法律所可替代。」同時，「以訂立其他法律代替戒嚴法，可能在立法院開始就會吵吵鬧鬧。訂定的新辦法若過嚴，社會人士會批評認爲與戒嚴法無異，若法案內容過寬，又不能對付未來發生的情勢，不能對抗中共侵害的野心㉜。」

以上七項，是歸納朝野主張繼續維持戒嚴令者所持之觀點和理由。三十多年來，特別是六十八年以來，有關批評和辯護戒嚴令的兩種意見和理由，業已分別歸納扼要舉述如上。以上的歸

㉚ 持此項觀點者之意見，請參閱㉓，所舉各項文章。

㉛ 耿雲卿，〈戒嚴法之實施與民主法治之關係〉，七十二年二月二十八日，在國民黨中央總理紀念週專題演講，見《青年戰士報》，七十二年三月九日，專欄。

㉜ 林洋港與美衆議員索拉茲的對話，〈我們爲什麼實施戒嚴法〉，七十二年八月十八日，《中國時報》及《中華日報》。

納，雖非十分完整，但似亦並無重大遺漏。此對瞭解此一問題，似應具有可資參考之處。

六、戒嚴令存廢之評估

臺灣地區實施戒嚴，自三十八年五月二十日至今，業已三十四年。其特別受到國內外之關注及批評，則係晚近數年來之現象。其所以然者，可能是由於下列幾種因素。

一、美國前總統卡特，基於該國特別重視自由人權之傳統，於一九七七年一月就職之初，即宣告其人權外交之基本政策。此項政策，不但構成爲美國評估及處理其對各國外交關係的指導原則，由於我國在軍事採購及對外貿易上，與美國之關係特別密切，而我國恰又長期實施戒嚴，對憲法所保障之民權，採行若干約束措施。於是卡特人權外交政策之宣告，因而對國內熱衷於政治參與的在野人士之爭取擴大民權，無形中發生了相當的鼓舞作用。

二、臺灣地區雖面對中共武力進犯與陰謀顚覆之威脅，但由於國際因素與政府之莊敬自強及勵精圖治，遂使臺灣利用最大可能的安定環境，不惟在經濟上創造了驚人的成就，而且在民主選舉的憲政建設上，也獲得了長足的發展與進步。經濟上成就所帶來逐年增加的國民所得，造成了大量的中產階級，而中產階級也正是促進民主政治前進發展的有效力量。政治上民主化選舉之定期舉行，發揮了普遍的社會教育功能，培育了社會精英政治參與的認知與積極意願。

三、就社會精英之參與政治言，幾乎每一個人都希望能有攀登政治高峯之捷徑。而經由政黨的途徑，通常乃是一種漫長而較遲緩的過程。對於志切成名與祿位的人來說，參與公職競選，乃是具有最佳可能的終南捷徑。而在策劃參與競選的過程中，爲了獲得社會的普遍共鳴，便需要藉政治上有待改進的種切問題，以訴求選民大衆的認同和支持。近年來無黨籍政治人物，在立法院和選舉中，所提出政治上諸如制定基本法、開放黨禁、解除報禁、取消戒嚴令、制定省縣自治通則等所謂敏感問題，可以說都是出諸這樣的一種心態。

四、由於臺灣與大陸的長期對峙，少數分離主義者，或爲想作開國英雄，或爲某一外國所利用，或爲中共統戰陰謀所蠱惑。於是製作誣蔑之詞，倡爲臺獨之說。就政治上尚非十分健全的問題，或則遊說外國高級公職人員，以期不利於政府；或則慫恿國內無黨籍人士，以圖製造政治紛爭。取消戒嚴令，不過是被利用種切問題中之一端而已。

戒嚴令存廢問題之發生，雖然可能出諸上述諸種因素。但問題既經發生，總宜善籌解決之道。就國家主權的觀點言，外國公私團體的批評，雖可置之不顧。但就我國目前之處境言，在國際間之形象，究於外交關係之拓展，具有不可忽視的重要性。次就我國民主憲政之健全發展言，勿固勿必，理性妥切地處理政治上既經發生的問題，不但是民主政治中的一項鐵律，無形的道德規範，亦且是一種高貴的政治風範和藝術。

試就前述主張取消與主張繼續維持戒嚴令兩方面的理由，益之以國內外的情形來比較。我人覺得就歐美各國對戒嚴之爲軍事統治的共同認知言，我們戒嚴法在適用上，戒嚴令之實施範圍，雖然極爲有限，但所謂百分之三點七的施行狀況，我們既不可能遍邀具有影響力的外國人士前來瞭解實況，我們自己對外的宣傳說明，在外人懷疑的心態下，未必能產生事倍功半的效果。如果我們本身在軍事及經濟上，具有足資自給自足的實質條件，則外國人對我們內政形象的誤解和批評，本可淡然視之，一笑置之。無如我們國步唯艱，處境困難。經濟上既靠對外貿易以爲生，軍事上尤賴友邦之供應武器以圖存。在這種無奈而艱難的情形下，國際間對我們內政形象的觀感和批評，我們便很難再淡然視之。我們國家的主權意志作用，也很難避免外來的衝擊和影響。天下事既無絕對不變的公式，又有殊途可以同歸的經驗原則。權衡輕重，判斷利害，我們應該具有通權達變，減除困擾的智慧和能力。

其次，就國內的情形言，在民主憲政的堅定國策指導下，過去三十多年來的選舉，對我們國家政治民主化的進步和發展，曾提供了多方面的正功能。其一，維持憲政體制之有效運作；其二，提供了民主的社會教育機會；其三，活化並擴大了政治參與的管道；其四，培育了大量後起的政治精英；其五，強化了社會精英積極參與政治的意願和企求。政治的參與，雖然有不同的途徑可循，但訴之於選舉，卻是最直接、可行而大衆化的一個途徑。而爲了贏取一般選民的支持，則批評現狀，進而提出改善主張，乃成爲宣傳策略上的重要戰術。戒嚴令之爲在野政治精英選作政治訴求主題之一，主要是由於戒嚴之爲戡平戰亂之本旨。然臺灣地區，三十年來既沒有「實際而當前」的戰亂，而憲法所保障的各種自由權利，卻因戒嚴而受到了相當限制。這些限制，正是在野政治精英，認爲是他們積極參與政治活動的最大障礙，必以去之而後快。雖然戒嚴令對戒嚴法只實施了所謂的百分之三點七，但戒嚴終歸是戒嚴。而當戒嚴本身，與並無實際戰亂的現況比較，而論其是非得失的時候，批評者的說詞，卻不但比較易於獲得一般人常識性的默許，甚至還可能得到部分理性者的諒解與同情。於是在戒嚴令取消之前，在野的政治精英，或則經由議會的發言，或則經由報刊的傳播，或則經由競選時的宣傳，將不斷以抨擊戒嚴令，作爲其政治訴求的主題之一。以期博取社會的同情，並爲政府及執政黨造成困擾。從政治之爲可能的藝術言，應該是可以重視殊途同歸的經驗，別籌肆應之策。

七、取消戒嚴令可行性試探

面對國際間及國內在野政治精英對戒嚴令之批評，從前面引述各種辯護理由中，可以扼要歸納爲三點。第一，戒嚴是爲了戡亂的需要，其適用的對象，是外在的敵人，和潛伏島內的陰謀分子，而非忠於國家及憲政體制的一般人民。第二，戒嚴令對戒嚴法，只實施了百分之三點七（此一算法數字並不精確），對一般人民的正常生活並無影響。第三，若另訂其他法律代替戒嚴法，則需要修改的其他有關法令，多達四十六種㉝；不但在立法院，可能發生各種爭議，且新法如果

㉝ 耿雲卿，同㉛。

過嚴，仍將引起新瓶舊酒，換湯不換藥的批評，如果過寬，又不足以肆應未來發生的情勢，對抗中共的侵略野心，故戒嚴法的彈性，並非其他立法所能取代㉞。以上三種理由，我人覺得都有其可取之處。本文於此，僅係基於殊途同歸的經驗原則，試就取消戒嚴令後，爲適應戡亂之需要，所涉及重要法令之修改及新訂立法問題，作一全面系統的檢討和分析。

Ⅰ、軍事審判權之適用問題

戒嚴法在戒嚴令之執行下，最引起批評的問題之一，厥爲戒嚴法第八條規定的刑事犯罪的軍事審判問題。依該條第一項規定，在接戰地域內，將刑法第二編所定全部三十五類犯罪中的十二類，歸納爲十類，授權軍事機關得自行審判，或交由法院審判。同時，該條第二項，又規定「犯前項以外之其他特別刑法之罪者亦同。」所謂其他特別刑法，範圍太過廣泛，我人曾查檢其中與戒嚴法該條規定有密切關係者，舉列八種予以說明。（參見本文三Ⅱ㈠）

依戒嚴法第八條第一項之規定，雖然列舉了刑法上的十二類犯罪，得由軍事機關自行審判或交由法院審判，但依照現行「臺灣地區戒嚴時期軍法機關自行審判及交由法院審判案件劃分辦法」規定，則對該條第一項所列刑法上的十二類犯罪，則已劃出軍事審判權適用範圍之外，皆交

㉞ 林洋港與索拉兹的對話，同㉜。

由法院審判。不過，由於該條第一項所列刑法上的內亂罪及外患罪中的某些犯罪行爲，與國家的安全及戡亂，關係特別密切，所以又經由特別立法，將之納入「懲治叛亂條例」，劃歸軍事審判。所以，從法律適用的形式來說，戒嚴法第八條第一項所列刑法上的十二類犯罪，已不受軍事審判權的管轄。因而卽使取消戒嚴令，也並沒有處理上的難題。

其次依戒嚴法第八條第二項之規定，犯該條第一項所列刑法上十二類犯罪以外之其他特別刑法之罪者，軍事機關亦得自行審判或交由法院審判。在爲數衆多的特別刑法中，經軍法機關及法院審判案件劃分辦法，明確劃由軍事機關審判者，亦僅五種特別法所規定之犯罪而已。而在這五種特別刑法中，除了檢肅匪諜條例及懲治叛亂條例兩種所規定的各種犯罪，皆由軍事機關審判外，其他三種特別刑法所規定的各種犯罪，亦只有與軍事有關的極少數犯罪行爲，才劃由軍事機關審判。在基本原則上，如果確認軍事機關及法院審判案件劃分辦法所列舉的各種犯罪，仍宜由軍事機關審判，則可在完成各該法例之修訂後，再行取消戒嚴令。茲將應予修改之法例舉述如下。

一、「懲治叛亂條例」。本條例共十三條，於第二條至第七條，詳爲列舉刑法上關於內亂或外患之各種犯罪，以及破壞或妨害戡亂或有利於叛徒之各種罪行。依其第十一條規定，凡犯本條例專科死刑之現行犯，在接戰地域，軍事最高機關得爲緊急處置。又依本條例第十條規定，在戒嚴區域，非軍人而犯該條例之罪者，一律由軍事機關審判。由此可知，本條例所定各罪之由軍事審判，係以戒嚴法第八條第二項之規定為法律基礎。如果於本條例，明定「在戡亂時期犯本條例所定之罪者，由軍事機關審判之」，即不必再以戒嚴法，作為本條例所定軍事審判之法律基礎。而修改本條例之幅度，不過僅第十條而已。

二、「戡亂時期檢肅匪諜條例」。依本條例第二條之規定，該條例所稱「匪諜」，乃係指「懲治叛亂條例」所稱之叛徒而言。又依本條例第十一條規定，「匪諜牽連案件，不分犯罪事實輕重，概由匪諜案件審判機關審理之」。從上述規定來看，「匪諜」即是「叛徒」。審判叛徒之機關，即是審判匪諜之機關。只要將「懲治叛亂條例」，作如前所述極小的修正，本條例所定各罪之軍事審判問題，即可同時解決，而無需作任何修改。

三、「陸海空軍刑法」。非軍人於戰地或戒嚴區域，犯本法第二條所列十三款所定之罪者，依軍事審判法第一條及戒嚴法第八條第二項之規定，應受軍事審判。而依戒嚴時期軍法機關自行審判及交法院審判案件劃分辦法第二條第三款之規定，在陸海空軍刑法第二條所列十三款犯罪中，僅有犯該法第七十七、七十八條所定盜賣買受械彈軍油案件，始由軍事機關審判。由此可知，非軍人犯陸海空軍刑法第二條所定之罪之受軍事審判，係以軍事審判法第一條所定適用戒嚴法第八條第二款之規定為基礎。如果取消戒嚴令，則此項基礎即不再存在，自然也不再有違反本法第七十七、七十八條，而受軍事審判之問題。假使在原則上，認為犯本法第七十七、七十八條所定，屬於盜賣買受械彈軍油案件，於戡亂軍事有重大影響，仍宜交由軍事審判，則最為簡單可行之途徑，即將此項犯罪，列入懲治叛亂條例，此外，並不涉及其他法律之修改問題。

四、「懲治盜匪條例」。本法爲特別刑法之一，依戒嚴法第八條第二項之規定，犯本條例之罪者，可由軍事機關自行審判或交法院審判。而依軍法機關自行審判及交法院審判案件劃分辦法第二條第三款規定，則僅將本條例第四條第一項第三款及第二、三項所定，犯盜取或毀壞有關軍事之交通或通信器材，致令不堪使用之罪者，始劃歸軍事審判範圍。如果取消戒嚴令，軍事機關及法院審判案件劃分辦法停止適用之後，對上述犯罪，如仍以由軍事審判爲宜，則亦可將該項犯罪，列入懲治叛亂條例，以適應戡亂軍事之需要。

五、「戰時交通電業設備及器材防護條例」。依軍事機關及法院審判案件劃分辦法第二條第三款規定，對本案例第二條第一項第四、八兩款規定之有關電信、輸油管設備及器材，犯同條例第十四、十五條所定竊盜、毀損、收受、寄藏、熔燬等罪者，應受軍事審判。若將此類犯罪，亦列入懲治叛亂條例，即不受取消戒嚴令之影響。

以上是就取消戒嚴令，可能發生現行軍事審判權對非軍人犯罪適用問題之檢討分析。根據上面的檢討，似可獲悉如果取消戒嚴令，停止戒嚴法及軍事機關與法院審判案件劃分辦法之適用，而仍擬保持現行軍事審判權適用於非軍人犯罪之管轄範圍時，其所必需修改之法律，實僅懲治叛亂條例一種而已。

我們現行軍事審判權之適用於非軍人犯罪，唯一的法律根據，即爲戒嚴法與戒嚴令。就美國的憲政經驗來說，宣告戒嚴係基於叛亂或被侵襲而爲公共安全所必需。戒嚴之後，人身保護律之特權卽予停止，行政與司法，一律移歸軍事管轄，實施軍事統治。非軍人之犯罪行爲，亦隨而歸由軍事機關審判。由於戒嚴的這種嚴重後果，所以聯邦最高法院，始則在一八六八年的 Ex-parte Milligan (71 U. S. 2) 案，繼則又在一九四六年的 Duncan U. Kahanamoku (327 U. S. 304) 案，先後宣告，若非有實際而當前 (actual and present) 的戰亂或侵襲，法院已經關閉，民政機關已經停止職權，政府並不能在戰亂或侵襲僅是一種潛在的威脅，而非事實的存在情形下，對非軍人實施軍事審判。由於美國的這種經驗，所以在歐美人士的心目中，戒嚴實爲軍事統治的別稱，認爲十分嚴重。但是我們的戒嚴法，第七條雖然規定接戰地域內的行政及司法事務，移歸該地最高司令官掌管，然而依同法第八條之規定，軍事機關審判非軍人犯罪，卻並不以接戰地域內之法院已經關閉爲前提要件。這是中外對戒嚴在認知上的最大差異。所以如爲避免國際間存有對我戒嚴之爲軍事統治之誤解或錯覺，以減少我國發展對外關係之困擾，在尚無實際而當前的戰亂情況下，似可考慮停止戒嚴法之適用，取消戒嚴令。而對於前述那些特定與戡亂軍事有關的重大犯罪案件，在判斷抉擇上，卽使認爲仍然需要由軍事審判機關作初步的管轄㉟，根據前面的分析，依然可以經由小幅度地修訂「懲治叛亂條例」的途徑，來肆應未來的需要。將來

㉟ 依戒嚴法第十條規定，依（該法）第八條第九條之判決，均得於解嚴之翌日起，依法上訴。由此可知在戒嚴區域內，軍事審判機關之判決，在整個訴訟程序中，並非確定之終局判決。

如果有實際的戰爭或叛亂發生，則可依法宣告戒嚴，對戒嚴法作徹底的、全面而嚴格的適用。

Ⅱ、軍事治安權之調適問題

依戒嚴法第十一條規定，在戒嚴地域內，最高司令官具有十一項有關治安事項之管轄權。這十一項軍事管轄的治安事項，都直接或間接涉及到憲法所保障的個人自由權利。而其中最受在野政治人士關注，且抨擊最力者，厥爲第一項對言論、出版、集會、結社、遊行、請願等自由之限制。對於上述十一項軍事治安管轄事項之執行，政府曾先後訂定若干規章。其以戒嚴法第十一條之十一項規定爲根據者，茲予列舉如下：

一、「臺灣地區戒嚴時期出版物管制辦法」。(十一—一)

二、「戡亂時期臺灣地區內河船筏檢查管理辦法」。(十一—五、八)

三、「戡亂時期臺灣地區港口機場旅客入境出境查驗辦法」。(十一—六、九)

四、「戒嚴時期臺灣地區各機關及人民申請進出海岸及重要軍事設施地區辦法」。(十一—九)

五、「戡亂時期臺灣地區入境出境管理辦法」。(十一—九)

上列五種辦法，都係以戒嚴法第十一條爲依據之行政命令。而命令之修改，都無需經過立法程序。而戒嚴法第十一條，實非所有上述各種辦法唯一可取的依據。茲將該法第十一條所列十一項事權，可資依據的其他法律，逐項分析如下，以說明即使取消戒嚴令，亦將無碍於該法第十一條所定十一項事項之有效管理。

一、第一項對言論出版等之管制。「國家總動員法」第二十二條及第二十三條規定，政府於必要時，得對報館及通訊社之設立，報紙通訊稿及其他印刷物之記載，加以限制停止；對人民之言論、出版、著作、通訊、集會、結社，加以限制。上述規定，雖然並未列舉戒嚴法第十一條第一項中的遊行、請願、講學、新聞雜誌、圖畫、告白、標語等名目，但漏列名目，在解釋上，概皆屬於言論及出版之範圍，這可以美國憲法第一修正案言論、出版自由條款之適用經驗為顯例。若必以明確列舉為是，則可於施行辦法中予以補充。由此可知，若將現行「臺灣地區戒嚴時期出版物管制辦法」，改變名稱為「戡亂時期出版物管制辦法」，則上述總動員法第二十二及二十三條之規定，即可取代戒嚴法第十一條第一項，而為該管制辦法之法律依據。不過，現行出版物管制辦法第三條所列八款內容，似宜妥為調整。

二、第二項，對人民有礙治安之宗教活動之限制或禁止，現行規章尚無以該法為根據之單行管制辦法。若有需要，則「國家總動員法」第二十三條，亦可為訂定辦法之依據。違警罰法第二編第一章，妨害安寧秩序之有關規定，以及刑法第二編第七章，妨害秩序罪有關規定，均可適用於此種需要。

三、第三項對罷市、罷工、罷課、罷業之管制。可以「國家總動員法」第四條所列十二項業務之動員，以及同法第十四條之禁止罷工，訂定辦法，以取代戒嚴法第十一條第三項之適用。

四、第四、第五、第八項，對郵電通信、海陸空交通、建築物之檢查管制。現行之「動員時期電信監察實施辦法」及「動員時期電信器材管制辦法」，皆係分別依據「國家總動員法」第二十三及第十八條所訂。此外「內河船筏檢查管理辦法」，雖係依據戒嚴法第十一條第五、八項所訂定，但「國家總動員法」第四條第四項，「關於運輸、通信業務」之動員管制規定，同樣可以取代戒嚴法上述三項規定，以為「內河船筏檢查管理辦法」之法律依據。

五、第六項對有嫌疑旅客之檢查，與第九項對戒嚴地域內寄居之管制。現行之㈠「戡亂時期臺灣地區港口機場旅客入境出境查驗辦法」，㈡「戡亂時期臺灣地區入境出境管理辦法」，以及㈢「戒嚴時期臺灣地區各機關及人民申請進出海岸及重要軍事設施地區辦法」，皆係依據戒嚴法第十一條而制定。在上述三項辦法之中，除第㈢辦法，可改以「要塞堡壘地帶法」為依據外，其他㈠㈡兩種辦法，除戒嚴法第十一條外，尚未發現有其他法律可資依據。即入出境管理辦法，究以戒嚴法何條為根據，該辦法第一條亦含糊其詞，語焉不詳，本文將之列入第十一條第九項之範圍，亦係擴大解釋之認定。為謀妥善處理此一問題，則似可考慮將之增訂於「國家總動員法」規範之內。

六、第七項對於私有槍砲、彈藥、兵器、火具及其他危險物品之檢查、扣留或沒收，可依據「自衛槍枝管理條例」處理，而無需借重戒嚴法第十一條本項之規定。

七、第十項對破壞人民不動產之補償，及第十一項可供軍用之民間物資之檢查登記、管制及徵收，則有「軍事徵用法」可資依據，亦無需借重戒嚴法以爲肆應。

八、結 語

總結以上之檢討分析，似可發現根據戒嚴法實施戒嚴，所引起之批評，以及所帶來之困擾，僅爲第八條之非軍人犯罪之軍事審判問題，與第十一條之軍事治安權對憲法上人民各種自由權利之限制性管理問題。如擬取消戒嚴令，解除困擾而又無礙於有效地保障國家安全、維護社會秩序及戡亂之需要，其眞正需要調整或修訂之法律，根據前面的檢討，主要有「懲治叛亂條例」及「國家動員法」兩種。而且其需要修訂之幅度亦極爲有限。其他的有關辦法，皆屬行政命令，不但無需經過立法程序，即其修訂，亦多僅爲將其以戒嚴法爲依據之文字，改訂爲以「懲治叛亂條例」或「國家總動法」爲依據而已。至於是否可以考慮另行制定一個「戡亂時期國家安全法」，對有關戡亂時期國家安全及社會秩序之需要，作一整體規定，則尙賴有關當局之睿智決定也。

附誌：實施歷時三十八年之戒嚴令經於七十六年七月十五日，由故前總統經國先生明令解除。

五四、國家安全會議之功能及展望

中央日報：民國七十七年三月三日

憲法及法律，乃制度所以建立及繼續存在發展的政治規範。但是，憲法及法律，並不是制度功能強弱，或運作成敗的惟一決定因素。蓋徒法不足以自行也。由於政治規範之制定，與功能之強弱，以及運作之成敗，必然受現實政治狀況之影響。所以如果政治狀況發生根本變化，而原始制度未能及時調適，則其運作及功能，便無可避免地會受到實質的影響。韓非子所謂：「法與時轉則治，治與世宜則有功」，即在說明法律與政治之間的依存關係。

國安會之性質與任務

國家安全會議，係先總統　蔣公，根據民國五十五年三月，國民大會第四次會議時，修訂動員戡亂時期臨時條款第四項規定之授權，為了決定動員戡亂有關大政方針，及處理戰地政務，於民國五十六年所設置。國家安全會議之性質，依照其組織綱要之有關規定，主要是幕僚性的，受總統之命，就有關專案事項，從事研議及審核的幕僚作業。其具體任務，包括有關：㈠動員戡亂大政方針之決定；㈡國防重大政策之決定；㈢國家建設及科學發展之研究指導；㈣總體作戰之策定及指導；㈤國家總動員之決策；㈥戰地政務之處理；㈦總統依據臨時條款第五、六兩項授權，調整中央行政機構、人事機構及其組織，與訂頒辦法充實中央民意機構事項；㈧其他有關動員戡亂之重要決策事項，及總統交議事項。從以上組織綱要的有關規定來看，國家安全會議之作爲總統領導戡亂的幕僚，其任務既是列舉的，又是概括的，基本上，包括了戡亂臨時條款第四、五、六項所規定之各項授權事項。其繁簡之間，有相當的彈性，完全由總統決定。

國安會之結構與程序

國家安全會議，以總統爲主席，並主持會議，其經常出席之人員，包括：副總統、總統府秘書長及參軍長、行政院正副院長、國防、外交、財政、經濟四部部長、參謀總長、國安會秘書長、國安會國家建設研究委員會與科學發展指導委員會主任委員、以及總統臨時指定之人員，諸如行政院有關部長、其他四院院長、國大秘書長等。此外，總統亦得指定與議案有關之特定人員列席。國安會除上述經常出席人員外，其內部結構，又設國家建設研究委員會，科學發展指導委員會，及國家安全局，分別負責特定任務。而國家建設研究委員會之下，又分設政治、軍事、財經與文化四個組，由此亦可知該委員會業務之廣泛。

國家安全會議在總統主持之下，其一切決議，尚須經總統核定之後，再依其性質，以命令交主管機關實施（組織綱要第四、五、九條）。由這些規定，可以瞭解兩點：其一，國安會組織之精神本質，乃是首長制，而非合議制，其形態略如美國總統之與其內閣會議，該會秘書長蔣緯國將軍，稱該會爲總統之幕僚，蓋乃屬實之言。其二，國安會之任務，除了戰地政務之處理外，主要是決策性的，此項任務功能之積極發揮，必然會涉及到行政院決策功能之調適，所以在出席國安會的人員中，行政院的人員，往往構成爲全體出席人員的半數，其目的應在覓求決策之平衡與可行也。

國安會之展望

戡亂臨時條款對國安會之建制，一如對總統作緊急處分之授權，主要是基於動員戡亂的可能需要，預作綢繆性之規定。事實上如有動員戡亂有關任務之需要，國安會卽有積極發揮其功能之機會，否則，亦無須影響憲法所定政務決策之正常程序。所以，當五十六年國安會建制之初，組織規模及其運作，都比較龐大而積極。迨經證明事實之需要並不迫切，特別是六十一年之後，不但組織縮減，活動亦漸趨萎縮。李總統繼任之後，更明示若非十分必需，國安會將不作集會運作，以維持憲定政治決策程序之常態。以昨日國安會之集會而言，其處理事項，包括七十八年度中央總預算，充實中央民意代表方案，以及資深中央民意代表退職優遇原則。這些事項，總預算涉及戡亂時期國力之規劃與運用，中央民意代表之充實，與資深代表之退職優遇，在目前政治狀況下，都是基於客觀事實所必需，比較最可取的處理途徑。所以國安會在未來我們國家政治的運作過程中，其角色功能如何，我們並不宜僅僅根據戡亂臨時條款第四項之授權，以及國家安全會議組織綱要之有關規定，徒作法制條文的靜態分析。因爲政治觀念、政治人物、及政治勢力之交互影響作用，才眞正是影響國安會角色功能的決定因素。

基於以上認知，我人深覺李總統對國安會的健康態度和宣示，不但顯示了其對民主憲政之信念與信心，個人坦蕩無私的政治胸懷，更顯示了其值得國人尊敬的政治智慧與抉擇，以具體的作爲，爲國家的民主與憲政，繼　蔣公與經國先生之後，展伸出健全成長與發展的前景。

五五、監察院彈劾五法官問題之分析

中國時報：民國七十四年四月八、九日

本文案情要旨部分，該報曾有刪略於此予以增列，以便讀者瞭解真相。

＊：閱讀本文之前，請先參閱本書第六十三篇〈大法官會議權威應予尊重〉

案情要旨述略

三月二十七日，監察院通過了一個由周百鍊委員提案，劉延濤等十五位委員審查成立的彈劾案。彈劾的對象是最高法院刑事第五庭庭長張祥麟，與推事蔡詩文、呂一鳴、蔡錦河及仲躋閣共五人。彈劾的理由，是因爲他們「承審最高檢察署檢察長所提蘇光子、羅明正等違反國家總動員法案件之非常上訴一案，罔顧事實，漠視司法院大法官會議（第一七八及一八八號）之解釋，利用審判職權，蓄意規避，破壞憲政體制，以歪曲之理由，舞文弄墨，判決駁回非常上訴，違法亂紀，情節重大，爰依法提案彈劾」。此案之背景要點如下。

一、蘇光子及羅明正，因違反國家總動員法被判刑，其上訴曾經最高法院判決發回高等法院更審，及其不服更審之判決，再度上訴最高法院，則爲最高法院以七十年度，臺上字第二九八七號刑事判決駁回而告確定。

二、蘇光子向監察院陳訴，認爲參與該案第三審之最高法院推事高廷彬，原爲該案第二審時之審判長，而依刑事訴訟法第十七條第八款，及第三百七十九條第二款之規定，「推事曾參與前審之裁判者，於該管案件，應自行廻避，不得執行職務」，而「依法律或裁判應廻避之推事參與裁判者，其判決當然爲違背法令」。因而指稱最高法院對該案之判決爲違法。

三、監察院就上述應廻避而未廻避之違法判決案，致函司法院查詢，所獲函覆，認爲依判例，高廷彬推事固曾參與蘇案之第二審裁判，但該裁判既經第三審撤銷發回後，並未再參與更審裁判，故高推事雖在第三審參與蘇案之裁判，即非參與前審裁判之推事，與法定廻避原因無關。監察院因爲不同意司法院所持上述關於推事應行廻避之見解，因而聲請大法官會議統一解釋。

四、大法官會議於七十一年釋字第一七八號解釋中，宣告「刑事訴訟法第十七條第八款所稱推事曾參與前審之裁判，係指同一推事，就同一案件，曾參與下級審之裁判而言……至曾參與經第三審撤銷發回更審前裁判之推事，在第三審復就同一案件參與裁判，以往雖不認爲具有該款廻避原因，但爲貫徹推事廻避制度之目的，如無事實上之困難，該案件仍應改分其他推事辦理。」監察院根據此一解釋，函請法務部轉知檢察署依法對蘇案尋求救濟。

五、法務部轉據檢察署意見函復監察院，略以大法官會議釋字第一七八號解釋之效力，依據法律不溯既往原則，對蘇案已無從救濟。對於大法官會議解釋究應於何時生效問題，監察院曾函請行政院表示意見，行政院則函請司法院解釋，監察院旋亦再函請司法院解釋。

六、大法官會於七十三年釋字第一八八號解釋，宣告其「所爲之統一解釋，除解釋文內另有明定者外，應自公布當日起發生效力……惟引起歧見之該案件，如經確定終局裁判，而其適用法令所表示之見解，經本院解釋爲違背法令之本旨時，即屬適用法規顯有錯誤或違背法令，是項解釋，自得據爲再審或非常上訴之理由。」監察院復根據大法官會議釋字第一七八及一八八兩號解釋，再度函請法務部轉知檢察署，對蘇案依法尋求救濟。

七、檢察署依大法官會議釋字第一七八號解釋之意旨，函請最高法院查覆推事高廷彬於蘇案未曾廻避，有無事實上之困難。最高法院函復，略以高推事參與本院七十年度臺上字第二九八七號刑事判決，係在七十年六月二十五日，當時釋字第一七八號解釋尚未公布，無從考慮有無事實上之困難問題。此項答覆，既未說明廻避在事實上有何困難，於是檢察長乃依法對蘇案提起非常上訴。

八、最高法院刑事第五庭，由審判長張祥麟，及推事蔡詩文、呂一鳴、蔡錦河、仲躋閣共組合議庭，負責審理此一非常上訴案，並判決「上訴駁回。」其所持理由，一則說明該院對刑事訴訟法第十七條第八款，所謂「曾參與前審之裁判」之見解，一向「均認爲應指更審前最後一次之原裁判而言」，高推事雖曾參與蘇案第二審六十八年度上更㈢字第三〇四號刑事判決，但該判決「業經本院撤銷發回更審……已失其存在」，故參與該判決之高推事，於該院之審理蘇案，「即無庸廻避」。駁回非常上訴的另一項理由，是說大法官會議釋字第一七八號解釋，雖然宣告「如無事實上之困難」，則「曾參與經第三審撤銷發回更審前裁判之推事」，在第三審復就同一案件審理時，仍應廻避。本院函覆檢察署時，曾說明高推事參與蘇案之第三審裁判，早在七十年六月二十五日，而該釋字第一七八號解釋，則晚在七十一年十二月三十一日公布。故高推事在參與蘇案第三審裁判時，本院尚無從考慮釋字第一七八號解釋所示有無事實上之困難問題。而「非常上訴意旨，以（本院）覆函未說明有何事實上困難之情形，解釋爲覆函謂無事實上之困難」，從而「指摘原確定判決爲違背法令，不免誤會」，故「本件非常上訴，尚難認爲有理由。」監察院對於此一非常上訴案之被駁回，認爲最高法院承理本案之五位推事，利用審判職權，漠視並蓄意規避大法官會議解釋之權威性，舞文弄墨，破壞憲政體制，因而依法提出彈劾。

此一彈劾案，自於三月二十八日見諸報端，近日來輿論界已表示若干意見，針對大法官會議解釋的性質、效力，最高法院裁判之終局確定性權威，以及監察院此一彈劾案之是否可取等問題有所論列。現在此一彈劾案，即將進入公務員懲戒委員會的審議程序，被彈劾人亦將依法提出申辯。由於本案所涉及而爲輿論所關注的一些問題，皆屬我國憲政體系中的制度問題。因爲這些制度尚未確立，社會對之亦乏共識，所以才有強烈的歧見與爭論發生。於此爰就所知，略抒所見，藉供關心人士之參考。

權威解釋的法效問題

監察院之發動彈劾權，必須以公務員之有違法失職爲前提要件。此次監察院彈劾五位第三審法官，以其「漠視大法官會議之解釋，利用審判職權，蓄意規避，破壞憲政體制」爲理由。然則大法官會議之解釋，是否具有法之地位與效力。答案如果是肯定的，則監察院此次的彈劾案，即因大法官會議解釋之具有獨立法效，而同時具有實質上的法理基礎。答案如果是否定的，則大法官會議之解釋既不具有法效，監察院此次彈劾五位法官之理由，自亦無從成立。這個問題看似雖小，實則不僅關係着大法官會議解釋之權威與功能，更且關係着整個憲政體制在運用和適應上之彈性與生機。這話並非故爲詖辭或危言聳聽，茲願試申其義。

大法官會議解釋之法效如何，近日輿論所示，咸以刑事訴訟法對此既無明文規定，則其法效，便不無疑問與爭議，而在刑訴法未作明確規定前，且多傾向於存疑式之否定意態者。對於此一問題，我人審慎權衡，寧願持以肯定之態度。蓋「法律」乃人類之行爲規範，但人類行爲規範之不以成文法律爲限，是亦人盡皆知之事實。即就成文法而論，從其廣義言之，亦不以國會通過，元首公布之制定法(Statute Law)爲限，法院判例或權威解釋機關解釋之著爲判例法(Case Law)，又稱爲法官制定法者（Judge Made Law），是亦爲成文法之一種。判例法之法效雖次於國會制定法，但權威解釋機關之解釋，特別是對憲法之解釋，其法效則又優於國會制定法，是亦成文憲法國家所共同奉行之最高原則。

美國是採行成文憲法歷時最久，且績效最爲卓著的國家，其憲法除於第六條第二項規定憲法、聯邦法律及條約，皆爲全國的最高法律外，對最高法院的違憲立法審查權，並無片言隻字的規定。但一八〇三年，最高法院在馬伯瑞控麥迪森一案中，經由對憲法第三條司法權之範圍，以及第六條最高法律條款之解釋，認爲一七八九年的司法法案(Judiciary Act)，無權在憲法既有規定之外，擴大法院的權力範圍，因而宣告該法該項規定違憲，而予拒絕適用，使之歸於無效。這個判決所創建的司法審查權（Judicial Review），旋即構成爲美國憲法中的判例法，不但其朝野奉行唯謹，未以憲法中並無明文規定爲病，且因該一判例法，從而使美國憲法文字在適用上的涵義，得以具有法與時轉的無限生機。該一司法審查權制度，迄本世紀更已爲各立憲國家所共同接受與採行。美國的此一成功經驗，是否可供我們處理大法官會議解釋法效問題之參考，就此項彈劾案而言，公務員懲戒委員會，實面臨着一項歷史性的挑戰與考驗。像這樣一個面對歷史，爲國家憲政體制締創新猶的機會，實在是可遇而不可求的，至祈現任公懲會諸位委員，能善掌天賜良機，作爲睿知的裁決。

其次，法律之需要解釋，乃以法律文字之不能自明所使然。而解釋之需要定於一，則又以不同解釋所產生之爭議而形成。所以採行成文憲法的國家，雖然所有適用憲法的人，都可以對其所適用條文的涵義去作解釋，可是一旦有爭議發生，最後則必須由權威的解釋機關，作成終局定於一的權威解釋。所謂權威解釋，卽該解釋本身具有視同憲法或法律的責效力。如果權威解釋本身，不具有責效力的權威，那就不成其爲權威的解釋了。我們的憲法，將解釋憲法與統一解釋法令的最高權威，賦予了大法官。就憲法的神聖尊嚴講，大法官會議的解釋，必須具有視同憲法或法律同等的權威和責效力。否則，大法官會議的解釋如果不具有等同憲法或法律的權威責效力，則大法官會議在我國的憲政體系中，將至多只是一個朝野在憲法或法律方面質疑問難的顧問機構，根本就不成其爲憲法上的權威解釋機關了。假使眞的不幸形成這種狀況，則我國在憲法和法律的適用上，將會出現戰國時代或無政府狀態的紛擾。這應該是關心國家憲政前途發展人士們，所引以爲憂，並引以爲戒，而力求避免的。

解釋可否追溯適用問題

法律不溯既往，乃各國刑法在適用上的基本原則，例如我國刑法第一條，卽明確規定「行爲之處罰，以行爲時之法律有明文規定者爲限」。有的國家如美國，不但禁止刑法在適用上溯及既往，且更進一步於憲法第一條第九、十節，特別禁止國會及各州制定「溯及既往的法律」（ex post facto law）。此一禁制之立法動機，旨在防止立法機關突然改變政策，以干涉個人安全與私人權利。換句話說，禁止法律溯及既往的主要目的，厥在保障刑事被告的利益，任何處罰性或不利於被告的立法，都不得作追溯的適用。但是相反的，對於有利於被告或不具處罰性的事後立法，則又得作溯及既往的適用（retrospective law）。例如我國刑法第二條規定，「行爲後法律有變更者，適用裁判時之法律。但裁判前之法律有利於行爲人者，適用最有利於行爲人之法律。」是爲從新從輕主義。由此可知不溯既往，雖是刑法適用上的基本原則，但有利於行爲人者，又容許作例外的追溯適用。

當蘇光子案於七十年六月經最高法院三審定讞，監察院曾根據其陳訴，聲請司法院解釋。及七十一年十二月大法官會議釋字第一七八號解釋公布，監察院復根據該項解釋，函請法務部轉知檢察署依法提出非常上訴時，檢察署曾以該「解釋之效力，不溯及既往，對蘇光子一案，無從救濟」相覆，從而監察院再度聲請解釋，此釋字第一八八號解釋之所由來也。迨蘇案之非常上訴遭最高法院駁回，監察院對承理該案之五位推事提出彈劾之後，學界仍有以釋字第一八八號解釋讓個案溯及既往爲非者。這個表面上解釋之溯及既往問題，不但涉及到因人民權利個案聲請解釋結果之適用問題，實質上更關係着我國解釋制度保障民權功能之成敗問題。這個問題，自三十七年大法官會議建制時起卽已存在，其間於四十七年立法院之制定大法官會議法，仍任令其繼續存在，未作適當解決。要待大法官會議釋字第一七七及一八八號解釋產生之後，才突破了制度上已存在多年的瓶頸。釋字第一七八及一八八號解釋因蘇光子案而起，其追溯適用於蘇案，是乃以解釋而建制之先聲。對此我人願作三點扼要說明。

第一，依個案聲請解釋，其結果因有利於該個案當事人，而追溯適用於該個案者，並不牴觸亦且符合各國通行之法律不溯既往之精神和原則。

第二，民主國家釋憲制度之目的，不在備政府法律問題之諮詢與顧問，而厥在保障人民之權利。解釋機關此項保障民權功能之充分發揮，一則始於人民之提案聲請，二則終於解釋結果對聲請人之適用。而我國解釋制度之最大缺點，卽在於直接關係人民權利個案聲請解釋結果之有利於該個案當事人者，缺乏進一步法定的有效救濟途徑。大法官會議法，僅賦予人民聲請解釋憲法的機會，而未給予聲請人依解釋結果以尋求救濟的進一步保障。訴訟法對此亦長期保持着緘默。人民聲請解釋之有利結果，居然對其據以聲請解釋之個案，不能發生追溯的救濟作用，試問還有什麼人會聲請解釋。「力惡其不出於身也，不必爲己」，那只是孔子在〈禮運．大同篇〉中的理想，而不是社會的現實狀況。人民都不聲請解釋，大法官會議保障民權的功能卽無從發揮，這當然不是我們建立權威解釋制度的初衷。

第三，上述制定法在解釋制度上所留下的缺點，終由大法官會議歷經三十多年的涵融默化，始於七十一及七十三年，先後於釋字第一七七及一八八兩個解釋中，宣告解釋結果，對據以聲請解釋之個案有效，當事人得據爲再審或非常上訴之理由。大法官會議此一以解釋而代替立法建制的作爲，可以與美國最高法院於一八〇三年以判例創建其造福後世的司法審核制相比美。其囿於制定法觀點者，或不以此說爲是，但是從政治學的觀點來看，一個國家的憲政體制結構，雖然必需以憲法和法律爲規範，但規範憲政體制者，實不以憲法與法律爲限。諸如憲法性的判例和解釋，以及出自政治人物、政府機關或政黨作爲而形成的所謂憲法慣例，都是構成憲政體制規範的重要成分。更值得注意的是，不但憲政慣例的實質作用，往往會取代了憲法中某些明文規定，同時憲法解釋，更掌握着憲法文字的生機。美國法學界所以稱美國的立憲政治爲「司法之治」(Gov't by Judiciary)，就是這個道理。

終局裁判之確定性問題

監察院此次以五位第三審法官，利用審判權，漠視並蓄意規避大法官會議之解釋，破壞憲政體制爲理由而提案彈劾。報章所示，或以此一彈劾可能會礙及最高法院之尊嚴者；或以釋字第一八八號解釋，將會傷害到最高法院之威信者；或以最高法院的判決乃終局判決，是社會穩定的基礎，應受尊重，否則國家的安定基礎會受動搖者。上述幾種看法，可以總歸爲一個問題，即最高法院終局裁判之確定性問題。對於此一問題，我人願另作如下之說明。

採行民主法治之國家，其成文法之適用，無論是憲法或普通法，都必需有一個權威的解釋機關，俾使有關法的爭議，能夠獲得定於一的結論。當代各國權威的解釋制度，主要有兩種。其一是美國式寓解釋於審判的普通法院解釋制；其二是歐洲式專設機構，不司普通訴訟審判的特別解釋制。在美國式的制度下，普通的和涉及憲法的訴訟，一律由普通法院審理，而以聯邦最高法院爲確定終局的裁判和解釋機關。在歐洲式的制度下，其特設的憲法法院，雖不受理一般訴訟，但卻爲受理有關憲法爭議的終局裁判機關。我國的大法官會議解釋制度，雖然形似歐洲式之制度，但最特殊的是其解釋權之行使，並不直接涉及任何訴訟。於是受理訴訟的終局裁判機關爲最高法院，而解釋憲法和統一解釋法令，以保障民權的權威機關，卻是大法官會議。在這樣一個特殊制度下，最高法院的裁判，只有對於不涉及憲法爭議或法令統一解釋的案件，才具有確定終局的最高和最後的權威。一旦其裁判所適用的法規，涉及到違憲的爭議，或需要由大法官會議作統一解釋的時候，如果大法官會議解釋的結果，對最高法院既經作成的裁判不利，則在這種情形下，最高法院的原裁判，即不再具有確定終局的最後權威。國家的制度既然如此，即不宜再以傳統的或一般的觀點，視最高法院涉及憲法爭議的裁判，爲絕對的確定終局權威。因爲在憲法至上的大前提下，所有涉憲的爭議，其決定的權威畢竟是在大法官會議，而不在最高法院。不過，換一個角度來看，大法官會議所作不利於最高法院裁判的解釋，雖然否定了其引起爭議的原裁判，但依據該解釋而提起的再審或非常上訴，仍然要由最高法院另作裁判。從這個觀點來看，大法官會議的解釋權，實在並沒有影響到最高法院之爲確定終局裁判的地位和權威。

彈劾案可取性問題

彈劾五法官案經監察院審查通過後，輿論界有以此一彈劾易對司法威信造成傷害爲慮者，亦有以監察院於法官貪瀆行爲之外，涉及法律判斷之理由而彈劾爲非者。對於這類疑慮問題，我人願試作不同之分析如下。

第一，彈劾權之行使，以公務員之違反刑法以外公法之行爲爲主要原因。法官如果涉嫌貪瀆，所要負的是刑法上的責任，而非懲戒法上的責任，依現行刑先懲後制度，彈劾權所要追究的，則主要是公務員在懲戒法上的責任，而非刑法上的責任。監察院此次彈劾五法官，即在追究其懲戒法上的責任，可以說是爲所當爲。至於該項彈劾之是否至當，唯有公懲會可以作爲權威之裁決。

第二，彈劾法官是否會傷害到司法威信？我人認爲公權力機關依法正當行使職權，都應該有其不容懷疑的威信，固不獨司法爲然。而公權力機關威信之維持，必須以其公權力之行使，能夠符合法律上程序的正當 (procedural due process)，與實質的正當 (substantive due process) 爲條件。否則，不正當或不合理的威信，是沒有辦法可以正常維持的。此次的彈劾法官案，如果被彈劾的五位法官，在處理蘇光子案非常上訴一事上確有違失，而經公懲會裁決予以懲戒。則監察院之適時彈劾，固屬分所當爲，而法院的威信，則不唯不會因爲法官之被懲戒而受到傷害，相反的將使法院合法正當的判決之威信，更爲鞏固，更能獲得社會的公信與普遍支持。

第三，被彈劾的五位法官，對蘇案非常上訴的處理，究竟有無違失，這有待公懲會的裁決。不過，有一種看法認爲，法院處理蘇案所引起的問題，完全是法律見解上的爭議，監察院不應該以法官的法律見解而予彈劾。對於此一問題，如果細加辨識，似覺並非全屬法律見解問題。

首先，大法官會議對於憲法的解釋，以及對法令的統一解釋，我們必須承認其具有視同憲法或法令之責效力，法院對之有無可規避的適用責任。如果明確的應適用而消極地不予適用，則是否構成為違法失職的彈劾責任，似非可以法律見解作為規避的遁辭。

其次，刑訴法第十七條第八款，關於「推事曾參與前審之裁判者……於該管案件……應自行迴避，不得執行職務」之規定，最高法院雖然依據判例，認為「推事曾參與第二審之裁判，若已經第三審撤銷發回，另為之更審裁判，其未參與更審判決之推事，在上級審參與裁判，即非參與前審裁判之推事，與法定迴避原因無關」。但此一判例見解，業經大法官會議釋字第一七八號解釋，予以有條件地否定。宣告所謂曾參與前審，並不以參與當事人所聲明不服之下級審判為限，同時應包括「前前審」之裁判在內，其曾參與經第三審撤銷發回更審前裁判之推事，在第三審時，若無事實上之困難，則仍應迴避，不得參與審判。此一解釋，雖係公布於蘇案終局判決之後，發生追溯適用問題，但嗣經大法官會議又以釋字第一八八號解釋宣告，其「所為之統一解釋……應自公布當日起發生效力。各機關處理引起歧見之案件及其同類案件，適用是項法令時，亦有其適用。惟引起歧見之該案件，如經確定終局裁判，而其適用法令所表示之見解，經本院解釋為違背法令時，是項解釋，自得據為再審或非常上訴之理由」。釋字第一七八號解釋，係基於蘇案之聲請，而釋字第一八八號解釋，又係基於釋字第一七八號解釋之追溯用而聲請。是蘇案與該兩號解釋，乃一脈相承，係同一案件的連續過程。而釋字第一八八號解釋，明確宣告，蘇案之確定終局審判，應受釋字第一七八號解釋之拘束，其曾參與該案第二審裁判之推事，卽令其並未參與該案二審級之更審裁判，而於三審處理該案時，若無事實上之困難，仍應予以迴避。

最高法院就蘇案對檢察署的覆函，旣未說明高廷彬推事未予迴避在事實上有何困難於先，復以「非常上訴意旨，以覆函未說明有何事實上困難之情形，而解爲覆函謂無事實上之困難……指摘原確定判決爲違背法令，不免誤會」，從而以「非常上訴尙難認爲有理由」而予駁回於後。我們細閱該項七十三年度臺非字第二四六號判決，除了覺得在法在理都應該具有責效力的釋字第一七八及一八八號解釋，在蘇案中，明確地應予適用，而居然未被適用外，實在看不出在法律見解上，究竟有什麼不同。法官依法聽訟斷獄，對具有法效之權威解釋，依法應適用而不適用，究竟是否構成爲違法失職，唯有靜候公懲會之裁斷。我人深深覺得，大法官會議職在維護憲法之尊嚴，其解釋的權威，如果不能獲得司法人員之積極支持，那就更難寄望其他了。言念及此，眞是心有戚戚，無以釋懷。

五六、以政治智慧解開法治之結

——從省府組織的適法性談起——

聯合報：民國七十四年五月十八日

十四名無黨籍省議員集體辭職之後，昨天又有無黨籍立委退席事件，使風波有擴大之勢。對於十四位省議員集體辭職，有人認爲時機不對，是不恰當的做法；也有人認爲辭職是不負責任的表現，因爲選區在議會無人代表，萬一通過了對選區不利的議案，如何向選民交代？

在基本原則上，民意代表以辭職表示抗議，不值得鼓勵。但是這種抗議行動是否可以容忍、是否有可取的一面，必須綜合相關條件才能論斷，不宜當做孤立事件。對於政治事件的評論，應本儒家恕道精神處理，多爲對方設想，比較能夠達到祥和。無黨籍省議員集體辭職，主要是源於「無力感」。因爲去年審查省府委員會預算時，已有省議會的附帶決議，明確要求「省府轉中央，儘速依據憲法，參酌實際，將省政府組織爲適法之調置」，但經過一年情形照舊。這些議員們或許認爲受選民付託，卻不能在議會有所作爲，代表選民的利益，只好以辭職作爲負責的另一種方式吧。不過無論如何，這種集體辭職行動是我們政治上不正常的現象，而且有其背景存在。我們與其苛責這個不正常現象，倒不如從根本原因上分析，想辦法把根本原因解決，使這現象不再發生。

這次無黨籍省議員集體辭職，是爲了預算協調不成付諸表決。其實在議會討論表決，是民主政治必有的程序。民主政治的基本要求是「理性」，否則不可能實現民主。其次，民主政治並不追求眞理，而是尋求「最大可能的妥協」，因爲政治上沒有那一方可以宣稱擁有眞理，所以民主政治必須充分溝通，彼此容忍、讓步、妥協。

如果意見不一致，不得已要表決，應遵守少數服從多數的原則。但是如果多數不理性，就成爲多數專制，所以多數要尊重少數，當然尊重少數也有限度，卽少數沒有權利絕對堅持自己的主張，也要妥協、讓步，否則就成爲少數專制。

這次事件發生，執政黨省黨部表示已做過溝過。然而溝通必須有讓步，如果溝通結果彼此均未妥協、讓步，則爲無效的溝通，檢討集體辭職事件，就是有溝通而無讓步的結果。據報載有人認爲現在省府組織不能符合法律要求的，不只省府委員一項，一旦讓步怕有連鎖反應，其實這些適法性的問題終歸要解決，無法逃避。

至於表決，雖是民主政治解決問題的最終方式，但卻不能輕率使用，以免產生後遺症。

省黨部此次溝通而無效，就是沒有足夠的讓步，總認爲在非常時期遇到非常狀況，少數議員應該體諒執政黨的處境，勿作苛刻要求。

大家都知道，政府施政的基本方向，就是實現民主憲政，政府爲公權組織，任何國家的公權組織都必須有法律基礎，不能只以行政命令爲依據。「省政府組織法」於民國三十三年修訂，規定省政府委員人數七至十一人，作業單位四廳一處。但是在抗戰時期，由於局勢影響，不太講究適法不適法。民國三十六年以來，委員人數陸續調整到二十三人，作業廳處也膨脹到十七個。起初也無人注意這個問題，但臺灣經過長期安定，政治上開始有競爭，執政黨的對手在政治上找問題，省府組織的適法性，就成爲政治上被運用的題目。

政府有責任解決政治上、社會上的問題。尤其社會大衆和政治競爭對手關注的問題，政府更不能不管。省府組織，無論如何應建立在法律基礎上。去年省議會通過預算的附帶決議，代表整個省議會要求省府組織合法化，並非十四位無黨籍議員卽能通過的決議，但行政院仍決定以維持現狀爲宜。在此處有一個重要觀念必須澄清：維持現狀是一回事，用什麼手段來維持現狀是另一回事。就省府委員人數來說，卽使維持現狀也可以將之合法化，建立法律基礎，問題重點在於使之合法，而非省府委員人數的多寡而已。

還有一種值得商榷的說法，認爲現在改變省府體制，等於否定了國家基本結構。這種說法容易產生誤導。使省府組織合法化並非改變省府體制，而是改變省府體制的基礎，由命令基礎改爲法律基礎。如果說這樣就是否定了國家基本結構，在邏輯上不夠謹嚴。省政府體制並非不重要，但是它還算不上我們政治體制中最嚴重的問題，不致影響國家根本。至於有人說現在省府組織完全合法，這更是籠統而不能符合法治標準的說辭。

現在事件已經發生，必須採取妥切的解決辦法。最首要的，有關負責人應趕快分頭進行疏導，請辭職的省議員撤回辭職書。老百姓打民事官司，到法院都還可以撤回，省議員辭職書的撤回，只要當事人願意，在技術上不成問題。如果不撤回辭職書，在政治上便開了很壞的先例，因爲這十四位省議員乃是爲了共同行使法定職權而辭職，與其他個人辭職不同。民主政治下的多數與少數並非絕對不變的，執政黨對此事的處理，應表現出大黨的風度。

至於撤銷辭職的條件，可能要執政黨中央高層次人士來做決定，基本上應可以考慮承諾改變不合法的基礎，將省府組織建立在合法基礎上。

改變省政府組織體制，牽涉到「省縣自治通則」、召開省民代表大會、制定「省自治法」等問題，譬如省民代表大會組織應依法律定之，而現在無此法，不過這些問題並非不能解決。今天我們政治上一些須避免更張的大問題，都可以透過「動員戡亂時期臨時條款」來凍結。例如憲法卅九條、四十三條可以凍結、總統連任規定可以凍結、創制複決權行使可以凍結，那麼省長選舉、召開省民大會等規定自然也可以凍結。只要透過臨時條款的修訂，加一條文：動員戡亂時期，省縣自治暫時授權立法院制定法律規定之，並凍結省長民選等條文。這樣便可將地方自治綱要中的重點制訂成法律，實在窒礙難行的憲法規定等待後日條件成熟後，才考慮執行。

政治上的談判、溝通與讓步，是一種藝術，要看當政者的智慧與手腕，民主政治的道理是避免走極端，而求得最大可能的妥協與讓步，疏導無黨籍省議員撤回辭職，是現在最急迫的事，希望執政當局愼重考慮。現在反共復國以民主憲政爲號召，政府不妨在不妨礙非常時期重要問題的情況下，多向前走一點。

五七、如何解開超額省府委員適法疑義

聯合報：民國七十四年五月二十日
本文係記者樂新生先生訪錄，以余維賢名義刊出

昨日內政部函復省議會有關十四位無黨籍省議員集體辭職案疑義時，表示集體辭呈上意思表達有瑕疵，應從新請議員再作明確書面認定。這是一個循政治途徑解決政治事件的高明辦法。暫時可以把衝突面緩和下來。留給朝野更多的廻旋餘地。

可是就事件起因的超額省府委員的適法疑義而論，並不因內政部的釋示而消失。據稱，政府有關官員已承諾將全盤檢討對省府組織適法性，省議會亦再度表達希望政府拿出方法儘速解決。

或許政府不願意在事件的高潮中，作匆促的決定，但是問題仍得解決。有人建議不妨在今年年底召開國民大會憲政研討會時提出議案，將省政府組織做適法的處置，送請政府採行。就政府而言，這或許是一個轉圜的好辦法，可以在形式上達到轉圜的效果。因為國民大會在憲政體制上，是我們行使政權的機構，政府當然可以在尊重國民大會的立場下，採取調整措施。

國民大會一向感覺職權不張，也曾要求行使創制、複決兩權。現在正好政治上出現有關法律爭議，政府倘若透過國民大會來解決，也是尊重國民大會職權及地位的一種表現，值得考慮採行。

以目前的情勢，把政府的組織帶到合法基礎上，應不致影響到國家的根本。然而要做適法調整，還是必須透過修正「動員戡亂時期臨時條款」。倘若僅由立法院修正省政府組織法，必會牽涉到一些窒礙難行的規定，如省長民選等實際問題，如果還是規定省主席官派，又明顯牴觸憲法而行不通。

所以只有透過修正臨時條款，把一些目前因形格勢禁而無法做到的憲法規定，如省長民選、省民代表大會、縣民代表大會等暫時凍結，然後在動員戡亂時期，將臺灣省縣地方自治事宜，授權立法院制定法律規定之，如此立法院乃能根據這項授權而爲適法的處置，這也是最合乎憲法的途徑，此外實難尋良策。因爲現在要考慮的不只是省政府組織法一個事件，還有其他類似問題待解決。同時省政府組織法無論怎樣調整，總不能違背憲法。

既然政府現在以民主憲政爲號召，要把臺灣建設成爲「三民主義模範省」，其公權組織自然不能僅以命令定之。法律是由人制定，法律可以配合事實的需要，而制定出適合當前環境的條文。

關於認定無黨籍省議員辭職書有瑕疵與否，似可由省議會本身基於職權而爲處置，不必向內政部請示，因為「臺灣省議會組織規程」第八條對此已作規定，所以省議會議長卽可處理此事，然後請省政府轉報內政部備案卽可。

另外有一個必須澄清的觀念，部分人士誤以為法律與命令發生「違憲疑義」之時，僅有司法院大法官會議才有權解釋，學者及民意代表不得逕行自作解釋，這種看法其實是錯誤的。每一個人都可以解釋憲法。只要在適用法律時覺得有疑義，卽發生解釋的事實。如果對法律沒有認識，完全不知道如何解釋條文的意義，又將如何保護自己的權益？只是當各種解釋法律見解，發生矛盾衝突時，最後才由司法院大法官會議作成終局的權威解釋而已。試想如果沒有我們原始的初步解釋，何來大法官會議的最後解釋？以省政府委員人數來說，省政府組織法規定七至十一人，而今達二十三人，這是很明顯地牴觸，每個人都有權利表達其法律的認定，並非只有大法官會議才能作違法與否認定。當然，問題的重點並不在人數多寡，而是省府組織不能建立在命令的基礎上，因為如此一來，行政機關可以隨心所欲地調整組織結構，在根本上便不符法治的精神。

五八、「地方自治法制化」方案試擬

——「當前六大政治革新芻議」系列專文

中國時報：民國七十五年九月八、九、十日

本文由知仁與陳德禹及薄慶玖教授分別擬撰，共同研議後定稿簽名發表

編者按：民主政治的落實需自地方自治始。本報禮邀十八位學者組成的「當前六大政治議題專題研究計劃」，今天先行推出第一部份是有關地方自治法制化問題的方案試擬。參與本組研議的三位學者釐清了當前地方自治法制的問題癥結所在，以理論為基點，衡量影響現實政治的各種因素後，依「光譜」原則，條擬六種解決問題的選擇性方案，希望激起各界討論，促使我國地方自治早日走上法制化道路。

壹、問題在那裏？

民主政治之實施，其先決條件爲人民必須有行使政權之知識與能力，而實施地方自治則爲培養與訓練人民行使政權的最好方法。所以　國父孫中山先生以地方自治爲建國之礎石，認爲礎不堅，則國不固。我國憲法係依據　孫中山先生創立中華民國之遺敎而制定（憲法前言），故對於地方自治特爲重視，於地方自治之實施更定有明文。依憲法規定，我國實施地方自治，應由中央之立法院先制定省縣自治通則，然後省、縣再依據省縣自治通則，制定省、縣自治法，依省、縣自治法以實施地方自治。其程序爲：

在省，於立法院制定省縣自治通則、省民代表大會代表選舉法、省民代表大會組織法後，省民依省民代表大會代表選舉法選舉省民代表大會代表，依省民代表大會組織法以組織省民代表大會，然後再由該省民代表大會依據省縣自治通則制定省自治法（憲法第一百十二條）。這個省自治法應包含下列各款：一、省設省議會，省議會議員由省民選舉之。二、省設省政府，置省長一人，省長由省民選舉之。三、省與縣之關係（憲法第一百十三條）。

省自治法制定後，還要「卽送司法院審查」，如果司法院認爲有違憲之處，可將違憲條文宣布無效（憲法第一百十四條）。在縣，則於省自治法制定後，召集縣民代表大會制定縣自治法，實施縣自治。

至於直轄市之自治、蒙古各盟旗之自治、西藏之自治，憲法既規定以法律定之，中央之立法院自可爲其制定自治法，作爲實施自治之依據。

憲法規定如此，但實際上我們並未完全按照憲法規定實施，主要原因是省縣自治通則及其相關法律與直轄市自治法等皆未制定。是以目前縣市自治之實施，乃根據三十九年行政院核定臺灣省政府公布的「臺灣省各縣市實施地方自治綱要」，臺北市及高雄市所依據的爲五十六年及七十年行政院所先後公布的「臺北市各級組織及實施地方自治綱要」與「高雄市各級組織及實施地方自治綱要」。而省政府組織所依據的則係民國十六年制定，三十三年修正的「省政府組織法」與民國二十五年行政院公布的「省政府合署辦公暫行規程」及民國三十七年行政院核定，目前得由省府隨時自行公布施行的「臺灣省政府合署辦公施行細則」（該施行細則原由行政院核定後施行，自民國六十一年七月六日起，奉行政院核定由省府公布施行），省議會亦係根據四十八年公佈之臺灣省議會組織規程組成。

依憲法第一百七十條規定：「本憲法所稱之法律，謂經立法院通過，總統公布之法律。」中央法規標準法第四條亦規定：「法律應經立法院通過，總統公布。」準此可知，上開各項法令之性質，除行憲前立法院所制定的「省政府組織法」可稱爲法律外，其餘都是行政命令。

地方自治未依法實施，不但在推行時易遭困難，致使功能受到影響；即政府亦難自圓其說，蓋政府一再強調遵守憲法，厲行法治，但在實施地方自治一事上卻未予憲法以應有的尊重。尤其目前不但省政府組織法與憲法不合，即現行省政府組織也與省政府組織法不符，更易為人非議。致使省議會一再通過決議，要求政府「依據憲法，參酌實際，為適法之調置」，甚至還造成十四名無黨籍省議員辭職的風波。另臺北市與高雄市也有人民與議員多次提出制定直轄市自治法的主張，並反對市長官派，這些風波，對政府形象、國家聲譽、社會祥和，以及黨內外共識的達成，都有很大的影響。可見地方自治法制化問題之解決已到刻不容緩的地步。否則不但政府實施民主政治的誠意會被懷疑，多年的苦心也將白費，甚至還可能引起更多的紛擾，發生意外的枝節。

最近執政黨中央常會已組成十二人小組，準備就國內幾項重大政治問題加以研究，地方自治法制化問題也列入該小組專案研究問題之一，我們非常高興執政黨重視此一問題，我們也願意就我們所學所知，提供一些意見，試擬以下幾個方案，提供執政黨參考，並就敎於關心此一問題的國人。我們希望，我們此舉，能引起國人的廻響，讓大家關心的問題，能獲得圓滿的解決。

貳、各種解決方案分析

一、省縣部分：

方案(一)：依據憲法之規定，充分實施。

由立法院依據憲法之規定，制定各種有關地方自治之法律，公告實施。

依據憲法之規定，立法院應行制訂之地方自治法律如下：

1.省縣自治通則（一〇八條一項一款）

2.省民代表大會組織法（一一二條二項）

3.省民代表大會代表選舉法（一一二條二項）

4.縣民代表大會組織法（一二三條、一七五條二項）

5.縣民代表大會代表選舉法（一二二條、一七五條一項）

然後由省、縣民代表大會依據省縣自治通則，分別制定省、縣自治法。

優點：1.本方案最能符合憲法規定之原則與精神，並可強化政府實施民主憲政之政治號召。

2.立法技術無問題：

①上述各項有關選舉之法律，可由單一之選舉法予以規定，現行「動員戡亂時期公職人員選舉罷免法」之適用對象稍作調整，即可適用無礙。

②「省縣自治通則」草案，早在民國三十七年，立法院在南京召開第一會期時，即開始審議；第四會期在廣州集會時，並二讀通過一至卅一條條文；政府遷臺後，三十九年秋，除保留五十三及六十八兩條文外，全部條文均經二讀通過。故現有之通則草案，頗具全國性背景，且現行之「臺灣省各縣市實施地方自治綱要」之內容，與通則草案內容，並無大別，因此一旦政策決定續行「省縣自治通則」草案之審議，技術上應無困難。

③縣民代表大會之組織及代表之選舉，憲法雖未明定「以法律定之」，但由憲法一二三條、一七〇條、一七五條一項之規定觀之，立法院應有權制定。否則，亦可將之納入省縣自治通則或省自治法中。

④依據憲法一〇八條二項及一一三條之規定，省議會組織法、省政府組織法、均可由省民代表大會制定，或由省議會制定，不必由中央之立法院制定。立法院僅在省縣自治通則中作原則性規定卽可。

故本方案不致引發立法之法源問題。

缺點：此方案似不易爲執政當局所接受，主要理由有二：

①省縣自治通則屬於全國性法律，在光復大陸前似不宜制定。然目前政府新創或修正之法律，幾乎均屬全國性法律，如民法、刑法、國家賠償法、勞動基準法等，因此此一理由，似不夠堅強。

②依憲法之規定（一一三條一項二款）省長必須民選，在當前政治環境下，中央政府的有效統治範圍不過臺澎金馬，若省長民選，所形成之政治結構，將具有潛在之不安定可能，甚至削弱團結對外之力量。

此當年中止「省縣自治通則」草案審議之主要因素，迄今仍存在，因此是否恢復該通則之審議，以早日完成立法，實爲政治性判斷問題，而非立法問題。

方案(二)：透過修改憲法或動員戡亂時期臨時條款之方式，保留省長民選之部分，其餘均依憲法規定，全面法制化。

甲：修改憲法第一一三條一項二款之規定，在原條文：「省設省政府，置省長一人，省長由省民選舉之」後，加上但書規定：「但全國過半數省份未能依憲法程序選舉省長時，省長得由行政院提請總統任命之。」

乙：修改動員戡亂時期臨時條款，新增：「動員戡亂時期，地方自治之省長，授權行政院提請總統任命之，不受憲法第一一三條一項二款規定之限制。」

優點：既可適應現階段情勢之需要，亦可達成地方自治全面法制化之要求。

缺點：①若政府仍堅持「將憲法完整帶回大陸」之政策，則修改憲法之甲案即難獲採行。

②修改臨時條款之乙案，需經國民大會，朝野對此均有不同意見，易滋紛擾。

③凍結省長民選之規定，易引起社會爭議。

方案(三)：依憲法規定，制定「省縣自治通則」，透過立法技術在通則中謀求解決省長民選之困擾。

甲：在「省縣自治通則」二讀草案第二十三條，作如下規定：

「省設省政府，置省長一人，綜理省務，由省民選舉之；任期三年，連選得連任；但以連任二次爲限。(原案條文)

在動員戡亂時期，全國過半數省份不能辦理省長選舉時，前項省長民選之規定，行政院得提經立法院通過，呈請總統宣告暫停適用。在此期間，省長由行政院提請總統任命，其任期及連任仍依前項之規定。（新增）

本條第二項之規定，於總統宣告動員戡亂時期終止之日起，屆滿六個月，應停止適用，但立法院並得隨時修改或廢止之。（新增）」

乙：採立法院昔日審議「省縣自治通則」草案時所擬之「省縣自治通則實施程序草案」，即「自治之立法，由上而下，自治之實施，由下而上」，分段分級實施。

換言之，即由縣先依省縣自治通則及省自治法，制定各縣自治法後，實施縣自治，再視縣實施之成果，進而實施省自治。

甲案之優點：無需修改憲法或動員戡亂臨時條款，較易實施。

甲案之缺點：憲法乃強制性的規範，除非憲法中有明文的授權規定，否則立法機關無權對之作彈性適用。本案將引起法理爭議。

乙案之優點：與甲案同。

乙案之缺點：除同樣具有甲案之缺點外，同時臺灣省各縣市實際上已施行自治卅多年，其內容與自治通則草案所規劃者並無大別，似無再行分段實施之必要。

方案（四）：修改憲法或臨時條款，規定全國過半數之省份無法實施省長民選時，省長由省議會選舉之，其餘仍依憲法之規定實施。

優點：此案可折衷朝野對省長民選意見之差距，兼顧雙方，遷就現實。

缺點：1.修憲不符政府將憲法完整帶回大陸之政策。

2.修改臨時條款，易滋紛擾。

3.易引起社會爭議。

方案(五)：修改動員戡亂時期臨時條款，凍結憲法中有關省縣自治事項在適用上有窒礙之條款，並授權立法院另以法律訂之。

優點：可根本解決地方自治法制化之問題。

缺點：修改臨時條款，易滋紛擾。且法律內容將成爲新的爭議焦點。

方案(六)：由立法院制定「動員戡亂時期省政府組織條例」，將現行省府組織，予以合法化。

優點：僅針對當前最受爭議之省府組織合法化問題，不涉及地方自治全面法制化，處理程序上，最爲簡單易行。

缺點：1.地方自治法制化問題至少涉及制定省縣自治通則、省民代表大會組織法、縣民代表大會組織法、直轄市自治法，以及「動員戡亂時期公職人員選舉罷免法」之修正等，顯非僅制定「動員戡亂時期省政府組織條例」即可達成，否則即使制定本條例，其他問題仍將接踵而至。

2.本案將有中央侵犯地方立法權之問題。

因爲地方自治，應指地方在憲法規定範圍內，享有其本身之自主組織權，及自治事務的決策權。因此關於省政府的組織，中央能作的應是根據憲法，在「省縣自治通則」中，作基本原則之規定，然後由省議會依據「省縣自治通則」及「省自治法」制定省政府的組織法規，不應由中央越俎代庖。

再者，無論從憲法第一〇八條列舉之二十項由中央立法並執行，或交由省縣執行的範圍來看，或經二讀通過的「省縣自治通則」草案第廿六條之規定：「省政府分設各廳（處）……，省政府之組織，依其事務之繁簡及財政情形，由各省政府訂定，提經省議會通過後，呈行政院備案」來看，可知無論是制憲者或當時之行政、立法兩院，在認知上，均不以省府組織法爲中央立法之對象，即使目前處境特殊，但是否可以因此以中央制定「動員戡亂時期省政府組織條例」之方式，來解決地方自治法制化問題，實應三思。

二、直轄市部分：

直轄市之自治，憲法第一一八條僅規定：「直轄市之自治，以法律定之」，至於內容如何，並無限制，可謂充分授權立法院決定，因此：

1. 其法制化之方式可有二種：

①比照省自治的方式，先由立法院制定直轄市自治通則，直轄市民代表大會組織法、直轄市

民代表選舉法，再由市民代表大會制定直轄市自治法後，再制定直轄市議會組織法實施自治。

②由立法院直接制定直轄市自治法，直轄市議會組織法、直轄市政府組織法，實施自治。

說明：憲法一二八條規定：市準用縣之規定。因此上述第一種方式，採類推比照法，使直轄市準用省自治之規定辦理，對市民、省民均屬公平合理。但此方式程序較爲複雜，中央政府對直轄市亦難多所掌握；第二種方式較爲省事，但將減少直轄市民的自主權，對市民較不公平。

2.直轄市長之產生方式有三：

①由市民選舉之。

②由市議會選舉之。

③由行政院提請總統任命之。

說明：第一方式比照憲法省長民選之規定，對市民較爲公平，且直接民選合乎民主的理念與本質，臺北、高雄兩市，在省轄市時期，曾有多次市長民選之經驗，實施上駕輕就熟，並無困難。但其缺點與省長民選相同，似有現階段政治上未盡相宜之顧慮。

第二方式爲折衷民選與派任之妥協方案，與民主理念之要求，相距不遠。

第三方式在其他國家亦有實例可援，如法國、英國及早期的美國，首都及大都會市長皆非民選，只是此一方式，與民主理念及當前市民之意願是否相合，尙待研究。

然而，無論採行那一方式，皆不違憲，因此直轄市長之產生方式，立法上不成問題，而是政治問題。

三、鄉鎮部分：

鄉鎮是否爲地方自治單位，憲法並未規定。鄉鎮市長應否直接民選，目前雖有爭論，然憲法未規定之事項應自制憲理念推求之。我憲法第一條明揭中華民國基於三民主義，爲民有、民治、民享之民主共和國。因此凡與憲政理念不相違背，且有助於推動民主政治之制度設計，均無違憲可言。

目前地方自治法制化之重點問題在省縣自治通則之制定，以及直轄市自治法制化之設計，因此本次研究，不擬將縣級以下的鄉鎮，或直轄市級以下之區列入，以免分散注意，混淆重點。

至於蒙古各盟旗地方自治及西藏自治法，雖爲憲法所明定，但因目前政治情況，尙無制定之需要，故亦不在本研究範圍之列。

叁、我們的看法

臺灣地區，自民國三十九年開始，實施地方自治，迄今已屆滿三十五個年頭。而從憲法的觀點來看，臺灣地區地方自治之缺乏憲法基礎，實在是從三十九年實施之初，卽已存在，以至於今。形成此種現象的客觀與主觀因素，於此已無庸詞費。但是總結地說來，臺灣地區在大體的安定中，經過朝野數十年來的努力，已成功地締造了中國有史以來，空前的繁榮與進步。無論是經濟的、政治的、教育的、或社會的巨大變遷，都已遠遠地超越了政府遷臺初期人們的認知和企求。特別是在政治上，政府一貫地以憲法與民主設政施教。於是在富足的經濟、普及的教育，以及多年來的選舉等因素培育下，社會的一般人民，已普遍地領悟到，他們的選票，不但可以決定選任公職人員的去留，而且可以左右政府政策的興廢。這些因素的交互激盪，一方面激起了人民普遍地政治參與意願，同時也鼓勵了社會菁英分子爭取政治權力的欲望與企求。而菁英分子爲求取得社會的支持，並壯大其力量，便無可避免地要以抨擊政治上的各種缺失，作爲其政治上訴求的主題。地方自治法制化問題，卽正是此類被訴求的政治問題之一。

至於如何完成地方自治法制化？其途徑爲何？値此執政黨專案小組，正在積極研議具體辦法之際，我們基於書生報國之義，爰就各種可能途徑，經過分析之後，歸納爲七個方案，均已個別列述如上，以供參考採擇，其中除了關於直轄市自治的第七方案，以其較爲單純，暫不置論外，僅就省縣自治部分的六個方案中，依各個方案比較上可取性之優先序列，說明我們的看法。

第一優先應予以考慮的，是第一方案，這個方案是主張，完全依照憲法對於地方自治的有關規定，從制定憲法所示的各種自治基本法律着手，以充分實施地方自治。如果認爲憲法中省長民選的規定，在大陸光復，國家統一完成以前，基於政治上的考慮，在實施上有重大窒礙，則可作退而其次的考慮。

第二優先的是我們認爲，地方自治之所以遲遲未能法制化，以及如果第一方案被認爲實施上有窒礙，其關鍵所在，應爲省長民選問題的心結難解。而要打開這個結，則以前第二方案中之乙案較爲可取。即經由修訂戡亂臨時條款的途徑，將憲法中省長民選的條款（第一一三條第一項第二款），暫時予以凍結。其他完全依照憲法規定實施，關於暫時凍結省長民選方案，曾經有四種不同辦法，除了我們所建議的第二方案之乙案以外，尚有該方案之甲案，和第三方案的甲案與乙案。第二方案之甲案，主張經由修憲途徑，將省長民選條款凍結。在理想上，這是凍結省長民選的最可取方案，但是我們審察政治現狀，覺得修訂戡亂臨時條款的可行性，遠較修憲的可行性爲大，所以我們不作直接修憲的建議。第三方案之甲乙兩案，均係以「省縣自治通則」的立法途徑，有條件地暫時停止省長民選條款之適用，其條件均見前述該案內容，於此不贅。但是，基本上我們認爲憲法中的規定，有其強制性，除非憲法中有明示的例外，立法部門並無權對之作彈性規定的適用，所以我們從比較的觀點，建議以第二方案之乙案，爲第二優先考慮。

第三優先的是，如果認爲地方自治法制化的難題，不止於省長民選一端，其他諸如：省民代表、縣民代表之選舉，代表大會之組織與集會，以及省自治法、縣自治法之訂定等，皆有政治上時地不宜的重大顧慮。則我們更退一步，建議採行第五方案。即經由修訂戡亂臨時條款之途徑，將憲法中有關地方自治，被認爲行有窒礙的條款，暫時予以凍結，將戡亂時期之地方自治，授權立法院以法律定之，不受憲法各該有關條款之限制。從而使現行之地方自治法制化問題，可以獲得適當的解決。這個方案，雖然不是最好的方案，但在無法求全的觀點，仍不失爲一個合憲可行的方案。

第四優先的是第四方案，經由修改憲法或臨時條款的途徑，規定在全國過半數省分，因國家之非常變故，不能辦理省長民選時，省長得由省議會選舉之，其他有關地方自治，仍依憲法原有規定實施。這個方案，僅在於將憲法中省長由人民直接選舉，在戡亂期間政治上之不適宜性，透過合憲的程序，作權宜性之調整。

列爲第五，也是最後考慮的，是爲第六方案。卽不必經由修改憲法或臨時條款程序，直接由立法院制定一個「動員戡亂時期省政府組織條例」，以因應省議會中無黨籍省議員對省府組織合法性之杯葛與挑戰。這個方案實施上，由於不必動用修憲程序，所以是最容易的，也是最爲決策階層所屬意的。但基本上亟應注意的是，所謂地方自治法制化問題，決不止於省府組織應合法化一端。旣然要改革卽應有魄力地作全盤合憲的改革。卽使從制度成長的觀點來看，也是應該在合憲的基礎上，求其發展成長，而不應該是採用規避憲法的立法，來處理旣有不合憲法的制度問題。我們所以把這個方案列爲最後考慮，是因爲我們覺得：㈠省政府的組織，屬於省的立法權，不應由中央立法；㈡任何立法，都不應違背或故意省略了憲法中對於省長民選的明文規定；㈢政府曾屢經強調，並宣示尊重及遵守憲法的決心，故對於地方自治法制化問題，實不應但求方便，而不顧憲法的強制性權威。基於上述理由，我們認爲這個第六方案，實在是：易行而不可取。因而使之殿後，藉示其在實用上的消極意義。

五九、臺灣省府結構法制化原則平議

聯合報：民國七十七年二月十一日

執政黨中央常會，昨天已就政治革新專案小組，對「地方自治法制化」問題的研究結論，權衡當前國家處境與現實政情，作成幾項原則性決定，將交由主管機關妥爲規劃具體方案，並完成立法程序，以對地方自治之法制化，作審愼適度的強化與改革。這些原則，可以歸納如下。

執政黨的原則性決定

㈠國家統一完成前，不宜僅爲部分地區，而制定適用於全國的「省縣自治通則」。

㈡以立法程序，制定「動員戡亂時期臺灣省政府組織條例」及「動員戡亂時期臺灣省議會組織條例」，無需修改「動員戡亂時期臨時條款」，凍結憲法中有關地方自治之條文。

㈢臺灣省政府主席，由行政院院長提名，經省議會同意後任命之。

按依照憲法第十一章有關地方制度之規定，所謂地方自治，係包括省、縣自治，與直轄市之自治。關於省、縣自治，其程序與實體，憲法又直接規定了若干重要原則。而於直轄市之自治，憲法第一一八條，則完全授權法律，作具體的規定，別無任何原則之提示。上述執政黨所決定的諸項原則，皆係針對省府結構法制化而定。至於直轄市自治之法制化，尙待另案研議與規劃。本文擬僅就前者，略抒所見如下。

臺灣省政府及省議會組織之法制化，乃地方自治整體制度中之一環。依據憲法的有關規定，省縣地方自治之實施，首先須由立法院分別制定全國性的「省縣自治通則」（第一〇八條第一款）、「省民代表大會組織法」及「省民代表選舉法」（第一一二條）；然後省得召集省民代表大會，依據「省縣自治通則」，制定「省自治法」（第一一二條）；而省之分別設置省議會與省政府，以及省議員與省長之由省民選舉，皆應列入省自治法條款之內（第一一三條）；至於縣，亦得召集縣民大會，依據「省縣自治通則」，制定「縣自治法」（第一二二條），縣議會議員及縣長，亦皆應由縣民選舉產生（第一二四及一二六條）。由於憲法中這些規定，可知「省縣自治通則」，與上述憲法中之有關規定，實乃共同構成爲省縣自治之母法。

地方自治的全面法制化

從以上的扼要說明，可知憲法中的地方自治，係以制定「省縣自治通則」爲原始的必要條件。惟以行憲伊始，即因中共叛亂竊國，政府遷臺戡亂。而在大陸陷於赤禍的戡亂時期，全國性的「省縣自治通則」之礙難制定，豈惟是爲了避免立法之閉門造車，更重要的無寧是爲了避免省長民選，在光復統一完成前的處境下，所可能形成政治上之困境與紛擾。但是爲了厚植光復國力，政府爰於民國三十九年開始，採取區域性單行規章的辦法，在臺澎實施地方自治。而檢視數十年來，臺省所實施之地方自治，除了在程序上於法的規範基礎，因時值戡亂非常，而比較薄弱外，省縣自治之實質，已普遍獲得肯定。而省長之未能卽行民選，實係礙於戡亂之特殊政情所使然。

執政黨爲了貫徹其十二屆三中全會所宣示的政治革新，以力行憲政，其於地方自治法制化問題，經多方研議，現經初步決定，採取個別制定臺灣省政府與臺灣省議會組織條例之途徑，俾使臺灣省府與省議會之組織結構，從而獲得法律上之基礎。其實，從憲法的觀點來看，在此戡亂的變局下，適情適法以言地方自治，最宜經由戡亂臨時條款，授權以法律制定有關地方自治規範。現在既以修訂戡亂臨時條款爲情非所宜，而直接以立法確定臺灣省府與省議會組織條例，在實質上，該條例亦屬憲政立法之範圍，確比既有的行政規程，更能符合民主法治的精神。惟吾人不能已於言者，乃此項應變的憲政立法，似不宜止於臺灣省府與省議會之適用，他如直轄市與縣市之自治，亦宜相繼以個別之憲政立法，以完成地方自治之全面法制化，俾使執政黨地方自治法制化之革新政策，因而得竟全功。至於此類應變之憲政立法，在價值判斷上是否可取，誠如古希臘立法者蘇龍（Solon）所指，憲法之是否優良美好，不但要看這部憲法是爲誰制定的，同時還要看是要在什麼時候施行的。政治學和憲法學的鼻祖，亞理士多德也曾引申蘇龍的觀點說明一個經驗的道理：最能適合當時環境，而能實行有效的憲法，便是那個地方在那個時代最優良的憲法。語云：察異方之言，可以知漸。蘇龍與亞理士多德，都是古希臘之智者，其言對我們處理現在的地方自治法制化問題，應具有肯定的參考價值。

省府行政首長的產生

臺灣省政府行政首長之產生，依憲法第一一三條規定，係由省民選舉，但省長之民選，又須依次以「省縣自治通則」與「省自治法」之制定實施為先決條件。行憲之後，由於戡亂鉅變，在上述自治通則與自治法未能制定前，省府主席則仍依行憲前省府組織法之規定，由中央任命。現在，省長民選，雖於當前政情不宜，但為了強化省府主席之民意基礎，執政黨決定，在未來的省府組織條例中，將以由行政院院長提名，經省議會同意後任命，作為制度上之改進與調適。此一原則在擬議之初，報章卽曾披露，輿論亦有不同意見。

其實地方政府行政首長之產生，究以何者為宜，在任命、民選與議會選舉或同意幾種方式中，各有採行之實例，皆以適合國情，無背於責任政治之原則為是。而從責任政治、政黨政治與政治效能之觀點來看，行政首長由議會支持的人選來擔任，則行政首長透過議會政黨之運作，便可以發生英儒白芝浩（W. Bagehot）所謂「連字符與扣衣紐的作用」（a hyphen which joins, a buckle which fastens)，將行政與立法結爲一體。而議會決策與行政執行之間，亦以政黨之運作，而了無窒礙。不但效能卓著，而且責任明確。

調適階段的實驗機會

行政首長與議會的多數黨，必須於議員改選之時，接受選民的評鑑與審核。以言民主、效率與責任，這種制度經驗的績效，顯非行政首長與議員皆由直接民選，而在行政與議會，分由不同政黨掌握時，往往造成決策分歧，缺乏效率與責任混淆的情況所能比。我們現在，正處於應變的調適階段，上述行政首長由議會支持的人來擔任的那種制度，豈非正是一次實驗的機會。同時，行政院院長對省主席人選的提名，如果能夠排除單一提名，而採取複數提名的辦法，使省議會能有較多的選擇機會，則議會同意與議會選舉之間的差別，應該是很微小的。當然，任何一種制度設計之成功，必須有其所以成功的相關條件，諸如選民之理性判斷與課責能力，政治人物的政治道德，以及健全的多元政黨運作等等，如果缺少這些相關因素的配合，則任何理論上理想的法律制度設計，都將難免有畫餅充飢或望梅止渴的無奈。

英儒戴雪，在所著《英憲精義》一書，曾歸納經驗，特爲指陳：憲政制度不是造成的，而是長成的。從這個觀點來看，則此次執政黨所示臺灣省府與省議會組織條例，以及省主席之經由省議會同意後任命諸原則，衡之以憲法的原始規定，雖然其間尚有距離，但與前此行憲以來的既有辦法相較，實不能不說是一種進步的革新和成長。不過，我人希望這種進步的革新和成長，能夠擴大其範圍，同時或進一步也適用於直轄市和縣市自治，使整個地方自治，都具有良好的憲政立法基礎。

政治應受法律的規範

其次，關於地方自治法制化，表面上是一個廣義的立法問題，但立法背後所眞正存在的，卻是實際上的政治問題。民主政治之運作固須法律化，但法律的內容，則必然要受到政治因素影響。美國加州大學柏克萊校區政治系教授李樸生（L. Lipson），在所著《五大政治問題》（*The Great Issues of Popitics*, 8th ed. 1970）一書中，曾經指陳，政治乃是憲法和制度的基礎因素，政治與法律之間，雖在交互影響，但是追本溯源，實係政治決定法律，而非法律決定政治。因爲從原始的出發點來看，法律係以政治之需要而產生，而變遷。所以政治乃支持法律發揮功能的下層基礎，而法律則爲政治棟樑所支持的上層建築。缺少下層基礎，上層建築固無以立，而下層基礎不固，則上層建築亦易傾覆。當然，從政治之應爲法治政治的經驗法則來看，政治雖原始地決定着法律，但是法律一旦制定實施之後，則政治便必須接受法律的約束和規範。我人對於省府結構或地方自治法制化問題的認知，亦作如是觀。

第七編　大法官會議

第七部　大教宣會篇

六〇、大法官會議法修正草案平議

中國時報：民國七十二年十二月二十七日

前言

報載司法院院會，業經於日前通過了一項歷經研議的大法官會議法修正草案，將在經過黨政作業程序之後，送請立法院審議。司法院曾在旬日之前，甫告完成公務員懲戒法修正草案，旋踵之間，現又通過了大法官會議法修正草案。而修正之內容重點，又皆屬革故鼎新，改進既有缺失，期使制度更爲健全與合理。一般而言，司法之功能，要爲聽訟訴獄，平亭曲直，以主持公道或正義。不但其職權之行使，係以被動爲基本原則，而其職權運作之效果或權威，尤賴其他公權力機關之尊重與執行。於是司法制度之是否健全，與乎司法權威之強弱，乃可用之爲評量一個國家政治民主化程度的標準之一。大凡專制極權或民主基礎不健全的國家，其司法或淪爲專制統治的工具，或忝爲其他公權機關之附庸。司法獨立云云，初不過是一種語意上的名詞口號。而司法獨立權威之建立，其所需的相關條件雖然不一，但就政治上民主的初開發國家，或初建制的民主國家政治成長言，司法界領導人物高瞻遠矚的器識，與間接迂廻的藝術化智慧策略，勿寧爲極其重要的因素。

美國於立憲建制之初，在其開國先賢們的心目中，建立一個強有力聯邦政府的用心，顯然要大於對民主的企求。於行憲初期，由於最高法院事權淸簡，幾同閒曹，其未受重視，連開國元勳之一的簡約翰（John Jay），且視院長一職如敝屣。迨一八〇一年事涉聯邦派與州權派衝突的馬伯瑞任命案發生（Marbury *v.* Madison），新就職最高法院院長，且爲聯邦派巨擘的馬歇爾（John Marshall）盱衡當時政情，獨運匠心，以退爲進，對該一政治性訟案，作了震鑠古今的判決。他在該一判例中，不但爲最高法院創建了違憲立法審核權，而且該項司法審核制度，也賦予了美國憲法活的生命，更爲全世界各國憲法至上的體制，創立了典範。政法學界，凡是對該案背景始末有瞭解的人，都應會體認到馬歇爾其人，對建立美國司法權威的不朽貢獻。馬氏任院長職，歷時三十四年，爲至今任職最高法院五位年資最久法官之一。在其任職三十餘年間，最高法院宣告國會立法違憲者，僅上述馬伯瑞控麥廸森一案而已，要到六十五年之後的一八六八年，蔡斯院長（S. P. Chase）手中，才又有李查德控費爾朴斯（Reichart *v.* Felps），第二個國會立法違憲案的宣告。而在馬歇爾任職院長期間，宣告國會立法違憲者雖僅一案，但各州及地方政府法令之被宣告違憲者，則共有十九案。這一段人爲創建新制的心理調適歷程，實在值得司法界關鍵性領導人物們，予以深切省察。我人所以不避詞費，縷述美國這段司法憲政經驗，實係心有所寄，理有所期使之然也。

行憲以來，整個司法體制，除職司釋憲的大法官會議，係新的建制外，其他各項有關司法的次級制度，大都率由舊章。即使需所興革，亦往往其步也緩，予人一種過分保守的印象。但是，現任院長黃少谷先生，自民國六十七年就職，主持司法院政務以來，數年之間，始則完成高等及地方兩級法院之改隸，解決了延宕多年的懸案，繼則現在又先後完成了公務員懲戒法與大法官會議法修正草案，預期對該兩項制度中多年來所存在的缺點有所改善。我人除了對黃院長忠誠謀國、勇於任事之精神與作爲，深致由衷的敬意外，且寄望於黃院長，對司法之改革，更有突破性之新猷與貢獻。本文於此，爰就此次的大法官會議法修正草案，略申芻蕘之見，以就正於邦人君子。

四項修正重點

修正草案的內容，包涵以下四項重點：

第一，增列人民聲請統一解釋法令條款；（第七條第一項第二款）

第二，降低通過憲法解釋案的人數標準；（第十三條第一項）

第三，增訂解釋文附列補充意見書；（第十七條第一項）

第四，增列解釋案生效日期原則及拘束力條款。(第十七條第二、三項)

首就人民聲請統一解釋法令言，此乃該法原始規定之所無，因而人民權利遭受不法侵害，經依法提起訴訟後，對確定終局裁判，適用法令所持見解，與該法院或其他審判機關之終局裁判，適用同一法令所已表示之見解有異，且既未明示係變更判例，而依法已無上訴或抗告程序，以求救濟者，則徒以前後裁判對同一法令之不同解釋，致使人民之權利與法令涵義應定於一之法治原則，同受傷害，自非弘揚法治及保障民權應有之現象。所以草案中之此項修正，乃是一項進步而合理的規劃。

次就降低通過憲法解釋案的人數標準言，該法原始規定，解釋憲法案等，應有大法官總額四分之三之出席，暨出席人四分之三之同意，方得通過。這個規定，雖和憲法中國民大會之修改憲法，須經國代總額三分之二之出席，及出席代表四分之三之決議的規定，採相同的絕對多數同意原則。但是解釋憲法，並不就是修改憲法，二者並不能相提並論。蓋憲法之爲政治規範，最重要的是能夠具有適應時代需要的彈性。而這種彈性之發揮，主要的不應該是經由修憲的程序，而係透過解釋的過程。解釋案的通過人數如果過嚴，一則不利於解釋彈性功能的發揮，二則亦無異於以少數控制多數。其間的得失利弊，雖然是見仁見智的問題。但美國的比較多數決案制度，且不時有所謂五對四的一人判決，兩百年來，確曾高度地發揮了以解釋充實其憲法適應性的功能。其制定於四輪馬車時代的憲法之所以能夠適應現代社會之繁重需要者，所憑藉的並不是二十六個修憲條款，而是最高法院對憲法所作的許多解釋。美國這方面的經驗，舉世各國，無與倫匹，最爲值得吾人之借鏡。修正草案此次降低議決釋憲案的人數標準。其幅度雖然極爲有限，但是對現有規定既有改善，總是一項有意義的改革。

再就增訂解釋文附列補充意見書言，該法原始規定，解釋案僅包括解釋主文，解釋理由，若非全體一致同意，尚應附列不同意見書。但是經驗顯示，某些解釋案中的不同意見，往往包涵着同意解釋結論，而另有不同於決議案所述解釋理由的其他理由或補充意見，以及根本不同意解釋結論的反對意見。這兩種形似而實異的意見，倂稱爲不同意見，顯非辨理明義之所宜。這又可以美國法院釋憲案之倂列法院判決意見 (opinion of the Court)，協同意見 (concuring opinion) 及不同意見 (dissenting opinion) 爲顯例。修正草案之增訂附列補充意見，實係繼大法官會議規定公布解釋理由及不同意見書之後的又一項進步的改革。

復就增列解釋案生效日期及拘束力條款言，此亦該法原始規定之所無。大法官會議對憲法的解釋，等同憲法，亟應具有強制的責效力。但過去的解釋案經公布之後，曾有被長期拖延，久未見諸執行者。經解釋確定爲違憲無效之法律，究應於何時起失效，於法亦無明文可據。因而釋字第八十六號解釋，於四十九年，即宣告高等及地方兩級法院應隸屬於司法院，直至二十年之後，於六十九年始見執行改隸；第一六六號解釋，亦於六十九年宣告違警罰法中由警察機關裁決拘留、罰役之規定，牴觸憲法第八條第一項「非由法院依法定程序，不得審問處罰」之規定。這項釋解，自公布迄今，三易寒暑。何時完成改制，尙不得而知。此於釋憲權之尊嚴與權威，實有極其不利之影響。此與美國法院解釋憲法之卽決卽行之效果，是又不可同日而語。每念及此，卽不免有一種無奈與沮喪。修正草案對此一問題之規劃，似未必眞能產生解決此一問題的積極效果。蓋此乃我國釋憲制度之基本形態所使然也。但無論如何，司法當局力謀革新改進之用心，是亦値得國人對之深致敬意。

對革新釋憲制度的更大期待

我國釋憲制度最大缺點之一，卽大法官會議的解釋，缺乏卽決卽行，立竿見影的效果。此於機關聲請解釋案已見其然，而於人民聲請解釋案，更見其此一缺點之嚴重性。在四十七年以前的大法官會議規則時代，人民根本無權聲請解釋憲法。因而卽使憲法上所保障的民權，遭受違憲法令的侵害，也只能在訴訟過程中，向法官提出法令違憲的主張，而此項主張若不爲法官所接受，當事人便別無謀求救濟的合法途徑可循。約束公權力以保障民權，乃近代立憲制度最原始最基本的動機和目標，而大法官會議規則，卻將人民之聲請解釋憲法，排斥於合法程序之外，實在是不可思議的事情。此一缺點，雖經四十七年的大法官會議法予以補救，但該法第四條第一項第二款，僅規定人民聲請解釋憲法的條件和程序，對於解釋結果效力之適用，卻並未作相關的實質規定。根據立法院公報的記載，該法在審議過程中，雖也曾討論過這個問題，且有委員提議，若人民聲請解釋的法令，經大法官會議確定爲違憲之後，應允許人民將聲請解釋所涉訟案，提請大法官會議作最後裁決，或透過修改訴訟法的程序，將其列爲上訴，再審或非常上訴的原因或條件。但這類主張，或被認爲關係審級之變更，或被認爲將啓人民濫行聲請，以爲拖延訴訟之漸，終於不了了之，留下了釋憲制度上最大的一項瑕疵。所以依現行法制，人民聲請解釋憲法，即使經大法官會議決定終局裁判所適用之法令違憲，亦只能以後發生拘束力，對聲請當事人，亦不能作追溯的適用。我們要知道，要求維護憲法尊嚴的原動力，主要是在廣大的社會和人民，而不是政府機關。關係人民權利的聲請案，對聲請人如果不能發生直接的救濟效果，如何還能期望人民積極地去發揮維護憲法尊嚴的作用。〈禮運・大同篇〉所謂「力惡其不出於身也，不必爲己」，那只是至聖先師的一種理想，可以責之於極少數的志士仁人，而不能求之於爲數衆多的黎庶。

同時，就釋憲結論之能否追溯適用言。美國憲法第一條第九、十兩節，嚴禁國會及各州議會，制定溯及既往的法律（ex post facto law）。但這個規定，僅限於立法作不利於人民的追溯適用，其有利於人民者，則可作追溯的適用，是所謂有利於涉訟人的追溯法（retrospective law）。所以將大法官會議解釋，對聲請人作追溯適用，並不發生法理上的問題，我國刑法第二條的從新從輕主義，即在顯示有利於當事人的追溯適用原則。

據悉，大法官會議法修正草案的原始擬案，於第十七條之一，原曾將人民聲請解釋的結果，由聲請人得據以對確定終局裁判，提請再審或非常上訴之理由。但不幸的是，這個擬案，在司法院會議中，竟未獲通過。而此項改革擬議的價值，實非前述四項改革的總和所能比擬。修法改制，其事匪易，我人殷切希望該法在完成立法程序過程中，能有復活的機會，使我們的釋憲制度，更能符合立憲主義所以爲維護民權的精神和原則。臨筆抒懷，不盡欲言，芻蕘之見，尚祈方家教正。

六一、為大法官會議法修正案催生

中國時報：民國七十三年元月七、八日

前言

大法官會議解釋憲法及統一解釋法令，乃澄清憲法疑義，裁處憲法爭端，保障人民權利，維護憲法尊嚴，健全憲政體制，及促進憲法成長的一項非常基本而重要的制度。一個制度的成功，始則有賴於建制之初的周詳規劃，繼則有賴於適用後合理的調整與成長。以今視昔，大法官會議是建制之初，就「會議規則」的內容而論，其設計並未能充分符合應然的合理需求。及四十七年大法官會議法公布實施，前此會議規則中所存在的缺點，雖有部分獲得改進，但仍有若干留為懸案。其中關於人民聲請解釋憲法，經解釋之結果，於聲請人據以聲請解釋案件有利益者之救濟問題，雖經大法官會議釋字第一七七號及一八五號兩項解釋，確定聲請人得依據該解釋，依法定程序，提起再審之訴，而獲得解決。但其他非大法官會議解釋權所能為力消除之缺點，便有賴立法院之睿智有爲，經由修改法律之程序，作進一步的改善，俾使大法官會議釋憲制度，日趨健全，漸次成爲我國民主憲政穩定發展成長之柱石。

我國釋憲制度經過三十多年來的運用，其經發現尙待改進之缺點，司法院經過長期的研討與規劃，曾於去年十二月，完成了一項大法官會議法修正草案。而依照現行的立法流程，此項草案，尙需經過執政黨主持的黨政協調，作成政策性肯定的有利決定之後，才能進一步移請立法院審議，完成立法程序。爲山九仞，功在一簣。對於大法官會議法之合理修正，我人在樂觀厥成之期待中，日來經由報章，獲悉該修正案，在日前執政黨政策會所主持的溝通協調聚會中，並未獲致令人鼓舞的肯定性有利結論。而基於對此一修正案的關切與支持，爰就有關修正案之重點，略陳芻蕘之見，藉供參考裁奪。

司法院所擬大法官會議法之修正案，共有四項重點，玆爲分析論述如下：

聲請解釋法令問題

修正案的第一項重點爲：「人民於其權利遭受不法侵害，經確定終局裁判，適用法律或命令所表示之見解，與該法院或其他審判機關之確定終局裁判，適用同一法律或命令時所已表示之見解有異者」，得聲請統一解釋。「但得依上訴或抗告程序聲明不服，或後裁判已表明變更前裁判之見解者，不在此限。」

就原則來講，四十七年制定的大法官會議法，爲改善當時會議規則的缺點，特於第四條第一項第二款，賦予人民聲請解釋憲法的權利。現在的此項修正，進一步賦予人民聲請統一解釋法令的權利，以貫徹憲法保障人民權利的原則與精神。大家應該持以其來也晚的心情，共襄其成。避免設爲疑似之詞，固持偏詖之論，而阻撓此項進步的改革。蓋人民權益遭受不法侵害，若不同的確定終局裁判機關，對裁判時所適用同一法令的見解互有歧異，因而造成同法異義的結果，不但有傷法令所代表公道標準之統一性，而且也害及人民權益應有的保障，使之無所適從，此殊非政府所以厲行法治之道。雖然最高法院不同法庭對於法令之歧見，可以經由司法院的「庭推會議」予以統一，但行政法院與最高法院對於法令之歧見，亦應有統一其見解之途徑。更重要的是，關係人民權益事項，人民應該有權主動謀求合法之救濟，而不應該片面被動地僅由司法機關作程序上的裁量。

根據報載，不贊成此項修正者所持之理由：一則認爲此項修正，將使大法官會議形同第四審法院；二則是說此項修正，使司法院在法律提案權與適用權之外，再增加法律之解釋權，未免職權過度膨脹；三則認爲若允許人民聲請統一解釋法令，則聲請案將大量湧至，造成困擾。對於上述三種見解，我們願意承認其爲老成謀國之慮，但若仔細分析，則又知其並非合理之論。

第一，**以言第四審級問題**。當年大法官會議法在立法院討論授權人民聲請解釋憲法條款時，卽有人提出此將形成第四審級的反對意見。現在又以此理由，反對人民聲請統一解釋法令，實係舊見重提。其實，大法官會議之統一解釋法令涵義，與立法之明定法文涵義，形式雖然不同，實際作用卻無大別。且解釋之結論，僅能作爲再審理由之一而已。而司再審之任者，仍然是既有審級中之法院，而非大法官會議。不寧惟是，在現有的訴訟程序中，提起再審之訴之理由，民事訴訟法第四九六條所規定者凡十三項，刑事訴訟法第四二〇條所規定者凡六項。這些理由之再審，既不構成爲第四審級。何獨大法官會議解釋結論之爲再審理由，會形成爲第四審級。此一分析如果尚無大誤，當知以第四審級爲詞，而反對賦予人民聲請統一解釋法令權，實有其然而不然的瑕疵在也。

第二，**次言司法院職權膨脹問題**。無分中外，在政府分權的各部門中，司法權是最缺乏爲非手段的一個部門。蓋司法的職權，不但都是憲法或法律所賦予的，而且其法定職權之行使，都是被動的，沒有利害關係人的聲請，司法權並不能主動行使。而利害關係人之所以聲請解釋，蓋有不平之爭議所使然也。而不平爭議之裁處，則爲司法權無可旁貸之責，此國家之所以設置司法權者也。且解釋權係由大法官會議獨立行使，並非司法行政所能干涉。所以基於貫徹憲法保障人民權利原則與精神之需要，而充實大法官會議解釋權之內容。與所謂泛指司法權之膨脹，實不能相提並論，同日而語也。

第三，**復言人民聲請統一解釋案將大量產生問題**。這乃是一個想當然耳的推論。蓋修正案中對人民之聲請統一解釋法令，設有嚴格的實質與程序條件。不但限於不同的確定終局裁判機關，適用同一法令見解有異，而且依法得提起上訴或抗告以謀求救濟，或後裁判已表明變更前裁判之見解者，亦不得提出聲請。同時，人民聲請之統一解釋案，重要的是不在形式上量的多少，而在聲請案質的是否合理。不合理的聲請案，不但可以經由律師的協助予以事前的過濾，而且可以經過嚴格的審查予以駁回。而合理的聲請案之應予合理的處理，則正是此一修正重點之立法意旨所在，實無需持杞人之憂。此觀乎歷年以來，大法官會議處理人民聲請解釋憲法案，大量被駁回，少數被受理之實況，當知允許人民聲請統一解釋法令之不足憂也。洛克嘗謂，政府容許人民有批評和反抗施政之權利，乃是政府贏取人民積極支持的最有效武器。同樣的道理，政府容許人民享有聲請解釋憲法及統一解釋法令之機會，應該是疏解民怨，消除不平的有效途徑。如此而後，政府才最能贏得人民的衷心愛戴與支持。蓋人民藉此乃能了解政府之所以爲維護人民權益而存在，而支持政府，正所以自求多福也。這樣的道理，不知執政黨政策會及立委諸公以爲然否。

議決釋憲案的人數問題

修正案的第二項重點爲：「大法官會議解釋憲法，應有大法官總額四分之三之出席，暨出席人三分之二之同意，方得通過。」

關於大法官會議議決解釋案的人數標準，依三十七年建制之初議事規則第十二條之規定，解釋案應有大法官總額過半數之出席，及出席大法官過半數之同意才能通過，但對於憲法解釋案，應有大法官總額過半數之同意。及大陸淪陷，由於部分大法官未能隨同政府來臺，致使大法官會議每以法定開會人數問題，發生行使職權上之困難。及四十一年，會議規則經過修訂，乃從權規定解釋之議決，須有中央政府所在地全體大法官三分之二以上出席，及中央政府所在地全體大法官過半數之同意通過。這個程序經過六年之適用，立法院於四十七年制定大法官會議法時，將憲法的解釋案，又嚴爲規定應有大法官總額四分之三之出席，暨出席人四分之三之同意，方得通過。此項議決釋憲案的絕對多數規定，其背景原因，於今已無需多費筆墨。但由於此一過嚴的規定，確曾使某些重要的釋憲案，久歷年所而無法獲致結論。已故前司法院院長謝冠生先生，曾在監察院對此困擾情形，坦陳其限於法定過嚴的無奈。現在修正案建議，將議決釋憲案的人數，略予降低爲大法官總額四分之三之出席，暨出席人三分之二之同意。對於此項修正案，在原則上，我人認爲是可取的，也是可行的。

釋憲機關之解釋憲法，係針對既經發生憲法適用上的疑義或爭議，作爲仲裁的裁決。憲法上的問題，並非眞理問題，所以也不具絕對性。對於並不具有絕對性的憲法問題，所以也無需以絕對的原則去處理。在我們的憲政體制中，憲法是由國民大會制定和修改的，大法官會議對於憲法的解釋，只具有相對的確定性。不但大法官會議可以後解釋變更前解釋，國民大會還可以經由修憲的程序，使大法官會議解釋憲法的結論，失去其作用。

美國最高法院在一九一八的 Hammer *v.* Dagenhart 案，以及一九二二的 Bailey *v.*

Drexel Funilture Co. 案，曾以其對於州際貿易管理權的見解，先後兩度宣告一九一六的童工法（Child Labor Law）及一九一九的童工稅法（The Child Labor Tax Act）違憲侵犯州權而無效。但是由於州際間公平貿易的全國性需要，國會爲改變最高法院前此所作的保守性解釋，乃於一九二四年六月，通過了一項童工修憲案（Child Labor Amendment），提交各州批准。而最高法院面對新的情勢，在該一修憲案經四分之三的州批准生效以前，終於改變態度，在一九四一的 U. S. v. Darby 案，變更了上述一九一八的判例，將保護童工的權力，涵蓋在州際貿易管理權之內。由於此一新的判例，已經解決了全國性的童工保護問題，所以該一童工修憲案，在各州批准前，亦已消失於無形。

美國的此一經驗，說明了釋憲機關的釋憲權，並不具有絕對的確定性，仍然要受修憲權的制衡。而釋憲權靈活適時的彈性運用，卻最能適應國家社會發展的需要。但是如果釋憲權作成決定的人數標準要求過高，便有害於憲法適應功能的發揮。美國最高法院九位大法官中，五人意見一致即可作成判決的標準，雖無需效法採納，但司法院修正案中，出席人三分之二之同意，即可議決釋憲案的擬制，比較之下，應該是屬於一項可取的修正案。

解釋文補充意見書問題

修正第三項重點爲：「大法官會議決議之解釋文、解釋理由書，連同各大法官對該解釋之補充意見書及不同意見書，併由司法院公布之。」

司法院公布大法官會議解釋案的內容，在會議規則時代，僅限於解釋的要旨結論，並無詳細的理由說明。大法官會議法，對此作了相當改進。於第十七條明文規定，除解釋文之外，尚應附具解釋理由書，以公之社會；如果大法官中有對該解釋案，持有不同意見者，尚應連同該不同意見書，一併公布。但是根據美國的，以及大法官會議以往的經驗，所謂不同意見，往往又有兩種不同情形：其一是贊同判決或解釋的結論，而另有不同理由，這種意見，美國稱之爲協同意見(concurring opinion)，我們可以稱之爲補充意見，即補充解釋文理由之意見。其二是反對判決或解釋的結論，這種意見，美國稱之爲反對意見(dissenting opinion)，我們稱之爲不同意見。司法院修正案此項建議，使解釋案的內容結構，益爲符合實際，更趨合理，應該視之爲一項鴻謨嘉猷。

解釋案生效日期問題

修正案第四項重點爲：大法官會議決議之「解釋，自公布當日起發生效力，但確有必要時，得於解釋文內，另定生效日期或執行期限。」

我們大法官會議解釋制度需要改進的缺點之一，即解釋案的生效日期問題。舊日的會議規則，以及現在的會議法，對這個問題，都一直保持着緘默。於是解釋案並不因解釋文之公布，而必然發生立卽的效果。由於這個原因，遂產生了兩種截然不同的現象。第一種是於解釋案的執行，凡無關法律之變更，或於政治上有迫切需要者，卽立刻付諸執行或適用，這可以釋字第七十六號之解釋國會案，以及第八十五號之解釋國大代表總額案爲顯例。第二種是於解釋案的執行或適用，凡牽涉法律之變更，甚至有見仁見智之爭議者，則往往久歷年所，形同懸案。這可以釋字第八十六號，關於法院改隸案之解釋，於四十九年八月公布之後，歷經二十年，要到六十九年才完成改隸，最爲受人矚目。至於第一六六號解釋，對於違警罰法中有關拘留、罰役規定之爲違憲之結論，經六十九年十一月七日公布之後，迄今亦已三易寒暑，何時完成修訂法律程序尚不可知。像這種解釋案生效日期之不確定，且不可預知的狀況，對釋憲權威實在是一種很大的傷害。由於這種現象，因而過去有人感慨地戲稱大法官會議爲跡近於憲政機構中之法律顧問委員會者。此蓋係指大法官會議解釋結論之缺乏強制執行力也。但是就法制的觀點而言，大法官會議之被此譏評，其本身實在是無辜的。我人基於對確立大法官會議釋憲權威之關切，殷望此一修正重點，能普獲立法院之支持，早日使之獲得改善。

結論

取他山之石，可以攻錯。就釋憲制度而言，據我人所知，在當代所有採行成文憲法的國家中，美國不但是行憲最早最久的國家，而且也是行憲成效最爲卓著的國家。其訂定美國憲法的，雖然是一七八七年的制憲會議，但是維護其憲法權威，賦予其憲法生機，促成其憲法適應成長的主要力量，卻是其聯邦最高法院釋憲權所發揮的無比功能。其釋憲制度，自一八〇三年，經最高法院的判例創制之後，百餘年來，不惟已成爲美國憲政健全成長的柱石，亦且爲各成文憲法國家釋憲制度的楷模。熟悉憲法學的人士，大都知道大陸法系各國的法治歷史雖然悠久，但於釋憲制度，仍然是吸取美國的經驗，遲至本世紀第一次大戰之後，才開始先後立法建制。根據我們的經驗，我人覺得一個健全普受尊重的釋憲制度，乃是一個國家民主憲政賴以成功發展的必要條件。基於此一認識，所以我們殷切的期望執政黨政策會，能夠繼續爲大法官會議法修正案的協調貢獻心力。更期望立委諸公，能夠瞭然司法院的修正案，實質上乃是爲立法院預作的研究工作，眞正作決定的是立法院，而不是司法院。我們的釋憲制度如果能夠因會議法之修改而卓然有成，這將是立法院對健全國家憲政體制的重大貢獻之一。所以我人期望立委諸公，能夠勇於爲此一關係國家憲政穩定成長的基本制度，權衡輕重，明鑑得失，本着毋固、毋必、毋意、毋我的前瞻胸襟，早促其成，以爲後代子孫，締造永垂無疆之休。

六二、欣見釋憲制度更上層樓

——大法官會議釋字第一八五號解釋感言

中國時報：民國七十三年一月卅日

前言

民主政治之爲法治政治，已是置諸四海而皆準的基本信念。而在採行成文憲法的國家，所謂「法治」之「法」，在適用上其應以「憲法」爲第一優先，是亦自一八〇三年，美國司法審查權(Judicial Review)制度肇建以來，爲各立憲國家，所一致認同並奉行的基本原則。此所以憲法之爲國內法之「萬法之法」或「萬法之母」，又稱爲根本大法者之所由來也。所以民主國家之尊崇法治，實應以尊崇憲法始，是爲「憲治重於法治」。苟不然者，徒知重法律，而忽於法律之上，尚有憲法，不知憲法乃「法後之法」(the law behind the law)，則憲法之尊嚴不立，實難矣哉其爲國家之根本大法也。而憲法尊嚴之建立，不但有賴於政府各部門之率先恪守憲法，尤有賴於其對釋憲機關權威之尊重。蓋憲法文意之不能自明而有爭議者，實有賴釋憲機關之權威解釋，使之定於一也。至於釋憲機關解釋憲法之是否皆屬至當，猶其餘事。即使偶有失宜，尚可以嗣後之變更解釋以爲適應也。唯有釋憲機關具有高度的權威，憲法的尊嚴，始克有效地保持。美國民主政治之被其學界稱爲「司法之治」（government by Judiciary），是即其最高法院無上的釋憲權威所使然也。

憲法之爲國家的政治規範，其基本功能，不但在於規定政府的體制，公權力的運用程序，亦且在於保障人民的權利。這兩項功能雖互爲表裏，但實際上要以保障民權之彈性爲大。蓋民權之有效保障，實以約束政府的權力爲主要對象，而以釋憲機關爲保障民權的最後堡壘。所以釋憲制度之是否健全，以及釋憲權威之強弱，不但關係民權所獲保障之效果，亦且關係民主品質或程度之高低。

向第一八五號解釋致敬

大法官會議爲我國的權威釋憲機關。於三十七年建制之初，其最大缺點，厥爲依會議規則之規定，未曾賦予人民聲請解釋憲法之權利。如果法令違憲，侵犯人民在憲法上的權利，當事人即無從向大法官會議聲請解釋，以謀取救濟。此殊有失憲法所以規定民權，予以保障之本旨。及四十七年，大法官會議法公布實施，該法第四條第一項第二款，雖明文賦予人民聲請解釋憲法之權利，且以「於憲法上所保障之權利，遭受不法侵害，經依法定程序提起訴訟，對於確定終局裁判所適用之法律或命令，發生有牴觸憲法之疑義者」爲要件。但大法官會議所作有利於聲請人的解釋，由於各種訴訟法未曾作適時配合的修訂，所以聲請人並不能根據大法官會議所作對其有利的解釋，對其據以聲請解釋的案件，循再審或非常上訴的途徑，謀取救濟，以貫徹憲法對其權利之保障。此一重大缺點，雖經識者屢予指陳，立法院卻遲遲未作有效的補救。嚴格的說，立法院於此事，實在是有忝職守。

正義是不會永久被埋沒的。上述久經存在的缺點，雖然立法院怠於採取補救的作爲，但大法官會議，終於在七十一年十一月五日，以其可敬的智慧與道德勇氣，毅然於釋字第一七七號解釋，宣告：人民聲請解釋，經解釋之結果，於聲請人有利益者，該解釋之效力，應及於聲請人據以聲請之案件，聲請人得依法定程序，對之提起再審之訴，請求救濟，以貫徹憲法保障人民權益之本旨。此一解釋，在我國憲政史上，乃大法官會議運用釋憲權，發揮其保障民權，與維護憲法尊嚴功能的劃時代的不朽之筆。

健全的憲政制度，是經由不斷的發展成功的。而成長的途徑，或則經由法的規劃，或則經由法的解釋，或則經由公權權關、政治人物或政治團體的作爲，都可以發生殊途同歸的作用。上述大法官會議第一七七號解釋，在既經確定解釋之結果，其有利益於聲請人者，聲請人得就其據以聲請之案件，依法定程序提起再審之訴，則該一解釋在適用上，即應被各機關尊重，視爲與憲法具有同樣的權威。蓋憲法的權威，實有賴釋憲機關之權威以爲維護也。美國憲法之於該國朝野，嘗被喩之爲基督徒心目中耶和華的經。而所有憲法上涉訟的爭議，悉決定於最高法院裁判權對憲法的解釋。其憲法之無上權威，即以朝野對釋憲權之普遍尊重，而成其爲不拔之勢。所以其已故最高法院院長休士 (Charles E. Hughes) 曾有一句廣爲士林傳誦的名言，是說：吾人奉行着一部憲法，而憲法的涵義，則出自法官們的詮釋。("We are under a Constitution, but the Constitution is what the judges say it is.") 休士的話，並非因爲他是大法官兼院長而妄自標榜，實在是根據歷史經驗的寫實之言。

根據前述大法官會議第一七七號解釋，人民聲請的解釋案，其解釋結果，對聲請人據以聲請的案件，亦有效力，聲請人得據以提起再審之訴。但是該一解釋，卻爲行政法院所誤解，以根據該院六十二年判字第六一〇號判例，將人民根據大法官會議釋字第一八〇號解釋，所提再審之訴，以前開解釋，係作成於原判決之後，依法律不溯既往原則，因而予以駁回。由於行政法院此一駁回之判決，顯然與上述大法官會議第一七七號解釋相牴觸，所以當事人又向大法官會議提出釋憲之聲請，大法官會議對本案，經於本月二十七日，通過了釋字第一八五號解釋，該解釋要旨，又進一步宣示，依憲法第七十八條規定，司法院有解釋憲法之權，「其所爲之解釋，自有拘束全國各機關及人民之效力，各機關處理有關事項，應依解釋意旨爲之。違背解釋之判例，當然失其效力。確定終局裁判所適用之法律或命令，或適用法律、命令所表示之見解，經本院依人民聲請解釋認爲與憲法意旨不符，其受不利確定終局裁判者，得以該解釋爲再審或非常上訴之理由」，「蓋確定終局裁判如適用法規顯有錯誤或違背法令，得分別依再審、非常上訴及其他法定程序辦理，爲民、刑事訴訟法及行政訴訟法所明定，並經本院釋字第一三五號及第一七七號解釋在案」，「受訴法院自應受其拘束，不得再以其係法律見解之歧異，認非適用法規錯誤，而不適用該解釋。行政法院上開判例，與此不合部分，應不予援用。」大法官會議此一解釋，本質上不但係對第一七七號解釋之進一步補充和澄清，同時也具有宣示和強化其釋憲權權威之作用。我人基於尊崇憲法必須從尊崇憲釋權權威開始之觀點，不僅特爲對第一八五號解釋，致最高之敬意，同時更馨香祈禱司確定終局裁判之任的法官中，能有中國的馬歇爾其人，秉持超人的智慧與道德勇氣，爲我國的釋憲制度，繼大法官會議第一八五號解釋之後，進一步創立新猷，以宏揚我國的民主憲政，造福後代的國人子孫。

爲中國的馬歇爾催生

馬歇爾（John Marshall）乃美國聯邦最高法院第四位院長，任職於一八〇一至一八三五年。他對美國憲法，以及近代立憲制度最大的貢獻，是在一八〇三年「馬伯瑞控麥迪森」（Marbury *v.* Madison）訟案的判決中，以其超人的智慧，創建了影響美國，也影響着世界的違憲立法之司法審查權（Judicial Review）。按美國憲法，除了在第六條第二節，規定憲法、國會制定之法律與條約，均為美國的最高法律外，並未明文授權法院可以審查國會立法是否違憲，並拒絕適用法院認為違憲的法律。但是馬歇爾在上述馬伯瑞一案中，認為國會於一七八九年制定的「司法法案」(Judiciary Act) 其中第十三節，授權最高法院對行政部門頒發令狀 (Writs of mandamus)，責成其採取一定作為的規定，逾越了憲法第三條第二節明文授予最高法院之職權範圍，因而確認國會無權以法律變更憲法的規定，於是宣告該法違憲。雖然憲法中規定，憲法、法律與條約，皆為美國的最高法律，但當法律與憲法有牴觸時，法院應以適用憲法為優先，因而拒絕適用該法中牴觸憲法之規定。美國的司法審查權，因本案的判決而確立，憲法的效力優於普通法的原則，亦自本案之後，為美國及所有採行成文憲法的國家，奉為無上的圭臬。

我國法院，在憲法上雖無美國式的司法審查權，且特設大法官若干人，專司釋憲之責，但憲法不惟於第八十條規定，法官依據法律獨立審判，不受任何干涉，同時又於第一七一條規定，法律與憲法牴觸者無效。根據憲政原理推論，法官獨立審判所依據之法律，應限於合憲之法律。雖然法律是否牴觸解憲法發生疑義時，應由司法院解釋，但司法院之解釋憲法，乃是確定終局之解釋。在確定終局解釋成立之前，訴訟之當事人及承審的法官，都當然享有原始的或中繼的釋憲權。否則，聲請釋憲案即無由產生，大法官會議的釋憲權，亦無由行使。基於此種認識，所以在訴訟當事人，提出法令違憲之主張時，至少終局裁判的最高法院或行政法院的承審法官，對訴訟當事人所提該案適用法令違憲之主張，可以參考美國法院處理民權訟訴案所持「優先適用」(preferred position) 原則，根據憲法中獨立審判，不受任何干涉的規定，中止審判程序，將該項法令是否違憲之疑義，向大法官會議提出釋憲之聲請，然後再依據大法官會議解釋之結果，繼續原案之審判。這樣的程序，不但使大法官會議的解釋，可以發生立竿見影的效果，遠比第一八五號解釋所宣示的再審或非常上訴的迂迴程序爲直接而有效，同時如前述行政法院誤解釋字第一七七號解釋的紛擾，亦可因而予以避免。基於此一認識，所以我人特此爲中國的馬歇爾催生，希望職司確定終局裁判的最高法院法官及行政法院的評事，都能有馬歇爾的智慧、器識與勇氣，爲我國的釋憲制度，創闢新境，以建不朽之功。

六三、大法官會議權威應予尊重

——論一件非常上訴駁回案——

中國時報：民國七十三年十二月十一日

本月七日，最高法院駁回了檢察長一件非常上訴。這件案子，不僅關係到司法審判權運用上程序的是否適法，以及民權保障的問題，更涉及到大法官會議解釋權的權威問題。在我國的憲政體系中，大法官會議之為權威的解釋機關，其正確的涵義指涉，是說其對憲法疑義所作的解釋，以及對法令歧義所作的統一解釋，在國民大會或立法院，未經修憲或立法程序，予以變更，或大法官會議本身未作變更解釋之前，其效力卽具有終局確定性之最高權威，任何機關或個人，都應無條件地予以尊重和遵守。而權威解釋機關權威之確立，其主觀者有賴解釋案品質之公正客觀達於至當，其客觀者則有賴朝野，特別是公權力機關對解釋結果之遵行不怠。權威解釋機關之解釋，如果不被尊重或不予遵守而不具權威的規範作用，則民主法治品質，必然會受到致命的傷害。本文所述之非常上訴被駁回案，直接涉及大法官會議釋字第一七六與第一八八號解釋，受到最高法院之懷疑與挑戰。我人因爲關注並肯定大法官會議權威亟應受到普遍的尊重，爰述本案要略，並抒所見，以就教於方家賢者。

爭議案經緯要略

㈠法定「參與前審」之司法解釋。依刑事訴訟法第十七條第八款規定，推事曾參與前審之裁判者，於該管案件，應自行迴避，不得執行職務。同法第三百九十七條及第四百四十一條又規定，依法律應迴避之推事參與審判者，當然爲違背法令，檢察長得向最高法院提起非常上訴。上引「推事曾參與前審之裁判者」，其確定涵義究竟何所指，司法院曾於七十年八月七日函復監察院時，依最高法院二十三年及二十九年兩個判例，說明「所謂推事參與前審之裁判者……係指對於當事人所聲明不服之裁判，曾經參與其下級審之裁判，又再就此項不服案件，執行上級審裁判職務而言。至推事曾參與第二審之裁判，已經第三審撤銷發回，另爲之更審裁判，其未參與更審判決之推事，在上級審參與裁判，即非參與前審裁判之推事，與法定迴避原因無關。」

釋字第一七八號解釋

㈡爭議刑案及釋字第一七八號解釋。引起爭議者，係涉案人蘇光子等，因被控違反國家總動員法，在二審法院係由高廷彬推事任該案審判長，參與審判。嗣該案第二審判決，經第三審撤銷發回更審，而高推事已升任最高法院推事，復參與本案之第三審裁判，將蘇光子等人之上訴駁回而告確定。蘇等以本案第三審裁判違反上述刑事訴訟法第十七條第八款之規定，向監察院提出陳訴。監察院因不同意前引司法院對有關推事迴避所表示之見解，而聲請大法官會議予以統一解釋。大法官會議於七十年十二月，以釋字第一七八號解釋，宣告「刑事訴訟法第十七條第八款所稱推事曾參與前審之裁判，係指同一推事，就同一案件，曾參與下級審之裁判而言」。「惟此不僅以參與當事人所聲明不服之下級審裁判為限，並應包括『前前審』之第一審裁判在內。至曾參與經第三審撤銷發回更審前裁判之推事，在第三審復就同一案件參與裁判，以往雖不認為具有該款迴避原因，但為貫徹推事迴避制度之目的，如無事實上之困難，該案件仍應分其他推事辦理。」

適用上之歧見補充

㈢權威解釋適用上之歧見及釋字第一八八號解釋之補充。

上述高廷彬推事參與引起法令爭議之第三審判決，係作成於七十年六月廿五日，而大法官會議釋字第一七八號解釋，係公布於七十一年十二月三十一日。此一解釋可否追溯適用於蘇光子案，最高法院有關解釋適用判例之答案是否定的。而監察院則認為大法官會議解釋之效力，如係對法律文義或立法本旨之解釋，應自該法律施行之日生效；如係變更原有之規定或變更原有之解釋者，則應自解釋之翌日起生效。大法官會議釋字第一七八號解釋，係對刑事訴訟法第十七條第八款所作文義及立法本旨之解釋，自應自該法施行之日起生效，由於此一見解與最高法院判例所持之見解有異，復聲請司法院予以統一解釋。大法官會議於釋字第一八八號解釋，明確宣示「中央或地方機關，就其職權上適用同一法律或命令發生見解歧異，本院依其聲請所為之統一解釋，除解釋文內另有明定者外，應自公布當日起發生效力。各機關處理引起歧見之案件及其同類案件，適用是項法令時，亦有其適用。惟引起歧見之該案件，如經確定終局裁判，而其適用法令所表示之見解，經本院解釋為違背法令時，是項解釋自得據為再審或非常上訴之理由。」

㈣檢察長提出非常上訴。大法官會議釋字第一七八號及第一八八號解釋，都是因蘇光子一案而經監察院提出解釋之聲請。依前一解釋，最高法院如無事實上之困難，則推事高廷彬對於蘇案，未作迴避而參與第三審裁判，則該案之審判，應屬違背法令；依後一解釋，則釋字第一七八號解釋，雖係公布在蘇案三審定讞之後，但因為蘇案之三審裁判，正是據以聲請該解釋之案件，「自得據為再審或非常上訴之理由」。根據這兩個解釋，最高檢察署乃函請最高法院，查覆推事高廷彬於蘇案未曾迴避，有無事實上之困難。由於最高法院之覆函並未說明有何事實上之困難，檢察長因而依法提起非常上訴。

㈤駁回非常上訴之理由。對於上述非常上訴，最高法院於七日裁決予以駁回。其所持理由之一，是「所謂曾參與前審之裁判，本院向來之見解，均認為應指更審前最後一次之原裁判而言，本院高推事廷彬參與高等法院六十八年度上更（三）字第三〇四號（即蘇案）刑事判決，業經本院撤銷更審，該判決已失其存在，爲該判決之高推事廷彬，即無庸迴避。」理由之二，是說「大法官會議釋字第一七八號解釋，查係七十一年十二月三十一日公布，本院高推事廷彬參與本院七十年度臺上字第二九八七號刑事判決，係在七十年六月二十五日，當時釋字第一七八號解釋尚未公告，無從考慮（第一七八號解釋所謂）有無事實上（應予迴避）之困難問題……所謂無從考慮有無事實上之困難問題，自與並無事實上之困難不同。非常上訴意旨，以（本院）覆函未說明有何事實上之困難情形，而解爲覆函謂無事實上之困難，而依刑事訴訟法第十七條第八款，及大法官會議釋字第一七八號、一八八號解釋，指摘原確定判決爲違背法令，不免誤會，本件非常上訴尚難認爲有理由。」

權威解釋應具權威

司法之功能，要在依據法律以主持社會之公道。而在立憲政體之前提下，除代表公道標準的法律，應符合民主原則與憲法精神外，司法功能之發揮，不但應嚴守程序之公平合法，而對於法律之解釋與適用，尤應重視實質之公平合理。從這個觀點來看，則最高法院依據判例駁回前述非常上訴所持的第一項理由，顯然是以形式程序上的虛無公道，而犧牲了實質內容上的合理公道。蓋一件訴訟，從初審到三審定讞，乃一完整之訴訟過程。其間的撤銷與更審，仍構成爲整個訴訟過程的一部分，徒以割裂程序之方式，而否定訟案整體的實質，在判斷上，似非一項合理的抉擇。至於駁回非常上訴的第二項理由，最高法院既以推事高廷彬參與該院七十年度臺上字第二九八七號蘇案判決時，大法官會議釋字第一七八號解釋尚未公布，故尚無從考慮有無該解釋所謂有關迴避事實上之困難問題，所以於此已無庸深論。

對於本案，我人最為關切的，是在大法官會議釋字第一八八號解釋，乃針對釋字第一七八號解釋之適用時效，以及對據以聲請解釋之蘇案是否適用，所作之補充性解釋。而釋字第一八八號解釋，係七十三年八月三日公布，並自卽日起生效。最高法院於本月七日，卻無視於上述大法官會議之解釋，而將檢察長依刑事訴訟法有關規定及該兩號解釋所提起之非常上訴駁回，從而使大法官會議在憲法上權威解釋之權威，受到嚴重的挑戰。這雖不是政治上的一個敏感問題，但卻是關係國家民主憲政健全發展的基本重大問題之一，應該受到有關人士的重視。

發揮憲政體制規範功能

任何一個政治體系，都需要有一個定於一的權威。立憲國家定於一的權威在憲法，而憲法適用上歧義定於一之權威在憲法上的權威解釋機關。如果權威解釋機關所作解釋的權威，不被尊重或遵守，則憲法的權威卽無從確立，國家的憲政體制，亦無從發揮其有效而制度化的規範功能。

最高法院於民刑訴訟之判決，以及行政法院於行政爭訟之評決，在沒有違憲爭議或法令見解歧義的情形下，都是權威的，也是最高最後的。可是在有法定爭議的情形下，即不再具有最高最後的權威性。依據憲法及大法官會議法，大法官會議的解釋，才具有最高的權威。憲法把這個權威賦予大法官會議，負行使公權力之任者，應以尊重憲法的戒愼心情，遵行大法官會議之解釋，以爲宏揚憲政共獻心力，同盡棉薄。

讀過本文之後，請讀閱本書第五十五篇〈監院彈劾五法官問題分析〉

六四、大法官會議釋字第一九九號解釋平議

自立晚報：民國七十四年十二月九日每周評論

依據臨時條款，在法在理，憲政研討會已構成為國大連體機構，因此將其視同國大組織法第四條規定之國大開會式，使增額當選之代表，得據以完成法定宣誓，似屬合理之解釋。

司法院最近公布了大法官會議議決的釋字第一九九號釋解，宣告「國民大會組織法第四條規定之宣誓，係行使職權之宣誓，依動員戡亂時期臨時條款增加名額選出之國民大會代表，既與國民大會原有代表依法共同行使職權，自應依上開規定宣誓。」對於此一解釋，並無任何大法官隨附解釋文提出不同意見，具見此一解釋，乃為全體大法官所一致同意。我人細審與本解釋有關的文獻，覺得該解釋，在程序上和實體上，似乎都不無可以值得進一步斟酌的地方，爰為試抒管見

如次：

從程序上來看

大法官會議的職權爲解釋憲法與統一解釋法令。第一九九號解釋的客體，是國民大會組織法第四條，關於國大代表宣誓規定的確定意指，其本質爲統一解釋法令，而非解釋憲法。而依大法官會議法第七條之規定，惟有在「中央或地方機關就其職權上適用法律或命令，所持見解與本機關或他機關，適用同一法律或命令時，所表示之見解有異者」，始「得聲請統一解釋，但該機關依法應受本機關或他機關見解之拘束，或得變更其見解者不在此限」。但是根據第一九九號解釋所附的原始聲請函所示，此一解釋案之作成，係基於國民大會秘書處的聲請。而所聲請解釋的有兩點：其一，國民大會組織法第四條所規定的代表宣誓，究爲「就職宣誓」，抑爲「行使職權宣誓」，或爲「開會儀式宣誓」；其二，增額當選的國大代表，究應於就職時宣誓，抑應於國民大會開會式時補行宣誓。第一九九號解釋，就是基於國大秘書處此項聲請函所作成的。

大法官會議解釋憲法與統一解釋法令，在機關聲請之條件程序上，二者最不相同的是，如係聲請解釋憲法，則但凡公權力機關適用憲法發生疑義，或與他機關發生適用憲法之爭議，或適用法令發生有牴觸憲法之疑義時，都可聲請解釋。但是如果係聲請統一解釋法令，則必須在機關內外於組織及職權系屬上互不相屬的機關，適用同一法令，而對該法令之見解有異時，才能由後適用該法令之機關提出聲請。但是第一九九號解釋，只是國民大會本身，對增額代表之就職性質與時機發生疑義，其聲請函並未說明，該會對國大組織法第四條宣誓規定所持見解，與本機關或他機關適用該法同一規定所已表示之見解有何歧異。所以仔細分析，此一釋解所依據的聲請函，似乎並不符合大法官會議法第七條所規定，有關統一解釋法令之程序要件。

司法機關最基本的神聖任務，厥爲平亭曲直，裁決爭端，以維護公道。準乎此，則司法機關行使職權之最基本原則，實以不同利害關係發生爭端之需裁處者爲前提。例如美國司法部門釋憲權之行使，卽完全採取寓解釋於審判制度，必須先有訟案發生，法院才在裁判中，發揮其解釋的功能，所以美國法院對於憲法和法律，只對涉訟的兩造，發表其裁判意見(decision opinion)，此外並不對任何機關或個人提供顧問意見 (advisory opinion)。美國民主政治之所以能夠發展爲司法之治 (government by judiciary)，其因素雖然不止一端，但是和其法院在憲法與法律解釋上之不扮演顧問者角色，從而使得法院權威之更形強化，是大有關係的。我們的大法官會議解釋制度，過去的缺點太多，近年來雖經大法官會議本身的努力，在制度上已獲致某種程度的改善，但是基於熱愛民主憲政之義，衷心期望我們的釋憲制度，能夠發展得日益合理，益趨健全。

從實體上來看

國民大會組織法第四條規定，「國民大會代表，於國民大會舉行開會式時，應行宣誓」，其誓詞爲「某某謹以至誠，恪遵憲法，代表中華民國人民，依法行使職權，謹誓」。釋字第一九九號解釋文之要旨，宣告上述組織法第四條規定之宣誓，係行使職權之宣誓，增額選出之國大代表，應依上開規定，於國大舉行開會式時宣誓。此項解釋，就常態情形而論，並無可疑。而就非常態情形而言，則似不無値得商榷之處。

依照歐美民主國家的經驗顯示，實施民主憲政的中心精神之一，厥爲「合理原則」之尊重與實踐。在這個原則之下，形同民主命脈的憲法和法律，不但其規定的內容必須合理，同時其解釋與適用，亦必須合理。而所謂合理，只是一個應然的概念和原則，其內容涵義，又須和時移世易的社會需要，不斷調適，並無百世以俟聖人而不惑的僵固標準。例如美國憲法第一條第八節第二款，規定聯邦有權管理州與州之間的貿易。此在一九三七年以前，最高法院曾多次判決有關生產並非貿易，聯邦無權管轄。但由於全國性的勞資及貿易問題，皆由生產之管理而發生。而全國性的問題，又非個別的州所能解決，所以最高法院乃於一九三七年作成劃時代的判決，變更多年判例，宣告聯邦有權管理生產。其所持理由是說，生產本身雖非貿易，但卻爲貿易所必需的前提條件，聯邦政府如果不能管理生產，則憲法所授予聯邦的州際貿易管理權，即無從貫徹。這段憲政史事，說明一九三七年以前，依據憲法，國會有權管理貿易而不能管理生產是合理的。但在一九三七年之後，國會因管理貿易而必須管理生產，已由過去之爲不合理，轉而成爲合理的了。

國大代表於國大舉行開會式時宣誓，代表人民依法行使職權，在常態時確屬合理。因爲依憲法及選舉法規定，政府應於總統任期屆滿前六個月，辦理國大代表選舉，代表則應於總統任滿前九十日召集之國大會議中宣誓就職行使職權。因而代表之選舉、集會與宣誓，皆係在密集連續情形下進行。但是六十一年在國大於二月常會集會選舉總統之後，是年冬即依臨時條款，辦理增額選舉。而國大要到六十七年二月，才因爲要選舉次屆總統而舉行常會，增額當選的代表，也要等到此時宣誓行使職權。可是從五十五年國大憲政研討委員會成立後，其組織綱要第四條規定，該會以全體代表組織之。換句話說，作爲憲政研討委員會之委員，必須先有合法的國大代表身分。而宣誓就職應爲確認代表身分之必需條件。雖然宣誓條例第三條第二項規定，其未能於規定之日宣誓就職者，應另定日期舉行，但此係對已規定宣誓日期者而言。然則宣誓日期究應如何規定，在常態應依組織法第四條規定之開會式時爲準。但現在代表當選之後，要等數年之久，才有常會（或臨時會）開會之機會，而在此之前，未宣誓之代表，不但已領取代表應領之歲費與公費，而且也要參加憲政研討委員會，行使研討憲法憲政之職權。一個未經宣誓的人，其長期領受公帑，行使只有國大代表才能行使的法定憲政研討權，其情是否合理，似屬不無可疑。我人覺得憲政研討委員會雖非國民大會，但依據臨時條款，在法在理，其實已構成爲國大之連體機構。基於此一觀點，則將憲政研討委員會之集會，依合理之原則，視同國大組織法第四條規定之國大開會式，使增額當選之代表，得據以完成法定宣誓，似屬合理之解釋。未知此說亦有可取否。

六五、監委兼職與釋憲成案之探討

自由時報：民國七十八年三月十九日

為了憲政制度之正常發展，針對我國之實際政情，則執行業務一詞，似應從寬作廣義解釋，凡可能不利於監察權公正行使之業務，都應列入禁止監委執行之業務範圍。

監察委員鍾榮吉先生，於日前被執政黨任命，就職爲該黨社工會主任。鍾監委兼任政黨該項單位主管職務，與憲法第一〇三條「監察委員，不得兼任其他公職或執行業務」的規定是否牴觸？已引起相當關注，並有正反兩種意見。

正反意見各有依據

持合憲觀點者認爲：㈠現代國家，政以黨成，在政黨政治之運作下，民意代表兼任黨工，乃是民主國家之常態；㈡政黨乃社會團體，黨部社工會主任是社會團體的義務工作幹部，故監委兼任該項主任職務，於法並無不合；㈢大法官會議釋字第二十號解釋，已經宣告黨部工作人員，並非憲法第一〇三條所謂之公職，故監委兼任黨部職務，並不違法。

持違憲疑義者認爲：㈠監委與黨工在角色上有衝突，監委一旦兼任黨工，便很難保持監委的超然立場；㈡監委之職司糾彈，應保持超黨派之公平性，監委若兼任黨部主管，將有礙於監察制度此一基本精神之發揮；㈢憲法第一〇三條，同時禁止監委兼任其他公職或執行業務，大法官會議釋字第二十號解釋，雖然曾說明黨部職務，並非憲法第一〇三條所稱之公職，但是並未同時宣告，監委兼任黨部工作，並非執行業務。而依大法官會議有關監委不得執行醫師、民營公司董監事等業務解釋之精神來看，監委兼任黨部工作，應屬執行業務，爲憲法所不許。

公職之確定涵義

大法官會議有關公職之解釋，可以歸納爲下列數種：

㈠大法官會議釋字第十七號解釋，宣告，「國立編譯館編纂，照編譯館組織條例，係屬公職，依憲法第一〇三條，監委不得兼任」。此後不久，大法官會議又於釋字第十九號解釋，確定：憲法第一〇三條所稱不得兼任其他公職，不僅以官吏爲限。根據這兩個解釋，則國立編譯館聘任編纂係屬公職，而公職之範圍，亦不限於官吏。

㈡大法官會議釋字第二十四及二十五號解釋，確定「公營事業機關之董事、監察人、及總經理，應屬於憲法第一○三條及第七十五條所稱之公職及官吏範圍之內，監察委員、立法委員，均不得兼任」。不寧惟是，依釋字第八號解釋，即公私合營之股份有限公司，政府股份在百分之五十以上者，亦係公營事業機關，該公司之職務亦屬公職，監委亦不得予以兼任。

㈢大法官會議以釋字第四十二號解釋，宣告：「憲法第十八條所稱之公職，涵義甚廣，凡各級民意代表，中央與地方機關之公務員，及其他依法令從事於公務者皆屬之」。

㈣從上引各項確定性權威解釋來看，舉凡公權力機關，以及公營事業機構之職務，均係憲法所稱之公職，爲監委所不得兼任。但是政黨黨內幹部之身分問題，嗣經大法官會議先後於釋字第五號、第七號及第二十號解釋，宣告：行憲後，各政黨各級黨部之書記長、工作委員會之主任委員、理事等辦理黨務之人員，皆非公務員，亦非憲法第一○三條所稱之公職。根據這三個解釋，政黨之辦理黨務人員，在行憲後，已不再具有行憲前的公務員或公職人員之身分。

執行業務的權威解釋

憲法第一○三條，禁止在職監委同時執行其他業務。但是對監委而言，除了執行法定監察職權外，何謂執行業務？對於這個問題，大法官會議曾有三個解釋，就個案予以釋示。

㈠釋字第二十號解釋，宣示公立醫院爲國家或地方醫務機關，其院長及醫生皆係公職，監委固不得兼任。即非公立醫療機構之醫務人員，由於必須領有證書始得執業，且經常受主管官廳之監督，其業務與監察職權顯不相容，應認係憲法第一〇三條所稱之業務，監委應受其限制。

㈡釋字第八號解釋，曾宣告公私合營股份公司，政府股份在百分之五十以上者，其從業人員爲公務員，監委固不得兼任。但純係民營公司者，大法官會議在釋字第八十一號解釋中，曾確定：民營公司之董事、監察人、及經理人，均爲執行民營公司業務之人，其所執行之業務，與監察委員職權之行使，自不相宜，爲貫徹監察權之行使，保持監察委員之超然地位，故應視其屬於憲法第一〇三條所稱監委不得執行業務之範圍。

㈢釋字第一二〇號解釋，宣示：新聞紙或雜誌發行人所執行之業務，應屬於憲法第一〇三條所稱執行業務之範圍。

鍾案之探討

從肯定監委得兼職黨工之觀點言，監委既係由選擧產生之民意代表，則其政黨之背景，殆屬難以避免。憲法與法律，既未規定監委須超出黨派以外，大法官會議亦無監委不得執行政黨業務之解釋。若謂政黨之爲人民團體受內政部監督，而監察權又監督內政部，因而以監委職權與執行政黨業務爲不相容。實則二者間之矛盾並非必然。大法官會議釋字第一二〇號解釋中的不同意見，即主張憲法禁止監委執行業務之規定，旨在維護公益，而維護公益，亦有一定限度，凡與監察權行使有牴觸之業務，自然不應執行，其與監察權行使無關，或不發生牴觸之業務，則不應包括在內。猶有進者，依人民團體法之規定，一般人民團體之成立，必待內政部之核准而後可。而政黨之爲人民團體，其成立則僅報備而已，其受內政部之監督，遠無一般人民團體之嚴格。由此觀點來看，監委之兼職黨工，似無受限於憲法第一〇三條，禁止執行業務之絕對必要。

其次，從否定監委得兼職黨工之觀點言，要使監察權能積極正當地發揮其功能，便應避免一切可能影響其正當行使的不利因素。這應該就是憲法第一〇三條，禁止監委兼任其他公職或執行業務之立法意旨。雖然所謂執行業務的涵義並不明確，但爲了憲政制度之正常發展，針對我國之實際政情，則執行業務一詞，似應從寬作廣義解釋，凡可能不利於監察權公正行使之業務，都應列入禁止監委執行之業務範圍。甚至監委雖由選舉產生，難免具有黨籍，但具有黨籍人士，一旦就職監委，卽應停止從事任何政黨活動。政黨之爲人民團體，既受監督於行政機關，則爲求監察權之正常發展，則監委似不以兼任黨工爲宜。

政治是非沒有絕對

以上兩點討論，究以何者可取，乃是一個令人困擾的問題。因爲天地間任何事的道理，都不是絕對的，都受着時間和空間等因素的影響，特別是以政治上的是非道理爲尤甚。現在問題既經發生，持否定態度者，如果堅持所是，則這個問題卽成爲憲法疑義的解釋問題，將有待於大法官會議作確定的宣告。大法官會議是否會適用釋字第二十號後段、第八十一號及第一二〇號解釋的精神來處理這個問題，或另行揭示新的觀點或原則，將是朝野關心者注目的焦點。

第八編　憲法與臨時條款之整合

六六、「五五憲草」制訂經過及其特點

近代中國雙月刊：第五十三期—民國七十五年六月三十日

一、促成制憲的因素

(一)輿論的風向

在中國國民黨所奉行的理論和主張中，採行訓政只是被視爲進入憲政的必要過程。這個過程在時間上的久暫， 中山先生在「同盟會軍政府宣言」及《孫文學說》中雖有「以六年爲期」之說，但憲法之頒布，實際上是要依照訓政時期之程序，待全國有過半數省分達至憲政開始時期爲之❶。所以國民黨三屆二中全會於民國十八年通過的「訓政時期規定爲六年，至民國二十四年完

❶「建國大綱」第二二、二三條，及「訓政約法」第八六、八七條。

成」的決議❷，似應該視為是表示制憲決心而預定的期限，不必具有不問訓政成敗，屆時必須頒布憲法的絕對意見。不過國民黨的訓政方略，並未能為當時在社會上具有影響力量的非國民黨人士所接受。尤其是民國二十年「九一八」國難發生後，國民黨先後經第四次全代會及四屆一中全會決議，要召開「國難會議」，以討論團結禦侮、救災及綏靖各事宜❸。但當時另一派人，則認為國民黨訓政之成績，尚不及宣統年間的預備立憲，因而想利用國難會議來取消黨治，實行憲政，以改造中國的政治局面❹。由於這個關係，所以國民黨對國難會議雖有其預定的討論內容，但在開會期間，關於促成憲政的提案，卻有六類十三案之多，最後大會且通過請「政府如期結束訓政，召集國民大會，制定憲法；國民大會未召集前，設立民意機關，定名為國民代表會。」❺國難會議的這個決議案，當時曾遭受到黨國要人的諸多指責，激烈的如中委張道藩，認為主張結束黨治者，大抵皆為黨派政客之別具用心❻；溫和的如胡漢民，則表示「我人不但不反對憲政，且

❷ 國民黨中宣部編印，〈憲政建設決議案〉，第一四頁。

❸ 汪兆銘，〈國難會議開幕詞〉，見《國聞週報》，第九卷，第一五期，〈大事述評〉。

❹ 蔣廷黻，〈參加國難會議的回顧〉，《獨立評論》，第一號。

❺ 陶希聖，〈由國民代表會到國民參政會〉，《獨立評論》，第三三號；關於國難會議討論的情形，除正式會議紀錄外，《國聞週報》第九卷第一五期，〈大事述評〉對之記述頗詳。

❻ 張道藩，二十一年四月十一日在南京中央黨部紀念週報告詞。見《國聞週報》，第九卷，第一五期，〈大事述評〉，及同期論評選輯欄，轉載同月十三日《天津大公報》社論〈國難會議與當局態度〉。

必竭全力以實行憲政，惟我人對於憲政，不重在施行之遲早，而重在其眞僞，深望關心憲政問題者注意及之。」❼在國民黨當局看來，民意機關可以設置，而訓政的責任，則絕對不能放棄❽。

國難會議的決議雖未受到當局的重視，但結束黨治與實行憲政，卻在國難會議後的學術與論界，引起極其廣泛的關注與討論。綜觀此一時期的輿論風向，對於訓政與憲政問題，大要有兩類不同見解。

1.第一類見解：覺得就當時中國各方面的條件，實行憲政並非是當務之急，重要的是應該積極從事建設的工作。

蔣廷黻表示：反對黨治者，以爲訓政以來的成績，除經濟破產及屈服於日本外，別無可言。其實屈服於日本的罪名，不能加在國民黨的身上：至於經濟破產，乃是由於中國文化遺傳之生產力薄弱，以及連年內戰與近年世界經濟恐慌影響之波及所造成，也不能說完全是國民黨的責任。在此情形下，換一黨，改變組織，甚至於停止訓政，都不能產生很大的效果。我所以對於憲政開始不開始極其冷淡，覺得是無關宏旨的。人民不參政，任何憲法也不能把政權送給人民。人民並不關心政權在什麼人手裏，他們所希望的是握權者能替國人作幾件較大的事體，政府改組與否，

❼ 二十一年四月二十四日，香港電訊，〈胡漢民關於憲政談話〉，見《國聞週報》，第九卷，第一八期，馬季廉，〈憲政能救中國嗎?〉一文引載。

❽ 同❻；二十四年雙十節，南京《中央日報》，〈國慶紀念辭〉。

不及解決土地問題重要❾。

陳之邁認爲：沒有現代經濟制度所造成的交通便利、貨物交換、優美普及的教育、參加政治的閒暇，而希求吃草根樹皮觀音粉的芸芸衆生侈談內政、關切外交、監督政府，乃人之常情所不許，無論頒布如何優美的憲法，都不能對實際有所補益❿。

梁漱溟爲鄉村建設派的領導人，他認爲國家的一切建設，應從鄉村的教育、經濟等社會基層建設始，在鄉村建設還沒有基礎前，侈談憲政，病在不實。因爲就中國當時的情形而言，根本尚不到有憲法成功的時候⓫。

馬季廉指出，實行憲政，必須具備教育進步、交通發達及政風良好三種條件，當中國現在還沒有具備這些條件的時候，不審利害，遽行憲政，則不惟無以解決當前的困難，且將重蹈民初的覆轍。同時他又認爲，議會政治乃資本主義的產物，已日趨沒落，根本不足取法。而就中國的需要說，實以在國民黨的領導下，採取社會主義政制，厲行徹底改革爲宜⓬。

何浩若則根本懷疑民治，他認爲民治乃資產階級壓迫貧苦民衆的政治。而建國之首要在民

❾ 蔣廷黻，〈國民黨與國民黨員〉，《獨立評論》，第一七六號。
❿ 陳之邁，〈政制改革的必要〉及〈再論政制改革〉，《獨立評論》，第一六二、一六六號。
⓫ 梁漱溟，〈中國此刻尚不到有憲法成功的時候〉，二十三年四月二十二日，《天津大公報》星期論文。
⓬ 馬季廉，〈憲政能救中國嗎？〉〈最低限度的改革〉，《國聞週報》，第九卷，一八及二九期。

生，若捨民生而談民主，無異為捨本逐末⑬。

上所引述，乃第一類見解中比較具有代表性的言論。前三者在基本上並不反對民主憲政，只是認為中國當時的條件，尚不足以言憲政，且非當務之急。後二者則根本對民治心存懷疑，認為並不足取法。各人的立論容有不同，但其贊成黨治，或以黨治一時尚無可代替，因而並不反對訓政的態度，則只是程度上的差別而已。

2.第二類見解：是基於承認國民黨統治的前提，主張即時公開政權，結束訓政。他們認為民治乃一無盡境的生活過程，民治本身，就是訓練和培養民治能力的最有效方法，所以應該即時採行。關於此一類的見解，可以下述諸人的言論為代表。

胡適為此方面之健者，其言論多發表於其主編之《獨立評論週刊》，綜合他的意見，約有下列幾點：

首先他從基本上確認憲政與議會政治，都只是改制的一種方式，既非資產階級所能專有，亦非專為資本主義而設。各國普選後，工黨代表亦因議會政治而得掌政權。百年來的社會立法亦皆由議會產生。政制有如汽車，全靠誰來駕駛，也全靠為什麼目的來駕駛，不能以汽車為資本主義產物而不用汽車。進一步來說，議會政治與憲政不是反對民生的東西，亦非與社會主義政制不相

⑬ 何浩若，〈不關重要的國民代表會〉，《時代公論》，第六號。

容，若言中國未具備實行憲政的條件，則同樣也未具備無產階級專政的條件。我們不信憲政能救中國，但我們深信憲政是引中國政治上軌道的一個較好的方法。憲政無甚玄秘，只是政治必須依據法律，和政府對人民應負責任兩個原則而已[14]。

其次，從適用的績效言，黨治之於國民黨，原來就不認爲是永久的目的，而只是爲憲政作準備的手段。然就訓政以來的經驗看，民衆並沒有得到訓練，準此是否應該想想，絕少數人把持政權，是永不會使民衆獲得現代政治訓練的。眞正說來，最有效的政治訓練，卽是逐漸開放政權，使人民從實際的參政活動中去接受政治訓練。蓋學游泳者必須先下水，學彈琴者必須先有琴可彈。而憲政本身，實在就是憲政的最好訓練[15]。胡氏此一論點，在當時曾引起不少學人的共鳴，因而各以不同的方式加以申述。

復次，爲國民黨的政權基礎設想，他認爲當時乃是國民黨公開政權的絕好時機。他特別指出，拋棄黨治，公開政權，並不是說國民黨立卽下野，而是說國民黨的政權，應該建立在一個新的更鞏固的基礎上，卽用憲法做基礎。在憲政之下接受人民的命令，執掌政權。在那新的政制下，名義是正的，人心是順的，所以基礎也就更穩固了。根據這個觀點，他主張而今收拾人心的

---

[14] 胡適，〈憲政問題〉，《獨立評論》，第一號。

[15] 胡適，〈從一黨到無黨的政黨〉，《獨立評論》，第一七一號。

方法，除了一致禦侮外，莫如廢除黨治，公開政權，實行憲法之治。這是當前改革政制的基本前提⑯。

丁文江從中國的傳統與現狀，主張用和平的手段，承認國民黨的統治，以打開政治的出路，並且還擬了兩項改革方案。其中第一項是要求國府絕對尊重人民的言論思想自由；政府應設立民意機關，實行憲政，以確定政權的轉移程序⑰。

蕭公權覺得建國大綱以訓政成功始行憲政，而中山先生著大綱迄今已十稔，時遷世易，殊不必墨守昔日擘劃之成規。蓋北伐成功迄今，爲時亦非甚短，而訓政尚未見圓滿之效果。平心而論，不特三民主義未成爲舉國同奉之信條，即一般人民之政治程度，亦乏十分顯著之增加。而實行憲政，雖然必須有教育上之準備，但語云：「未有學養子而後嫁者也。」良以人民之政治智慧，大半只能於實際政治生活中求之⑱。細釋蕭氏此論大旨，實在說明實際政治生活之教育功能，而憲政本身即具有培養政治智慧之作用，故與胡適之主張爲異辭而同歸。

張佛泉從檢討訓政方法論，而提出其個人的見解與主張。他認爲自清末以來行憲之所以無

⑯ 胡適，＜政制改革的大路＞，《獨立評論》，第一六三號。

⑰ 丁文江，＜中國政治的出路＞，《獨立評論》，第一一號；胡適，＜中國政治出路的討論＞，《獨立評論》，第一七號。

⑱ 蕭公權，＜施行憲政之準備＞，《獨立評論》，第一三四號。

成，主要是由於國人對憲政的誤解。卽把憲政看得太死板，成了一種硬化的空洞理想。例如梁任公有全民政治的理想，因無法一蹴可幾，所以要一方面先實行開明專制，一方面要行新民教育，此爲梁氏訓政； 中山先生主張直接民治，而且要人民能行四權，因不能立時達到，於是有訓政之說；梁漱溟的鄉村建設，除政治外，更有經濟、社會教育等問題，因爲「中國此刻尙不到憲法成功的時候」⑲，所以要從小處着手，從事鄉村建設。這些賢者所遭遇的困難是一樣的，他們不約而同地各自備下一個憲政牛角尖懸在高處，想鑽到裏面去探尋世外桃源。其實這樣的憲政觀念根本便錯了，民治決不是懸在人民生活以外的一個空鵠的，他應是一個活的生活過程，而不是一個死的概念。我們應該努力養成一種民治精神和氣質，卽時地作一分是一分，讓憲政民治在現實的人民生活中去演進，而不應該先預懸一個空的完美的理想憲法，然後說一時旣達不到這個理想，只好先過一段時期黑暗的政治生活。基於這個觀點，張氏提出了卽時實行憲政的兩項辦法。第一、將政治能力以教育程度爲標準作爲參政的資格，不必立卽實行普選。參政應視爲一種義務責任，而不能視爲一項自然權利，如果選舉只是權利，那我們便沒有理由駡人家將選票出賣。我們現在只有根據教育程度，使具有相當政治能力的人，負起參政的責任。否則必依空洞的原則，將參政權賦予缺乏政治能力的人，其結果自將不免爲官方或土劣所把持。第二、地方自治應先由

---

⑲ 同⑪。

城市作起，逐漸推廣及於鄉村。因爲受新教育者多半居住在城市，而且都市吸收近代西方文化也最早，自然應是新政治的起點⑳。

張氏對於憲政的見解，與胡適、蕭公權等人可以說是完全相同的。而胡適對其所提出的辦法主張，也極表贊同㉑。此外，君衡也從憲政之爲一種政治生活方式的觀點，認爲憲政不惟是過程，同時也是目標，而目標即是過程的一部分，所以依照「千里之行始於足下」之義，應當即時實行憲政㉒。

楊玉清對於憲政問題，有一個殊途同歸的說法 (concuring opinion)，他覺得從政治的改革言，本來應該人民是氣候，政府是寒暑表；不過依目前的中國說，應該倒轉來說政府是氣候，人民是寒暑表，我們要以政府的力量，去推動社會，去喚起人民。有的人認爲中國人不夠民主政治的程度，中國社會還沒有實行民主制度的條件，但事到現在，那怕民主制度是一貼毒藥，我們也得忍耐的吞下去，因爲民主制度恰是診治中國病症的一劑良藥，雖然短期間不能不受點苦，但到了相當時候，自然會百病消除，恢復康壯㉓。

⑳ 張佛泉，〈我們究竟要什麼樣的憲法〉、〈我們要怎樣開始憲政〉，《獨立評論》，第二三六及二四〇號。

㉑ 胡適，〈再談憲政〉、〈我們能行的憲法與憲政〉，《獨立評論》，第二三六及二四二號。

㉒ 君衡，〈憲政的條件〉，《獨立評論》，第二三八號。

㉓ 楊玉清，〈今後中國政治制度的商榷〉，《國聞週報》，第十卷，第一一期。

以上是在承認國民黨統治的前提下，主張卽時結束黨治，實行憲政的見解。此類見解與第一類者雖不相同，但在第一類見解中，除極少數因懷疑民治而抨擊憲政之說外，像蔣廷黻及陳之邁等人，只是鑒於當時的社會條件，不願徒託空談。如果能有具體可行的辦法，從他們的言論中，顯然並不否認民主憲政的價值。至於這種主張憲政的言論，在當時的影響作用，此從政府召集國難會議原聘請的四百多會員，嗣因政府限制會議的討論範圍，因而有三分之二的會員謝絕出席，甚至於會議期間，在政府既定的討論範圍之外，仍然通過了一個如期結束訓政，召集國大制憲，並於制憲前設立中央民意機關的決議案來看，固然得知卽行憲政，已是當時多數高級知識分子的共同願望㉔。而立法院長孫科所謂憲法頒布之後，「相信國民黨必能受全國人民之擁戴，國民黨的政權，一定可以更加穩固」之說㉕，又與上引胡適所主張的要國民黨以憲法鞏固其政權基礎之論，若合符節㉖。由此可知當時的輿論風向，實可視爲促發制憲的無形力量。

(二)內爭外患的刺激

㉔《國聞週報》，第九卷，第一五期，〈大事述評〉。

㉕在立法院第三屆第一次總理紀念週報告，見吳經熊、黃公覺，《中國制憲史》(商務，二六年版)下册，附錄二，第七二六頁。

㉖同⑯。

中國自清季鴉片戰爭以後，卽不斷受着內爭外患的困擾，而內爭外患的本質，又每與權力及改革相纏結。就民國北伐成功後初期的情形來說，以言內爭，一方面是政黨之間有國共的對立，及國軍的歷次圍剿㉗。一方面是國民黨內部有派系的分裂，具有武裝實力者，如李宗仁的桂系、馮玉祥的國民聯軍系、閻錫山的晉系、張學良的東北軍系等，莫不擁兵據地，伺機而起，國家雖名爲統一，實則仍是分崩離析之局㉘；而黨中領袖，又有汪兆銘等人的左派，胡漢民等人的右派。左派的汪兆銘，始而與閻馮相結合，而有中原之戰及北平擴大會議的召開；繼而於失敗之後，又南下廣州與陳濟棠及部分右派相結合。成立國民政府，與南京國府相對抗；李宗仁異動於華中，陳銘樞、李濟琛等釀變於福建，胡漢民亦以國民會議及約法問題於二十年三月去職㉙。國家甫告統一，而內部之矛盾紛擾如此，不但有礙建設，且啓外敵覬覦之心。蘇俄因謀赤化中國，於十八年侵犯東北事件，雖迅卽獲得解決㉚但日本於二十年所發動的「九一八」事變，並組織僞「滿洲國」，及二十一年的「一二八」上海事變，卻形成了民國的空前國難。

㉗ 蔣中正，《蘇俄在中國》，第三章，第四節；李守孔，《國民革命史》（中華民國各界紀念國父百年誕辰籌備會出版），第五三〇至五三二頁。

㉘ 李守孔，同前揭書，第四九三頁。

㉙ 李守孔，同上，第十四章各節。

㉚ 李守孔，同上，第十五章，第一至三節。

國難既經發生，在共同對外的目標下，勢必團結禦侮以求自存。此所以有國難會議之召開。按政爭之目的，多數在於謀取權力，而藉政治法律化之途徑，對權力作適當的安排，而爲止爭團結之正道，此所以國難會議有召集國大制定憲法之決議。雖然建國大綱於制憲之條件曾有具體之規定，但在國難當前，內爭迭起之際，自亦須有應變團結禦侮之道，是卽前引蕭公權所謂「時遷世易，殊不必墨守昔日擘劃之成規」。由於這個關係，所以黨中的領袖孫科，乃在民國二十一年四月十二日國難會議甫告閉幕，卽於同月二十七日在上海發表一項「救國綱領草案」㉛，其中關於內政總綱，主張：

一、爲集中民族力量，貫澈禦侮救國之使命，於最近期間籌備憲政之開始。

二、於二十二年四月召開第一屆國民大會，議決憲法，並決定頒布日期㉜。

孫科此項主張，不但不再拘泥建國大綱，亦且擺脫民國十八年六月三屆二中全會關於至民國二十四年完成訓政的決議。其於國民黨衆多領袖中首倡變通遺教卽行憲政之論，眞是爲空谷足音，曾獲得當時社會一般輿論的同情與支持。而黨內對他的主張雖然非常注意，但一部分的領導同志，如于右任等，仍不免有多少顧慮，不但認爲在訓政沒有完成之前，不應該講憲政，而且又

㉛ 原文見二十一年四月二十七日《時事新報》；孫科，《中國的前途》（商務，三十一年），第二〇七頁；耿文田：《孫哲生先生言論集》（中華，二十二年），第一四二頁及其後。

㉜ 吳經熊、黃公覺：《中國制憲史》，第七一三頁。

以憲法頒布之後，國民黨就要放棄政權，將因而危及國家爲憂㉝。孫氏對於這種意見，認爲完全是老成謀國的多慮。他曾解釋憲法是現代各國謀求長治久安的一種良法。我們可以在憲政之下，推行三民主義；同時頒布憲法之後，國民黨不但依然可以參與政權，而且國民黨的政權，將因獲得全國人的擁戴，而更加穩固㉞。

孫科在發表其「救國綱領草案」之後，對於黨內部分同志的憂慮，既亦有其釋疑的見解，於是乃在同年十二月的四屆三中全會，由其領銜提出了一項「集中國力挽救危亡案」，該案對於憲政準備部分，提出了六條具體方案㉟。

一、集中民衆力量，完成地方自治。

二、二十二年一月至六月爲憲法起草期間，由立法院從事起草。

三、二十三年三月開第一次國民大會，宣布憲法。

四、完成地方自治。

五、二十三年三月公布憲法。

㉝ 于右任，〈放棄訓政與中國革命之危機〉，二十一年五月五日，南京《中央日報》。

㉞ 在立法院第三屆第一次總理紀念週報告〈擔任院長經過與今後的希望〉，見吳經熊、黃公覺，《中國制憲史》，第七二二頁及其後。

㉟ 孫科，《憲政要義》（商務，三十三年），第九〇至九一頁。

六、確認人民有集會結社組黨之自由，及選舉、被選舉權。

孫科所以在訓政尚乏績效之時，倡議卽時制憲，其惟一的理由，卽是團結禦侮，挽救危亡。這個觀點，他從二十一年四月至二十二年春，先後曾有多次說明，儘管措詞不無變化，然其主旨動機，則始終如一㊱。他在二十一年十二月國民黨四屆三中全會領銜提出「集中國力挽救危亡案」的說明中，曾坦率指陳：

「自去年九一八以還，外侮日亟，國難日深……政府之所以未能積極禦侮，實在當局厄於環境複雜之顧慮，而環境顧慮之中心，則在內部之不能一致……試分析言之，則一爲國內政派分歧，互相攻擊，此緣於政治主張之不一致，而政權未公開，言論無自由之故；二爲國內軍事力量，互相疑忌，彼此牽掣，此緣於中央與地方未能實行均權共治之旨，中央又無適應民意之方針以領導全國之故。是以欲救危亡，對症下藥，則關於內政方面，第一當使政權日漸公開，俾國民有參與國事、行使政權之權力，將以和平合法方式，儘量發表其政見主張，日進於憲政民治之軌道。夫然後今日各派用不正當手段之攻擊，可以消除。第二當使各方軍事力量咸能相安，而聽令於中央公正之處置。夫然後今日各方軍事當局之疑詐猜忌，互相牽掣之現象，可以泯除。」㊲

㊱ 同上，〈實行憲政之意義與國民應有之認識〉，見孫科，《憲政要義》，第二四頁及其後。

㊲ 吳經熊、黃公覺，同前揭書，第七一六頁。

上述孫科在四屆三中全會的提案，不但是他個人的國是主張，而且也是伍朝樞、馬超俊等二十七位中委的共同意見。所以這個提案經三中全會討論之後，即獲修正通過，其關於憲政準備部分者如下[38]：

㈠爲集中民族力量，徹底抵抗外患，挽救危亡，應於最短期間積極遵行建國大綱所規定之地方自治工作，以繼續進行憲政開始之籌備。

㈡擬定於二十四年三月開國民大會，議決憲法，並決定憲法頒布日期。

㈢立法院應速起草憲法草案發表之，以備國民之研討。

這個決議案雖說頒布憲法之日期，要待二十四年的制憲國大決定，但在當時於建國大綱所規定的訓政工作尚無顯著成效的時候，即行起草並定期議決憲法，無論如何不能不說是對遺教的一種變更。而本時期立憲運動的發展，即正以此項決議劃了一個新的里程。開創此新里程的動力背景，除了國民黨本身所固有的憲政終極目標外，在實踐的過程上，輿論風向的鼓吹，與內爭外患的刺激，要爲主要的促成因素。

[38] 見國民黨中宣部編印，《憲政建設決議案》，第二七頁。

二、憲草的議訂經過[39]

中山先生對於憲法中國家制度應有的安排，曾有直接民權、權能區分、五權政府、均權制度等明確具體的主張。對於這些主張，此在國人均已耳熟能詳，所以我人除於憲草的特點一節中略爲敍及外，不擬再作特別討論。於此僅簡單說明憲草的擬訂經過如下。

民國二十一年四屆三中全會決定於二十四年召集國大議決憲法，並責成立法院從速起草憲法草案，中委孫科旋即於二十二年一月被任命爲立法院院長。孫氏甫告就職，當即於是月下旬組成憲法起草委員會（以下簡稱憲草會）[40]，並自兼委員長，遵照中央決議，積極進行憲法起草工

---

[39] 關於憲草擬訂的詳細經過，除了起草委員會的速記錄及立法院第三屆歷次會議速記錄等直接資料可據外，吳經熊與黃公覺合著的《中國制憲史》，曾根據上述有關直接資料，有極其細膩的敍述。吳氏爲憲草初稿主稿人之一，黃氏爲起草會專員，二人皆身歷其事。該書共五十六章，僅第一、二兩章略述清末以至民國二十一年立憲運動的概要。故該書實爲詳述憲草議訂經過的專著，極具參考價值。本節即據以撰稿，除別有所據外，不再多予徵引。

[40] 憲草會的組成如下：（見立法院編，中華民國憲法草案說明書，第四頁；吳經熊、黃公覺：《中國制憲史》，第九四頁）。

委員長：孫　科　　副委員長：○張知本　吳經熊

委　員：○焦易堂　○陳肇英　馬超俊　傅汝霖　黃季陸　劉盥訓　徐元浩　馮自由　○馬寅初

作。

(一)擬訂憲草前後兩階段㊶

第一階段為立法院與國人共同研究起草時期，此時期的工作又分為五個步驟：第一、向國人徵求意見，搜集資料，決定憲草內容要點，是為研究時期；第二、起草條文，並由憲草會予以討論，是為初稿時期；第三、將初稿發表，由國人提出評論意見，是為評論時期；第四、將初稿參酌各方意見予以修正，是為再稿時期；第五、將再稿提交立法院大會審議，是為討論時期。

鄧召蔭　○吳尚鷹　史尚寬　戴修駿　樓桐蓀　黃石昌　史維煥　羅　鼎　程中行　陳茹玄
盛振為　翟曾澤　王崑崙　鄧公玄　鍾天心　丁超五　呂志伊　○傅秉常　林　彬　狄　膺
楊公達　劉克儁　趙　琛　董其政　周一志　陶　玄　王孝英　衞挺生

顧　問：戴季陶　伍朝樞　賈　振　王世杰　呂　復

專　員：黃公覺　鄧克愚　楊赫坤

秘　書：吳孝勉　蕭淑宇

纂　修：金鳴盛　袁晴暉

○秉為審校委員符號

㊶孫科，〈制憲經過及憲法中的幾個重要問題〉，二十九年二月十一日在重慶憲政座談會講述，見所著《憲政要義》，第十。

第二階段為立法院與國民黨中央研究時期，此時期由立法院將所定再稿呈送國府轉呈黨中央審核，然後再由立法院依照中央審核意見予以修正定稿。

（二）初稿與再稿的擬制

憲草會組成之後，從二十二年二月開始，首先確定起草程序，繼即依次展開工作。關於研究工作，一方面登報並分函徵求國人對於制憲之意見，一方面搜集國內外有關憲法之資料，以備起草之參考。同時對於憲草應有的內容與精神，經詳加討論後，亦根據 中山先生遺教，議決起草原則二十五點㊷。

關於初稿的起草，憲草會孫委員長先後指定由張知本、吳經熊、傅秉常、焦易堂、陳肇英、馬寅初、吳尚鷹等七人為主稿委員，並推吳經熊擔任初步起草工作。吳氏根據憲草會所決定的原則，於六月初將初步稿件擬成，全文分總則、民族、民權、民生、及憲法之保障五篇，凡二百十四條，稱名為「中華民國憲法草案初稿試擬稿」㊸，在徵得孫委員長同意後，於六月八日開始，

㊷ 立法院編，《中華民國憲法草案說明書》（以下簡稱《憲法草案說明書》），正中，二十九年，第五至六頁；吳經熊、黃公覺：《中國制憲史》，第五至十四章。

㊸ 全文見上海《時事新報》，二十二年六月八日至十一日；吳經熊、黃公覺，同前揭書，附錄三，第一。

以私人名義在報紙發表，以藉此徵取各方的批評。

在吳氏試擬稿發表前後，立法院曾收到各方的意見評論二百餘件，而委員張知本、陳長蘅、陳肇英亦各擬有初稿。於是各主稿委員乃在孫委員長主持下，以吳氏試擬案爲底本，參酌各方意見評論，及張、陳各委員擬稿，舉行主稿人審查會議，定八月三十一日至十一月十六日，前後開會十八次，最後三讀通過，擬成「中華民國憲法草案初稿草案」㊹，全文分總綱、人民之權利及義務、國民經濟、國民教育、國民大會、中央與地方之權限、中央政制、省、地方政制、及附則等十章，凡一百六十六條。此較吳氏擬試稿在章節結構上，已有相當改變。

憲草初稿草案經主稿人審查擬定後，即提出於憲草會，從十一月三十日開始討論，至二十三年二月下旬，憲草會先後開會十一次，將初稿草案逐條討論修正通過，是爲「中華民國憲法草案初稿」㊺。這個初稿分爲十章，一百六十條，在結構上完全採取初稿草案的原案，僅於條文略有刪減。初稿既經確定之後，憲草會即於二月底結束，立法院亦於三月一日將全稿在報紙刊布，正式徵求國人意見。

憲草初稿於刊布徵求意見之後，各方的批評意不一而足，幾於初稿逐條逐項，莫不各有主

㊹ 全文見吳經熊、黃公覺，同前揭書，附錄三，第二。

㊺ 全文見同上，附錄三，第三。

張。於是立法院孫院長乃於三月二十二日另派傅秉常等三十六人爲憲草初稿審查委員㊻。一方面就各方的意見加以整理，分別摘要，彙列於初稿各條文之後，並纂成「憲法草案初稿意見摘要彙編」，刊印成册，以供參考。一方面則參酌各方有關意見，分組擬具審查修正案，提出全體審查委員會討論。審查委員會先後開會九次，將各組所擬修正草案，逐條討論修正，於六月三十日擬成「憲法草案初稿審查修正案」㊼，是爲再稿。這個初稿修正案共分十二章一百八十八條，在結構及內容上，均較初稿有許多修正，並增冠弁言，於七月九日，繼初稿之後，再度在報紙披露，俾國人對草案之進程，以及對初稿審查修正之結果，有所瞭解。

憲草初稿修正案披露之後，言論界之批評雖不若對初稿批評之踴躍，但仍有若干獻替的意見。所以當立法院於九月中旬將初稿修正案提出討論之際，當經議決先將各方對修正案之意見評論，交傅秉常、林彬、陶履謙三委員審查，並編爲「憲法草案初稿修正案意見書摘要彙編」，印

㊻ 憲草初稿審查委員三十六人名單如下：

傅秉常（召集人） 馬寅初 焦易堂 吳尙鷹 吳經熊 馬超俊 林　彬 史尙寬 陳長蘅 衞挺生

羅　鼎 史維煥 郗朝俊 呂志伊 戴修駿 陶　玄 梁寒操 谷正綱 程中行 陶履謙 徐元浩

陳茹玄 鍾天心 楊公達 蕭淑宇 周一志 方覺慧 王　祺 張志韓 朱和中 劉盥訓 陳肇英

趙廼傳 何　遂 李仲公 黃右昌

㊼ 吳經熊、黃公覺，同前揭書，附錄三，第四。

送各委員備考。及九月二十一日傅秉常於院會提出審查報告後，即就初稿修正案開始逐條討論修正，至十月十六日完成三讀，是爲立法院第一次議訂之憲法草案㊽。全案共分十二章一百七十八條，視初稿修正案略有刪改。此項草案由立法院於二十三年十一月九日呈報國民政府，轉呈黨中央審核，而議訂憲草第一階段的工作，至此亦告結束。

(三)草案的修正與宣布

上述立法院初次議訂之憲法草案，由國府轉呈中央審核後，四屆五中全會旋於十二月十日提出討論，及十四日經決議「中華民國憲法草案，應遵奉總理之三民主義，以期建立民有、民治、民享之國家；同時應審察中華民族目前所處之環境及其危險，斟酌實際政治經驗，以造成運用靈敏，能集中國力之制度。本草案應交常會，依此原則，鄭重核議。」㊾

全會閉幕之後，中常會對憲草之審核工作，至二十四年十月中旬始告完竣，並議決五項原則，責成立法院據以修改。五項原則的內容如下㊿：

㈠爲尊重革命之歷史基礎，應以三民主義、建國大綱、及訓政時期約法之精神，爲憲法草案

㊽ 同上，附錄三，第五。

㊾ 國民黨中宣部編印，《憲政建設決議案》，第二八至二九頁。

㊿ 同上，第一〇頁。

之所本。

㈡政府之組織，應斟酌實際政治經驗，以造成運用靈敏能集中國力之制度。行政權行使之限制，不宜有剛性之規定。

㈢中央政府及地方制度，在憲草內應於職權上爲大體之規定，其組織以法律定之。

㈣憲法草案中有必須規定之條文，而事實上有不能卽時施行或不能同時施行於全國者，其實施程序，應以法律定之。

㈤憲法條款不宜繁多，文字務求簡明。

立法院接奉上項指示後，當經指派傅秉常、吳經熊、馬寅初、吳尚鷹、何遂、梁寒操、林彬等七人，遵照中央所定原則將草案重加審查，並於刪改後，擬具修正案，於十月二十五日經院會三讀通過，凡八章一百四十八條。是爲立法院第二次議訂之憲法草案[51]。

上項草案，再經轉呈中央，於十一月一日的四屆六中全會討論。時因第五次全國代表大會舉行在卽，所以六中全會議決將該項草案，送請第五次全代會審查[52]。第五次全代會於十一月十二日集會之後，對於憲法問題議決「憲法草案由大會接受，但應由第五屆中央執行委員會依據大會

[51] 吳經熊、黃公覺，同前揭書，附錄三，第六；《憲法草案說明書》，附錄三，第四。

[52] 同[49]，第二九頁，四屆六中全會決議。

通過之重要憲草各提案修正之；宣布憲草及召集國民大會日期，由大會授權第五屆中央執行委員會決定之，惟須於民國二十五年內施行。」❺❸五屆一中全會秉承全代會之決議，於十二月上旬議決「二十五年五月五日宣布憲法草案，十一月十二日召開國民大會」。關於憲草，則「設憲法草案審議委員會，指定由委員葉楚傖、李文範等十九人組成，於兩個月內擬定修正案，呈由中常會發交立法院，再為條文之整理。」❺❹中執會之憲草審議委員會，迭經集會，最後議決二十三點審議意見，於二十五年四月二十三日經中常會通過，交立法院遵照整理。立法院亦再指定傅秉常、吳經熊、馬寅初等八人對草案條文重加整理後，院會即於五月一日三讀通過❺❺。是為立法院第三次議訂之憲法草案。此項草案經國民政府於五月五日明令宣布，是即所謂「五五憲草」。

綜觀憲法草案之議訂，從二十二年一月下旬組織憲草會開始，以至二十五年五月五日憲草宣布，歷時凡三年有餘。其間初經立院與國人之探討，再經立院與黨中央之研究，易稿修正者至再至三，始底於成，其力求週詳審慎者，可謂至矣。

❺❸ 立法院編，《憲法草案說明書》，第一一頁。
❺❹ 同上，第一二頁；同❹❾，第三四頁。
❺❺ 同❺❸，第一二至一五頁。

三、五五憲草的重要特點

「五五憲草」共一百四十八條，二十六年四月立法院奉中常會決議，將第一百四十六條刪除[56]，故爲一百四十七條，計分八章，依次爲總綱、人民之權利義務、國民大會、中央政府、地方制度、國民經濟、教育及憲法之施行修正。若就整個草案的內容細加分析，有以下七個特點：

(一)國體之特別規定

草案第一條規定「中華民國爲三民主義共和國」。在共和國之上，冠以「三民主義」的形容詞，這是憲草的重大特色。一般國家除西班牙一九三一年憲法規定其爲「勞動階級民主共和國」，及蘇聯一九三六年憲法規定其爲「蘇維埃社會主義共和國聯邦」之外，對於國體，多不作特別規定。由於這個關係，所以論者或以基於民主政治的內涵，國民應有信仰之自由，因而認爲三民主義只是國民黨的主義，以之作爲黨員之基本信仰，固所必然，但不應強全國國民以必從，憲法若據此而制定，則不惟憲法成爲國民黨的憲法，卽國家亦且成爲國民黨的國家，這自然與民主保障信仰自由之義不合；同時憲法條文儘可將三民主義的精神貫注其間，而不必拘爲國體之限制，蓋

---

[56] 第一四六條規定：第一屆國民大會之職權，由制定憲法之國民大會行使之。

主義當適應社會的需要，非一成不變之物，然憲法則爲建國之百年大典，因而主義實不能藉憲法條文以自固[57]。

對於這種意見，孫科曾詳爲解釋。他認爲憲法應根據國家的政治背景和革命歷史，既不能泥於不相干的理論，亦不能拘於他國之陳例。中華民國乃國民黨革命之產物，三民主義則爲國民黨持以革命建國的最高指導原則。因而憲法以三民主義名國，乃所以鄭重革命之歷史基礎，以正立國之源。若舍三民主義而僅言「共和國」或「民主國」，則不惟民權之義未畢，且無以示吾國立國之特性。其次，三民主義雖爲國民黨所宗持，但其謀救國建國之主張與目標，實非國民黨所專有，而應爲全國人民所共具。基於這種認識，所以立法院憲草會於研究之始，即以此爲憲草內容基本原則之一，直至草案定稿宣布，迄無少變[58]。於是草案對於國體之規定，遂成爲其特點之一。

(二)民權之間接保障

保障民權，爲憲法基本任務之一。保障之方式，其一爲憲法之直接保障，即法律不得限制憲

[57] 《憲法草案說明書》，第二至四頁；孫科，〈中國憲法的幾個問題〉，見氏著，《憲政要義》，第四五頁。

[58] 孫科，〈憲法與三民主義〉、〈中國憲法的幾個問題〉、〈再論中國憲法的幾個根本問題〉，以上均見其所著：《憲政要義》一書；《憲法草案說明書》。

法所保障的民權；其二爲法律之間接保障，卽憲法所規定的民權，法律得予以限制之。當立憲主義肇興之初，由於個人自由主義正値方興未艾，而爲抗拒專制強暴之故，所以當時歐美憲法，多採直接保障主義。嗣以社會組織與人際關係，因產業革命之發展而急變，前此憲法中對民權基於個人自由主義之直接保障，已不足以適應社會發展後新的需要，因而間接保障的制度，遂漸次以興。這種趨勢之轉變，以及我國革命之在求得國家民族自由之特質， 中山先生於民權主義，已有相當的說明。由於這個關係，特別是國民政府所以變通 中山先生關於制定憲法條件時期之遺敎，乃爲集中國力以挽救危亡，所以憲草於民權之保障，概採間接的法律保障主義[59]。

憲法草案對於民權之保障，可以歸納爲三個原則：第一爲列舉的規定，如對於身體、居住、遷徙、言論、通訊、信仰、集會結社等自由之保障。第二爲概括的規定，卽憲法所未規定的民權，在不妨害社會秩序及公共利益範圍內，亦均受憲法之保障。第三憲法所規定的民權，雖然都可以法律予以限制，但限制民權之法律，其本身內容，則必須以「保障國家安全，避免緊急危難，維持社會秩序，或增進公共利益所必要者爲限」（第二十五條）；這個規定，可以說是整個民權條款的畫龍點睛之筆，否則法律可以任意限制民權，那麼民權條款也就毫無意義了，雖然所謂「國家安全、緊急危難、社會秩序、公共利益」，都是些空泛的原則，但立法機關適用這些原

[59] 同上：《憲法草案說明書》，第一〇至一一頁；吳經熊、黃公覺，同前揭書，第六〇九頁。

則所制定的法律，司法院既有解釋的審查權（一百四十條），國民大會亦有最後的複決權，立法機關實在並不能獨行其是。

（三）政權與治權之設計

將政治力量作政權與治權的劃分，乃　中山先生重要的政治主張之一。政權爲控制政府的力量，由人民直接行使於縣治，間接行使於中央；治權爲服務人民的力量，由政府分設五院運用。憲法草案依此設計，規定人民依法於縣治人員得予選舉、罷免，於縣治事項得予創制、複決（第一〇五條）。而於中央政事，則由人民選舉代表，組成國民大會，對正副總統、立監兩院正副院長及委員，行使選舉權；對上述人員及司法、考試兩院正副院長，行使罷免權；對於中央法律，行使創制權及複決權（第三十二條）。這種設計，尤其是關於中央部分，與一般國家顯然不同，是亦構成爲憲草的特點之一。至於這種設計在運用上的成敗，那是要涉及到許多相關的條件，制度設計本身，並不是唯一的決定因素。不過在理論上，有人覺得五權制度，依然沒有脫出孟德斯鳩分權制衡的窠臼，與權能區分說並不調和；複決權，尤其是創制權的採用，幾與權能分立說成了正面的矛盾[60]。

---

[60] 張佛泉，〈今後政治之展望〉，《獨立評論》，第二一九號。

（四）五權政府的體制

憲草於中央體制之分別設置總統與五院，完全是遵照　中山先生遺敎的主張。但彼此間的關係如何？　中山先生於此並沒有明確的規劃，若依權能分治與萬能政府之說推論，五院之間應是合作重於制衡，而總統則居於統攝地位。

依照憲草之設計，總統一方面爲國家元首，統率武裝部隊，依法公布法令，有宣戰、媾和、締約、戒嚴、大赦等權；一方面又爲行政首長，有權任免行政院長及政務委員；同時司法、考試兩院院長，亦由總統任命，總統並得召集五院院長，會商有關兩院以上事項。總統對於這些權力的運用，須向國民大會負責。從這些規定來看，總統的權力是很大的。但五院之中，除行政院長爲總統僚屬，可由總統自行任免，並對總統負責外，其他四院院長，均個別對國民大會負責。立監兩院的院長與委員，均由國大進退，總統不能干預，司法與考試兩院院長，總統只有任命權，而無免職權。從這些規定來看，所謂總統攝五院，促成合作的作用，似亦不易充分發揮。尤其是行政、立法之間，總統與立法委員，雖同樣由國大選舉罷免，但行政仍然要受立法的節制。總統固然對立法院的決議，在公布期間，可以再提請覆議，對於法律案及條約案，即使經立法院維持原案，也還可以提請國大複決，可是對於立法所決議的預算、戒嚴、大赦、宣戰、媾和等案，總統在提請覆議失敗之後，即應公布或執行，並不能像法律、條約案之提請國大複決。凡此規定，以及總統公布法令須經關係院院長副署等等，顯有濃厚的制衡色彩，似與權能區分之義不盡符合。然就其於總統與五院制之設計而言，究屬憲草重要特色之一。

（五）均權制之採取

關於中央與地方政府間的事權關係，一般國家非楊卽墨，皆不出集權或分權之範圍。中山先生認為這兩種類型的制度，皆不適於中國，應當別闢蹊徑，凡事權有全國一致之性質者，劃歸中央，有因地制宜性質者，劃歸地方，既不偏於中央集權，亦不偏於地方分權，是為均權制度。不過，一般國家無論是採行集權制或分權制，其於中央及地方的事權開係，率多於憲法為相當的規定。中山先生的均權制應當如何安排，其本人並沒有明確的說明。而立法院憲草會所決定的起草原則中，則主張「關於中央事權，採列舉方式；關於地方事權，採概括方式。」[61]由於這個關係，所以從吳經熊的憲草試擬稿，到立法院的憲草初稿，均依上項原則而設計。但初稿經審查修正，並經立法院於二十三年十月十六日通過為草案之後，已有重大之變更，將前此各稿中關於中央與地方之權限一章刪除，僅列舉縣自治事項[62]。此項草案經送呈國民黨中央審核後，中

[61] 《憲法草案說明書》，第五至六頁。

[62] 吳經熊、黃公覺，同前揭書，下册，附錄三，立法院議憲歷次所擬各稿原文，第一至五頁。

常會乃秉承四屆五中全會的指示，於二十四年十月決定五項修改原則，其中第三項爲「中央政府及地方制度，在憲法草案內，應於職權上爲大體規定，其組織以法律定之。」63立法院再據此原則，將原草案中所列舉之縣自治事項，亦予刪除，最後憲草則規定「縣爲地方自治單位；凡事務有因地制宜性質者，劃爲地方自治事項；地方自治事項，以法律定之。」（第一〇三、一〇四條）這是憲草於均權制度主要的規定。依照這個規定，所謂均權制的內容，都要由法律另作規劃。而法律的變更，自然很可以影響中央與地方事權的範圍。雖然國民大會對法律具有創制複決之權，但那需要經過繁雜的程序。以言憲法上的保障，顯然是很脆弱的。

（六）民生主義的國民經濟

憲草於國民經濟之規定，完全適應最新世界潮流，根據民生主義而設計。例如一方面對土地所有權予以保障，一方面又規定所有者負有充分使用之義務；他如對土地之照價徵稅，照價收買，分配之以耕者有其田爲原則；節制私人資本，發展國家資本，以免資本之過度集中，致礙國計民生；對農工婦幼之特別保護，老弱殘廢缺乏生活能力者之撫卹救濟等等，無不爲民生主義的理想，而爲政府之施政方針。此所以憲草於經濟事務之規劃，有別於資本主義及共產主義者，實

---

63 同上，第五七七頁。

爲其特色之一。

（七）過渡條款之設定

在本文第一節中曾經說明，依照 中山先生的遺教，憲法應當在全國有過半數省分完成地方自治之時制定，但在國難既經發生之後，因爲適應集中國力挽救危亡的特別需要，不得已而變通遺教提前制定。爲謀彌補訓政未完成前施行憲政之不足，因而草案中特別設立了過渡條款，以資補救。依照憲草的規劃，立監委員須由人民選出之國民代表，預選候選人名單，然後由國民大會選舉之；縣長由縣民大會選舉產生。而依照過渡條款的規定，關於立監委員之產生，在全國完成自治之省區未達半數以上時，各省國民代表及國民大會，僅選舉立監委員名額之半數，其餘半數，則分別由立監院長提請總統任命（第一四三條）；其次關於縣長之產生，於地方自治未完成之縣，則由中央政府任命；至於促成地方自治之程序，則由法律定之（第一四四、一四五條）。

六七、中華民國憲法之制定

中央月刊：民國七十六年十二月號行憲四十周年特刊

一、前　言

中國是一個具有四千六百多年歷史的文明古國。中華民國是中國追求現代化，於西元一九一二年，經由革命成功，揚棄帝制專政，改行共和民主時，所創用的新國號。領導革命，創建中華的開國領袖孫中山先生，曾為中國追求現代化發展的目標與程序，規劃了整體的系統藍圖。此一現代化發展的內容目標，為追求民族主義、民權主義與民生主義之實現，亦即建設中國成為一個民有、民治、民享的現代化國家。至於如何將中國從長久的帝制專政傳統中，建設成為一個現代化國家，則又訂定為經由軍政、訓政，進而達於憲政的三個階段過程。

但是中華民國創建之初，一則困於內在軍閥之割據，再則遭遇外來日本的不斷侵擾，於是預定的建設程序，受到根本的破壞。要到民國十七年冬國民政府芟平軍閥，完成統一，開始訓政之後，執政黨乃於十八年六月三屆二中全會，議決至二十四年結束訓政，制定憲法，實施憲政。及二十年發生「九一八」日本侵略東三省事變，爲了集中國力拯救危亡，執政黨復於二十一年十二月四屆三中全會，議決於二十四年三月，召開國民大會，制定憲法。

二、五五憲草的議訂

執政黨既經決定制憲時間，乃於二十二年一月任命孫科爲立法院長，負責主持憲草的議訂工作。孫氏受命之後，即組成起草委員會，並將議訂憲草工作分爲兩階段進行。前一階段爲立法院與國人研議時期，後一階段爲立法院與國民黨中央研議時期。

第一階段的起草工作繁複而愼重，首先是廣徵國人意見，蒐集資料，並依中山先生遺教，決定起草原則。進而指定吳經熊等七人執筆初擬，其初擬稿經多次研議爲初稿，於二十三年三月一日，刊佈報端，廣徵博議。然後再指定傅秉常等三十六人，參考各方意見，再經多次研討爲初稿修正案，於七月九日，再度公諸報端，聽取公評。及十月十六日，立法院復協採衆議，完成草案，凡十二章一七八條，於十一月九日，呈經國民政府，轉報國民黨中央，完成了議訂憲草的第一階段工作。

國民黨中央對立法院議訂的憲草，至二十四年十月中旬完成核議後，並提示五項原則，責成立法院據以修改。這五項原則中最重要的，是要求憲草的內容：㈠應以三民主義、建國大綱及訓政約法之精神爲本；㈡政府制度應以能集中國力，靈敏運用爲原則，對行政機關不宜有剛性限制之規定；㈢中央與地方制度，應爲大體之規定。立法院秉承黨中央之決議，對憲草又先後經過兩次修改，至二十五年五月一日，完成了憲草之第三次議訂，旋經國民政府於五月五日正式宣布，是爲「五五憲草」。

五五憲草共八章一四八條，其內容有五項特點：㈠政權與治權分開，以國民大會爲政權機關，以總統及五院爲治權機關；㈡國大每三年集會一個月，對正副總統、立監兩院正副院長、及立監委員，有選舉罷免權，對法律有創制及複決權，對憲法有修改權；㈢行政、司法、考試三院正副院長，及行政院各部會首長，均由總統任命；㈣行政院長及各部會首長對總統負責，總統及其他四院院長，對國民大會負責；㈤省爲執行中央法令及監督縣實施自治之地方單位。五五憲草的這些特點，都是依照中山先生權能區分與萬能政府的遺教所訂定的。

三、政協憲草的妥協

五五憲草既經宣布，依預定進度，應於二十五年十一月十二日召集國大，議定憲法。嗣以國大代表選舉，未克如期完成，乃經決定延期一年。復以二十六年七月七日，日本大舉侵華，而抗日戰爭且歷時八年之久，因而在嚴重的國難期間，主觀的制憲願望，並未能克服客觀上的障礙。及三十四年八月日本投降，政府爲了戰後之和平建設，乃經各方同意，邀請當時政治上之五大勢力：國民黨、共產黨、民主同盟、青年黨、及社會賢達之代表，於三十五年一月，舉行政治協商會議。而修訂五五憲草，乃五大協商議題之一。當時政協曾決定了十二項修改憲草原則，其與五五憲草最不相同的，厥爲：㈠取消國民大會，總統與立委皆由人民直接選舉，監委由省議會選舉，憲法之修改，由立監兩院聯席會議行之；㈡行政院長之任命，須經立法院同意，並對立法院負責；㈢立法院對行政院具有不信任投票權，行政院亦得提請總統解散立法院。這些原則，旨在建立一個內閣制的政制體系。

政協的修改憲草原則，顯然動搖了國民黨所奉行的權能分開及五權憲法之基本精神。爲了希望其他黨派，能夠尊重該黨締造民國的革命歷史，諒解他們的立場與主張，乃經多次協商，終能獲致協議，將國民大會恢復爲有形組織，並取消立法院之不信任權，及行政院之解散權。至十一月十九日，政協終於在共產黨缺席的情形下，完成了憲草的修改工作，是爲政協憲草，凡十四章一五二條。此一草案，旋又先後經國民黨中常會原則通過，及立法院完成審議後，由國民政府於三十五年十一月二十八日，提出於制憲國民大會。

四、憲法之議定與公布

憲法由國民大會制定，乃中山先生及國民黨的一貫主張，而於二十五年定之於法律。依國大組織法之規定，制憲代表共一千九百名，其中民選者一千二百人，國民黨中央執監委員四六〇人爲當然代表，國民政府指定代表二四〇人。民選代表係二十五年選出，三十五年政治協商會議中，共產黨及民主同盟，皆否定其代表性，而主張重新選舉。幾經協商，最後採納王雲五先生之建議，將前述的當然代表與指定代表七百名，依黨派勢力大小，分配給國民黨二二〇名，共產黨一九〇名，民主同盟一二〇名，青年黨一百名，社會賢達七十名。代表問題雖告解決，但是由於共產黨決心以武力奪取政權，推行共產主義，乃在政治協商會議中，以國民政府改組問題爲藉口，始而退出憲法草案之修改，繼而堅不提出所分配之一九〇名代表名單，拒絕參加國大制憲。歷經協商不果，最後國民黨在青年黨、民社黨及社會賢達之協同支持下，於三十五年十一月十五日，在首都南京召開了制憲會議。

由於憲法草案原屬政治協商會議之產品，而參與制憲之黨派，也正是參與政治協商會議之黨派，草案中經協商議定之重要原則，又不容許再有改變。所以當十一月二十八日，國府主席蔣中正先生，將憲法草案提交國民大會審議時，曾致詞特別說明，政府所提出的憲草，雖與五五憲草中的總統制，有重大的不同。但是他認爲在人民還未具有掌握政權及確保政權的能力和習慣以前，實行五五憲草中的總統制，乃是一種非常的冒險。所以他不但說明五五憲草在今天是不適用的，同時更表示他非常贊成和擁護政府所提出的草案，希望代表們予以支持。對於憲法草案，除了國民黨總裁，坦言鼎力支持外。青年黨領袖余家菊，亦以書面說明，草案確能反映各方面意見，他代表青年黨制憲代表，將盡心竭力，對草案予以虛心商討，以制定一部適合國情與時代需要的憲法。至於民社黨的代表，由於憲草原爲該黨領袖張君勱先生所主稿，因而亦一致表示支持。因爲這個關係，所以憲草自十一月二十九日展開審議程序之後，十二月二十一日，即進行二讀。於草案細節雖有增删，但對於重要制度，諸如國民大會、總統、行政與立法之關係、省自治等，則悉皆維持政協憲草之原案。至十一月二十五日，即全案三讀通過。同時並決議：中華民國憲法定於三十六年一月一日公布，同年十二月二十五日實施。中華民國憲法之制定，曾屢經戰亂，歷時三十五年，而於焉完成。及三十七年行憲政府成立，中華民國之政治發展，自此即展開了民主憲政之新頁。

六八、動員戡亂臨時條款彈性之分析

民衆日報：民國七十二年八月三十日

自從立委康寧祥先生於三月間在院會中，提出有關制定國家基本法的質詢，以及行政院孫院長答覆時強調，當前我們應考慮如何支持及維護我們的憲法，並充實臨時條款，以適應非常時期的需要，而無須另定基本法之後，曾獲得社會各界的積極回應，並提出各種不同的意見。國民大會爲了明年二月召集的第七次常會中，妥善地處理此一問題，頃亦成立小組，預爲研究可行之道。臨時條款所涉及的問題不止一端，本文擬僅就緊急處分權條款之彈性，試爲分析說明如下。

一、適應之變局與程序

前此曾有部分學界人士，指陳臨時條款之作用，旨在授予政府戡亂的應變權力。而憲法第三十九條的戒嚴權，以及第四十三條的緊急命令權，其本質已經就是爲了適應政府應變的需要而設。所以在憲法既經授予政府戒嚴權與緊急命令權之後，實已沒有再另行制定戡亂臨時條款之需要。此項觀點，雖然不無道理。但臨時條款，自三十七年制定之後，迄今業經四度增訂。其各項內容是否全屬妥適，固屬見仁見智。然僅就原始制定之緊急處分權條款而言，以之與上述憲法中既有的戒嚴權及緊急命令權條款，予以仔細地比較分析，似覺臨時條款中緊急處分權條款，於戡亂時期之應變功能，並非憲法中的戒嚴權與緊急命令權條款所能取代。

依憲法第三十九條及戒嚴法第一條之規定：當戰亂發生，一般性的戒嚴，須事前獲得立法院之通過；緊急戒嚴，須於宣告後一個月內提交立法院追認；依法定程序宣告戒嚴期間，立法院認爲必要時，得決議移請總統解嚴。依憲法第四十三條規定：緊急命令權之行使條件，係國家遇有天然災害、癘疫，或財政經濟上有重大變故，須爲急速處分時；其行使程序爲，總統於立法院休會期間，經行政院會議之決議，依緊急命令法，爲必要之處置，但須於發布命令後一個月內，提交立法院追認，如立法院不同意時，該緊急命令立即失效。而依戡亂臨時條款第一項之規定：緊急處分權之行使條件，係爲避免國家或人民遭遇緊急危難，或應付財政經濟上重大變故；其行使程序爲，經行政院會議之決議，爲緊急處分，不受憲法第三十九條或第四十三條所規定程序之限制；立法院對政府前項緊急處分，得依憲法第五十七條第二項之規定，以決議移請行政院變更或廢止之。

二、藉預防以取代補救

就上引憲法及戒嚴法之規定來分析，可以知道政府若要宣布戒嚴或發布緊急命令，在原因上，必須在戰亂，或天然災害、癘疫，或財政經濟上有重大變故，已經發生，才可以採取補救措施。換句話說，戒嚴權和緊急命令權，都是屬於事後補救性的應變權。同時，戒嚴權行使之由於戰亂的原因條件，若未引發財政經濟上有重大變故，政府並不能僅僅因爲戰亂，而發布緊急命令。這是憲法第四十三條的緊急命令權，不足以適應戡亂戰事需要之一端。而臨時條款的緊急處分權，其行使的原因條件，係於戡亂時期，爲避免國家或人民遭遇緊急危難或應付財政經濟上重大變故。所謂避免國家或人民遭遇緊急危難，在原因條件上不但可以概括戰亂、天然災害、癘疫，或財政經濟上重大變故等，不可盡舉的事故。而且由於上述原因條件之規定，實充分顯示出臨時條款中的緊急處分權，在本質上，是屬於事前預防性的應變權。換句話說，緊急處分權，並不像憲法中的戒嚴權和緊急命令權，必須在規定的事故已經發生之後，才可以依法宣告戒嚴發布緊急命令，以爲救濟。而是在有關使國家或人民遭遇緊急危難的任何事故，具有發生之可能時，即可採取緊急處分措施，以爲預防。

三、程序適用上之彈性

這對戡亂戰事之需要言，臨時條款之緊急處分權，自然要比憲法中的戒嚴權與緊急命令權，更具有應變的適應性。

其次，再從上述三項權力的行使程序來看。首言戒嚴權之行使，總統經行政院會議之議決宣告戒嚴時，其爲普通者，須於宣告前，事先獲得立法院通過；其爲緊急者，須於宣告後一個月內，提請立法院之追認。若未獲立法院追認通過，應卽宣告解嚴。且戒嚴期內，立法院認爲必要時，亦得以決議，移請總統解嚴。次言總統緊急命令權之行使，一則限於立法院休會期間，二則須經行政院會議之決議，三則須依緊急命令法，四則須於發布命令後一個月內，提交立法院追認。若立法院不同意時，該緊急命令立卽失效。由上述可知，戒嚴權與緊急命令權之行使，或則須事前獲得立法院之通過，或則須事後一個月內，主動提交立法院追認。尤其緊急命令權之行使，不但特定以立法院休會期間爲限，若立法院在會議期間，卽不得發布緊急命令，且其發布，又須以緊急命令法之規定爲準據。這些程序和條件，就戡亂應變之需要言，自嫌缺乏適應事機之彈性。再看戡亂臨時條款對緊急處分權行使程序之規定，總統只要經由行政院會議之決議，便可發布緊急處分令，宣告戒嚴或採取其他緊急應變措施，不再受憲法第三十九條戒嚴權條款，與第四十三條緊急命令權條款所規定程序之限制。此項緊急處分權行使程序之規定，就戡亂應變而不可預見的各種機動緊急需要言，自然要比憲法原定之戒嚴與緊急命令條款，更具有應變的適用彈性。

四、實際運用上之彈性

臨時條款授予政府的緊急處分權，其適用範圍固然廣泛，其程序亦確屬簡易。但就本世紀以來，各國行政權普遍擴張的趨勢，以及非常事故的應變需要言。根據民主政治中制衡與責任的基本原則，爲了適應國家和社會事實上的需要，值得注意的，並不是單純的行政權之片面擴張，而是擴張後的行政權，仍然必需要受到立法機關有效的監督和節制。只要立法機關對行政權擴大後之運用，能夠發揮有效的監督和節制，則這種行政權的擴大，乃是屬於憲法的正常適應。否則，卽成爲憲法的破壞，這才是眞正需要注意的關鍵。從這個觀點來看，臨時條款中的緊急處分權條款，雖然授予政府極大的應變權，但同時亦規定，在緊急處分令發布之後，立法院如果不贊同時，則可以依照憲法第五十七條第二項所規定之程序，作成決議，移請行政院變更或廢止之。臨時條款中對緊急處分權所作的這種規定，我人認爲完全符合憲法第五十七條所涵蘊的民主政治的精神和責任政治的原則，其可取性應該是值得稱許的。同時，緊急處分權，本質上是一種應變權。若無緊急應變的高度需要，卽不應該輕率地頻頻行使，是之謂應變權的適用彈性。而緊急處分權條款，自三十七年臨時條款制定迄今三十餘年來，在適用上，也僅限於過去爲處理財經危機，戒嚴，本省中南部八七水災，及因中美斷交暫停選擧等，發布少數幾次緊急處分令。可見緊急處分權在適用上，亦充分顯示了其爲應變權之彈性。

六九、建立共識謀求進步

聯合報：民國七十二年十月十日國慶特刊

臨時條款必要性與合憲性

自從充實臨時條款，以適應現階段政治上非常需要的問題，於三月間經行政院孫院長在立法院答覆質詢時提出之後，數個月來，社會各方面，曾先後提出過許多有關的意見。其中除了各種不同的充實主張之外，尚有一種意見，在基本上懷疑臨時條款實質上的必要性和合憲性。

所謂必要性，是說臨時條款當初之制定，旨在變更憲法第三十九條戒嚴權，與第四十三條緊急命令權的行使程序，以授予政府特別的應變權力。而憲法中的戒嚴權和緊急命令權條款，其本質原來就是一種應變權。在既有這種應變權之後，並沒有必要再以臨時條款，更作特別的授權。對於這個觀點，個人覺得並不是一個十分健全的看法。因為緊急處分權條款，所規定的行使原因條件，顯然既不限於緊急命令權條款所規定的天然災害、癘疫、或財政經濟上的重大變故，也不限於事故發生後的補救作用。同時緊急處分之後，該緊急處分，仍然要受立法院之監督，並沒有違背憲法第五十七條責任政治的原則。至如六十一年增訂的中央民意代表增額選舉條款，在戡亂時期暫不修改憲法原條文的前提下，可以說已成了維持中央民意機構體制唯一的可行途徑。從這個觀點來看，則臨時條款之必要性，蓋有不待言者矣。

其次，關於臨時條款之合憲性，說者意謂，憲法乃國家唯一且效力最高的基本大法。國民大會的權力，於憲法第二十七條，明文規定爲選舉、罷免總統副總統及修改憲法。若要變更憲法既有的規定，則國民大會除了有權修改憲法外，實在並沒有權力，在憲法之外，另行制定一個臨時條款，使之凌駕於憲法之上，將憲法之規定予以變更。此項意見，從尊崇憲法的觀點來看是可敬的。不過，若作進一步的探討，民主政治是一種主權在民的政治。在邏輯的推理上，一部民定的憲法，其本身就是主權者意志的綜合表現。而在代議政治的體系中，制憲或修憲機關，即係主權者的代表機關，亦卽國家的主權機關。這可以英國巴力門之爲英國法律上的主權機關爲顯例。而一個國家的主權機關，其最高的權威，厥爲造法權（Constituent Power），亦卽憲法的制定權或修正權。主權機關此一權力之行使，除受其自己本身的限制外，並不受其他外在的限制。我們的憲法，是由國民大會制定的，也是由國民大會修改的。國民大會若要修改憲法，除了在形式上，要受其自定程序的限制之外，在實質上，憲法本身若無自限的修正規定，卽不受其他任何限制。美國一七八七年的制憲會議，原是修改邦聯條款的大陸會議。但是其以修改邦聯條款始，卻以制定聯邦憲法終。這個史例，也說明了主權機關的造法權，是不受外在的限制的。從這個觀點來看，國民大會之爲我國主權機關的造法權，依照憲法中的修憲程序，並非無權永久的或臨時的變更憲法的內容。不過，其以臨時條款的形式，有適用期間條件的變更憲法之內容，個人覺得顯然是在命名的技術上，考慮欠周，留下瑕疵，造成困擾。如果能夠將臨時條款，正名爲「動員戡亂時期修憲臨時條款」，似不無以正視聽，以應時需的作用。

正名可獲合理確認

臨時條款的性質如何，政治學和憲法學界，至今還沒有一個大體爲衆所接受的共識或結論。根據政法學界已經公認的觀念，大家都確認憲法乃國家政治上的根本大法。其地位和效力都是最高的，其他的任何法律或命令，凡與憲法抵觸者，卽歸無效。而我國自三十七年行憲伊始，國民大會卽在憲法之外，又制定了一個「動員戡亂臨時條款」，迄今並已經過四次增訂，將憲法中某些既有的規定，暫時停止適用，形成臨時條款的地位和效力，凌駕於憲法之上。於是使得政法學界的朋友們，對臨時條款的性質，發生極大的困擾。爲了突破大家所面臨在憲法學理論上，與實際政治現象上，如何自圓其說的困擾。於是對於臨時條款性質的解釋，有持「戰時憲法說」者，又有持「憲法特別法說」者。但是這兩說，被認爲並不是健全的說法。首就戰時憲法說言，持不同意見者認爲，憲法是同時適用於平時和戰時的基本法，第一次大戰以來，雖然某些國家憲法中，規定了類如緊急命令或國防狀況的應變條款，但這只是整部憲法中的少數應變條款，只能說這類憲法具有應變功能的內容，卻不能以部分條文的功能，從而概括全體，稱之為戰時憲法。何況我們戡亂臨時條款，雖為適應戡亂需要而制定，但其適用的狀況，卻不以戡亂為限。所以視之為戰時憲法，似非妥適。

次就憲法特別法而言，持不同意見者認為，只有在一般法律的適用上，才容許有特別法優先適用於普通法的競合現象。憲法乃國家唯一的最高法，為萬法之法，為衆法之母，既不容許另有他法在地位上，與之並駕齊驅，更不容許優先於憲法。否則，憲法卽不成其為憲法。所以視臨時條款為憲法特別法，實與憲法至高無上的基本觀念不合。

對於上述兩種不同意見，個人亦深具同感。但是對既經存在，且行之有年的戡亂臨時條款，在性質上如何給予既不傷害憲法尊嚴，而又比較合理，易於為人接受的解釋，是乃政法學界朋友們無容旁貸的責任。但使能在現狀的基礎上，促使問題能夠獲得某種程度的改善，應該就是從事學術工作者對國家社會的貢獻。基於此一認識，個人覺得對於臨時條款的性質，似可考慮視之為憲法的特別修正條款，並正名為「動員戡亂時期修憲臨時條款」。基本上確認臨時條款乃憲法之一部分，其對憲法特定條文在適用上之有關變更，其存在及其效力，僅限於戡亂時期，將隨戡亂時期之終止而終止。從而使憲法尊嚴之維護，與臨時條款所以應變的地位與功能，同時得到合理的確認。

其次，關於臨時條款之功能，當其制定之初，爲了適應戡亂之需要，僅是變更憲法中戒嚴權與緊急命令權之行使條件和程序。嗣後經過四次修訂之後，基於應變之需要，其所變更於憲法者，已不止於權力程序條款。綜觀其於過去適用之經驗，諸如財經變局、自然災害、鞏固領導中心、中美斷交事件之突發、中央民意代表之增額選舉等重大事件之處理，皆曾發揮其應變之功能。上述各項應變措施中，最足以顯示臨時條款之應變功能者，厥爲緊急處分權條款與中央民意代表增額選舉條款。尤其是後者，對於憲政制度中三個中央民意機構體制之維繫，確有維護法統完整之功能。

復次，關於臨時條款內容之檢討，個人對於其各項內容之是否都具有非常之必要性，不擬予以討論，因爲這種討論，必然會涉及到判斷上的仁智之辯。於此擬予特別提出的，是根據民主政治的基本原則，行政權無論擴大到什麼程度，其權力之行使，終必須受到國會的監督。我們憲法中制衡條款的規定，就是根據這個基本原則和精神所訂定的，也構成爲我們憲政體制的基本原則之一。戡亂臨時條款中於三十七年原始制定的緊急處分權條款，其中規定立法院對於政府依該條款所採取的緊急處分，若不同意時，得依憲法第五十七條第二款規定之程序變更或廢止之。這種設計，雖然擴大了對政府的授權。但政府對該項授權之行使，仍然要受到立法院的監督。這也正是憲法第五十七條原則被遵守的顯例。但是五十五年及六十一年新增訂的授權條款，卻忽略了上述的原則。因而政府依各該授權條款所採行的措施，便不再受立法院之監督。從尊重憲政精神和憲法中基本原則的觀點來看，這顯然是值得重視、檢討和改善的問題，以培養健全的民主憲政傳統和基礎。

修訂與否意見分歧

關於充實臨時條款內容問題，近數月來，學術界和輿論界，曾先後紛紛表示過各種有關意見。有的不贊成再予擴大，有的則提示具體的充實主張。關於這個問題，可以從兩方面來予檢討分析。

首先，對不贊成再予擴大的主張來說，我人覺得關心此一問題的朋友們，似宜瞭解戡亂臨時條款之產生，當初亦是爲了適應政治上戡亂應變的需要，以及認爲憲法甫告實施，不宜僅爲一時之需，而遽行修改憲法原文的心理所制定的。從這個動機的觀點來看，則臨時條款的要不要充實，應該依戡亂時期政治上之是否有必須面對的需要來判斷，而不宜僅僅以臨時條款內容之增加，作形式上的可否。所以對於不贊成擴大臨時條款的主張，比較合理的解釋，其所指，應該是不贊成在沒有非常或高度必要的狀況下，對政府再作擴大的授權，而非不顧現實需要，絕對地反對充實其內容。上述的分析如果無誤，則不贊成再予擴大的主張，應該是屬於肯定民主與尊崇憲法人士的共同心聲和立場。

其次，就贊成予以修訂充實的主張來說，其基本理由是爲了因應現階段政治發展的需要。至於充實的內容，社會各方，包括國大代表臺灣區聯誼會，曾分別提出各種有關充實的具體意見。茲試予分類序列檢討，扼要說明如下。

㈠無需經由修訂臨時條款予以處理的問題：

①以三民主義統一中國；

②國民大會如何行使創制複決兩權問題；

③每年召開國民大會一次，邀請五院院長報告；

④國民大會設置正副議長問題；

⑤簡化現行中央至地方四級政府體制；

⑥另定國內安全法，以代替戒嚴法；

⑦建立軍事審判上訴最高法院制度。

上列七項具體主張之中，第一項的「以三民主義統一中國」，純粹是政府的政策和作為問題，根本不涉及國家的憲政制度規範，大凡瞭解憲法功能者，皆應知道不應將之訂入憲法臨時條款。第二項的國大行使兩權問題，事實上國民大會早在五十五年臨時會議中，已經藉修訂臨時條款，制定了兩權行使辦法，現在已不是如何行使，而是要不要行使的問題。第三項的每年召開國大，邀請五院院長報告問題，個人覺得在憲政研討委員會既經每年皆定期集會，以及憲法與臨時條款已有臨時集會條件規定的情形下，再另行增訂每年召集國大一次，平心而論，其需要性是很可疑的。

其餘第四項至第七項，是否應該或需要改革，雖然可以有見仁見智的不同看法。但根本上，即使確有需要予以改革，則經由修改有關普通法規，即可達成改制的要求和目的，並不涉及需要修改臨時條款的問題，故此略而不論。

㈡必需經由修訂臨時條款予以處理的問題：

①如何充實中央民意機構問題；

②如何建立地方自治的法律基礎；

③將監委改爲直接選舉，以消彌惡性賄選。

上列三項主張所揭示的問題，都涉及憲法既有的規定，在處理上若要有所變通，於憲法本身，既然不致因一時之應變而修改，便不得不以修改臨時條款的方式予以肆應。不過，上述三項問題，第三項之主張將監委改爲直接選舉以消彌賄選，似屬不切實際，過分高估了法制的絕對功能。第一、二兩項所揭示的問題，雖然都值得予以肯定的考慮，但在需要解決的迫切程序上，顯然第一項又高於第二項。而關於這兩項問題的分析、個人將在下文兩項討論子題中予以說明，於此暫時不作深論。

充實中央民代三個步驟

在代議政體的制度結構中，中央民意機構不但爲總滙全國民意的機關，而且是代表整個法統的象徵機關。由於這個關係，因而中央民意機構代表的新陳代謝，乃構成爲整個憲政系統正常運作的必要條件。然而由於大陸沉淪，致使中央民意代表，事實上不能經由定期的改選，發生正常的新陳代謝作用。又由於代表們老成凋謝的情形日趨普遍而嚴重，而過去的增補選與增額選舉，又未能眞正解決第一屆代表們凋謝已盡時所面臨的難局，因而乃發生了如何充實中央民意機構的嚴肅問題。

關於如何充實的問題，關心此一問題者，曾有各種不同的意見和主張。個人覺得此一問題，值得重視和考慮的。扼要言之，可以歸納爲三項步驟和原則：

其一，大陸光復以前，三個中央民意機構成員的人數規模，宜預爲規劃成案，然後視老成凋謝之狀況，在逐次的選舉中，次第予以增補滿額。

其二，大陸地區是否予以設定少數象徵性的名額。這是一個最爲令人困擾的問題，贊同和反對雙方，都可以舉出尚能自圓其說的理由。個人覺得政治理論，於實際政治問題的解決，雖然是一項影響的因素，但往往並不構成爲決定的因素。所以此一問題之解決，尚有待政治上的決策領袖和權威機構，權衡各方意見及國家之利益，作爲睿智的抉擇。

其三，如果對上述第二個原則，設定大陸地區象徵性名額的決定是否定的，則自由地區的選舉，已經早有成規，於此勿庸別作討論。假使原則上的決定是肯定的，那麼進一步便是大陸地區的象徵性名額，究由何種方式產生。關於這個問題，過去除了有所謂由各省在臺同鄉會選舉之說外，其他就是授權總統遴選之說。個人覺得，這兩種辦法，或則對政治上不利的後遺症堪虞，或則根本上違反民主政治的原則。比較符合民主法治精神和原則的途徑，似可考慮採行政黨比例代表制的方式，分別選出三個國會的大陸地區名額的代表，既可滿足民主政治爲選舉政治的原則要求，又可以適應現實政治上的需要。此一方式之可取性與可行性如何，於此爰爲訴諸邦人君子之權衡與抉擇。

建立地方自治法律基礎

依照憲法第十章「中央與地方之權限」，以及第十一章「地方制度」之有關規定，省與縣都享有部分的自主組織權，並分別構成爲地方自治團體。省與縣皆得各自召集省民代表大會與縣民代表大會，以根據「省縣自治通則」，分別制定各該省或縣的「自治法」，以實施地方自治。省縣各設省縣議會及省縣長，省縣議會議員及省縣長，皆分別由省縣民選舉產生。「省縣自治通則」，「省民代表大會之組織及選舉法」，以及縣民關於縣自治事項之「創制複決兩權行使法」，皆係由中央立法，由立法院制定之。

自三十六年十二月二十五日開始行憲之後，上述關係省縣地方自治之幾項重要立法，原應由立法院卽時制定，以爲省縣自治之根據。且「省縣自治通則」，亦已經在立法院完成委員會審查，進入二讀程序，嗣以赤禍蔓延，政府於三十八年，經過一再播遷而至臺灣，致使該法之審議工作，受到阻挫。而政府遷臺之後，爲積極推行地方自治，於「省縣自治通則」完成立法程序之前，乃於三十九年核准臺灣省府呈報之「臺灣省各縣市實施地方自治綱要」公布實施，四十八年復由行政院訂頒「臺灣省議會組織規程」，以爲臺灣省之地方自治規範。雖然「省縣自治通則」曾於三十九年間，經立法院完成二讀審議程序，唯以時遷勢移，基於政治上考慮，立法院爰應行政院之請，暫緩三讀審議，以俟於適當時機，再行完成立法程序，以至於今。

三十九年至今，本省實施地方自治，已歷三十餘年，大體言之，體制已備，經驗亦豐，而自治規範，仍然以行政命令爲基礎，論者咸以爲有背於尊崇憲法與厲行法治之道。於是地方自治規範之立法問題，日漸成爲政治上重要論題之一。但是審慮政情，權衡輕重，又覺得憲法第十一章有關地方制度之規定，又確有不盡適合現階段政情者在。如果要對現狀有所改善，而又無傷於憲法之尊嚴。從既有之經驗來說，其可行之道，厥爲經由修訂憲法戡亂臨時條款之途徑，一方面將憲法第十一章中，其不適於現狀政情之條款，暫時停止適用，另一方面則授權立法院，即行制定「動員戡亂時期自由地區省縣自治條例」，將三十年來地方自治規範之命令根據，改行建立在法律的基礎上，以充實建設臺灣爲三民主義模範省之憲政內容，並爲光復大陸後各省縣之自治建設，樹立一項比較可行的楷模。

上述「權變可行」的適應觀點，從常態應然的憲法理論來看，雖然不是最好的，但從非常態的應變需要來看，似乎是比較次好而可行的。我人覺得，我們朝野，似應建立一項共識：

政治理想與政治現實之間，永遠地存在着若干距離，這個距離現象，在變局時期，必然大於常態時期；學術界，特別是政法學界的朋友們，可以爲國家社會貢獻者，除了純粹學術理論上的成就外，厥爲對實際政治，能夠提供其改善現狀而可行的獻替，以求縮小應然與實然間的差距；有志於積極參與政治的精英，在現行的憲政體制內，應具有適應環境與改善環境的器識與修養，但使現狀能夠產生可行而比較合理的改善，應該就是本身的成就與對國家社會的貢獻，並不能堅持本身要求和理想的絕對實現；具有決策作用的政治領袖們，應該具有掌握潮流機先，判斷公先私後的智慧，虛懷若谷，察納雅言的胸襟，以及順應輿情，改善現狀缺失的勇氣，俾使民主憲政的建設，能在各方協力，而理性和平的過程中，不斷朝向健全合理的境域發展和成長，以爲後世子孫，永垂無疆之庥。

七〇、「動員戡亂時期臨時條款」兩題

自立晚報：民國七十五年九月八日每周評論

憲法為治國之大經，復國之利器。法與時宜則國治，法與時違則國亂。所以憲法必須因應時需，而有所損益，俾能權威常駐。

動員戡亂時期臨時條款，自三十七年四月，經第一屆國民大會第一次常會制定，並經政府於同年五月十日公布實施以還，在將近四十年中間，又曾先後經過四次修訂。從我國社會變遷與發展的軌跡來看，這四十年間無情的巨大變遷，又何止邁越十代而已。在民國六十年代以前，戡亂臨時條款之存在與運用，並無重大爭議或困擾。但六十一年以來，學術界對之有了消極性的不同意見，政府對其修訂之運用，似亦有了困擾。本文爰就此二端，略抒所見。

正名

儒家思想，自漢武以降，即爲我國文化思想之主流，民國二年制憲時，且有儒教入憲之議。而「正名」乃儒家思想重要觀念之一，也是人羣關係中，說理與成事的準據。國民大會第一次常會，依照憲法所定之修改程序，制定動員戡亂時期臨時條款之時，提案說明書及該條款之內容，顯然均隱示該條款，具有實際上臨時修憲條款之地位與效力。否則該條款如何能凍結憲法中的特定條文。這一點應該是粗通憲法的人，都能夠理解的基本道理。但是在文書形式上，卻無臨時修憲條款之用名。爲什麼會產生這種名實間的差距，如果說是主其事者思慮欠周，未免有嫌失敬。如果說在當時主其事者的認知當中，本來就視戡亂臨時條款爲憲法的臨時修正案，唯重程序內容，而薄其形式用名。但卻因此留下了現在所謂回歸憲法爭議的種籽。

對戡亂臨時條款的異議，主要是說，國大之職權，憲法有明文規定，即選舉或罷免總統或副總統，修憲的創制或複決，對法律有條件的創制或複決，決議領土之變更。依照上述規定，行憲國大有權修改憲法，或依憲定條件制定兩權行使辦法，但是除制憲國大之外，行憲國大並無權制定其他不屬於憲法的增訂案，而具有最高法效的臨時條款。由於這個關係，所以近十年來，有人對臨時條款的性質，提出了質疑。憲法學界雖有人曾提出各種辯護說明。但是持不同意見者，認爲臨時條款既無修憲案之名，即不能視爲修憲條款。它雖然是經國大依修憲程序制定的，但是就成文法的形式要件而論，並不能說經由修憲程序通過的東西，就當然地屬於憲法的一部分。同時，憲法乃是國家惟一最具權威的政治規範，除憲法本身而外，也決不容許另有同等權威的規範，可以與憲法同時並行，甚或在適用上優先於憲法。

憲法是國家的政治大法。政治有政治的需要，法律有法律的要件。民主政治所追求的目標之一，厥爲政治要法律化。政治應遵守法律的規範，法律也應符合政治的需要。政治與法律之間，二者相合則國治，二者相左則國亂。戡亂臨時條款，係國大針對戡亂需要而制定，於今視之，其需要既切，其功能亦顯。憂國之士，咸宜予以肯定。至於憲法與戡亂臨時條款二者之間法理上的矛盾，應該只是形式上的用名問題，而非實質上的內容問題。民主政治是一種講理的政治，爲了消除前述法理上的矛盾，似宜認眞考慮，在國大集會期間，將戡亂臨時條款，正名爲「中華民國憲法動員戡亂時期(臨時)增訂條款」，在內容上並明定該條款之適用，以戡亂時期爲限，使之與戡亂時期同時終止。正名之後的戡亂臨時條款，名與實均成爲憲法的一部分。由於其適用有特定期間之限制，既能適應於戡亂時期之非常需要，於戡亂告終停止適用之後，又不影響憲法之原始內容。而形式上的法理之爭，將因而消弭於無形。

修改

憲法之爲國家的政治大法，具有三項原始功能：其一，解決制憲當時國家社會所需要解決的有關重要政治問題；其二，爲國家的政治事務，確立權威的運作規範；其三，保護人民的自由權利。在這三項功能之中，第一項功能，直接涉及到憲法的修改問題。蓋憲法的本質，無論是契約說，全民意志說，或政治規範說，都沒有不能修改的特質。所以根據經驗，洛克說：每一代人有每一代人的憲法；傑弗遜說：憲法是屬於活人的，不是屬於死人的；佩因說：活人不受死人統治；王安石說：祖宗不足法。這些中外賢者所說明的，都是一個共同的道理，卽國家的政治大法，必需隨社會實質需要的變遷而變遷，無論是什麼樣的理由，如果因而使憲法的內容，長期地與社會的實質需要脫節，則憲法的權威，必將因而掃地，社會的脫序，也將日趨嚴重，終其極將不免使國家的政治，重回到競於力的時代，自然是全民的不幸。所以憲法之必須適時修改，以滿足國家和社會的時代需要，已是憲法學和政治學界，人所共信的鐵則。

我們的憲法，能不能滿足初行憲時的政治需要，從甫告實施，卽由國大制定戡亂臨時條款一事來說，其答案是否定的。政府遷臺後三十多年來，在社會全面快速的變遷中，曾產生了不少新的，也是須經由修憲途徑以爲適應的政治需要。但是政府基於要將原始憲法，完整地帶回大陸的政治理由，既不願修改原始憲法，惟有修訂戡亂臨時條款以爲適應。自四十九年，以至六十一年，已先後修訂四次。而臨時條款之需要正名，蓋以其爲臨時修憲條款之實質所應然也。

自六十一年以還十餘年間的政治變遷，又產生了新的政治狀況，需要藉修訂戡亂臨時條款，來疏導新的政治困境。此如執政黨十二常委小組，正在研議的六大政治問題，其中關於充實中央民意機構，及地方自治法制化問題。這兩個直接涉及憲法規定的政治問題，其眞正的解決，即惟有先經過修改臨時條款的途徑，才能作合憲的處理。首就充實中央民意機構而言，最重要的問題不是現在，而是三十七年就職的第一屆代表們，在可見的未來全部出缺之後，如果在完成光復之前，三個國會機構，就此暫不設置大陸未光復地區的名額，當然可以繼續適用現行臨時條款第六項的規定，辦理增額選舉。如果要考慮設置大陸未光復地區的名額，則捨修訂臨時條款而外，實別無合憲的途徑可循。

其次，就地方自治法制化而言，在現階段，如果完全依照憲法規定實施，確有窒礙難行之處，則同樣地捨修訂臨時條款，將憲法中有關地方自治窒礙難行之條款予以凍結外，亦無其他的方法，可以作合憲的處理。報載當局似屬意於制定「動員戡亂時期省政府組織條例」，以使省府組織合法化。可是仔細地分析，憲法中的地方自治，並不止於省府組織一端。再者，新的組織條例，固然可以使省府組織合法化，但是在憲法高於一切，憲治重於法治的前提下，該條例本身的內容，是否能合憲呢？如果能合憲，則問題根本就不會留待三十多年後的今天，才來解決。如果不能合憲，則從憲法至上的觀點來說，則制定該條例，實比不制定更有不利於憲法的影響在。即使對該條例，加上「動員戡亂時期」的冠詞，也不能使該條例不合憲的地方，因之而合憲。因爲此一組織條例，並不能與「動員戡亂時期公職人員選罷法」相提並論。蓋後者的選罷法，並無任何牴觸憲法之處，它只是把憲法所定各種選任公職人員的選舉程序，訂之於單一的選罷法而已。

由此可知，地方自治法制化，並不能就上述選罷法，作類推的適用。

憲法爲治國之大經，復國之利器。法與時宜則國治，法與時違則國亂。所以憲法必須因應時需，而有所損益，俾能權威常駐，進使國享其利，民蒙其庥。方此執政黨正在研議六大政治問題之際，傳聞對於充實中央民意機構，及地方自治法制化，兩大問題之解決，將以不修訂戡亂臨時條款爲前提。爰本所知，特伸芻蕘，藉供參考。

七一、臨時條款應與憲法融為一體

自由時報：民國七十八年四月十五日

「臨時條款應修或廢」系列專欄①

討論臨時條款的意見雖然並不相同，但對於回歸憲法的應然目標，則無異詞。不過我個人覺得，就我國當前的政治情境言，所謂回歸憲法，最重要的應是回歸憲法的基本精神，而非形式。

動員戡亂臨時條款，自從國大於民國三十七年四月，依修憲程序制定，政府於同年五月公布施行迄今，已歷經四十寒暑，且經先後四次修訂。現在執政黨又已成立幕僚小組，作第五次修訂之研議。

一、臨時條款之爭議

臨時條款之產生，當初完全是為了使行憲與戡亂之能夠兼籌並顧，並行不悖為着眼點。且預定於三十九年多，再由國大針對政情，作爲存廢之決定。嗣以戡亂軍事急劇逆轉，馴至神州沉淪。爲了確保自由基地安全，並徐圖光復，國大乃於四十三年第二次大會時，議決該條款「在未經正式廢止前，繼續有效」，以至於今。

臨時條款之實施，雖然已逾四十年，但是由於環境與政情之變遷，於是近十數年來，部分學界人士乃對該條款之性質、地位、及其適憲性，或因懷疑而抨擊，或因肯定而辯護。抨擊者或指國大制定該條款爲逾憲越權，或指該條款爲憲法之違章建築，因而呼籲回歸憲法，廢止臨時條款。而辯護者則分別有戰時憲法說、授權法說、憲法特別法說，以及修憲條款說等。討論臨時條款的意見雖然並不相同，但對於回歸憲法的應然目標，則無異詞。不過我個人覺得，就我國當前的政治情境言，所謂回歸憲法，最重要的應是回歸憲法的基本精神，而非形式。

二、憲法的基本精神

這裏所謂憲法的基本精神，具有兩種意涵。其一，是表徵我們立國精神，貫穿整個憲法，作爲政治上最高的指導原則。我國憲法中具有這種意涵的基本精神，厥爲民主主義。諸如憲法中的選罷制度，同意制度，行政須受民意機關監督，以及所有的法治程序等，都是爲了貫徹民主主義此一基本精神所設計的。此種意涵的憲法基本精神，當今朝野在認知上，已早有共識，略無異議。

其二，是中央制度程序上的運作原則。我國憲法中具有這種意涵的基本精神，厥爲內閣制。諸如總統與行政院長之分別設置，行政院長之須經立院同意，副署制度、行政須向立法負責等，都是爲了體現內閣制中議會政府制 (parliamintary gov't) 的基本精神所訂定的。雖然憲法中的立委不得兼任官吏，覆議制度，以及並無明示的不信任和解散制度，皆非內閣制之內涵原則。但上述憲法中既有關於內閣制的規定，若在健全的兩黨制運用下，應該已能相當發揮內閣制的基本精神了。而內閣制的基本精神是什麼？一言以蔽之，厥爲國家元首垂拱無爲，一切政務皆受立法監督，行政首長須向立法負責而已。依照憲法的規定，行政院乃國家政務之核心，其所爲政務，不但要受立法院之監督，同時更要對立法院負責，一個人如果沒有立院的支持，是沒法出任行政院長或繼續在職的。至於總統，在憲法上雖有不少職權，但仔細分析，大部分的重要職權，如果沒有行政的支持，便無法貫徹。眞正說來，那是總統作爲國家元首的職，而非行政首長的權。不過，憲法中這種內閣制的基本精神，在過去一則由於一黨獨大，缺少政黨之有效競爭與制衡，二則由於國民黨權威領導傳統，以及外造型政黨之黨政關係，三則由於臨時條款中，若干逾越憲法原始制度設計精神的規定，致使憲法中內閣制的基本精神，因而無從發揮。

現在時移世易，情境變遷。相對政黨之競爭日趨有力，政治上的權威領袖，亦相繼辭世。於是回歸憲法之呼聲，日昌月盛，莫可戢止。而所謂回歸憲法，如上所述，其所指，要爲憲法中的內閣制精神。而此一精神之能否充分發揮，則端視有效的兩黨競爭能否成熟和制度化。不過，當前論者所矚目的，多以臨時條款之回歸憲法內閣制精神爲焦點。

三、臨時條款之檢討

臨時條款自制定並經四次修訂，其內容共有十一條。從回歸憲法基本精神的觀點言，其中受訾議最多的，厥爲第一至第六條。

第一、二兩條爲緊急處分條款，這個條款變更了憲法第三十九條戒嚴權，與第四十三條緊急命令權的行使程序。依照原始規定，政府發布緊急戒嚴令與緊急命令之後，必須主動於一個月內提請立法院追認，立法院若拒絕認可，該項命令立即失效。而依照緊急處分條款規定，總統經行政院會議決議，發布緊急處分令之後，並不須主動將該處分令提請立院追認。但是立法院若不同意該項處分令，則可依憲法第五十七條第二項之規定，以決議移請行政院變更。論者或以緊急處分條款變更憲法既定程序爲病，但是緊急處分，事前既須經行政院會議之決議，事後立院仍可依憲法第五十七條第二項之規定，以決議移請行政院變更。這個規定並沒有背離了憲法中由行政院決策，受立法院監督控制的基本精神。所以這個條款，似不應構成爲受抨擊的目標。

第三條關於總統得無限次連任的規定，與民主政治中並無不可少的人物之理念與原則相違，亟應仰體李總統之示意，予以刪除，回歸憲法第四十七條，限於連任一次的原始規定。

第四、五、六條，均無條件地分別授權總統：設置動員戡亂機構，決定戡亂大政方針；調整中央之行政與人事機構及其組織；訂定辦法，辦理增額中央民意代表之選舉。這幾項權力之行使，在程序上不但事前無需經行政院會決議與立院之通過，即事後亦不受立法院之監督。這三條規定，實在是嚴重地背離了憲法中由行政院決策，依法行政，以及受立法院監督的基本精神。換句話說，這三條背離民主法治原則的規定，實不能與憲法併存。不過第六條的增額中央民代問題，雖爲事所必需，但也只能授權立法院，以法律來處理。

此外，第七、八兩條，關於國大行使創制、複決權的規定，就未來內閣制之有效發展言，自以删除爲宜。但事涉國大，如勢在難行，也只有讓政黨之運作去調節了。

四、回歸憲法之不同方式

論及臨時條款之回歸憲法，可以分爲實質與形式兩方面來講。其一，以言實質之回歸，應指回歸憲法的基本精神，將第三至第六條删除，第六條另作符合正當法律程序之修正。

其二，以言形式之回歸，也有兩種方式。第一，根本放棄現有臨時條款之獨立存在狀況，而將實質回歸宜予採行的條款，分別插入憲法有關條文之中。第二，保持現有與憲法併存方式，列於憲法之後，易名爲「中華民國憲法非常時期增訂臨時條款」。美國憲法至今的二十六個修訂條款，即採此方式，也曾改變了原始憲法中的若干規定。上述第二種方式與美國所不同的是，美國後附式的修憲條款，具有永恒存在的性質，而我們的臨時條款，僅適用於國家分裂時期而已。

以上兩種途徑，都具有使臨時條款與憲法融爲一體的實質意義。究竟何所採擇，端視決策者之權衡而已。

七二、臨時條款應回歸憲法基本精神

聯合報：民國七十八年六月九日

前言

李總統登輝先生，以執政黨主席的身份和地位，於日前黨的十二屆二中全會，開幕典禮致詞中，曾明確宣示「要以前瞻性的眼光，全盤檢討修訂動員戡亂時期臨時條款，從根本上充實非常時期的體制與法律，以奠定國家社會進一步發展的基礎」。上引總統的致詞，雖然指出全盤檢討修訂戡亂臨時條款，是爲了充實非常時期的體制與法律，但是臨時條款內容之回歸憲法基本精神，顯然也是我們國家進一步發展民主憲政的必要基礎。根據此一觀點，我人覺得，在全盤檢討修訂戡亂臨時條款的時候，應注意兩種導向：第一，要將臨時條款的內容，調整得符合憲法的基本精神；第二，要避免逾越應變的必需範圍。

憲法的基本精神

我國憲法的基本精神究竟是什麼，論者可能見仁見智。但是就貫穿整個憲法，構成爲我們立國精神，作爲我國政治上最高指導原則的觀點來看，我們憲法的基本精神，無疑乃是民主主義。所謂民主主義，雖然有不同的制度型態，但是其最基本的實踐原則，厥爲「政府的統治權力，必須是基於人民的同意」。而我國憲法中的選罷制度，同意制度，行政機關該受民意機關監督，以及所有的法治程序，卽都是爲貫徹民主主義此一基本精神所設計的。

在民主主義的基本精神下，憲法中雖然規定了各方面的制度，但是與檢討臨時條款相關的，又有兩項基本原則。第一是法治主義。蓋民主政治之爲法治政治，不惟是政府之處理政務，必須依法而活，同時法律之內容，亦須符合憲法規定的精神。我國憲法一方面於第五十八條，責成行政院應將立法、預算、戒嚴、大赦、宣戰、媾和、條約等重要事項，提經立法院通過；二則又於第六十三條，賦予立法院具有議決上述各案之權力；三則復於第一七五條第一項規定，凡「本憲法規定事項，有另定實施程序之必要者，以法律定之」；四則更於第一七一條，明定「法律與憲法牴觸者無效」。這些規定之表現法治主義，又以憲法主義爲指歸。

第二是責任政治。民主政治之爲責任政治，是指行政部門，必須對其政策施政，擔負政治責任。其爲總統制之行政部門，須於改選時對選民負責；其爲內閣制及委員制之部門，則必須隨時對立法部門負責。我國憲法第五十七條，規定行政院須以三種方式對立法院負責：其一，向立法院報告施政，答覆立委質詢；其二，行政院所採行的重要政策，必須以立法院之支持爲基礎；其三，行政院對立法院所通過的法律性及要求變更政策的決議案，如果覆議失敗，卽必須接受立法院的決議或辭職。同時，憲法第五十八及六十三條所規定的各項政務案，在付諸實施之際，雖然都是由總統以命令發布，但行政院長則又須以副署的方式，對總統的命令，向立法院負責，因爲那些政務案，都是由行政院會議議決的。這些規定，都說明我們是由行政院對立法院負責的責任政治。

臨時條款之檢討

臨時條款自三十七年制定之後，其內容隨歷次修訂而增加，及六十一年第四次修訂之後，已由原始之四條增加爲十一條。茲特根據上述憲法基本精神，試將宜予考慮修訂者，舉述如下：

●第一、二兩條的緊急處分權條款，論者每以其變更憲法第三十九條的戒嚴，與第四十三條的緊急命令程序爲病。其實依照憲法有關規定，宣告戒嚴及發布緊急命令，事前都必須經由行政院會議議決，事後必須於一個月內提請立法院追認，亦卽受到立院之監督與控制。而依照臨時條款第一、二兩條緊急處分權條款之規定，政府要採取緊急處分，仍須先經行政院會議之決議，雖然在命令發布後，不須主動於一個月內提交立法院追認，但立法院仍然有權依憲法第五十七條第二項之規定，以決議移請行政院變更。由此可知緊急處分權條款，並沒有逾越了憲法中由行政院決策，受立法院監督控制的基本原則。所以這兩條，似無必須列為優先考慮修訂的目標。

●第三條關於總統得無限次連任的規定，不但為所有共和國家元首連任制度之所無，更與民主政治之排除不可少的人物之理念與原則相違。亟應仰體李總統之示意，予以刪除，恢復憲法第四十七條，連任以一次為限的規定。

●第四、五條，分別授權總統設置動員戡亂機構，決定戡亂大政方針；調整中央之行政與人事機構及其組織。這兩條授權之行使，在程序上，事前既無須經行政院會議之決議，事後立法院也不能依憲法第五十七條第二項之規定，以決議移請行政院變更，亦即根本不受立法院之監督。這顯然與憲法基本精神中，由行政院決策，受立法院監督的責任政治之基本原則相違背。而從這兩個條款訂定以來的情形看，在實質上顯然也不具有必要性。所以這兩條，宜與第三條同時列為刪除的考慮目標。

●第六條授權總統訂定辦法，辦理增額中央民意代表選舉。這條規定，旨在適應國家在分裂狀況下，維持憲法所定中央民意機構體制有效運作所必需。但是其最大瑕疵，是增加的名額及選舉的辦法，完全由總統以命令定之。既不經行政院會議，也不經立法程序，亦無須行政院長副署，且不受立法院監督。這種程序，完全不顧憲法基本精神中的法治主義與責任政治原則，實在是必須予以修正的。而為了適應非常狀況下政治上的實際需要，本條之修改，原則上應授權以法律定之，不受憲法有關規定之限制。

●第七條於國大行使創制複決兩權之規定，對未來內閣制之有效發展言，顯以刪除爲宜。但事涉國大，勢在難行，惟賴政黨予以調節彌補。

●第八條授予總統對創制案或複決案，是否召集國大臨時會討論之裁量權。這條規定，只能阻止國大在閉會期間行使兩權，如果現實政情於國大行使兩權有利，則總統並不能阻止國大在常會時行使兩權。由此可知，此條規定，並無實質上的存在意義。

●第十條規定：動員戡亂時期之終止，由總統宣告之。而依據憲法第五十八與第五十七條，授予行政院政策作成的職掌，以及對立法院負責的規定來看，本條規定，似宜考慮修正爲：動員戡亂時期之終止，由行政院長呈請總統宣告之。

此外，「動員戡亂時期」之名稱，是否繼續沿用，這與統一問題上，中共是否放棄對臺使用武力，以及政府的基本決策有關，而且也關係到許多戡亂法制之存廢與變更。而在前提未明確化之前，調整名稱，似非當務之急。

宜增訂地治條款

地方自治法制化，乃是存在已久的問題，也是執政黨十三屆全會決定要促成改革的五大法案之一。但是在行政院將臺灣省府及省議會兩個組織條例，提請立院審議之後，省議會則以該兩項組織法之立法權，應該屬於省而不屬中央爲理由，決議聲請大法官會議予以解釋。而由大法官們意見紛歧，至今尚未能作成決議。依我人所知，我們的地方自治，不僅是法制化問題，更根本的是合憲化問題，單純的臺灣省府與省議會組織條例，並不能解決整個的地方自治合憲化問題。我們必須承認在國家分裂狀態下，憲法第十一章所規定的地方制度，確有窒礙難行之處。但是爲使地方自治合憲法，亟宜在臨時條款中增訂一條，將窒礙難行的規定，暫時凍結，並明定在國家統一完成以前，省縣地方自治，以法律定之，不受憲法第十一章有關規定之限制。

七三、總統民選權力角色三種模式

聯合報：民國七十九年七月六日
記者徐定心訪問記錄

從政治學的眼光來看，內閣制從閣揆到閣員的組成都是由其他同僚支持下所產生，所以必須要妥協、容忍不同意見，並照顧到各個階層與各種利益，不易獨斷專行，有助於民主風範與政治風格的養成，對我們現行民主發展較為有利。

國是會議的總結報告中有人主張總統（直接）民選，認爲非如此做，人民才算是參與政治；這是一種錯覺。我個人並不反對總統直接民選，但是，對於政治參與的解釋不能定得這麼狹隘。

試問，即在現行體制下，待國會全面改選，從中央到地方各級民代，以及縣市長選舉都是由人民直接投票，這種方式難道不算是政治參與嗎？並且，如果我們將來實施內閣制的政治體制，人民選出的立法委員也將可以兼任政府行政官吏，則政府行政首長都是人民選出來的，我們能否認這種方式的政治參與嗎？因此，爲了達到總統直接選舉的目的，即認爲只有如此才是使人民參與政治的說法，就政治學的角度來看，是以偏概全的說法，並不妥當，也不正確。

在總統由（直接）民選產生之後，其權力的大小也是一個必須釐清的問題。它將產生三種情況：

㈠理論上，一個由人民直接選出的總統，在政治上當然應該享有相當的權力，因而就不再如同現行體制下，總統行事處處需要行政院的配合，所有政策的決定就不必再經過行政院，總統許多權力的行使也不需要行政院長的副署。從這個因總統直選，而走上典型總統制的角度來看，我們現行憲法就要作許多相關的配合調整；首先，行政院就可以取消，因爲總統除了是國家元首之外，他也將因爲在行政體系內享有極大權力，而成爲最高行政首長，所以行政院就沒有繼續存在必要。

㈡如同法國例子，出現雙重行政首長制的情況。在這種制度下，則總統的權力就必需受到相當限制，非如總統制般的唯我獨尊。今後我國如採行此一制度，則總統可以享有一些特殊的權力；例如像李總統在前一陣子說過，國防（軍事）、外交、大陸政策由總統負責，準此，總統在行使這些權力時不需行政院長副署，但是，同時必須澄清的是，這些權力行使既然不需經過行政院會，則行政院也不需爲此向立法院負責，立法院只能根據行政院爲總統副署的權力行使，以及行政院自行決定事項追究行政院責任。

㈢歐洲有的國家(像奧地利)認爲，人民選舉乃是履行一種法定職務，因此選舉不但是權利，還是義務。根據這種理論，選舉總統或立法委員，並不是在選舉代表，只是履行國民法定職務的責任，因爲政府的組成需要這些職務與機構。如照此一情況，則卽使總統直接民選，也不必享有很大權力。這對我們現行憲法而言，可以僅做總統直選的修訂，其他部份都不動；或是像前述第二種狀況，明定賦予總統如國防、外交、大陸政策的權力，如此則總統的權力不會像典型總統制國家的那麼大，也不致於像典型內閣制國家的完全虛位，是一個比較折衷的辦法。這種設計，總統在他所享有特定的權力範圍中，可以擁有決策權，但在決策的形成過程中，則可以由總統與行政院長共同組成參與。例如，無論是稱國務會議或國家安全會議，總統可以作主席，而由行政院長擔任副主席，參與者可以是全體行政院院會成員。

不過，卽使國是會議達成總統民選的共識，從政治學的眼光來看，我人還是主張長遠的方向我國應該走上內閣制，因爲內閣制從閣揆到閣員的組成都是由其他同僚支持下所產生，所以必須要妥協、容忍不同意見，並照顧到各個階層與各種利益，不易獨斷專行，有助於民主風範與政治風格的養成，對我們現行民主發展較爲有利。職是之故，我建議，今後卽使民選總統，但在其權力設計上，在行政體系內，不應是全部的，也不應是絕對的，以便爲將來往內閣制發展留下一些迴旋的空間。

七四、「大憲章」有背權責相維原則

聯合晚報：七十九年六月十九日，聯合論壇

民進黨已於日前完成其「民主大憲章」草案初稿的修改。細讀報載該草案重點，大體獲知其內容要義如下：

一、政府的整體結構採三權分立制。將現行的考試院，併入國會爲考試委員會。廢監察院，而將彈劾與決算權亦併列爲國會之職權。

二、國會採一院制。除享有現行立法院之職權外，尚有彈劾權與審計權，以及對行政院長之不信任權。

三、行政以總統爲憲政核心。總統由人民直選，任期四年，得連任一次。以言總統職權，計享有：⑴主持行政會議，決定大政方針；⑵爲三軍統帥，主持國防會議，監督外交談判；⑶緊急處分權；⑷解散國會權；⑸對重大法案提交公民複決；⑹全權任命行政院長。

四、司法部門設憲法法院、行政法院，以及普通三種法院。

就上述草案所規劃的政府結構與職權來看，其中最值得注意的，是總統、國會與行政院三者之間的關係。張俊宏秘書長說是參考法國第五共和憲法中混合制的經驗。其實法國現行的雙重行政首長制，總統職權之不需總理副署者，最重要的，也只有任命總理，特定重要法案提交公民複決，解散下院及緊急命令而已。總統雖爲軍隊統帥，並爲部長會議及國防最高會議主席。但總理卻有權發布命令，指揮行政及軍隊，負擔國防責任。且於必要時，代理總統主持部長會議及國防最高會議。同時，總理之對下院負責，既可向下院提出信任案，下院亦可對政府提出不信任案，政府如果失敗，即必須辭職。法國這種總統直選享有部分實權，而總理對下院負責的所謂雙重行政首長制，在密特朗與席哈克左右共治的經驗中，並不成功。法國現行的制度，是爲避免多黨之苦而設計的，而我國現在已漸具兩黨政治之雛形，實在不應該以法國這部第十三個憲法爲仿效對象。

「民主大憲章」所賦予總統的各項權力，究竟那些不須行政院長副署，尚不明確。但總統若大權在握，卻由行政院長向國會負責，實有背權責相維的民主原則。民進黨熱望執政，乃人情之常，但以憲法之廢立爲手段，應爲智者所不爲。

七五、修憲比制憲可取

國是會議：民國七十九年六月三十日在第三分組討論「憲法（含臨時條款）修訂方式有關問題」時發言記錄

一、前　言

我主張廢除臨時條款，用修憲的方法來適應當前政治變遷的需要，而不贊成用廢憲的方法來制訂新的憲法。因爲憲法應當是有生命的，而憲法的生命是靠成長的。研究憲法的人大都知道，憲法的內容除了憲法條文之外，還必需仰賴憲法解釋與憲法慣例或習慣來補充，如果憲法常常被廢被換，則憲法解釋與慣例便無法產生和累積。盧梭在社約論中曾很理性地說，眞正的憲法，不是彫刻在大理石或銅牌上的，它是銘記在人民心中的。如果常常廢憲、換憲，則憲法就無法在人民的心中生根。現在大家常常提到法國第五共和憲法，也很想模仿法國雙重行政首長的混合制。我想很誠意地說明，法國第五共和的混合制，完全是爲了改善他們從一八七五年第三共和以來，深爲多黨所苦的窘境而設計的，而法國自大革命後於一七九一年制定第一個憲法之後，到一九五八年第五共和憲法，據我查證，已是第十三個憲法。依常理判斷，第五共和憲法將不會是法國最後一個憲法，像法國這樣的行憲經驗，並不是一個成功的經驗，和美國二百年來只有一個憲法而發展得很成功是一個強烈的對比，我們究竟是學法國不斷地更換憲法呢？還是效法美國讓憲法經由修改、解釋和慣例來成長呢？我們的憲法現在雖然因環境變遷而生了病，但我非常期望我們參加的這個國是會議，是醫治憲法病變的醫院，而不是埋葬憲法的殯儀館。我們參加國是會議的各位同仁，大家要勉爲替憲法治病的良醫，千萬不要誤充爲剝奪憲法生命的劊子手。

二、修憲的途徑

1主張由第二屆立法院提出修憲案，交第二屆國大複決，而且以增列於原始憲法之後爲宜。

2不支持修憲案交公民複決的主張。因爲一般公民普遍缺乏這方面的知識和判斷能力。

3我認爲修憲幅度的大小，應由各政黨經由妥協決定，不應也不宜預定只能小幅度修憲的結論。

三、對憲法的兩項基本認知

政治問題是一個國家的萬題之題，而憲法則爲解決政治問題，和處理政治事務的立國規範，所以法政學者，多稱憲法為國家的根本大法。所謂根本大法具有三種涵義：其一，憲法的內容，應以規定政治上非常基本的實體事項和程序事項為限，而避免作意識形態或是思想教條的宣告；其二，憲法對於基本實體和程序事項之規定，應限於基本原則，而避免涉及瑣細，以增加憲法的適應性；其三，憲法在國內法中，乃萬法之母，萬法之法，其地位與效力，最為根本和優越，必須受到所有公權力機關的尊重和遵守。若以這三個標準來驗證我們現行的憲法，頗有值得檢討改進和惕勵的地方。

民主係以理性經驗主義為文化上的信念基礎。此一文化信念的最大特徵，厥為承認、容忍、並接受社會為多元性之客觀事實，而否認專斷、排他、一元化的主觀絕對眞理。所以一部民主而可行的憲法，必然是多元利益和多元價值，互相溝通、容忍、讓步和妥協的產品。這樣的憲法，對參與的各個政治勢力或黨派而言，任何一方的政治主張，都可能無法在憲法中完全實現，但也不至於全部落空。但是，唯有這種經由各方妥協所產生的憲法，才會為各方所接受，才具有可行性，才有可能成為一部具有實用性的成功憲法。從這個觀點來看我們的現行憲法，其先天上最大的遺憾，厥為中國共產黨，當初拒絕了參加憲法的制定，而現階段該黨卻成為統治整個大陸國土的強勢政治實體。瞻望未來，除非在國民黨主導之下，以武力光復神州，完成統一；否則，若係和平統一，則現行憲法之大幅修改，甚或另以新憲法取代現行憲法，似甚難免。不寧惟是，如果光復統一之業，長期停滯，一無進展，而參與制憲之民、青兩黨，在今後之選舉中又未能有所建樹，相對的若民進黨或其他的黨，在選舉中復發展壯大至可與國民黨分庭抗禮之狀況時，則現行憲法與動員戡亂臨時條款之兩元併行體制，能否繼續保持，不無可疑，亦即修憲甚或另行制憲之議，似難避免。蓋憲法原係因政治之需要而制定，若政治已經發生重大變遷，社會需要今昔不同，則調整憲法以謀適應，實乃勢所必然，事所必至，謀國之政治領袖，惟有順勢利導，庶幾無背事功。

七六、修憲意涵與途徑之分析

理論與政策季刊：第五卷，第一期，民國七十九年十月

前　言

人是政治動物。政治問題爲人類社會的萬題之題。而憲法雖爲國家的政治規範，但憲法係因政治需要而產生，故憲法問題本身，實係由政治問題之醞釀衍化而成，其本質仍爲政治問題。而政治問題之解決，與憲法難題之克服，依民主的精神與原則而論，其最可貴，也是最有效的方法，厥以強勢黨派之經由溝通、協調，終能獲致妥協，爲成事之不二法門。我們當前所面對的，是憲法問題，也是政治問題。解決政治問題爲目標，排除憲法問題爲手段。本文僅就憲法問題中，有關修憲之意涵與途徑，擬就所知，試爲分析說明。

一、修憲意涵之闡釋

憲法乃制定當時的社會政治勢力，交相作用下的產物。因而憲法之為政治規範，雖然被尊崇為國家的百年大法，且以固定性為其特性之一。但憲法的尊嚴與權威，必須以能夠適應和滿足其社會現實政治的需要為前提條件。而生命的新陳代謝，環境的滄海桑田以及事物的轉化衍變，諸多新的情境狀況，必然會形成政治勢力的消長與變遷，也會自然地孕育出後生代新的價值判斷。而在社會環境既經時移世易的變遷之後，作為國家政治規範的憲法，則必須面對政治上的重大變遷與需要，作成適情適時的調適。否則，憲法的尊嚴會受到蔑視，憲法的權威會受到挑戰，憲法的規範功能，亦因而無從發揮。

中華民國憲法於四十三年前，制定於赤禍蔓延、戰亂方殷之際。當時參加政治協商會議之各黨派，因為中共拒絕參與制憲，致使戰禍並未因行憲而稍戢。及卅八年冬政府遷臺之後，海峽兩岸形成分治狀態者，迄今已四十餘年。而在長期分治狀態下，由於時代環境與社會政治的劇烈變遷，所形成之新的情境，於是憲法的適用範圍，戡亂臨時條款的存廢，首屆中央民代的改選以及省縣地方自治的合憲化等等，固然都發生了實質上的難題與困擾。而政黨勢力之變遷，諸如執政黨——國民黨在蔣總裁及蔣主席兩位權威領袖逝世之後，黨的本質屬性與領導運作體系之有待調整。參與制憲的民、青兩黨之積弱與日趨沒落以及新的政黨之如雨後春筍，特別是民進黨在政壇上，不但日趨活躍，其政治主張之類如臺獨、民主大憲章、總統直選等等。在在都成為當前政治上，普遍受到矚目的問題。

面對政治上這些重大變遷，憲法在適用上有礙難的，固須予以排除克服；而憲法內容，其不足以肆應新的現實政治需要者，亦須予以補充調適。我們的憲法，爲適應現實社會政治的變遷，所需要作的調整與補充，在憲法學上，稱之爲「憲法的變遷」。而憲法如何變遷？或者憲法變遷的方式如何？時人多謂修改憲法爲憲法變遷的不二法門。其實從政治學的觀點，或者從憲法的政治規範的觀點來看，表現憲法變遷的方式或途徑是多元的。經由正式修憲的程序，來變更憲法文字上既有規定的內容，固屬憲法的變遷。但是不經過修憲程序，不變更憲法文字，而經由憲法解釋，國會立法，行政措施以及政治習慣或憲政例規的方式途徑，不但可以使憲法中的某些成文規定，形同具文，不再具有實質上的規範功能；且能使既經賦予憲法文字的涵義，發生根本上的改變，對政治發展產生極大的影響；此外，還可以對憲法未作明文規定的事項，予以補充，形成新的制度。這些方法，同樣是屬於憲法實質上的變遷，亦即憲法實質內涵無形之修改。由此可知，以言修憲之意涵，蓋可區分爲變更憲法文字之修改與不變更憲法文字之修改兩類。而其爲憲法之變遷以及其規範政治之實際功能，則兩者殊無二致。政治人物如果能夠瞭然並運用此項道理，便不難發現，政治上所存在的新生需求，有的是並不需要經由修憲程序，就能經由殊途同歸的途徑，得到適當的解決。基於這項認知，爰就修憲意涵的相關因素，析其要義如下：

(一)正式的修憲

所謂正式的修憲，是指依照憲法所規定的修改程序，來變更憲法文字上既有規定的內容。修憲雖爲憲法變遷的重要方法之一，但是爲了維護憲法的權威與固定性，除非其他方法不足以肆應社會政治的需要，實不宜輕予修憲。而憲法之所以需要修改，約有幾種原因：

第一，在制憲當時未能預見，或認爲無關重要的事項，在社會環境變遷之後，由於新生的需求，形成爲政治上相當重要，且被認爲必須由憲法來解決的問題。例如美國憲法增列人權典章的第一至第十修正條款，全國禁酒的第十八修正條款，賦予婦女投票權的第十九修正條款，賦予華府特區參與選舉總統的第二十三修正條款，規定十八歲卽有投票權的第二十六修正條款；以及法國第三共和憲法之禁止總統府設於凡爾賽宮，禁止變更共和政體，禁止君主後裔被選爲總統的修憲條款等。其背景理由，概係基於此類原因，而以修憲的方法，來滿足當時政治上的需要。

第二，憲法的部分條文，在制定時被認爲已屬正當的規定，而在施行之後，旣發現了弊端或窒礙，卻又非其他方法可以補救者，唯有以修憲方法，予以改正。例如美國憲法第十一修正條款，改變第三章第二節的原始規定，禁止聯邦法院管轄他州或外國公民控訴某州有關普通法或衡平法的任何案件；第十六修正條款，改變第一條第二節第三項的規定，授權國會征收所得稅，不必以稅款分配於各州，亦不必以人口調查爲根據；第十七修正條款，將第一條規定的參議員間接選舉，改正爲直接選舉；第二十一修正條款之廢止第十八條禁酒修正條款等，皆屬由於此類原因，所產生之修憲結果。

第三，採行成文憲法的國家，在行憲若干時間之後，很自然地會產生某些不成文的憲政慣例或政治習慣（Usage）。憲政慣例或習慣之久經沿用，普遍被認爲具有正當性，而應予遵行者，英美政治學者，又稱爲 Constitutional Convention——憲法習慣或憲政傳統。某種憲法習慣或憲政傳統，若受到挑戰或被違犯、破壞，而該種習慣傳統，又爲政治上所普遍予以肯定者，則便會經由修憲程序，明確化地將其列入成文的憲法條款。例如美國憲法第二條，僅規定總統之任期四年，而未及於其連任問題。但是自第一、二任總統華盛頓，第四、五任總統傑佛遜，先後皆只連任一次，拒絕三次當選之後，美國總統之以連選得連任一次爲限，乃已成爲一種憲法習慣傳統者，長達一百三十餘年。但是自第三十二任總統羅斯福，於一九三七年當選連任一次之後，復於一九四一及四五年之二次大戰期間，突破美國之憲政傳統，三度及四度當選連任。而美國政界，基於政治上並無不可少的人物之政治文化認知，深以總統職位之限於連任一次的習慣傳統，應予繼續保持，現在既然發生變數，國會乃毅然於一九四七年，就在杜魯門繼任總統期間，通過了憲法第二十二修正條款，限制任何人皆不得當選總統兩任以上，並於一九五一年二月經各州批准生效。這是憲法習慣被破壞之後，以修憲方法將之入憲的顯例。

第四，由於憲法文字的涵意，往往不足以自明，於是在適用之際，便有賴解釋予以確定。此所以採行成文憲法的國家，都有特定的憲法解釋制度。而權威釋憲機關的終局解釋，即具有與憲法同樣的規範權威。憲法的規定如果不合時用，會被修正。憲法的解釋，由於其位階等同憲法，如果背離了社會發展的需要，釋憲機關就應該適時地予以變更。否則，修憲機關便會以修憲的方法，作強制性的糾正。例如美國憲法第一條第八節，授權國會管理國際的與州際的貿易。但何謂貿易？聯邦最高法院始則在一八九五年的 U. S. V. E. C. Knight Co. 一案中，由於認爲「貿易」乃繼「生產」之後，對生產物場所的變更，而「生產」乃地方性對物形及其作用的變更，二者顯然不同，從而判決一八九〇年反托拉斯法 (Sherman Anti-Trust Act) 之被適用爲管理生產，乃侵犯了憲法第十修正條款，保留給各州的管轄權，因而宣告其違憲無效。繼此案之後，最高法院又於一九一八年的 Hammer v. Dagenhart 訟案中，對一九一六年童工法 (Child Labor Act) 之管理童工，同樣以管理生產爲侵犯州權之理由，宣告該法之此類規定爲違憲無效。但是有關生產事項之統一管理，本世紀以來，已成爲全國性的問題，顯非各州之各自管理所能解決。而最高法院傳統保守觀點之釋憲判決，既與時代社會之需要脫節，於是國會乃於一九二四年通過一個「童工修憲案」(Child-labor Amendment)，賦予國會權力，以限制、規定及禁止不滿十八歲童工之生產行爲。由於此一修憲案並無批准時間的限制，而在其提交各州之後，最高法院在一九三七年之前，雖曾一再宣告羅斯福新政立法之管理生產者爲違憲，但在社會需求的壓力下，最高法院終於一九三七年在 NLRB v. Jones & Laughlin Steel Corp. 一案中，變更了過去的判例，確認一九三五年國家勞工關係法 (National Labor Relation Act)，有關管理生產事項之規定爲合憲。此案之後，有關管理生產的新定新政立法，亦相繼獲得最高法院的支持。由於這些判例，已經解決了全國性的生產管理問題，所以一九二四年的童工修憲案，乃成爲在各州議會被埋葬的六個修憲案之一。但由此也可知釋憲案之與社會脫節，乃是構成修憲成因之一。

(二)非正式的修憲

所謂非正式的修憲，是指未經修憲程序不必變更憲法的文字，而僅經由憲法解釋以及憲法習慣的方法，就可以對憲法產生補充及變更其文義的作用和效果。憲法的這類變遷，被歸納爲非正式的修憲。在成功的立憲國家，其廣被運用，遠非正式的修憲所能比擬。

第一，憲法解釋。憲法解釋在政治上具有多元的功能。諸如違憲立法審查、保障民權、批准政策、補充憲法及修憲等等。而在各種功能之中，補充憲法與修憲兩種功能，其所呈現的憲法變遷最爲顯著。以言補充憲法之功能，例如美國法院的司法審查權（Judicial Review），並不見於憲法本文，而係一八〇三最高法院對 Marbury v. Madison 一案的判例所確立，這是憲法解釋代替修憲，而補充憲法之顯例。我國大法官會議釋字第三號、第一七五號解釋，分別確定監察院與司法院，得就憲定職權，向立法院提出法律案；第十四號解釋之宣告，中央及地方民意代表，均非監察權之行使對象。這些解釋之補充憲法，均具有修憲之實質意義。

其次，釋憲之修憲功能，最應受到重視的，厥爲變更判例之解釋，亦卽以後解釋變更前解釋。美國自一八〇三年司法審查制建立之後，至一九八二年止，共有釋憲判例一七五案，被新的釋憲判例所變更。美國憲法制訂於低度開發的四輪馬車時代，至今雖有廿六個修正條款，但一至十條的人權條款，係當時各州批准憲法的條件，一向被視爲原始憲法的一部分。第十八條與二十一條之禁酒與解禁，已相互抵消。其憲法之實質增修，不過十四條而已。而這十四個修正條款，幾與政府的職權無關。而制訂於落後時代的憲法，其所以能肆應二百年來，社會急劇變化與高度發展之需要，其所依賴的，不是憲法的修改，而是憲法的解釋。美國最高法院釋憲的修憲功能，使其法院本身，成了一個常設修憲會議，也使美國憲法，成功爲一部有生命的憲法。我國大法官會議建制四十餘年來，尙少以變更解釋，發揮修憲之功能。惟有第三十一號解釋，曾宣示在第二屆立法與監察委員，未能依法選出集會以前，應仍由第一屆立、監委員，繼續行使其職權。但是第二六一號解釋，又宣告第一屆未定期改選之中央民意代表，應於民國八十年十二月三十一日以前，終止行使職權。此一解釋，顯然變更了第三十一號解釋，已略具釋憲之修憲意義。總之，釋憲之修憲功能，若能成功的發揮，就會相當減低正式修憲之需要。由此可見美國最高法院，成功地扮演常設修憲會議角色的這塊他山之石，對我們似有攻錯的積極意義。

第二，憲法習慣。凡是憲法中未作明文規定，而積漸形成的重要政治程序或制度，稱之爲憲法習慣。憲法習慣不但有補充憲法的作用，而且可能使憲法中某項成文規定，實際上變質或名存實亡，促成憲法之變遷，構成爲非正式的實質修憲。憲法習慣之形成，約可分爲三個過程。一種不成文的政治程序，其初次出現者稱之爲先例（Precedent）；繼而被蕭規曹隨者，於其初期稱之爲慣例（Practice）；及其爲不同政黨與不同政治人物，先後一致沿用，奉爲圭臬，成爲傳統制度者，則稱之爲習慣（Usage or Convention）。

憲法習慣之產生，有數種不同來源。其一，是出之於政治領袖人物之政治行爲。例如英國華爾坡爵士（Sir R. Walpole），於英王喬治一世與二世時，曾擔任首相達二十年，及一七四二年失去國會多數之支持後，乃毅然辭職，從而樹立了英相以國會多數支持爲在職條件之典範，亦成爲內閣制之主要特點之一。美國首任總統華盛頓堅拒三度當選連任之先例，亦曾成爲美國憲法習慣以迄於今。

憲法習慣來源之二，爲政府結構中各主要部門（Branches）的措施作爲。以言國會部門，諸如美國行政部門官員之不能列席國會院會，國會之資深制，總統對參議員之禮貌等。以言行政部門，諸如美國總統之內閣，行政協定之無須送請參院批准；至於我國副總統之可兼行政院院長，行政協定之向立法院報備，行政院長之於總統任期屆滿時請辭等，雖尙未能成爲確定之憲法習慣，但在本質上，要皆屬於憲政慣例之範疇，具有補充憲法，亦卽實質上非正式修憲之作用。

憲法習慣來源之三，爲政黨的運作。近代國家，政以黨成。政黨不但爲政治動力的泉源，而且爲制度運轉的舵手。諸如英王任命首相之必須爲國會多數黨的領袖；美國總統選舉因政黨選出統一候選人，而使憲法規定的間接選舉，變成爲實質上的直接選舉；我國國大之選舉總統，亦以政黨之決定候選人，致使國大選舉權之行使，成了政黨的橡皮圖章。此外，無論歐美國家國會內政黨決策之運用或我國國會外政黨決策之黨政協調，都是憲法之外，政黨運作的一種政治慣例和習慣，也都構成爲促成憲法變遷成長的一項主要因素。

以上是對修憲意涵所作的要義分析。而從上面的分析，似可瞭解要調整憲法既有的內容與社會政治需要間的差距，正式修憲雖爲法定的正當方法，但顯然並不是惟一的有效方法。他如上述的三種方法，甚至國會立法與行政措施等，同樣可以滿足憲法調適的需要。亦即以那些非正式的修憲方法，來達成正式修憲所企求的目標。

二、修憲途徑之分析

上文分析修憲意涵，已說明可分爲正式修憲與非正式修憲兩種。此處所謂修憲途徑，則係專就正式修憲的途徑而言。而所謂修憲之途徑，應係指修憲的方法，亦即如何修憲的問題。我現行憲法有關修憲途徑，依據憲法第一七四條規定有兩種途徑，但是該條規定，並未能涵蓋當前所存在形式上的全部修憲問題。在此所言修憲途徑，擬就修憲之體例、修憲之機關以及修憲之程序三項子題，試爲分別說明如下：

(一)修憲之體例

憲法之修改，除了全部修改外，部分修改之結果，約有三種情形。其一，爲刪廢某些條文；其二，爲增加某些條文；其三，爲變更某些條文既有的規定。這三種修憲結果，在整部憲法中的處理形式，可以稱之爲修憲的體例。而就各國的修憲體例言，可以區分爲兩種：第一種是就憲法某一條文本身，作直接地刪廢或修改；其屬新增條文，則揷入相關條文之間。歐洲大陸法系國家憲法之修改，類皆採行此種體例。第二種是對原始憲法本身，在形式上不作任何變更，而將各種結果的修憲條款，依其產生之先後次序，分條附列於原始憲法之後。美國憲法之修改，即採行此種體例。我國當前之修改憲法，在形式上究以採行何種本例爲宜？政法學界有兩種不同意見，一派以歐陸法系之修憲體例爲可取，另一派則以美國之修憲體例爲可行。

按我國的法制體系，從清末維新，追求現代化以來，即一貫仿行歐陸法系，以至於今。準此則修憲之體例，本應以歐陸所行者爲是。惟以我們國遭不幸，海峽兩岸陷於長期分裂。而中華民國憲法，係在國家統一時期所制定頒行，當前兩岸雖處隔絕，但就整個國家之發展前途言，中華民國憲法的存在，不但象徵着國家統一的希望，也是絕大多數中國人追求民主統一，精神聚集的焦點。所以爲了維持憲法原始的完整形貌，在國家恢復統一之前，似以不予直接改動爲宜。而爲了適應統一前現實政治上之需要，而憲法之原始規定又確有窒碍者，則仿做美國式之修憲體例，將所需修改的條款，依序隨列於憲法之後；或則調和歐美兩種修憲體例，即不變更憲法的原始條文，而僅將新的修改條款，分別獨立地序列於憲法的相關條文之後；這二種體例，應係均屬形、實兼顧的可行之道。且處理政治事務，實質應該重於形式，殊途可以同歸。故修憲之內容，應屬比修憲之體例更重要，而修憲體例，顯以中用為宜。

（二）修憲之機關

各國的憲法，都是由制憲會議制定的。憲法一旦由制憲會議通過，公布實施之後，制憲會議即告功成身退，不再存在。而為了肆應日後修改憲法的需要，制憲者率皆於憲法之中，設定修改憲法的程序條款。而就修憲之機關言，又可分為提案與議決或批准兩個階段。有的國家其國會具有修憲的全權，只要經由不同於普通立法的絕對多數通過，即可完成憲法修改的全部程序，例如西德、義大利及法國。不過，法、義兩國修憲的另一個選項批准辦法，是將修憲案交付選民複決。此外，也有的國家，修憲的提案與批准，分由兩種不同機關負責。以言提案，日本權在國會，美國權在國會或全國修憲會議，瑞士則權在國會或公民創制。以言批准，日本與瑞士，皆須交選民複決，美國則須有四分之三州議會或州修憲會議之通過。

依照我國憲法第一七四條之規定，修憲案之提出，乃國民大會及立法院之共有權，二者皆可提出修憲案。而修憲案之批准，則為國民大會之專有權。當前立法院與國大，均在積極爭取提案修憲機會。由於提案修憲具有主導修憲之作用，所以國大與立院，皆有當仁不讓之勢。而從各國的制度來看，多由行使立法權之機關提案修憲，蓋以立法機關常年開會，最能掌握社會脈動與政治上調整憲法之重大需要也。我們的國大與立法院，雖皆爲直接民選的代議機關，但是一則立委員額，僅爲國代總額的四分之一。而經驗證明，代議機構的員額規模越龐大，越不利於細微思考研判性職權之行使。其次，立院每年兩個會期，且以延長會期爲常經，國大則每六年爲選舉總統而集會約一個月，純就與國務接觸之密度言，顯以由立院提案修憲爲宜。復次，立委每三年改選，國代則每六年改選，二者既均屬代議，任期短者自比任期長者較能及時反映民意，由此可知，立院之提案修憲，自較國大者之較中於理。

以上是就修憲提案機關之純理分析，而如何消弭現實政治上，對於此一問題的矛盾與爭持，則端賴政黨之協調其間，庶得其平，並期其積漸而成爲良好的憲法習慣。至於修憲案的議決或批准機關，則屬國大專有之職權，應是略無異議。不過，我們當前所面臨的修憲機關之問題，除了修憲的提案機關外，更重要的，尚有修憲機關成員，在代表民意基礎上的正當性問題。此一問題，係因第一屆國代及立委所引起。由於第一屆中央民代，已在職四十餘年未曾改選，其代表民意之正當性，已普遍不爲當前社會所接受，因而資深代表們之參與修憲，顯已不易見容於社會。而無論採取何種途徑，如果要排斥資深中央民代於修憲程序之外，則不但於法無據，亦且爲政府於政治倫理所不能。究竟如何克服此一難題，我人覺得本乎事緩則圓與執簡馭繁的原則，大法官會議釋字第二六一號解釋，既經宣告第一屆中央民意代表，均「應於民國八十年十二月三十一日以前終止行使職權」，則憲法之修改，允宜待至民國八十一年，在資深民代全部改選更新之後進行。至於舊有增額民代之任期以及新選增額代表之屆別，似可在修憲條款中予以同時解決，將之導入常態，納入常軌。即使間有參差，亦屬一勞永逸。

(三)修憲之程序

關於修憲之進行程序，無論是由國會單獨行使修憲權，或與其他機關共同行使，類皆要求須經絕對多數決議通過。諸如法國第五共和國會兩院聯席會議審議總統所提修憲案，須有出席議員五分之三同意始得通過；威瑪德國及西德憲法，皆要求國會兩院，須各有出席議員三分之二通過；義大利憲法規定，修憲案須經國會兩次會議通過，而兩次會議須間隔三個月以上，第二次會議審議時，須獲兩院絕對多數通過；美國修憲，其提案須經兩院議員各以三分之二同意或經全國修憲會議通過，其批准則須經四分之三州議會或州修憲會議通過。這些普遍的剛性修憲程序，其立法意旨要在尊崇憲法之最高地位與權威。

我國之修憲程序，憲法第一七四條已有明文規定，本無需詞費。不過憲法對國大之創制修憲程序，雖然規定明確，了無疑義，但是對於複決修憲程序之規定，則不無疑義，有待澄清。蓋國大行使創制修憲權，須有代表總額五分之一之提議，三分之二之出席及出席四分之三之決議。至於行使複決修憲權之程序如何，憲法既未規定，複決程序之立法亦未制定。一旦立院通過修憲提案，國大之複決，究將採取創制修憲之審議程序，抑或採取一般的議事程序，是則不能無疑。關於此一疑問，筆者於十多年前，曾向當時國大的秘書長谷正綱先生請益，谷先生毫無猶豫地相告，應採行與創制修憲相同的程序進行複決。不過，也有一種不同意見，認爲國大主動罷免總統，須有代表總額過半數之同意，如果處理監察院對總統之彈劾案，則只要出席代表三分之二之同意卽可通過。而國大之法定最低出席開會人數，爲代表總額的三分之一。就法定數字作靜態的分析，似覺國大被動處理彈劾總統案，要比主動罷免總統，在程序上較爲容易。因爲監院彈劾總統，須經全體監委過半數之審查及決議，要比一般彈劾案，僅需監委九人，卽可審查決定者，程序上之愼重，實不可同日而語。而罷免總統，既已經過監察院全體委員過半數之愼重審查，並通過彈劾案，其品質應屬可信，故國大只要有法定開會出席代表三分之二之同意卽可，而無需再硬性要求代表總額過半數之贊同。

從國大主動提案罷免總統與審議監院彈劾案罷免總統，在程序上之繁簡輕重，來看國大行使修憲複決權之程序。如果國大審議監院彈劾案之程序是可取的，那麼國大之行使修憲複決權，似亦無需援用修憲創制權之行使程序。然則究以何種程序爲宜，鑑於國大對普通法律之創制或複決，尚需代表總額二分之一以上之出席以及出席代表二分之一以上之同意。我人覺得國大行使修憲複決權之程序，似以代表總額二分之一以上之出席以及出席代表三分之二以上之同意，較爲平允中理。

滄海叢刊

＊憲法論叢……鄭彥棻著
＊憲法論集……林紀東著
＊國家論……薩孟武譯
＊中國歷代政治得失……錢　穆著
＊周禮的政治思想……周世輔 周文湘著
＊先秦政治思想史……梁啓超原著 賈馥茗標點
＊儒家政論衍義……薩孟武譯
＊清代科舉……劉兆璸著
＊當代中國與民主……周陽山著
＊釣魚政治學……鄭赤琰著
＊政治與文化……吳俊才著
＊排外與中國政治……廖光生著
＊中國現代軍事史……劉　馥著 梅寅生譯
＊世界局勢與中國文化……錢　穆著
＊中華文化十二講……錢　穆著
＊民族與文化……錢　穆著
＊楚文化研究……文崇一著
＊中國古文化……文崇一著
＊社會、文化和知識分子……葉啓政著
＊儒學傳統與文化創新……黃俊傑著
＊歷史轉捩點上的反思……韋政通著
＊中國人的價值觀……文崇一著
＊紅樓夢與中國舊家庭……薩孟武著
＊社會學與中國研究……蔡文輝著
＊比較社會學……蔡文輝著
＊我國社會的變遷與發展……朱岑樓主編
＊開放的多元社會……楊國樞著
＊三十年來我國人文社會科學之回顧與展望……賴澤涵編

* 中國歷史精神……………………………………………………錢　穆著
* 國史新論………………………………………………………錢　穆著
* 秦漢史…………………………………………………………錢　穆著
* 秦漢史論稿……………………………………………………邢義田著
* 與西方史家論中國史學………………………………………杜維運著
* 清代史學與史家………………………………………………杜維運著
* 中西古代史學比較……………………………………………杜維運著
* 歷史與人物……………………………………………………吳相湘著
* 中國人的故事…………………………………………………夏雨人著
* 明朝酒文化……………………………………………………王春瑜著
* 歷史圈外………………………………………………………朱　桂著
* 共產國際與中國革命…………………………………………郭恒鈺著
* 抗日戰史論集…………………………………………………劉鳳翰著
* 盧溝橋事變……………………………………………………李雲漢著
* 老臺灣…………………………………………………………陳冠學著
* 臺灣史與臺灣人………………………………………………王曉波著
* 變調的馬賽曲…………………………………………………蔡百銓譯
* 黃帝……………………………………………………………錢　穆著
* 孔子傳…………………………………………………………錢　穆著
* 宋儒風範………………………………………………………董金裕著
* 精忠岳飛傳……………………………………………………李　安著
* 唐玄奘三藏傳史彙編…………………………………………釋光中編
* 一顆永不殞落的巨星…………………………………………釋光中著
* 當代佛門人物………………………………………………陳慧劍編著
* 弘一大師傳……………………………………………………陳慧劍著
* 杜魚庵學佛荒史………………………………………………陳慧劍著
* 蘇曼殊大師新傳………………………………………………劉心皇著
* 近代中國人物漫譚……………………………………………王覺源著

*魯迅這個人……………………………………………………劉心皇著
*三十年代作家論………………………………………………姜　穆著
*三十年代作家論續集…………………………………………姜　穆著
*當代臺灣作家論………………………………………………何　欣著
*師友風義………………………………………………………鄭彥棻著
*見賢集…………………………………………………………鄭彥棻著
*思齊集…………………………………………………………鄭彥棻著
*懷聖集…………………………………………………………鄭彥棻著
*三生有幸………………………………………………………吳相湘著
*孤兒心影錄……………………………………………………張國柱著
*我這半生………………………………………………………毛振翔著
*八十憶雙親、師友雜憶（合刊）……………………………錢　穆著
*新亞遺鐸………………………………………………………錢　穆著
*困勉强狷八十年………………………………………………陶百川著
*我的創造·倡建與服務………………………………………陳立夫著
*我生之旅………………………………………………………方　治著
*天人之際………………………………………………………李杏邨著
*佛學研究………………………………………………………周中一著
*佛學論著………………………………………………………周中一著
*佛學思想新論…………………………………………………楊惠南著
*現代佛學原理…………………………………………………鄭金德著
*絕對與圓融
　—佛教思想論集………………………………………………霍韜晦著
*佛學研究指南…………………………………………………關世謙譯
*當代學人談佛教……………………………………………楊惠南編著
*簡明佛學概論…………………………………………………于凌波著
*圓滿生命的實現（布施波羅密）……………………………陳柏達著
*薝蔔林·外集…………………………………………………陳慧劍著

滄海叢刊

＊龍樹與中觀哲學……楊惠南著
＊公案禪語……吳　怡著
＊禪話……周中一著
＊禪學講話……芝峯法師譯
＊禪骨詩心集……巴壺天著
＊中國禪宗史……關世謙著
＊魏晉南北朝時期的道教……湯一介著
＊從傳統到現代
　—佛教倫理與現代社會……傅偉勳主編
＊維摩詰經今譯……陳慧劍著